上海市律师协会文库

国有土地不动产征收案例汇编

上海市律师协会第十一届不动产征收（动迁）专业委员会　主编
马永健　执行主编

北京

图书在版编目（CIP）数据

国有土地不动产征收案例汇编 / 上海市律师协会第十一届不动产征收（动迁）专业委员会主编；马永健执行主编. -- 北京：法律出版社，2025. -- （上海市律师协会文库）. -- ISBN 978-7-5197-9898-7

Ⅰ. D923.25

中国国家版本馆 CIP 数据核字第 2025TW9349 号

| 国有土地不动产征收案例汇编
GUOYOU TUDI BUDONGCHAN
ZHENGSHOU ANLI HUIBIAN | 上海市律师协会第十一届不动产
征收（动迁）专业委员会 主编
马永健 执行主编 | 策划编辑 彭　雨
责任编辑 彭　雨
装帧设计 李　瞻 |

出版发行 法律出版社	开本 710 毫米×1000 毫米 1/16
编辑统筹 法律考试·职业教育出版分社	印张 22.25　　字数 435 千
责任校对 王语童	版本 2025 年 7 月第 1 版
责任印制 胡晓雅	印次 2025 年 7 月第 1 次印刷
经　　销 新华书店	印刷 固安华明印业有限公司

地址:北京市丰台区莲花池西里 7 号(100073)
网址:www.lawpress.com.cn　　　　　　销售电话:010-83938349
投稿邮箱:info@lawpress.com.cn　　　　客服电话:010-83938350
举报盗版邮箱:jbwq@lawpress.com.cn　　咨询电话:010-63939796
版权所有·侵权必究

书号:ISBN 978-7-5197-9898-7　　　　　　　　　　定价:79.00 元
凡购买本社图书,如有印装错误,我社负责退换。电话:010-83938349

上海市律师协会文库
第十二届编委会、第十二届评审委名单

第十二届编委会

编 委 会 主 任：邵万权

编委会执行副主任：聂卫东

编 委 会 副 主 任：张鹏峰　廖明涛　黄宁宁　陆　胤
　　　　　　　　　韩　璐　金冰一　徐宗新

编 委 会 委 员：倪正茂　陈乃蔚　黄　绮　鲍培伦
　　　　　　　　杨忠孝　孙志祥　洪冬英　蒋红珍

第十二届评审委

评 审 委 主 任：聂卫东

评 审 委 委 员：陈乃蔚　黄　绮　鲍培伦　杨忠孝
　　　　　　　　孙志祥　洪冬英　蒋红珍

学 术 顾 问：倪正茂

国有土地不动产征收案例汇编
编委会

执 行 主 编： 马永健

执行副主编： 张善美　郑震捷　高兴发　张崇华

编委会委员： 王文琴　王秉彦　王垚翔　方　燕　占健明
　　　　　　　许丹丹　许伊音　许建斌　李　刚　李克垣
　　　　　　　李维世　李登川　佟翰昌　陈元奇　陈秋月
　　　　　　　武顺华　范效锋　林　琴　金　毓　周文宣
　　　　　　　秦志刚　夏飞飞　顾剑栋　郭梦祺　黄正桥
　　　　　　　黄超宇　龚甜甜　常敬泉　焦士雷　焦玉同

编　　　辑： 于　玮　王正涵　王兆冬　王　览　叶本俊
　　　　　　　朱　敬　庄　菁　刘清华　江寄鸥　李甲三
　　　　　　　杨立宏　杨振荣　吴伏曦　吴　铭　应鸿敏
　　　　　　　陈　明　陈　朕　郝　怡　柴云海　葛婷婷
　　　　　　　管文琦　魏　梁

总　　序

在法治的光辉照耀下,法律不仅是维护社会秩序的基石,更是推动社会进步的重要力量。上海市律师协会自诞生之日起,已历经四十多个春秋,见证了上海律师行业为促进经济社会发展、保障人民群众合法权益、维护社会公平正义、推进社会主义民主法治建设作出的积极贡献。

为深入学习贯彻习近平总书记重要讲话精神,引领全市广大律师进一步明确时代和国家赋予律师的功能定位和责任使命,始终坚持"做党和人民满意的好律师",不断提高学术理论素养和法律实践能力,进一步提升专业化水平,努力以高质量的法律服务为高质量发展、高水平开放保驾护航,上海市律师协会致力于引导律师著书立说,鼓励百家争鸣,积极打造"上海市律师协会文库"品牌,营造上海律师行业特有的文化氛围。2006年年初正式启动"上海市律师协会文库"出版工作,2009年又推出了"上海律师文丛"系列。已经问世的作品,汇聚了上海律师的智慧结晶,展示了上海律师的精神财富,也印证了上海律师在高速发展的转型期中始终立于时代的前沿。

"上海市律师协会文库""上海律师文丛"系列图书,聚焦当代中国法律实践中的热点问题,内容涵盖公司、劳动与社会保障、财税、房地产、金融、教育等多个领域,既有对法律理论的深入剖析,也有对法律实务的精准解读。

搭建律师思想碰撞之平台、畅通律师信息传播之渠道、铺设律师学问切磋之道路、营造律师形象展示之舞台、创建律师文化交流之大厦,始终是上海市律师协会推动律师发展的出发点和追求目标,也是广大上海律师共同憧憬的理想之境。我们期待,"上海市律师协会文库""上海律师文丛"系列图书的出版,能够为法律职业人士的成长和发展助力,为上海乃至全国的法治建设贡献一份力量。

最后，我谨代表所有参与本系列图书编写的作者和工作人员，向一直以来支持和关注"上海市律师协会文库""上海律师文丛"系列出版物的读者朋友们表示衷心的感谢。

愿法治之光照亮每一个角落，愿法律之舟承载梦想扬帆远航。

上海市律师协会

2024 年 4 月

释 义

如无特殊说明,本书中案例均来自中国裁判文书网,自然人姓名已作化名处理,或与原裁判文书不一致。

除非另有所指,本书中部分词语的释义如下:

本书部分词语释义

名 称	释 义
承租人	执行政府规定的租金标准、与公有房屋产权人或者管理人建立租赁关系的个人和单位
共同居住人、同住人	作出房屋征收决定时,在被征收房屋处具有常住户口,并实际居住生活一年以上(特殊情况除外),且上海市无其他住房或者虽有其他住房但居住困难的人
被征收人	被征收房屋的所有权人
经济适用房	政府提供政策优惠,限定套型面积和销售价格,按照合理标准建设,面向城市低收入住房困难家庭供应,具有保障性质的政策性住房
安居房	直接以成本价向中低收入家庭出售而建设的住房
《实施细则》	《上海市国有土地上房屋征收与补偿实施细则》,于2025年最新修正,涉及案例时使用当时有效版本
《高院解答》	2004年1月12日起施行的上海市高级人民法院《关于房屋动拆迁补偿款分割民事案件若干问题的解答》
《上海市房屋租赁条例》	2010年修正,2023年废止,但考虑到本书中相关案例形成时间皆在其废止之前,故本书尚需使用条例中的一些规定
沪房地资公〔2000〕98号	2001年6月28日起施行的上海市房地产资源管理局《关于贯彻实施〈上海市房屋租赁条例〉的意见(二)》
自然资办函〔2020〕1344号	2020年7月22日起施行的自然资源部办公厅《关于印发〈宅基地和集体建设用地使用权确权登记工作问答〉的函》
国办发〔1999〕39号	1999年5月6日起施行的国务院办公厅《关于加强土地转让管理严禁炒卖土地的通知》

续表

名　　　称	释　　　义
《安居方案》	1995年9月28日起施行的《上海市安居工程实施方案》
《会议纪要》	2019年11月上海市高级人民法院《关于房屋征收补偿利益分割民事纠纷研讨会会议纪要》
沪房管征〔2014〕243号	2014年8月18日起施行的上海市住房保障和房屋管理局《关于进一步规范本市房屋征收补偿工作的通知》
法释〔2020〕22号	2021年1月1日起施行的最高人民法院《关于适用〈中华人民共和国民法典〉婚姻家庭编的解释(一)》
《征收条例》	2011年1月21日起施行的《国有土地上房屋征收与补偿条例》
国发〔2020〕4号	2020年3月1日起施行的国务院《关于授权和委托用地审批权的决定》

目 录

第一篇 公有房屋征收案例

第一章 公有房征收补偿对象相关案例 …… 3
第一节 房屋承租人相关案例 …… 3
房屋征收与补偿中承租人的权利 …… 3
公房承租人变更后能撤销吗？ …… 9
违规变更承租人，户籍在册人员可以申请法院撤销吗？ …… 13
征收过程中被指定为承租人不当然享有征收补偿利益 …… 17
与现承租人继受承租人资格相同地位的非同住人，可否分得征收补偿利益？ …… 21

第二节 共同居住人相关案例 …… 24
户籍及居住相关案例 …… 24
分配房屋征收补偿利益时应着重保护实际居住人的利益 …… 24
户籍在册人员未在系争房屋内实际居住能否获得征收补偿利益？ …… 28
非共同居住人有户口也无权主张征收补偿利益 …… 31
户口在公房内是否就享有征收利益？ …… 35
公房同住人的配偶迁入户籍后未实际居住，是否享有分割安置房屋的请求权？ …… 38
最后一次户籍迁入未居住一年以上的，能否获得征收利益？ …… 41
帮助性质落户是否有权主张征收补偿款？ …… 44
家庭安排对同住人认定的影响 …… 47
知青及其子女征收利益的保护 …… 49
我国境内无户籍人员能否享受公房拆迁安置利益？ …… 51

同住人因出国注销户籍,恢复户籍后未实际居住,其同住人身
份还在吗? ………………………………………………………… 56

他处无房相关案例 ……………………………………………… 59

经济适用房是否属于"福利分房"? ……………………………… 59
已购置经济适用房的共同居住人应少分征收补偿利益 ………… 63
安居、平价房屋是否属于福利分房? …………………………… 66
享受过农村宅基地动迁是否属于他处有房? …………………… 69
未成年时享受过福利分房,到底算不算他处有房? …………… 72
私房动迁对公房征收时同住人认定的影响 ……………………… 76
如何认定住房调配单上新配房人员为一人但实际解决多人居
　困问题? ………………………………………………………… 78
曾在购买配偶福利分的公房时使用过工龄为何不能分得公房
　征收补偿款? …………………………………………………… 81
调配单明确"不予安置"是否属于他处有房? ………………… 84
增配房屋是否属于他处有房? …………………………………… 86

居住困难相关案例 ……………………………………………… 90

公房征收中"居住困难人员"的法律地位及补偿标准 ………… 90
房屋征收过程中居住困难对象是否等同于共同居住人? ……… 96
被认定为居住困难但享受过福利分房的人员能获得哪些征收
　补偿? …………………………………………………………… 98
居住困难保障对象的认定标准与被安置对象的认定标准的区别 … 101

其他同住人相关案例 …………………………………………… 106

房屋征收补偿中,可以享有征收补偿款的非常规"同住人" … 106
公房同住人认定的特殊情形 ……………………………………… 115
此"同住人"非彼"同住人" …………………………………… 118
因重婚迁入户口后能否享受征收补偿利益? …………………… 121
公房同住人所得征收补偿款属于夫妻共同财产吗? …………… 124
一方婚前承租的公房,婚后的征收补偿款是否属于夫妻共同
　财产? …………………………………………………………… 127
各住一半的离婚夫妇应如何分配公房征收补偿利益? ………… 130
出租状态的公房同住人认定的考量因素 ………………………… 132
不具有同住人资格的公房"同住人"是否一定不能获得征收

　　　　补偿利益？ ………………………………………………………… 136
　　　　职工宿舍中的实际居住人是否可以作为同住人享受房屋征收
　　　　　利益？ …………………………………………………………… 138
　　　　被确认为同住人为何只能分得小部分补偿款？ ………………… 141
　　　　被征收公有房屋共同居住人的再探讨 …………………………… 143
　　　　公房居住权纠纷的"共同居住人"不完全等于共有纠纷的"共
　　　　　同居住人" ………………………………………………………… 147
　　第三节　承租人和同住人综合案例 …………………………………… 155
　　　　公房被征收时，谁有权分得该房屋的征收补偿款？ …………… 155
　　　　承租人与共同居住人是否均等分割？ …………………………… 162
　　　　系争房屋内无承租人与共同居住人应如何分配征收补偿款？ … 165
　　　　公房承租人去世且无同住人如何分配补偿利益？ ……………… 169
　第二章　共有纠纷相关案例 …………………………………………… 172
　　　　征收共有纠纷中家庭协议的效力与运用 ………………………… 172
　　　　家庭协议对同住人利益的影响 …………………………………… 175
　　　　家庭协议与征收政策不一致时，如何分配征收补偿利益？ …… 178
　　　　征收利益共有纠纷中的法官自由裁量权 ………………………… 183
　　　　共有纠纷中公平合理原则的适用 ………………………………… 185
　　　　分配征收补偿利益案件中公平原则的适用 ……………………… 187
　第三章　其他公有房屋征收相关案例 ………………………………… 191
　　　　没有被托底保障的户籍在册同住人无法享受征收安置 ………… 191
　　　　房屋动迁（征收）中非居住补偿款的分割方式 ………………… 194
　　　　居住和非居住兼用的公有房屋，征收利益该如何分配？ ……… 198
　　　　放弃购买公房产权之居住人是否享有售后公房居住权？ ……… 201
　　　　基于非同住人户籍因素所多选的安置房，非同住人可否享受
　　　　　征收补偿利益？ ………………………………………………… 206
　　　　公房私阁是否属于私产？ ………………………………………… 209

第二篇　私有房屋征收案例

第一章　私有房征收补偿对象相关案例 ………………………………… 215
　　　　私房征收中的居住困难人口与房屋权利人、实际使用人同权
　　　　　吗？ ……………………………………………………………… 215

私房征收中,非产权实际使用人如何主张权利? ……………… 219
私房翻建人能否被认定为房屋的共有人? ……………………… 222
经营性租赁房屋征收,承租人能否获得部分补偿? …………… 225
征收时户籍不在册的产权人(户外产权人)也可享有安置房的
购买权 ………………………………………………………… 228

第二章 征收补偿协议相关案例 …………………………………… 232
有瑕疵的代理人签订的征收补偿协议的效力 ………………… 232
征收补偿协议撤销权的行使 …………………………………… 235
征收补偿决定执行过程中被征收人与行政机关达成的和解协
议不具有可诉性 ……………………………………………… 239

第三章 征收补偿利益分割相关案例 ……………………………… 242
涉及五代三十余人的私房该如何分割征收利益? …………… 242
房屋搭建部分补偿款的归属 …………………………………… 248
私房征收中托底保障人员可获得多少征收补偿利益? ……… 250
私房托底,非产权被补偿人的征收补偿利益如何确定? …… 253
私房征收非居住部分补偿如何分割? ………………………… 256
存在居住困难保障补贴的私房征收补偿款该如何分割? …… 258
未提存抵押房产动迁补偿款的赔偿责任分析 ………………… 261

第四章 继承相关案例 ……………………………………………… 266
私房征收,继承人获利几何? ………………………………… 266
私房原权利人去世后房屋进行翻建,遗产范围如何认定? … 269

第五章 婚姻相关案例 ……………………………………………… 273
私房征收中夫妻共同财产的认定 ……………………………… 273

第六章 其他私有房屋征收相关案例 ……………………………… 278
未送达房屋评估报告,房屋征收补偿决定应予撤销 ………… 278
对被征收房屋评估时点不当,拆迁裁决被撤销 ……………… 280

第三篇 征收综合研究

国有土地与集体土地上房屋征收之异同 ……………………………… 287
国有土地上房屋征收中承租人的地位与权利保障 …………………… 290
私房征收实务中产权平移理论的研究 ………………………………… 295
公房征收中未成年人的共同居住人资格问题 ………………………… 306

探究公房征收利益分配存在的问题及对策——以未成年人利益分配为视角 ……………………………………………………… 311

外地媳妇能分得拆迁利益吗?——以国有土地上房屋拆迁(征收)为例 ………………………………………………………… 320

"成片开发征地"法律问题分析系列(一)——成片开发征地的公共利益法律界定 ……………………………………………… 324

"成片开发征地"法律问题分析系列(二)——预征收签约制度分析 ……………………………………………………………… 328

"成片开发征地"法律问题分析系列(三)——从《土地征收成片开发标准(试行)》看成片开发征地决定的司法审查强度和内容 …………………………………………………………… 332

房屋征收安置补偿协议无效的情形 ………………………………… 335

征收过程中社会稳定风险评估类信息公开案例研究与分析 ……… 337

房屋征收补偿利益分割民事纠纷审理参考意见解析——以上海市高级人民法院 2020 年 3 月 25 日会议纪要为视角 ………… 339

第一篇　公有房屋征收案例

本篇导读

　　公有房屋征收是上海不动产征收业务中最为复杂,也是纠纷产生最多的领域。无论是公有房屋承租人变更或撤销、共同居住人认定等征收补偿对象的厘清,还是家庭协议的效力、法官自由裁量权的运用等方面,都需要进行细致、准确的解析。本篇主要通过公有房征收补偿对象相关案例、共有纠纷相关案例、其他公有房屋征收相关案例三章,以律师对每一个点或者相同点不同角度的案例评析对公有房屋征收进行整体的把握。

第一章 公有房征收补偿对象相关案例

第一节 房屋承租人相关案例

房屋征收与补偿中承租人的权利

秦志刚[*]

一、争议焦点

享受过单位奖励的承租人是否有权分得征收补偿利益？

二、主要人物关系

案外人徐某与陈某系夫妻关系，两人共育有徐明、徐贤、徐 E、徐梅、徐萍及徐华 6 个子女。徐贤与陆璞安系夫妻关系，徐克为徐贤、陆璞安之子；徐克与许嫣系夫妻关系，徐 D 系徐克、许嫣之子。徐 E 与张爽系夫妻关系，徐 C 系徐 E 之孙；张毅系张爽与前夫之女，张毅与张军系夫妻关系，张 A 系张毅、张军之子。

三、案情简介

（一）房屋的基本情况

被征收的上海市某区某弄某号房屋（以下简称被征收房屋）为租赁公房，承租人原为徐某；徐某于 1996 年去世后，被征收房屋承租人变更为陈某；陈某于 2006 年去世后，经家庭协商，承租人变更为徐贤。

（二）各当事人的基本情况

徐明及徐贤、徐 E、徐梅、徐萍、徐华均在被征收房屋内出生，并实际居住至各自结婚。

1978 年，陆璞安与徐贤结婚后，即将其户籍迁入被征收房屋，并实际居住在内。1979 年，徐克出生后户籍也报入被征收房屋内。2006 年 7 月 28 日，许

---

[*] 上海华夏汇鸿律师事务所律师，上海市律师协会第十一届不动产征收（动迁）专业委员会委员。

嫣因结婚将户籍迁入被征收房屋内。2008年12月2日,徐D出生后户籍报入被征收房屋内。

徐贤在本市H路的房屋(居住面积14.40平方米)目前登记在案外人公司名下。2014年9月,徐贤单位出具情况说明,称徐贤在该厂亟需的中密度压机工艺设计工作中做出较大贡献,该厂于1996年将上址房屋以2万元的优惠价(居住面积14.40平方米)出售给徐贤。

1964年,徐E离开上海到新疆支边,1980年回沪。1987年8月22日,徐E与张爽结婚。1996年1月,张爽的户籍迁入被征收房屋中。1999年9月17日,徐E的户籍迁回被征收房屋。张毅的户籍于1993年11月迁入被征收房屋中,张军在与张毅结婚后于2000年6月将户籍迁入被征收房屋,二人的孩子张A出生后户籍报入被征收房屋内。徐E户确认回沪后从未在被征收房屋内居住过。本案当事人一致确认徐E户没有享受过福利分房。

徐C的户籍出生时就报入被征收房屋中。

徐梅知青下乡离沪,1997年户籍迁入被征收房屋中,但本人实际未在被征收房屋中居住过。徐梅通过买卖购买上海市长宁区某弄某号某室新公房(建筑面积129.31平方米),并成为该房的产权人。

徐萍1984年8月10日将户籍从被征收房屋内迁往共和新路某号房屋(以下简称共和新路房屋),并在1988年4月迁往中华新路某号房屋(以下简称中华新路房屋)内。徐萍陈述,中华新路房屋的承租人原为其公公,后变更为徐萍。1993年,共和新路房屋动迁,户主朱A与中华新村房屋(18.50平方米)拼房,合计分32.54平方米,拟配通河二村某号房屋45.90平方米公房,新配房人员为朱A、徐萍、朱B、陈某。

1984年7月23日,徐华结婚后将户籍迁出被征收房屋,并实际居住在婆家直至动迁,2006年9月15日将户籍迁回被征收房屋。根据上海市住房调配通知单,本市康家桥某号房屋原为宋A(系徐华的公公)受配及承租,原住房人员为宋A、叶某(系徐华的婆婆)、宋B(系徐华的丈夫)、徐华、宋C(系徐华之子),后因人多、住房面积小,调配单位再套配上海市长宁区某弄某号某室房屋(使用面积24平方米),新配房人员为宋A、叶某、宋B、徐华及宋C 5人,原房屋由单位回收;之后,徐华、宋B、宋C通过公有住房出售方式将前述房屋买为产权房。

2012年12月4日,徐贤与拆迁单位签订了《上海市国有土地上房屋征收补偿协议》,被征收房屋价值补偿款为1,881,227.52元;各项奖励补贴为1,209,539.86元。上述补偿协议签订后,又产生签约鼓励奖140,000元以及利息等,被征收房屋的动迁利益总计为3,236,004.51元。

截至动迁发生,被征收房屋处于出租状态。

四、各方观点

徐明称其在与前妻赵A离婚前后搬回被征收房屋,直至妻子徐B于2010年怀孕,之后一家人搬离被征收房屋并在外租房居住,被征收房屋对外出租所产生的款项用于贴补其在外租房的支出。

徐贤户认为徐明自1986年12月因结婚搬离被征收房屋后未再继续居住过;被征收房屋自1978年起实际由徐某、陈某及徐贤、陆璞安、徐克居住,1996年徐某去世后由剩余4人居住。因陈某的身体状况,上述4人搬离被征收房屋,该房屋自2004年起就由徐贤对外出租并收取租金,中间空置过一段时间。2008年徐萍称有人要租赁被征收房屋,徐贤遂委托徐萍出租房屋,租金由徐萍代收。

徐E户同意徐贤户的意见,并补充称徐C一直与其实际居住在一起,也未享受过福利分房。

徐梅、徐萍及徐华对于徐明前述的居住情况不持异议,徐萍补充称其母亲去世后,其在征得徐贤的同意下将被征收房屋出租给他人,后因徐明与前妻关系不好遂住回被征收房屋,徐萍告知过徐贤。

五、一审法院观点

(一)同住人认定

徐贤系被征收房屋的承租人,属于应分征收房屋安置利益的主体。尽管徐贤曾获得过单位的奖励,但该奖励系其单位对工作业绩出众的员工的一种激励,与福利分房性质不同;同时徐贤为被征收房屋的承租人,根据相关政策的解释口径,即使承租人他处有房,也不影响其参与分割征收补偿款,故不能以徐贤曾经获得单位奖励就否定其应得征收补偿款的权利。陆璞安与徐克分别因结婚以及出生将户籍报入被征收房屋,并实际居住在内,属于被征收房屋的同住人。而对于许嫣及徐D,因第三人均确认该两人未实际在被征收房屋内居住过,也无特殊情况可认定为同住人,故尽管两人在他处无房,仍不能视作同住人。

徐明婚后将其户籍迁入前妻赵A父亲承租的某路公房内,并实际居住在内,后该公房被拆迁,被拆迁的建筑面积为50.04平方米,徐明作为被安置三人中的一人获得了货币补偿,并用该货币购买了房屋。根据相关政策的规定,徐明不属于在本市无其他住房或虽有其他住房但居住困难的情况。因此,尽管徐明从出生时起即居住在被征收房屋内,其户籍也在此,但其婚后已不居住在该处,在他处也已获得过福利分房,故徐明不属于被征收房屋的同住人。

徐 E 的户籍在被征收房屋内,曾在被征收房屋内实际居住,他处无房,应属于被征收房屋的同住人。张爽 1987 年与徐 E 结婚,但因被征收房屋居住不便(其时被征收房屋由徐贤一家实际居住),遂在外租房居住,他处也没有福利性房屋。根据相关政策的解释口径,张爽也应属于同住人。对此,徐贤户也没有异议。至于张毅、张军、张 A 三人,其户籍虽然在被征收房屋内,但并未实际居住,故不属于被征收房屋的同住人。

徐 C 的户籍在被征收房屋内,但其并未实际居住,因其未成年,其居住问题应跟随父母,故徐 C 也不属于被征收房屋的同住人。

虽然徐梅的丈夫黄 B 在 2012 年申请将长宁路房屋的承租人更改为黄 B,并成为该房屋的承租人,但由于徐梅的户籍尚在被征收房屋中,故徐梅不能成为长宁路房屋的同住人。换言之,房屋被征收时徐梅并无长宁路房屋的居住权,其应属他处无福利性房屋。考虑到徐梅的户籍在被征收房屋内,实际也居住过,故法院根据政策的相关规定确定徐梅是被征收房屋的同住人。

徐萍结婚后即将其户籍迁入丈夫承租的共和新路房屋中,并成为该房屋的同住人,后又成为中华新路房屋的承租人,上述两处房屋动迁时徐萍作为新配房人员加上单位投资获得了通河二村房屋,人均建筑面积逾 19 平方米。故尽管 2006 年徐萍将户籍迁入被征收房屋,但其已经获得过福利分房,不属于被征收房屋的同住人。

徐华结婚后就将户籍迁离被征收房屋,并成为康家桥房屋的同住人,后康家桥房屋套配为房屋,徐华也是房屋的同住人,1986 年套配得房屋时,包括徐华在内共有 4 人,另加徐华年仅 2 岁的儿子,故从配房面积看,其时也已经配足。故虽然徐华于 2006 年将户籍迁入被征收房屋,但鉴于其他处有房,不符合同住人条件。

综上,一审法院认定本案中徐贤为被征收房屋的承租人,陆璞安、徐克、徐 E、张爽以及徐梅系被征收房屋的同住人。

(二)征收补偿款如何分割

根据政策的相关规定,公有房屋承租人所得的货币补偿款、产权调换房屋归公有房屋承租人及其共同居住人共有;房屋价值补偿款应归承租人以及共同居住人共有;征收补偿中房屋价值补偿部分以外的奖励补贴部分按照每证或建筑面积为基准予以补偿。目前,被征收房屋仅有一张公房租赁凭证,承租人和同住人并未实际居住在被征收房屋中,故奖励补贴款项应与房屋价值补偿部分一起分割,即由承租人以及共同居住人共有。

鉴于本案中承租人及同住人并不存在可以适当多分或少分的特定情形,法院确定上述各人均分征收补偿款,即徐贤、陆璞安、徐克、徐E、张爽以及徐梅各分得征收补偿款539,334元。

综上,徐贤作为被征收房屋的承租人,陆璞安、徐克、徐E、张爽以及徐梅作为被征收房屋的同住人,应当享有分得征收补偿款的权利。鉴于征收补偿款已由承租人徐贤取得,现各权利人要求徐贤支付,法院予以照准。因该笔征收补偿款已经全部划入徐贤的银行账户,由此产生的利息应归属于全体承租人以及同住人,各自所得的利息也应均分。

一审法院判决后,徐明、徐C、徐梅、徐萍、徐华不服,提起上诉。

六、二审各方观点

(一)上诉人观点

(1)父母去世后,在上海市统一换房产证时经六兄妹家庭协商房屋承租人变更为徐贤,但其只是一个代表而已,六兄妹仍享有同等的权利,同时母亲在世时各子女也都尽到了赡养义务。(2)1996年徐贤家庭获得徐贤单位增配的房屋,2014年9月其单位出具的情况说明不能等同于当时的文件,法院应当对该房屋的来源、真实情况等进行调查,以公平、公正重新分割征收补偿款。同时徐贤家庭在2004年就已搬出被征收房屋,因此其也不是被征收房屋的同住人。综上,本案多种证据证明房屋并不是徐贤一人的,而是由六兄妹一起协商管理和拥有,因此上诉人徐明一户可以分得六个家庭平分的539,334元,请求二审依法改判。

(二)被上诉人观点

(1)被征收房屋是被上诉人徐贤承租的公房,《实施细则》明确公房征收利益归承租人及同住人共有,且派出所、居委会已经出具证据证明被征收房屋自陈某搬离后没有家庭成员居住过。(2)2012年的协议书,并不涉及征收利益的分割,也没有明确六兄妹如何分割动迁补偿款,只是徐贤为了避免以后产生矛盾而想与其他家庭成员协商一致,但最终六兄妹没有达成一致意见。徐贤作为承租人既享有签约权,又享有被征收房屋的补偿利益。(3)房屋调配人是徐贤一个人,是鉴于徐贤对单位的贡献而由单位以2万元优惠出售价给徐贤的,但并不影响徐贤作为被征收房屋承租人享有的动迁利益。(4)上诉人徐明享受过福利分房,其仍然是房屋产权人之一,居住并不困难;至于其他上诉人,除徐梅外,原审认定非被征收房屋的同住人是正确的,因此不应当享有动迁利益。

（三）二审法院观点*

二审法院认为，尽管被征收的系争房屋原属于徐某及陈某承租的公有住房，但在徐某、陈某去世后，被征收房屋的承租人已于 2006 年经家庭协商变更为被上诉人徐贤，现系争房屋已被征收，因此徐贤作为承租人理当享有补偿利益。徐贤既已为被征收房屋的承租人，即被国家认可应当享有所承租房屋的居住、使用之权利，因此即使徐贤他处有住房，也不影响其作为被征收房屋承租人的动迁补偿利益。何况房屋仅有 14.40 平方米，对徐贤家庭而言仍然属于居住困难，因此原审认定徐贤户是被征收房屋的同住人，并享有相应的补偿利益是正确的。

至于其他各当事人基于户籍在被征收房屋内，但是否应当被认定为同住人并享有相应的房屋动迁补偿利益之问题，首先，应当尊重征收单位的表述，即被征收房屋户口数量与本案征收没有关联；其次，原审判决针对各当事人的情况——作了分析、认定，充分、详尽地阐述了理由，合法合理。

最终二审法院判决驳回上诉，维持原判。

本案例形成时间为 2015 年 9 月。

七、案例评析

（一）承租人不受享受过福利分房的限制

根据《高院解答》第 9 条的规定，"属于本市两处以上公房承租人的，其对各处被拆迁公房的补偿款均有权主张分割"。在司法实践中，此条款通常被理解为承租人不受他处福利分房、动拆迁等任何福利性政策的限制。因此，本案中，承租人徐贤虽曾享受过福利分房，但法院依据该政策依旧认定其可以享受房屋的征收补偿利益。

（二）征收补偿利益以均分为原则

根据《高院解答》第 9 条的规定，"承租人、同住人之间，一般遵循一人一份、均等分割的原则取得拆迁补偿款"。公有承租房屋的所有权属于国家，租赁凭证记载的承租人一般是家庭成员协商一致选出或者由出租人指定的，因此承租人仅是该户同住人的代表人，本身并不存在被照顾的情形，其对该房屋享有的权利与同住人是一致的。在分割征收补偿利益时，法院认为承租人和同住人应当均等分割。本案中，一审和二审判决采纳的便是该原则，在承租人和同住人各方均没有适当照顾的因素时，法院确定各人均分征收补偿款。

---

* 上海市第一中级人民法院二审民事判决书，(2015)沪一中民二(民)终字第 1705 号。

(三) 房屋的原始受配人应当适当多分

公房的来源一般是单位分配、当事人出资购买,或者是原来房屋调配。由于房屋特殊的社会性质,当事人只能获得房屋的居住使用权,无法获得房屋的产权。因此,房屋的原始受配人对公房的取得有更多的贡献,可以被认定为房屋的准产权人,该房屋被拆迁或者征收时,该类人员应当适当多分。

公房承租人变更后能撤销吗?

林 琴[*]

一、争议焦点

原承租人的子女未签字,承租人变更后还能撤销吗?

二、主要人物关系

李某为××路××弄××号××室公房的原承租人,户籍在系争公房内。李某育有长女方某1、次女方某2、三女方某3、儿子方某4四名子女,方某5系方某4的女儿,征收时为系争公房的承租人。2002年4月12日,李某亡故后户口注销。李某死亡时,方某1、方某2、方某3、方某4的户籍均不在系争公房内。

三、案情简介

2002年5月,方某4向某房管所提交申请书,申请书载明:"房管所领导:因我母亲病逝,我们姐弟四人商量后决定,我们母亲的房子由兄弟他们住,原来的房卡转为兄弟的名字。谢谢。方某3、方某4、方某1、方某2,2002年5月2日。"

2002年6月,方某4登记为系争公房承租人。在登记记录中记载,"2002年5月21日更动表,1428号,李某已病故,其儿子方某4申请更改租赁户主。经方某4兄弟姐妹签名同意,办理给方某4租赁,从2002年6月1日起变更"。

2012年11月,方某4因病去世。同年12月,方某5向某房管所提交申请书、协商一致书和书面承诺。协商一致书和书面承诺均载明:承租人方某4于2012年11月26日病故。因本处无同住人,同意将租赁房之承租人由方某4改为方某5。

---

[*] 上海市联合律师事务所律师,上海市律师协会第十一届不动产征收(动迁)专业委员会委员。

方某2、方某3对于2002年5月的申请书中方某2和方某3的签名不予认可。依据方某2、方某3申请,一审法院依法委托司法鉴定科学研究院对申请书中"方某1""方某2""方某3"的签字进行司法鉴定。根据鉴定单位出具的司法鉴定意见书,申请书中的"方某2"和"方某3"并非本人签字。由于缺少"方某1"同期的检材,故无法确认"方某1"签字是否为方某1本人签署。

四、各方观点

(一)原告观点

原告方某2和方某3认为:系争公房长期以来由原告母亲李某承租。2002年4月,李某去世,两原告多年来始终未参与该公房的承租人变更程序,故两原告一直认为系争公房登记的承租人为李某。近期,因系争公房可能涉及拆迁,两原告经问询才得知系争公房已由被告方某5承租。经查询相关材料,在李某去世后,方某4持四姐弟签名的申请书变更了承租人,方某4去世后,系争公房的承租人又变更为被告方某5。然而两原告从未签署过该申请书。两原告认为,系争公房原由李某承租,其死亡后应由四名子女协商确定承租人。而方某4通过伪造申请书的方式擅自将承租人变更为自己,方某4死亡后再行变更均违反法律规定,应当予以撤销。

(二)被告观点

被告方某5认为:系争公房原由李某承租,承租人变更为方某4合法合情合理,不同意原告诉请。

被告方某1认为:其知晓李某同意将系争房屋给方某4承租,因此应当维持目前的承租人。

(三)第三人观点

第三人某房管所认为:两原告和方某4在李某去世时户籍均不在系争公房内。然而,第三人指定的承租人方某4系原承租人李某的儿子,其事实上一直与承租人生活,照顾李某起居直至去世,有实际居住情形。

五、法院观点

(一)一审法院观点

一审法院认为,某房管所根据方某4的申请,以有上海市常住户口的共同居住人协商一致为由,变更系争公房承租户名为方某4,在方某4去世后进而变更为方某5。根据某房管所陈述,其系依据方某4提交的申请书进行的形式审查,因为当时方某4是承租人唯一的儿子,根据习俗和民间习惯,某房管所将系争公房承租人变更为方某4。现经司法鉴定,该申请书中方某2和方某3的签名并非两人字迹,故某房管所此前依据该申请书变更承租人程序上显然存在瑕疵。而方某 5 的承租人资格系从方某 4 处继受,因此,方某 4 和方某 5 的承租人资格应当予以撤销。承租人资格被撤销后,某房管所可另行根据租赁公房相关规定重新确定系争公屋的承租人。一审法院判决如下:撤销某房管所确定方某 4 和方某 5 为系争公有居住房屋承租人的行为。

一审法院判决之后,原审被告方某 5 不服提起上诉。

(二) 二审法院观点*

二审法院认为,本案所涉房屋属于公有居住房屋,原承租人李某死亡后,根据相关政策规定某房管所需要确定新的承租人。方某 1 作为四姐弟中的大姐,在本案中明确表示对方某 4 成为系争公房的承租人无异议,并表示方某 2 和方某 3 也是知情的。另外,根据方某 2 和方某 3 在二审中的陈述,李某死亡后,四姐弟对系争公房的处理有过协商,但方某 2 和方某 3 表示协商的内容仅涉及系争公房的收益,显然不符合常理。再结合系争公房的租金一直由方某 4 一家向某房管所缴纳,其收益也是由方某 4 一家在享有,方某 2 和方某 3 在系争公房承租人经过两次变更的长达十几年间,均未提出任何主张。由上述分析可见,母亲李某死亡后系争公房承租人变更为方某 4 是四姐弟协商一致的结果。后申请书上的签名虽经鉴定非方某 2 和方某 3 本人所签,但这并不代表两人对此不知情。另外,根据某房管所在一审中提供的两位邻居的调查笔录及方某 1 的陈述可知,李某去世前都是方某 4 一家在照顾。因此方某 4 作为李某唯一的儿子,对母亲尽到赡养义务,母亲死亡后,系争公房的承租人确定为方某 4,也符合农村的习俗和民间习惯。现因系争公房可能涉及拆迁,方某 2 和方某 3 在时隔十几年后向法院起诉要求撤销某房管所确定方某 4 为承租人的行为,显然有违诚信原则,法院不予支持。鉴于某房管所确定方某 4 为系争公房承租人的行为符合相关规定,方某 4 死亡后,其女儿方某 5 成为系争房屋的承租人,亦符合相关规定。综上所述,方某 5 的上诉请求成立。一审判决有误,法院依法予以纠正。判决如下:(1)撤销一审民事判决;(2)驳回方某 2、方某 3 要求撤销某房管所确定方某 4 和方某 5 为系争公有居住房屋承租人行为的诉讼请求。

本案例形成时间为 2019 年 12 月。

六、案例评析

本案是公有房屋承租人资格撤销案件,显而易见,本案的一审和二审判决大相径庭,不得不让人深思。本案案情有其特殊性,在原承租人李某死亡时,方某 1、方某 2、方某 3、方某 4 的户籍均不在系争公房内。而方某 4 持四姐弟签名

---

* 上海市第一中级人民法院二审民事判决书,(2019)沪 01 民终 8616 号。

的申请书变更了承租人,承租人后又变更为方某5。一审法院认为申请书中方某2和方某3的签名并非两人字迹,故某房管所此前依据该申请书变更承租人程序上显然存在瑕疵。因此,方某4和方某5的承租人资格应当予以撤销。二审法院认为,方某2和方某3在系争公房承租人经过两次变更的长达十几年间,均未提出任何主张,可见系争公房承租人变更为方某4是四姐弟协商一致的结果。后因系争公房可能涉及拆迁,方某2和方某3便起诉方某4的行为,显然有违诚信原则。

众所周知,公房是中国特殊经济社会环境之下的历史产物,大多数公房年代久远,居住条件较差。但随着近些年上海动拆迁项目增多,公房涉及巨大的拆迁利益,老破旧的公房从原来的无人问津变成现在的引人注目,尤其是那些确定拆迁或可能涉及拆迁的公房,但凡与其有些关联的人员都会纷纷对之前承租人的变更提出异议,以此来达到获得动拆迁利益的目的。提出异议的当事人势必会给变更后的承租人带来利益损害,双方就会因此产生矛盾,最终导致大量诉讼产生。

笔者认为,公房的租赁合同关系其实是公房管理部门或其委托的物业管理单位作为出租人与承租人建立的租赁关系,那么相应事宜应当由合同双方的当事人自行确定。但是,公房承租对象又有其特定性和特殊性,并非所有人都有资格成为公房承租人。因此,在出租人确定了承租人后,当事人对承租人的资格提出异议的,可通过诉讼寻求救济。但是,法院审理异议的范围仅限于审查出租人确定的承租人是否具备承租人的资格,如果查明出租人确定的承租人确实不具备承租人资格,因此不应被确定为承租人,可以撤销出租人的确定行为,但不能代替出租人直接指定承租人。如果出租人确定的承租人具备承租人资格,应当驳回异议人提出的异议。

那么公房的原承租人死亡的,如何确定新的承租人呢?根据《上海市房屋租赁条例》第41条以及沪房地资公〔2000〕98号第12条的规定,公有居住房屋的承租人死亡的,其生前在本处有本市常住户口的共同居住人协商一致,要求变更承租户名的,出租人应予同意。协商不一致的,出租人应当按照下列顺序书面确定承租人:原承租人的配偶、子女(按他处住房情况,本处居住时间长短)、父母、其他人(按他处住房情况,本处居住时间长短)。公有居住房屋的承租人死亡,其生前在本处无本市常住户口的共同居住人的,其生前具有本市常住户口的配偶和直系亲属协商一致,要求变更租赁户名的,出租人应予同意。协商不一致的,出租人应当按照下列顺序书面确定承租人:原承租人的配偶、子女(按他处住房情况)、父母、其他直系亲属(按他处住房情况)。笔者认为,公房管理方应当根据我国的房屋租赁与住房保障制度,结合房屋所在家庭的实际居住与落户情况,在承租人的指定与变更方面作出适当、合理的决定。

违规变更承租人,户籍在册人员可以申请法院撤销吗?

秦志刚[*]

一、争议焦点

申请变更承租人是否需要全部户籍在册人员签字?

二、主要人物关系

王华(2001年死亡)与葛某某(2011年死亡)系夫妻关系,王平、王刚系二人之子,钱丽丽与王平系夫妻关系。

三、案情简介

系争房屋原系王华承租的公有住房。2005年1月,王刚向物业公司提交更户申请,更户申请载明:"我住某某路某弄某号,原承租人王华是我父亲,于2001年2月7日去世,现实际居住人是我本人,经征得母亲同意,将承租人改为我本人王刚。"该申请书上载有申请人王刚、同意人葛某某的签名。同日,王刚提交《更户申请协议书》,该协议书载明,申请人王刚住某某路某弄某号(以下简称系争房屋),部位二间底层前客堂、底层后客堂,面积分别为13.3平方米和9.4平方米,月租38.20元,原承租人王华于2001年2月7日因病死亡,现经同住亲属协商一致同意,申请将原承租户名王华更改为王刚,申请人户口在1981年9月26日迁入本处,从2001年2月7日起承租,申请更户的房屋内,有本市常住户口簿一本,共有常住人口一人,即王刚。同年1月8日,物业公司向葛某某做询问,葛某某表示同意将系争房屋租赁户名更改为王刚。同年1月10日的房屋管理签报单载明,系争房屋的租赁户名为王华,拟更户名为王刚;处理意见为:系争房屋承租人王华于2001年2月7日报死亡,现有其子王刚来函申请更户,经核,该户常住户口一人,经其母亲葛某某当面同意,愿将承租人更改为王刚,根据《上海市房屋租赁条例》有关规定,拟更户为王刚等。嗣后,系争房屋承租人变更为王刚。

---

[*] 上海华夏汇鸿律师事务所律师,上海市律师协会第十一届不动产征收(动迁)专业委员会委员。

然而，王刚提出更户申请时，系争房屋内实际有两本户口簿：一本为钱丽丽，另一本为王刚，共计2人户口。其中，钱丽丽的户口于1988年2月从本市某某路房屋迁入，王刚的户口于1981年9月26日从本市某某路房屋迁入。

钱丽丽知晓后，向法院提起诉讼，请求撤销物业公司颁发的系争房屋承租人为王刚的租用居住公房凭证，将承租人恢复至王华名下。

四、各方观点

（一）原告观点

在原承租人王华2001年去世后，被告王刚以家庭内部协商一致为由向物业公司申请变更承租户名，但其仅向物业公司提交了一本户口簿，物业公司在收到申请材料后，未经调查核实，即根据被告提交的书面材料颁发了王刚为承租人的租用居住公房凭证。原告钱丽丽于2017年10月为丈夫王平办理户口迁移手续时，对承租人是否仍为王华产生怀疑，直至2018年9月物业公司才告知系争房屋承租人已经变更为王刚。

（二）被告观点

被告王刚认为，2005年办理承租人变更手续时，其并不知道钱丽丽的户口在系争房屋内，其系根据物业公司的要求提供相应材料。当时若知道原告的户口在系争房屋内，母亲葛某某肯定会要求原告同意将承租人变更为王刚。系争房屋分为两间，被告和葛某某使用大间，原告使用小间，王华去世后，原告将其使用的小间对外出租产生收益，因此葛某某要求原告和被告每年轮流支付租金，原告前往物业公司缴纳租金时，物业公司肯定会出具租金收据，收据上写明承租人为王刚，因此原告早就知晓承租人变更为被告，但其十几年来从未提出过异议。原告之所以提出本案诉讼，是因为其要求将王平户口迁入系争房屋未获同意。根据相关法律规定，公房原承租人死亡后，家庭内部若对承租人变更未协商一致，由物业公司依据顺序指定承租人，指定的承租人也会是被告。

（三）第三人观点

第三人物业公司认为，系争房屋内有两本户口簿，原告的户口迁入系争房屋时是独立的户口簿，并非迁入被告父母的户口簿后再进行分户，因此在2005年被告申请变更承租人时，第三人并不知道原告的户口也在系争房屋内。根据相关规定，有两本户口簿的，需要经过两本户口簿上所有的户籍在册人员签字同意才能更户，若第三人当时知道还有另一本户口簿，是不会办理承租人变更手续的。

五、法院观点*

法院认为,根据《上海市房屋租赁条例》以及沪房地资公〔2000〕98号的规定,公有居住房屋的承租人死亡的,其生前在本处有本市常住户口的共同居住人协商一致,要求变更承租户名的,出租人应予同意。原承租人王华死亡后,被告王刚系以家庭成员协商一致同意更改户名为王刚为由提出更户申请,原告钱丽丽作为户口在册人员,变更承租户名理应获得其同意,而第三人物业公司在审核更户申请时,遗漏了原告的户口在册情况,未征询原告的意见,便核准了被告的更户申请,侵害了原告的合法权益;原告要求撤销被告王刚系争房屋的承租人资格,并将承租人恢复为王华的诉讼请求,理由正当。

据此,法院判决撤销第三人物业公司确定被告王刚为系争房屋承租人的行为,将该房屋承租人恢复为王华。

本案例形成时间为2019年3月。

六、案例评析

公房承租人系公房的租用公房凭证上记载的人,租用公房凭证一般只记载一人。承租人的变更需遵循一定的法律程序,一般情况下分为以下两种情形:

1. 原承租人在世时,协议变更。根据《上海市房屋租赁条例》第40条第1款的规定,公有居住房屋承租人与本处有上海市常住户口的共同居住人协商一致,要求将承租户名变更为本处有上海市常住户口的共同居住人之一的,出租人应予同意。因此,只需要房屋的原承租人和符合共同居住人条件的户口在册成年人协商一致,并到房屋所在地的公房物业管理公司签订书面变更协议,就可以直接变更承租人,无须其他同住人签字或者同意。此处需要注意的是,新的承租人必须满足该公房同住人条件,否则物业公司可以不予准许。

2. 原承租人死亡的,需要所有成年同住人协商一致确定承租人,协商不成的,由出租人指定。根据《上海市房屋租赁条例》第41条的规定,公有居住房屋承租人死亡的,其生前的共同居住人在该承租房屋处有上海市常住户口的,可以继续履行租赁合同;其生前的共同居住人在该承租房屋处无上海市常住户口或者其生前无共同居住人的,其生前有上海市常住户口的配偶和直系亲属可以继续履行租赁合同。可以继续履行租赁合同者有多人的,应当协商确定承租人。协商一致的,出租人应当变更承租人;协商不一致的,由出租人在可以继续履行租赁合同者中确定承租人。租赁关系变更后,原承租人的生前共同居住人仍享有居住权。

---

* 上海市虹口区人民法院一审民事判决书,(2018)沪0109民初33671号。

关于承租人变更程序，特别说明三点：

1. 承租人死亡，其生前共同居住人有多人的，应当协商一致确定新的承租人。实践中，很多同住人在未经其他在册同住人同意的情况下，采取欺骗出租人的方式获得承租人资格，如代替其他成年同住人签字、伪造协商一致的合同、隐瞒其他同住人存在等方式。本案中，王刚在申请变更承租人时，隐瞒两个户口簿的事实，仅由一个户口簿上的同住人签字，必然侵害其他同住人的权利，因此法院依法撤销了其承租人的资格。

2. 同住人协商一致变更承租人是出租人指定承租人的前置条件，只有同住人协商不成时，物业公司才指定；且未经协商，物业公司不得指定。承租人死亡后，有些同住人为了获得承租人资格，就与物业公司恶意串通，在未经家庭协商或者未经其他人同意的情况下，指定其中一人为同住人。如此操作属于程序违法，同样会被法院撤销。

3. 承租人死亡后，出租人指定承租人时有一定的顺序。根据沪房地资公〔2000〕98号的规定，同住人协商不一致的，出租人应当从在本处有上海市常住户口的共同居住人中，按照下列顺序书面确定承租人：(1)原承租人的配偶；(2)原承租人的子女(按他处住房情况，本处居住时间长短)；(3)原承租人的父母；(4)其他人(按他处住房情况，本处居住时间长短)。或者承租人死亡，其生前在本处无上海市常住户口的共同居住人的，其生前具有上海市常住户口的配偶和直系亲属协商一致，要求变更租赁户名的，出租人应予同意。协商不一致的，出租人应当按照下列顺序书面确定承租人：(1)原承租人的配偶；(2)原承租人的子女(按他处住房情况)；(3)原承租人的父母；(4)原承租人的其他直系亲属(按他处住房情况)。

需要注意的是，并非所有违规变更承租人的行为都会被法院撤销。有时法院会考虑社会的稳定性、其他同住人对新的承租人默认等客观现实问题。虽然变更承租人或者指定承租人的程序存在违规违法情形，但法院可能依旧会驳回原告诉请。因此，法院对于每一个案件都需要认真区别对待，每一个案件的具体事实存在一定的差异，需要考虑的法律效果与社会效果必然不同。

征收过程中被指定为承租人不当然享有征收补偿利益

陈元奇[*]

一、争议焦点

征收过程中被指定的承租人,是否仍需要符合同住人的条件?

二、主要人物关系

田某与其配偶(先于田某去世)共育有田 a、田 b、田 c、田 d。田某 d 系田 d 之女,田 d 配偶即田某 d 之母于 2001 年去世,田 d 于 2002 年去世。魏某 c 系田 c 之子。

三、案情简介

(一)房屋情况

系争房屋为公房,其原承租人为田某,田某于 2009 年去世,田某去世后承租人一直未变更,征收过程中田 b 被指定为承租人。征收决定作出时,系争房屋内有田某 d、田 b、田 a、田 c、魏某 c 五人的户籍。

(二)户籍情况

田某 d 户籍系 1985 年 5 月从 LS 路房屋迁入,田 b 户籍系 2007 年 3 月从 SP 路房屋迁入,田 a 户籍系 2007 年 3 月从 BD 路房屋迁入,田 c 户籍系 2004 年 10 月从 GHX 路房屋迁入,魏某 c 户籍系 2004 年 10 月从 XM 路房屋迁入。

(三)征收情况

2020 年 9 月,系争房屋被纳入征收范围。2020 年 10 月,上海市 × 区住房保障和房屋管理局(甲方)、×房屋征收服务事务所有限公司与田 b 签订《上海市国有土地上房屋征收补偿协议》。根据协议约定,系争房屋价值补偿款 270 余万元,装潢补偿 17 万元,各项奖励补贴 83 万元,结算单另有奖励费 40 万元。

(四)居住情况

田某 d 称,系争房屋取得后由田某夫妇与子女共同居住,田 a、田 b、田 c 结婚后相继搬出。田 a 单位福利分房获得 BD 路房屋,田 b 居住在妻子家中,田 c 居住在丈夫家,魏某 c 从未居住过。自田某 d 1986 年出生后系争房屋即由田

---

[*] 上海市天一律师事务所律师,上海市律师协会第十一届不动产征收(动迁)专业委员会委员。

某夫妇与田某 d 一家三口居住,后田 d 夫妇、田某夫妇相继去世,田某 d 居住至 2010 年,之后搬至亲戚 DY 新村的房屋内居住,田某 d 搬出后系争房屋空关至被征收。

田 b 称,系争房屋取得后由田某夫妇与子女共同居住,田 b 于 1981 年结婚后搬至女方家,有时回来照顾父母而居住在系争房屋内,在田某 2009 年去世后就未再回来居住过。田 a、田 c 结婚搬出后从未回来居住,魏某 c 从未居住过。田某 d 小时候居住过,2007 年就搬出。系争房屋自 2009 年起空关。

田 a、田 c、魏某 c 称,系争房屋取得后由田某夫妇与子女共同居住,田 b 结婚前当兵搬出后就未再回来居住。田 c 结婚后搬至男方家居住,魏某 c 出生后随田某夫妇在系争房屋内居住到 1993 年,2006 年至 2009 年田 c 住回系争房屋。田 a 于 20 世纪 70 年代结婚,与配偶一同在系争房屋内居住至 1994 年,分得 BD 路房屋后搬出,2006 年至 2009 年为了照顾田某在系争房屋附近借房居住。田某 d 小时候居住过,2006 年已不居住,系争房屋自 2009 年起空关直至被征收。

(五)他处住房情况

1. 田 b

1994 年,某单位分配 SP 路公房,承租人为陈某(田 b 的配偶),新配房人员为陈某、田 b、田某 b,使用面积 23 平方米。2005 年,陈某购买了该房屋,产权人为陈某,"购买公有住房职工连续工龄证明"显示所用系田 b 的工龄。

2. 田 a

1991 年,某单位分配 BD 路公房,承租人为田 a,新配房人员为田 a、胡某、田某 a,使用面积 22 平方米。1994 年,田 a 购买了该房屋,产权人为田 a。

3. 田 c、魏某 c

1995 年,因 FY 路公房动迁,分得 GHX 路公房,承租人为魏某(田 c 的配偶),新配房人员为魏某、田某、魏某 c,使用面积 31 平方米。2000 年,魏某与田 c 购买了该房屋,产权人系魏某、田 c。

四、一审各方观点

(一)原告观点

原告田某 d 认为,其自幼居住在系争房屋内,他处无房,至今仍在外借房居住,符合共同居住人标准。田 b 虽然在征收过程中被指定为承租人,但其仅具有签约代表职能,田 a、田 b、田 c、魏某 c 在本市均享受过福利性质房屋,并根据优惠政策将产权买下,均系本市他处有房,且户籍迁入系争房屋后未实际居住,不属于共同居住人。故系争房屋征收补偿利益均应归原告所得。

(二)被告观点

1. 田 b

田 b 认为,田某 d 户籍迁入系照顾性质,其居住在 DY 新村房屋内,未在系争房屋内实际居住。承租人系依据实际居住情况、长幼秩序指定,故田 b 要求分得全部征收补偿利益。

2. 田 a、田 c、魏某 c

田 a、田 c、魏某 c 认为,田某 d 仅在年幼时居住在系争房屋内。田 b 享受过福利分房,仅为征收过程中的签约代表,并非真正意义上的承租人。故征收补偿利益应当由原被告五人均分。

五、法院观点

(一)一审法院观点

一审法院认为,田某 d 在系争房屋内实际居住,且他处无房,应认定为共同居住人;田 b 在征收过程中被指定为承租人,权限仅限于代表被征收户协商并签订征收协议、腾退被征收房屋等,其地位应参照共同居住人标准进行认定,其户籍从 SP 路房屋迁入,SP 路房屋由其配偶陈某买下产权,所用系田 b 的工龄,其无须系争房屋安置其居住,且无证据证明其户籍迁入后曾实际居住,不应认定为共同居住人;田 a 户籍自 BD 路房屋迁入,该房屋系其单位福利分房,不应认定为共同居住人;田 c、魏某 c 享受过动迁安置,不应认定为共同居住人。故系争房屋的征收补偿利益应由田某 d 取得。

(二)二审法院观点*

田 b 不服一审判决,提起上诉。其认为:(1)系争房屋系田某承租,不涉及作为孙辈的田某 d。(2)田 b 在系争房屋被纳入征收范围前已经成为承租人,且未享受过福利分房与拆迁安置,应享有系争房屋承租人的权益和征收补偿利益。其被指定为承租人也反证了其在系争房屋内实际居住生活连续一年以上。(3)田 b 户籍长期在册,2007 年为了照顾父亲将户籍迁回并居住。(4)2010 年田 b 被鉴定为大部分丧失劳动能力,客观上无法居住,故不应简单认定未居住。(5)一审法院错误认定田 b 使用其工龄为其配偶陈某的房屋购买产权,但不论其是否使用工龄购房均不影响其作为承租人的权利,田 b 从未享受过拆迁和福利分房,依法应当享有征收补偿利益。

二审法院认为,在案证据证明,田 b 系因系争房屋被征收才被指定为系争房屋的承租人,一审法院认为其仅享有代表被征收户协商并签订协议、腾退被

---

* 上海市第二中级人民法院二审民事判决书,(2021)沪 02 民终 8843 号。

征收房屋的权限,其地位仍应参照共同居住人标准进行认定是正确的。陈某在购买 SP 路房屋产权时,田 b 系该房屋的同住成年人,并且是以其工龄购买了产权,属于享受过福利性质房屋,田 b 在户籍迁入系争房屋后的居住状况无法改变其已丧失系争房屋共同居住人资格这一事实,一审法院认定田 b 非系争房屋的共同居住人并无不当。故田 b 的上诉请求,依据不足,不予支持。判决驳回上诉,维持原判。

本案例形成时间为 2021 年 11 月。

六、案例评析

根据《实施细则》第 44 条的规定,"公有房屋承租人所得的货币补偿款、产权调换房屋归公有房屋承租人及其共同居住人共有"。根据《实施细则》第 51 条第 2 项的规定,"公有房屋承租人,是指执行政府规定租金标准、与公有房屋产权人或者管理人建立租赁关系的个人和单位"。所以在公有房屋征收补偿利益的分割中,承租人有着所谓的"不灭金身"。

但有一种情况是例外,即在房屋征收过程中,因房屋承租人去世,在册户籍人员无法就签约主体达成一致时,由评议小组推荐,房屋出租人指定一人为承租人,作为该户签约代表签订征收补偿协议。本案即是如此,征收过程中各方之间产生分歧无法协商推选签约代表,为了征收工作能顺利推进,房屋出租人指定了田 b 作为承租人,但其作用仅限于签署征收协议,作为这一户的签约代表履行行政协议,而不是为了与房屋出租人继续履行租赁关系,与正常取得的承租人是有本质上的区别的。

比如 2018 年的某案件,一审法院认为,虽然徐某户籍在系争房屋中,但是其从未居住过系争房屋……故徐某不符合同住人条件。同样,王某虽然户籍在册,但是亦未实际长期居住系争房屋,其家庭享受过×路房屋的住房福利,故王某亦不符合系争房屋同住人条件。系争房屋的原承租人及受配人均已去世,王某在征收前被指定为系争房屋新的承租人,但仅具有代表该户签订征收协议的职能。从承租人地位继受的资格上看,王某与徐某并无区别。综合考量系争房屋的来源、各方对房屋的贡献、居住状况等因素,法院酌情确定徐某分得系争房屋征收补偿款 140 万元。二审法院维持了一审判决。

综上,因房屋征收需要成为承租人并不当然享有征收补偿利益,仍需满足共同居住人的条件。若户籍迁入系争房屋后未实际居住或在本市他处享受过福利性质房屋,亦无权取得征收补偿利益。

与现承租人继受承租人资格相同地位的非同住人,可否分得征收补偿利益?

焦士雷[*]

一、争议焦点

在所有当事人均不符合共同居住人条件的情况下,与现承租人继受承租人资格相同地位的非共同居住人,是否有权分得被征收房屋的补偿利益?

二、主要人物关系

左某1与孙某系夫妻关系,左某3系二人之女,阮某系左某3的丈夫,左某2系左某1的姐姐。

三、案情简介

1. 房屋情况

系争房屋为公房,1996年由左某1、左某2的母亲吴某承租的公房拆迁安置所得,原由左某1、左某2的父亲左某(2011年去世)承租。2014年,系争房屋的承租人经协商一致变更为左某1,此后长期由左某1出租。

2. 户籍情况

系争房屋内有户籍人口为左某1、孙某、左某3、阮某、左某2。

3. 征收情况

2016年12月,系争房屋被纳入征收范围。2017年9月,左某1与房屋征收部门签订《房屋征收补偿协议》(以下简称征收协议)。按征收协议,系争房屋建筑面积15.10平方米,价值补偿款1,250,744.48元,装潢补偿7550元;该户选择房屋产权调换。

4. 他处福利情况

1998年8月,左某1承租公房拆迁,安置对象为左某1、孙某、左某3一家三口,三人共同共有该产权房屋。2015年6月,阮某及其父母因征收获得三套产权调换房屋,建筑面积合计242.47平方米。2003年1月,左某2在其婆婆承租的公房拆迁中获得货币安置,用于购买产权房,现已出售。

---

[*] 上海日盈律师事务所合伙人,上海市律师协会第十一届不动产征收(动迁)专业委员会委员。

四、各方观点

原告（暨上诉人）左某1认为：左某1于2014年经家庭协商一致，合法取得承租人资格，系争房屋的全部征收补偿利益应归左某1所有；孙某、左某3、阮某、左某2均不符合共同居住人条件，无权分得征收补偿利益。

被告（暨上诉人）孙某、左某3、阮某认为：系争房屋全部征收补偿利益应由本案5位当事人均分，孙某、左某3、阮某三人各分得征收补偿利益（包括房屋产权）的1/5。系争房屋是公房，不存在继承的概念，左某1成为承租人是家庭成员协商一致的结果，左某2不是共同居住人。本案5位当事人都享受过福利分房，情况相同，征收补偿利益（包括房屋产权）应由其均分。

被告（暨被上诉人）左某2认为：左某1、孙某、左某3、阮某的观点无事实和法律依据，考虑到权利、义务、地位等因素，左某2应分得相应的征收补偿利益。

五、法院观点

（一）一审法院观点

一审法院认为，左某1、孙某、左某3在系争房屋被征收前户籍在册，但均系自他处拆迁安置房屋迁入，未在系争房屋内实际居住，且享受过拆迁安置，不符合共同居住人条件。阮某虽户籍在册，但亦从未居住过系争房屋，且与房屋来源毫无关联，不符合共同居住人条件，无权分得征收利益。左某2亦从未居住过系争房屋，且曾享受过公房的拆迁安置，同样不符合共同居住人条件。

左某1于2014年经家庭协商一致成为系争房屋的承租人，但当时左某2亦户籍在册，双方与原始承租人的关系及在承租人资格继受方面地位相同。如果仅以左某1经协商成为系争房屋的承租人便认定全部征收利益归其所有，无疑将导致利益失衡。因此，左某2与左某1均有权分得系争房屋的征收利益。因系争房屋长期由左某1出租及管理，故与搬迁相关的奖励由左某1取得。

据此，一审法院判决产权调换房屋由左某1、左某2共同分得（按份共有，各占1/2产权份额），左某1还应分得货币补偿款60,000元。结合案件实际情况，因左某2分得的产权调换房屋价值超过其应分得的征收补偿利益，故应承担向征收单位支付房屋产权调换差价款及向左某1给付相应的货币补偿款。

（二）二审法院观点*

二审法院认为，孙某已经享受过拆迁或征收补偿利益，且其在户籍迁入系

---

* 上海市第二中级人民法院二审民事判决书，(2022)沪02民终181号。

争房屋后未实际居住,一审法院据此认定孙某不属于系争房屋共同居住人,并无不妥。左某1与左某2均曾享受过拆迁安置,且在户籍迁入系争房屋后亦未实际居住,在左某1成为承租人之前,左某1与左某2均不符合系争房屋共同居住人的条件。原承租人去世后,经家庭协商一致,左某1成为系争房屋承租人。鉴于左某1与左某2原地位相仿,如仅因其中一人经协商一致成为承租人,继而取得系争房屋全部的征收补偿利益,存在明显的利益失衡。一审法院综合系争房屋的来源、居住状况、承租人变更经过及当事人他处房屋情况等因素,从平衡双方利益出发,确定在左某1与左某2之间分配征收补偿利益,亦无不妥。鉴于左某1实际管理并出租系争房屋,一审法院认定左某1可适当多分,二审法院予以认同。左某1以左某2不属于共同居住人为由,主张全部征收补偿利益应归其所有,理由不能成立。虽然变更承租人时,孙某、左某3的户籍在册,但其与原始承租人的关系及在承租人资格继受方面与左某1、左某2地位并不相同,而阮某的户籍系于承租人变更后迁入,在此情况下,孙某上诉主张全部征收补偿利益应由在案5位当事人均分,缺乏相应依据。

最终,二审法院判决:驳回上诉,维持原判。

本案例形成时间为2022年2月。

六、案例评析

本案中,虽然左某1为现承租人,其他户籍在册人员不符合共同居住人条件,但左某1并不能获得全部征收补偿利益。究其原因:一是左某2和左某1与原承租人关系及在承租人资格继受方面地位相同;二是在变更承租人时,左某1与左某2协商一致后,确定左某1成为现承租人,即二人在继受承租人资格时地位并无优先顺序。若因左某1系现承租人而左某2不符合同住人条件,就将所有征收补偿利益归左某1所有,明显会导致利益失衡。本案体现了法院在平衡户籍在册人员之间分割征收补偿利益方面较高的审判智慧。

第二节　共同居住人相关案例

户籍及居住相关案例

分配房屋征收补偿利益时应着重保护实际居住人的利益

方　燕[*]

一、争议焦点

分配房屋征收补偿利益时,该如何均衡各方当事人之间的利益?

二、主要人物关系

承租人为孙某(已故)。孙1是孙某的女儿,袁某是孙1的儿子。孙2是孙某的儿子(已故),王某是孙2的妻子,孙4是孙2与王某的儿子。孙3是孙某的儿子(已故),孙3与田1是再婚夫妻(孙3去世后,田1再婚),田2是田1与前夫的女儿、孙3的继女,王1是田2的儿子(未成年)。

三、案情简介

系争房屋系公房,于新中国成立初期取得,原承租人为孙某。孙某去世后,房屋承租人未作变更。

孙某与妻子共生育2子4女。长子孙3早年去新疆支边,回沪后于1985年与田1结婚,田2与孙3、田1共同居住在系争房屋内。2000年,孙3去世。2004年,田1与田2搬出系争房屋,之后一直在外居住。2006年,田1与他人再婚。

次子孙2在系争房屋内报出生。1986年,孙2与王某结婚,婚后共同居住在系争房屋内。1987年孙4出生后,随孙2、王某共同居住在系争房屋内。2018年,孙2去世。征收时,系争房屋的实际居住人是王某、孙4。

孙1在系争房屋内报出生,结婚后搬出。1989年,孙1与丈夫协议离婚,

---

[*] 上海市光明律师事务所律师,上海市律师协会第十一届不动产征收(动迁)专业委员会委员。

约定二人所生之子袁某由孙1抚养,离婚后孙1携袁某居住在娘家即系争房屋内。孙1与袁某主张,二人在孙1离婚后曾在系争房屋居住至1996年。王某、孙4主张,孙1、袁某在孙1离婚后未在系争房屋内居住。

2019年5月31日,上海市静安区人民政府作出房屋征收决定,系争房屋被列入征收范围。2019年6月22日,孙4作为该户的签约代表,与征收部门签订了征收补偿协议。协议约定,该户不符合居住困难户的条件,选择货币补偿,协议内应得款项为4,458,243元。结算单确认发放费用495,038.51元。

征收时,系争房屋内共有2本户口本,7名户籍在册人员,即户主田1,户内成员为田1、田2、王1;户主王某,户内成员为孙1、袁某、孙4、王某。

一审中,田1、田2、王1主张孙1曾因前夫家动迁获得过安置,但未能提供证据证明。另外,王某父亲单位曾于1974年分配过住房,王某是配房人员之一,但王某当时未成年。

四、各方观点

上诉人王某、孙4认为,孙1与前夫在婚姻关系存续期间享受过动迁安置,且孙1离婚后未携袁某在系争房屋内实际居住过,故他们都不符合共同居住人条件。但鉴于孙1是原承租人的女儿,袁某是原承租人的外孙,与系争房屋均有一定关联,故同意孙1、袁某在房屋价值补偿款的范围内分得一定的征收利益。至于田1、田2和王1,也不属于共同居住人,理由是:田1因其与孙3的婚姻关系而迁入系争房屋,2000年孙3去世之后,田1与他人再婚并在外居住多年,故田1与原承租人之间已无家庭成员关系,与系争房屋的关系也不复存在;田2并非孙3的亲生子女,田2在田1再婚后一起搬出系争房屋,再加上田2的居住条件非常好,田2对系争房屋没有居住上的需求;王1系未成年人,出生后便由其监护人安排在他处居住,未在系争房屋内实际居住过。一审法院判决田1、田2、王1应分得的利益份额与实际居住人王某、孙4基本一致,显失公平,且难以保障王某、孙4征收后的住房需求,故主张多分。

上诉人孙1、袁某认为,孙1离婚后曾携袁某住回系争房屋,后因居住困难而搬出在外借房,自己从未享受过住房福利,符合共同居住人条件。在孙3去世后,田1带女儿田2搬出系争房屋,后与他人结婚十几年,在得知系争房屋即将被征收之后,为了获得征收补偿款,立即与他人离婚。王某的父亲在1974年享受过福利分房,王某也跟着享受了福利份额。一审法院判决结果明显偏袒其他当事人,请求二审予以调整。

被上诉人田1、田2、王1认为,根据法律规定,居住满一年即共同居住人。田1、田2均在系争房屋内居住满一年,符合共同居住人条件。田1回黑龙江照顾母亲,再回上海时,是王某不准田1居住,不能据此认定田1不是共同居住人。系争房屋本可选择房屋安置方式,但签约人选择了货币安置,田1、田2只想有房居住,远一点也没关系。因此,不同意上诉请求。

五、法院观点[*]

二审法院认为,考虑到尚无确凿证据表明孙1、袁某享受过福利分房,原审法院认定孙1、袁某可分得一定的征收补偿款,并无不当。田1因与孙3的婚姻关系居住在系争房屋内,田2与孙3也已形成抚养关系,故她们二人也可分得一定的征收补偿款。但鉴于田1已于2006年改嫁他人,田2早在2004年即搬离系争房屋,并不依赖系争房屋解决居住问题;孙1、袁某也多年未在系争房屋居住,故田1、田2、孙1、袁某所分得的征收补偿款应相当,且较王某、孙4少分。一审法院酌定给予田1、田2的金额过多,给予王某、孙4的金额过少,应适当予以调整。二审另查明系争房屋有140,000元奖励费,为减少当事人诉累,一并处理。据此,判决撤销原判决,改判孙1、袁某分得款项1,000,000元;王某、孙4分得款项3,000,000元;田1、田2分得款项1,093,281.51元。

本案例形成时间为2020年10月。

六、案例评析

笔者是该案二审的代理律师,在查看了一审案件材料后发现,一审的代理律师未对该案进行充分的调查取证,以至于当事人的观点没有被一审法院采纳。

梳理案情后,笔者确定了以下调查方向:(1)收集孙4、王某长期居住在系争房屋内直至房屋被征收的证据,以证明他们实际居住,对系争房屋有所依赖;(2)收集孙4、王某经济困难的证据,以证明他们的自身条件难以满足在市场上购房的需求,亟须通过分得的款项解决居住问题;(3)调查孙1婚内作为拆迁安置对象的证据,以证明孙1享受过福利性分房;(4)调查孙1离婚后的实际居住情况,以证明孙1、袁某户口迁入系争房屋并非基于居住上的需求;(5)调查田1再婚后实际居住情况,证明田1再婚后的居住权已在他处得到了保障;(6)调查田2、王1目前的住房情况,证明田2、王1在原审中"长期在外借房居住"的陈述不真实;(7)调查该户已经结算的全部征收补偿利益金额。

为了证明孙4、王某长期居住在系争房屋内,笔者团队收集了当事人在系争房屋内结婚时拍摄的照片(可证明系争房屋是婚房,与王某、孙4关联密切)、居住期间缴纳公用事业费及租金的凭证(时间跨度从20世纪90年代至房屋被征收);为了证明孙4、王某经济困难,目前无其他住房,笔者团队收集了孙

---

[*] 上海市第二中级人民法院二审民事判决书,(2020)沪02民终6590号。

4因工致残的证据以及孙4、王某目前在外借房居住的证据。这些证据形成了证据链,证明孙4、王某依赖系争房屋,为当事人要求多分得征收补偿款项的上诉理由提供了坚实的依据。该观点也最终为二审法院所采纳。

为了调查孙1婚内享受过动迁安置的情况,笔者去了孙1原住房所在地的派出所查阅户口迁移情况,发现孙1原住房系原拆原建的安置房,被拆迁房屋是孙1婆家的住房,当时分配了三套安置房,孙1和前夫取得其中一套,时间发生在他们结婚后。之后,笔者又去物业公司查阅房屋调配情况,但物业公司表示,待调查的房子原为上海某制药厂联建,相关资料均由上海某制药厂保管,物业公司没有留存。于是,笔者又查询到上海某制药厂现已改制为上海某药业有限公司,几经周折终于找到了上海某药业有限公司的工作人员,说明情况后,对方表示愿意配合调查。但之后告知由于时间久远且单位改制,很多材料交接保管不完善,所以没有找到要调查的这套房子的动迁资料。笔者又联系了某区公房资产经营公司、确权登记中心等部门,查询该房的动迁资料,但均未查到。虽然动了很多脑筋、去了很多部门,但最终因年代久远而未能查到相关资料,这也是笔者对此案感到遗憾的地方。但对孙1、袁某住房的调查工作,还是有收获的。笔者查到,1998年孙1原住房出售后,孙1的前夫又购买了某路的商品房,并将产权相继登记在孙1、袁某名下,该房也是孙1、袁某的实际居住地。显然,孙1在原审中关于"离婚后先是居住在系争房屋内,后搬出在外借房居住"的陈述与事实不符。

针对田1、田2、王1的调查工作则较为顺利。笔者调查到田2、王某于2014年共同购买了海笛路的一套连体别墅,建筑面积达200多平方米。经走访该房所在地居委会,证实了田1、王1实际居住在该别墅内。由此可见,田1、田2、王1原审中关于"一直在外借房居住,没有任何住房"的陈述,也是不真实的。此外,笔者还调查到田1得知系争房屋被征收后,为了多分补偿款,立即与丈夫协议离婚,而离婚的时间发生在征收公告作出之后。这些事实,原审中或者没有查明,或者是作出了错误的认定。而这些事实对于"田1、田2应少分征收补偿款项"的观点起到了重要的作用。

由于笔者对系争房屋所在地块的征收补偿方案比较熟悉,知晓该地块在2019年年底给每户发放了搬迁奖励50,000元、签约奖励90,000元,而原判决却遗漏了这两笔奖励费用,未作出处理。于是,笔者调取了上述奖励费用的结算单,作为证据提供给了二审法院。最终二审法院对上述奖励费用一并作出了处理,减少了当事人的诉累。

当事人收到二审判决书后,比较认可。相比原判决,他们多分得将近100

万元的款项,大大缓解了他们的购房压力。笔者认为,此案之所以能取得较好的效果,一是上诉切入点的选择是准确的,即原判决结果是否达到当事人之间的利益平衡;二是调查取证工作扎实,很有力地支撑了我们的上诉理由。政府征收房屋的目的是改善居民的居住条件和生活环境,征收补偿利益分配时应当优先考虑实际居住人的居住利益。对于选择货币补偿的被征收户,依赖被征收房屋居住的人员可分得的款项应当满足他们在市场上购房的实际需求。由于每个案件的具体情况都是不同的,所以很难用一把尺子去衡量。即便有类似的案例,也不能完全照搬。作为律师,更应该详细地了解案情,找出对当事人有利的观点并收集相关的证据加以证明,这样才能更好地维护当事人的利益,取得好的办案效果。

户籍在册人员未在系争房屋内实际居住能否获得征收补偿利益?

张崇华[*]

一、争议焦点

公房征收,户籍在册人员未在系争房屋内实际居住,能否获得征收补偿利益?

二、主要人物关系

何某系白某 A 之子,白某 A 与白某 B 系姐妹。

三、案情简介

上海市宝带弄×号房屋(以下简称系争房屋)被列入征收范围,该房屋系公房,征收时在册户籍为 3 人,即原告白某 A、何某和被告白某 B。

系争房屋原承租人为白某,于 1996 年 2 月报死亡,2010 年经原、被告协商一致,承租人变更为被告白某 B。

2018 年 9 月,系争房屋被列入征收范围。2018 年 10 月,被告与征收单位签订了《征收补偿协议》。系争房屋的价值补偿款为 3,434,181.29 元(其中评估价格 2,077,933.92 元、价格补贴 613,342.37 元、套型面积补贴 742,905

---

[*] 上海市天一律师事务所合伙人,上海市律师协会第十一届不动产征收(动迁)专业委员会副主任。

元),装潢补贴 20,640 元;其他各类补贴、奖励费用包括签约奖励费 531,400 元、家用设施移装费 2000 元、搬迁费 1000 元、无搭建补贴 100,000 元、均衡实物安置补贴 825,600 元、临时安置费 30,000 元、搬迁奖励费 416,280 元、征收补偿费用计息 66,578.56 元。

原告白某 A 户籍于 1994 年 12 月自外省迁入系争房屋;原告何某户籍于 1994 年 5 月迁入系争房屋,1994 年 9 月迁往高校,于 1999 年 10 月因高校毕业迁入系争房屋。被告白某 B 于 1940 年在系争房屋内报出生。

2010 年 6 月 9 日,被告申请变更系争房屋租赁户名,更改租赁户名申请书载明:"上述更改户名申请已征得全家成年人同意,并保证共同居住人的居住权及今后如有政策回沪亲属有居住使用权。"该申请书中"本处家庭人员户口情况表"一栏为原、被告三人,"年满 18 周岁同住人盖章"一栏也为原、被告三人。

庭审中,原告确认被告一直居住在系争房屋内,被告确认原告白某 A 自出生起居住在系争房屋内直至离沪插队。

四、各方观点

原告白某 A、何某认为,白某 A 系回沪知青,何某系知青子女,均系根据国家政策迁入系争房屋,在本市他处无福利性质房屋,因家庭矛盾无法实际居住在系争房屋内,且变更承租人时,被告认可原告方为同住人并承诺原告方享有居住权,故两原告系共同居住人。

被告白某 B 认为,原告何某迁入系争房屋属于帮助性质。被告自原承租人去世后独自居住在系争房屋内,两原告迁入系争房屋后未实际居住,对房屋没有贡献,且被告系孤老,没有配偶和子女,故应考虑被告的实际情况和养老需求。

五、法院观点[*]

法院认为,两原告户籍迁入时,系争房屋的承租人为白某,且被告在办理承租人变更时承诺保证共同居住人的居住权,故两原告有权参与系争房屋征收补偿利益的分割。综合考虑房屋来源、使用情况、在他处有无福利性质房屋等因素,遵循公平合理原则,酌情判决两原告获得征收补偿利益 300 万元。

本案例形成时间为 2019 年 8 月。

六、案例评析

本案系因房屋征收补偿利益无法协商一致而产生的共有纠纷。《实施细

---

[*] 上海市黄浦区人民法院一审民事判决书,(2018)沪 0101 民初 24700 号。

则》第44条规定："征收居住房屋的,被征收人取得货币补偿款、产权调换房屋后,应当负责安置房屋使用人;公有房屋承租人所得的货币补偿款、产权调换房屋归公有房屋承租人及其共同居住人共有。"

(一)何某户籍迁入系争房屋是否属于帮助性质

被告白某B在庭审中提出,何某户籍迁入时系未成年人,当时在册户籍中无其法定监护人,故何某户籍迁入属于帮助性质。

根据《上海市高级人民法院公房居住权纠纷研讨会综述》第3条第2款的规定,除回沪知青子女等按政策回沪人员外,承租人或同住人允许无法定监护关系未成年人迁入户口的,一般可认定为属于帮助性质,如允许他人子女为上学之便,将户口迁于公房,一般不应确认他人子女为同住人。本案中,两原告系母子关系,原告白某A系本市插队落户知青,何某系知青子女,何某系根据上海市知青子女回沪政策在未成年时迁入系争房屋,且经当时承租人白某的同意,故何某户籍迁入系争房屋内不属于帮助性质,可认定为共同居住人。

(二)两原告在系争房屋内是否享有居住权

本案中,两原告的户籍迁入系争房屋后未实际居住,并不符合共同居住人标准中对于实际居住的要求,但两原告在系争房屋内享有居住权。

首先,根据更改租赁户名申请书记载,被告对两原告的同住人身份予以认可,同时承诺两原告在系争房屋内享有居住权。根据《民法典》第7条的规定,"民事主体从事民事活动,应当遵循诚信原则,秉持诚实,恪守承诺"。因此,根据被告的承诺,原告方在系争房屋内享有居住权,亦享有占有、使用、收益、有限处分等权益,包括征收补偿利益。

其次,根据《上海市高级人民法院公房居住权纠纷研讨会综述》第3条第2款的规定,在系争房屋内有无户籍不是衡量当事人有无公房居住权益的唯一标准,而应根据实际居住生活年限、他处有无住房等因素综合考虑,予以确认。如果承租人或同住人允许他人将户口迁入系争公房,并允许其在公房内居住,可以视为以承租人为代表的公房使用权人同意让渡部分公房使用权,但入住人为未成年人,或双方另有约定的除外。本案中,原告白某A系白某之女,何某系白某之外孙,二人户籍迁入均经过承租人同意,且未禁止两原告在系争房屋内居住,故可认定两原告享有居住权。

综上,笔者认为,目前被征收的房屋多为简屋、旧里等年代久远的老式房屋,本身面积小,且家庭人员结构和户籍情况因历史因素而十分复杂。因此,在司法实践中,法院并不会生硬地套用共同居住人的规定,而是综合考虑各种因素,如被征收房屋的来源、在册人员的户籍迁入缘由、承租人变更情况、是否存在无法居住的特殊情况等。本案中,两原告虽未在系争房屋内实际居住,但均享有居住权,且在本市均未享受过福利性质房屋,故属于共同居住人,有权享有征收补偿利益。

非共同居住人有户口也无权主张征收补偿利益

马永健[*] 林 琴[**]

一、争议焦点

公房征收中,被征收房屋户籍在册人员是否必然属于共同居住人,能否获得征收补偿利益?

二、主要人物关系

林某1与林某2系兄弟,原告林某6系林某4之子,林某4、林某3、林某5系林某2之子,被告林某7系被告林某3之女,被告万某1与万某2系林某7之子女。案外人余某系林某7之外婆。

三、案情简介

系争房屋位于上海市某路某弄某号,房屋类型为公房,原承租人为林某1,2011年变更为林某3。系争房屋独用租赁部位为二层后厢、二层后厢上阁。

老户籍记载:(1)林某1及其妻小的户籍在系争房屋内,但均已于20世纪50年代迁出或注销;(2)林某2、林某3、林某4、林某5户籍均在二层亭子间。1973年9月17日二层亭子间同号分户,林某4及其妻小为一户,1976年原告林某6在该户报出生。1983年6月13日,林某4夫妇及长子林某8户籍迁往某路708号。同日,原告户籍迁入二层亭子间另一户,即林某2夫妇及林某3户内。

2011年6月16日签发的户口簿载明,户籍在册人员为原、被告5人。

二层亭子间原承租人为林某2,2011年5月林某5申请变更承租人为其自己,林某5的妻儿作为同住人在申请书上签名盖章。2020年9月22日,系争房屋被列入征收范围。当时户籍在册人员为5人,即林某3、林某6、林某7、万某

---

[*] 北京炜衡(上海)律师事务所合伙人,上海市律师协会第十一届不动产征收(动迁)专业委员会主任。
[**] 上海市联合律师事务所律师,上海市律师协会第十一届不动产征收(动迁)专业委员会委员。

1、万某2。

2020年10月17日,林某3(乙方)与上海市某区住房保障和房屋管理局(甲方)就系争房屋征收事宜签订了《上海市国有土地上房屋征收补偿协议》,约定:房屋类型为旧里,房屋性质为公房,房屋用途为居住;公房租赁凭证记载居住面积22.44平方米,换算建筑面积34.56平方米,认定建筑面积34.56平方米;居住部分房地产市场评估单价为51,525元/平方米(建筑面积),房屋征收范围内被拆除房屋评估均价为52,038元/平方米(建筑面积);房屋征收价格补贴系数为0.30,套型面积补贴为建筑面积15平方米,计算居住困难货币补贴的折算单价为21,000元/平方米(建筑面积)。被征收房屋价值补偿款2,758,846.60元,其中,评估价格为1,798,433.28元、价格补贴为539,529.98元,套型面积补贴为780,570元;乙方不符合居住困难户的条件;被征收房屋装潢补偿为17,280元;乙方选择货币补偿;其他各类补贴、奖励费用:签约奖励费547,800元、家用设施移装费2000元、搬迁费1000元、不予认定建筑面积材料补贴100,000元、均衡实物安置补贴483,840元、临时安置费30,000元,奖励补贴合计1,164,640元。协议生效后,甲方应向乙方支付款项共计3,940,767元。结算单额外增加发放费用:搬迁奖励费509,560元、协议生效计息奖励费39,537.37元,合计549,097.37元。综上,系争房屋征收补偿总利益为货币4,489,864.37元。

1983年4月的职工住房调配通知单记载,受配人为林某4,家庭成员为林某4、林某某(妻)、林某8(子)、林某6(子),拟配房屋为某路708号三楼20平方米,调配原因为"现住房一间,拥挤困难,子女与父母同居对生活起居不便,现决定增配某路708号,原住房继续由(涂改、字迹不清)使用"。

1994年5月的《房屋拆迁协议书》记载,某路708号公房拆迁,被拆迁人为林某4,可计居住(建筑)面积20.6平方米,全家可计人口3人,不安置住房,买断17万元整。

2007年6月的《上海市城市居住房屋拆迁补偿安置协议(适用货币补偿)》记载,某路77号公房(建筑面积51.4平方米)被拆迁,承租人为余某,货币补偿款681,349元、搬家补助费617元、设备迁移费700元、奖励费25,700元、购房补贴102,800元等,核定安置人口为余某、林某7两人。

关于系争房屋的居住情况,原告称:其自出生起居住在系争房屋内,直至1983年居住到某路708号房屋,便未在系争房屋居住;林某3自幼居住在系争房屋至结婚,婚后居住到婚房;林某7从未在系争房屋居住。四被告称:原告从未在系争房屋内居住;林某3、某7自幼居住于系争房屋直至2002年。

四、各方观点

(一) 原告(暨上诉人)观点

系争房屋原由林某6的祖父林某2承租,现为林某3承租。原告在系争房屋内报出生,自出生即在系争房屋内居住。原告的父母增配某路708号房屋时,原告尚未成年,不作为独立民事主体享受该福利分房利益,且《房屋拆迁协议书》明确载明全家可计人口为3人,不包括原告,故某路708号房屋与原告无关,原告未享受福利分房待遇,属于系争房屋同住人。林某3自幼居住于系争房屋至结婚,婚后居住到婚房,属于同住人。林某7从未在系争房屋居住,且享受过某路77号公房动迁,万某1、万某2户籍迁入系争房屋后从未实际居住,三人不属于系争房屋同住人。系争房屋征收补偿款应由原告和林某3二人均分。

(二) 被告(暨被上诉人)观点

首先,原告户籍不在系争房屋内。原告提供的证据仅能证明其户籍在某路某弄某号,但该地址内有多本房卡、多本户口簿,故原告不能仅以其户籍在某路某弄某号就主张分割系争房屋征收补偿款。自新中国成立起,某路某弄某号二层亭子间由林某2承租,系争房屋由林某1承租。2011年,二层亭子间的承租人变更为林某5,系争房屋的承租人变更为林某3。本案原、被告的户籍均在二层亭子间,系争房屋内无户口。

其次,原告从未在系争房屋内居住过,而是随父母居住在某路708号福利分房内。

最后,原告享受过福利分房。二层亭子间面积狭小,林某2夫妇和林某4(原告之父)一家四口共同居住在内。1983年,林某4持二层亭子间的租赁凭证和户口簿向单位申请配房,单位增配某区某路708号公房,原告作为受配人员已享受过福利分房。

综上,原告不符合系争房屋同住人条件。某路77号系林某7的外婆承租的公房,2007年该公房动迁时,林某7年纪很小,且动迁利益都被林某7外婆拿走,林某7未实际享受该公房动迁利益。因系争房屋内无户口,故征收补偿款应全部归承租人林某3享有,四被告内部不要求分割。

五、法院观点

(一) 一审法院观点

一审法院认为,综观本案户籍资料,林某2夫妇、原告林某6及其父母、林某3的户籍原本都在二层亭子间。1983年增配某路708号房屋后,原告的父母户籍迁出二层亭子间,迁入某路708号,但是原告户籍未迁出,而是变入二层亭子间林某2夫妇、林某3户内。林某2夫妇去世后,该户内户籍人员即为林某3和原告两人。林某5一家户籍地址亦为某路某弄某号。2011年5月,林某3申请成为系争房屋的承租人,林某5申请成为二层亭子间的承租人。林某5一家为一户,户籍自然落在二层亭子间内;林某3和原告为一户,户籍也应落在系争房屋内,这与林某5、林某3分别提交的变更承租人申请书中同住人情况是一致的。林某7、万某2、万某1亦凭系争房屋公房租赁凭证迁入户籍,其迁入的部位应为系争房屋。原、被告户籍均登记在一本户口簿上,故原、被告的户籍均在系争房屋内。

原告在1983年受配某路708号三楼公房后实际居住在该房屋内,其成年后亦未在系争房屋内居住,故林某6不符合系争房屋共同居住人条件,不应分得系争房屋征收利益。判决驳回原告林某6的诉讼请求。

(二)二审法院观点*

二审法院认为,上诉人林某6随父母增配取得某路708号公房并搬离系争房屋,后再未搬回居住,其户籍虽未迁出,但只能认定为空挂户籍。一审法院认为林某6不符合系争房屋共同居住人条件并无不当。最终判决,驳回上诉,维持原判。

本案例形成时间为2022年2月。

六、案例评析

一般来说,在公有居住房屋征收案件中,只有公房承租人和同住人才能获得征收补偿利益。由此可见,共同居住人的认定一直是征收补偿利益分割中的重点。

结合本案,原告认为自己在系争公房内报出生,户口一直在系争公房内,而且自出生时起即在系争公房内居住,目前名下也无房。从表面上看,认定共同居住人的三个条件原告似乎都符合,当然原告也非常确信自己能被认定为共同居住人。原告提供了户籍摘抄资料,能显示其户籍就在被征收房屋所属的门牌号内。

被告林某3为原告林某6的叔叔,年岁已大,本想念在叔侄亲情分上,愿意给予原告一部分补偿款,以求双方能调解,可是,原告林某6坚持要一半的征收补偿款才愿意调解。在多次调解无果后,被告无奈只能聘请律师应诉。

在表面证据对被告极其不利的情况下,其代理律师通过深入调查,拨开表面现象探寻案件真实情况。

首先,律师与被告深入沟通交流,对系争公房的历史来源、户口变迁情况、实际居住情况等事实进行全面了解。由于系争公房年代久远,为了查清户口变

---

* 上海市第二中级人民法院二审民事判决书,(2022)沪02民终1856号。

迁情况，被告律师到系争公房所在地的派出所对户籍原始档案进行摘抄。被告律师发现，某路某弄某号这个地址根据房屋部位不同，存在多个户口簿，而与本案相关的两个户口簿，一户是二层后厢、二层后厢上阁，另一户是二层亭子间，从户籍档案上可以看出原告出生报户口是在二层亭子间而非在本案系争公房内，而原告提供的户籍摘抄资料明显未摘抄户籍落在二层亭子间以及在二层亭子间同号分户这一事实。

其次，被告律师到系争公房隶属的物业管理公司查询租赁情况原始档案以及原告父母福利分房的情况。事实上，原告林某6在1983年随其父母福利分房搬走后就未在系争房屋内实际居住，其并不满足同住人的居住条件。而且本案不存在因居住困难、家庭矛盾等在外居住的情形。

被告律师深入挖掘，查清案件事实，收集大量有力的证据，形成完整的证据链，以证明原告不符合共同居住人的条件，无权获得系争公房的征收补偿利益，使得一审法院在查清案件基本事实情况下，判决驳回原告的诉讼请求，二审予以维持。

户口在公房内是否就享有征收利益？

夏飞飞[*]

一、争议焦点

（1）原告是否为动迁利益的共有人？
（2）物权请求权是否适用诉讼时效？

二、主要人物关系

陆某、杨某为夫妻，被告陆A、陆B、陆C、陆D为两人子女，原告系被告陆C之子，陆某、杨某之孙。

三、案情简介

2000年7月，陆某承租的公房被拆迁，户口在册人员6人，应安置人数6人，即陆某、杨某、原告（当时未成年）、陆D及其妻女，货币化安置款额283,222.80元。《动迁协议》第14条约定，经家庭协商，货币安置款中的

---

[*] 上海浦茂律师事务所律师，上海市律师协会第十一届不动产征收（动迁）专业委员会委员。

80,000 元做在陆 D 名下,另将 203,222.80 元做在陆某名下。2000 年 8 月 25 日,陆 D 一户 80,000 元以特种存单形式先行发放。2001 年 4 月 10 日,陆某、杨某经动迁公司介绍与案外人方某签署《上海市房地产买卖合同》,用动迁所得款 203,222.80 元向案外人购买涉讼房屋。2001 年 6 月 9 日,涉讼房屋产权核准登记至陆某、杨某名下,为两人共同共有。陆某、杨某分别于 2004 年 4 月、2018 年 8 月去世。2018 年 9 月,原告提起本案诉讼,要求确认享有涉讼房屋 41.57% 的产权份额,其余产权属于陆某、杨某的遗产。

四、各方观点

(一)原告观点

原告认为,原告与陆某、杨某共同居住的公房 2000 年拆迁所得货币安置款 283,222.80 元,其中同住人陆 D 一户三人分得 80,000 元货币安置款,原告与陆某、杨某的货币安置款 203,222.80 元全部用于向动迁公司购买了涉讼房屋,但陆某、杨某一直隐瞒原告系安置对象的事实,原告作为安置人员,涉讼房屋购房款中,因独生子女享有 10 平方米安置面积的折价款属于原告所有,剩余款项应由原告与陆某、杨某各分得 1/3,故涉讼房屋中 41.57% 的产权份额应属于原告所有。

(二)被告观点

除被告陆 C 同意原告诉请外,其余被告均认为,原告未曾居住在被拆迁房屋内,并非同住人,不享有动迁利益,对独生子女的份额是对家庭的补偿,而非对子女本身的补偿。原告也早已知晓动迁事实,原告户籍迁入时其父母提议若有多出利益则归陆某夫妻所有,原告的诉讼请求已超过诉讼时效。且动迁为货币安置,涉讼房屋也并非安置房屋,故不同意原告的诉讼请求。

五、法院观点[*]

法院认为,被拆迁房屋为公房,公房动迁后所得动迁利益应归属于承租人和同住成年人共有。原告在拆迁时尚未成年,且无相关证据证明原告曾离开父母与祖父母共同居住在被拆迁房屋内,故原告不属于被拆迁公房的同住人,也并非被拆迁房屋的动迁利益共有人。

关于独生子女单独安置面积,应视为对家庭的补偿,而非单独归属该独生子女所有。

本案原告的诉请系要求确认涉讼房屋的产权归属,属于物权请求权,不适用诉讼时效规定。需要指出的是,原告作为未成年人,户籍迁入被拆迁房屋应

---

[*] 上海市长宁区人民法院一审民事判决书,(2018)沪 0105 民初 21959 号。

已得到其父母的同意,拆迁后原告户籍随之迁入涉讼房屋,原告家庭当时对于拆迁事实应是知晓的。在十数年内,原告从未对涉讼房屋或动迁利益提出主张,应当认为其对房屋现状是确认的。故原告的诉讼请求,缺乏法律依据,判决驳回其诉讼请求。

本案例形成时间为 2019 年 3 月。

六、案例评析

笔者是本案被告的代理律师,接受委托后,笔者是从以下三个角度思考并抗辩的。

(一)原告无动迁利益

原告虽然户口在公房内,但并不是同住人,不享有动迁利益。根据《高院解答》第 3 条的规定,同住人除户籍在册外,还需符合"实际居住一年以上,且未享受过动迁利益或福利分房"两个条件。本案中,原告从未在被拆迁公房内居住过,不具有同住人资格。同时根据《高院解答》第 4 条的规定,承租人允许他人未成年子女在自己承租的公房内居住的,一般认定为帮助性质,并不当然等于同意该未成年人取得房屋权利份额,该未成年人无权主张分割房屋动迁补偿款。所以,原告不享有动迁利益。

(二)原告主张已超诉讼时效

此前原告户籍并不在动迁房屋内,得知该房屋即将动迁,原告父母才将原告户口迁入动迁房屋,此后又将户口迁入涉案房屋。上述举动能证明原告家知晓动迁一事。事实上动迁房屋是陆某与杨某两人养老的住处,所有动迁安置人员都同意动迁款应留于二位老人购房以保障其晚年生活,但考虑到陆 D 当时确实困难,陆某跟家庭成员商议后决定:28 万元中,8 万元给陆 D,其余留给两位老人购房。该说法也得到了印证,在动迁协议上家庭分配方案中已明确无原告份额。原告及其父母在陆某与杨某在世时也从未主张过动迁利益,此事发生也近 18 年之久,原告跟祖父母走动得也较为频繁,完全不知情不合情理。法院虽然认为原告的诉请属于物权请求权,不适用诉讼时效,但实际上还是将这些情节都考虑进去了。

(三)本次动迁已明确是货币安置,与涉案房屋无关

1. 本次动迁的最终利益是货币,在动迁协议内已明确是"货币化安置,自行购置住房",即使原告有动迁利益,也仅限于货币。涉案房屋并非安置房,跟安置房有本质的区别,原告无权分得。

2. 根据我国《民法典》物权编的规定,房屋权属以登记为准。原告并非房屋的登记产权人,故不享有涉案房屋权利。

综上,本案的关键点在于原告是否在动迁房屋内居住过。在司法实践中,仅凭一方的自述,并不足以让法官确信实际居住的事实。笔者建议,客观上的确存在居住事实的户籍在册人员,如果要证明自己的实际居住情况,可以找居委会出具证明或者找邻居作为证人出庭,也可提供曾在房屋附近上学、就医等证明,让实际居住更具有可信度。

公房同住人的配偶迁入户籍后未实际居住,是否享有分割安置房屋的请求权?

许建斌[*]

一、争议焦点

公房同住人的配偶迁入户籍后从未实际居住,是否属于同住人?如属于同住人,是否享有分割安置房屋的请求权?

二、主要人物关系

系争房屋为公有居住房屋,承租人为蔡某2。蔡某2共生育六子一女,其子江某某已故。前述当事人户籍在征收时均在系争房屋之内。蔡某1户籍于2008年迁入系争房屋,迁入后蔡某1没有居住过。

三、案情简介

2015年12月,上海市某区住房保障和房屋管理局(甲方)、上海市某房屋征收服务事务所有限公司(房屋征收实施单位)与乙方蔡某2签订《上海市国有土地上房屋征收补偿协议》,约定:乙方不符合居住困难户的条件,选择产权调换方式,甲方提供给乙方产权调换房屋三套,房屋价格合计1,880,478.45元,产权调换差价1,366,402.92元,由甲方向乙方支付。此外,还有其他各类补贴和奖励费用1,115,460.88元。剩余金额由蔡某2具领。除蔡某1外的其他人将房屋征收所得房屋和货币进行了分配,没有给蔡某1任何补偿。蔡某1遂向法院提起诉讼,要求分割系争房屋征收补偿利益。

四、各方观点

(一)原告观点

原告蔡某1认为,其丈夫江某某早年参军,系争房屋因家庭居住困难及军

---

[*] 上海汉盛律师事务所合伙人,上海市律师协会第十一届不动产征收(动迁)专业委员会委员。

属关系分得,江某某退伍后工作于上海某矿山机械厂,其间居住于系争房屋,其亦随江某某居住在内,退休后因居住困难住在外地。此后其随江某某在沪及外地两头居住,2008年江某某去世后在系争房屋内居住较少。故其认为其应该属于同住人,应得到征收补偿利益,要求获得上海市×区×镇×路×弄×号×室房屋、货币补偿款及相应的利息。

(二)被告观点

被告蔡某2一方则认为江某某及蔡某1长期居住于外地,且蔡某1户籍在2008年5月13日迁入系争房屋后再未实际居住,不符合同住人的条件,不应享受征收款的分配。蔡某2一方同时表示内部无须进行分割,不需法院对被告之间的征收补偿利益进行分配。

五、法院观点

(一)一审法院观点

一审法院认为,房屋征收补偿利益的分配应该符合政策与法律规定。系争房屋征收决定作出时,蔡某1户口迁入系争房屋后虽未实际居住,但考虑到此前其随夫实际居住过系争房屋,且其夫去世后作为丧偶儿媳未在系争房屋内居住亦具有现实上的合理因素,加之其并非他处获配房屋的受配人,综合考虑系争房屋的面积及实际居住情况等因素,宜认定蔡某1为系争房屋的同住人。法院综合考虑系争房屋来源、居住使用情况、当事人实际主张等因素,酌定蔡某2一方应当给付蔡某1的征收补偿利益以400,000元为宜,其余征收补偿利益归蔡某2一方所有。承租人是蔡某2本人,其实际领取款项,故相关给付义务应由其承担。

故法院判决:蔡某2应于判决生效之日起10日内支付蔡某1征收补偿款400,000元。

蔡某1不服提出上诉,请求二审法院撤销一审判决,改判蔡某1分得上海市×区×镇×路×弄×号×室房屋及其他奖励、补贴、过渡费人民币212,484.53元。

(二)二审法院观点[*]

二审法院认为,本案中,蔡某1在户籍迁入后,并未实际居住于系争房屋,但其配偶生前户籍一直在系争房屋内,考虑到其配偶退伍后工作单位所在,蔡某1随其配偶曾长期在系争房屋内居住的事实具有高度盖然性。然而,根据各方陈述,蔡某1后又随配偶搬离系争房屋多年,直至其配偶去世前才迁入户口,

---

[*] 上海市第二中级人民法院二审民事判决书,(2021)沪02民终1644号。

而后再未在系争房屋内居住。因此,综合本案具体情况,考虑到蔡某1配偶生前在系争房屋享有居住权益,蔡某1多年前亦可能随之共同居住于此,结合系争房屋来源以及蔡某1夫妻搬离多年等事实,一审法院将蔡某1认定为系争房屋同住人,并无不妥。但蔡某1确已多年未在系争房屋内实际居住,房屋长期由蔡某2一方实际承租并居住管理,故一审法院酌情判令蔡某2一方给付蔡某1征收补偿利益400,000元,并无不当。

二审裁定维持原判。

本案例形成时间为2021年3月。

六、案例评析

本案中,双方争议的焦点为:蔡某1是否具有被征收系争公房的同住人资格?蔡某1是否享有分割安置房屋的权利?

(一)蔡某1符合系争公房的同住人条件

本案中,蔡某1在户口迁入系争公房后并没有实际居住,但仍被法院认定为同住人,笔者认为原因是法院认为蔡某1的情况属于高级人民法院规定的特殊情况之一,即《高院解答》第5条中所规定的"具有本市常住户口,至拆迁许可证核发之日,因结婚而在被拆迁公有住房内居住的,即使居住未满一年,也视为同住人"以及"在被拆迁公有居住房屋处有本市常住户口,因家庭矛盾、居住困难等原因在外借房居住,他处也未取得福利性房屋的",视为同住人。

(二)蔡某1无权享有分割安置房屋的权利

本案例中,蔡某1既然被认定为同住人,为何其主张分割产权调换房屋的请求没有得到支持,而只获得了40,000元征收补偿款呢?

笔者认为,主要原因是系争房屋被征收时蔡某1没有在该房屋内实际居住。司法实践中,征收安置的房屋优先保障征收时的实际居住使用人。《动迁新政后动迁安置补偿款分割纠纷研讨会综述(二)》中,多数意见认为,在私房动迁中,如果所分配的配套商品房无法满足全部产权人,一般应优先考虑实际居住产权人的安置需求,然后再考虑非居住共有产权人的购买权利。虽然公房征收和私房征收的法律规定和政策有很多不同之处,但是优先保障实际居住人住房需求的精神内涵是有借鉴意义的。本案例二审判决中,法院也正是出于"蔡某1确已多年未在系争房屋内实际居住,房屋长期由蔡某2一方实际承租并居住管理"的原因,不支持蔡某1分割产权调换房屋的请求的。

最后一次户籍迁入未居住一年以上的,能否获得征收利益?

焦士雷[*]

一、争议焦点

最后一次户籍迁入后未在被征收房屋内居住一年以上的,是否属于同住人?

二、主要人物关系

江某1系江某2母亲,江某1与纪某3系夫妻关系,纪某3系纪某2父亲。纪某1、纪某3、纪某4、纪某5、纪某6系兄弟姐妹关系。纪某1与王某1系夫妻关系,王某2系二人之子。纪某4与徐某1系夫妻关系,徐某2系二人之子,徐某3系徐某2女儿。纪某5与赵某1系夫妻关系,赵某2、王某3系二人的儿子、儿媳,赵某3系赵某2、王某3的女儿。纪某6与宋某1系夫妻关系,宋某2系二人之子。

三、案情简介

上海市H区M路N弄Y号房屋系公房,原承租人系纪某3母亲张某(已去世),现承租人为纪某2。2019年9月,系争房屋被征收,内有户籍人口19人,即原告5人、被告14人。系争房屋由江某1、纪某3、纪某2、纪某4、徐某1、纪某6、宋某1、宋某2实际使用。

2019年9月,纪某2签订了《上海市国有土地上房屋征收补偿协议》(以下简称征收协议)。据征收协议,系争房屋公房租赁凭证记载居住面积63.60平方米,换算建筑面积97.95平方米,认定建筑面积97.95平方米。房屋价值补偿7,404,135.68元;装潢补偿48,975元;其他各类补贴奖励包括促签促搬奖734,625元、居住房屋搬迁费1469.25元、居住房屋签约面积奖97,950元、签约比例奖12万元、均衡实物安置补贴1,469,250元、居住房屋家用设施移装费2000元、特殊面积签约搬迁奖359,700元;结算单上另有签约比例奖超比例递增部分8万元、按期搬迁奖2万元、临时安置费补贴23,508元、早签早搬加奖9万元、增发临时安置费补贴6750元、签约搬迁计息奖126,290.33元、户口迁移

---

[*] 上海日盈律师事务所合伙人,上海市律师协会第十一届不动产征收(动迁)专业委员会委员。

奖1万元。

1979年11月,案外人纪某7调配了系争房屋二层亭子间,调查情况及讨论意见栏载明,纪姓虽有三间房,但已有三对夫妻(其子在外地工作)。次女纪某5已满30岁,准备结婚,住房较难分隔,为此拟将二层亭子间增配次女解决居住问题。

1989年3月,江某1调配了上海市乳山一村某号某室房屋,家庭主要成员为江某2,调配原因为婚后房屋分配。1995年6月,江某1购买了该售后产权房。

1992年8月,纪某6与案外人上海市某农场签订《上海市某农场优惠出售职工住房协议书》,购买某农场地区三村某号某室房屋。基价按120元/平方米×43.25平方米(建筑面积)=5190元。一次性购房款为3700元。

1996年5月,赵某1调配了上海市某路某房屋,家庭主要成员为赵某2,调配原因为该名同志属厂级干部,经上级领导同意套配使用,原房单位保留使用。2000年4月,赵某1购买了该售后产权房,《职工家庭购买公有住房协议书》同住成年人一栏有"纪某5、赵某2"签名。

四、各方观点

(一)原告观点

原告江某1、江某2认为,江某1与纪某3于1991年结婚后实际入住系争房屋,江某2随江某1实际入住系争房屋。徐某3、赵某2、王某3、赵某3、王某1五人未在系争房屋内实际居住过,属于空挂户口;纪某5、赵某1、王某2享受过福利分房或其他动迁利益并且他处有居所。江某1、江某2要求分得动迁款1,924,482.42元。

原告纪某1、王某1、王某2认为,系争房屋承租人原系张某,后在纪某1、王某1、王某2不知情的情况下变更为纪某2。系争房屋被征收,可获得征收补偿合计10,584,653.33元。该房屋在册户籍人数虽然有19人,但符合同住人条件的应为7人,故该房屋征收补偿款应由7人分配。纪某1、王某1、王某2要求分得3,024,186.67元。

(二)被告观点

被告纪某2、纪某3等14人认为:江某1、江某2享受过福利分房,对房屋来源没有贡献,不符合同住人资格。纪某1、王某1、王某2在户口迁入后也未实际居住过,属于空挂户口,不符合同住人资格。纪某2、纪某3等14人都有份额,且已经达成一致意见,不要求法院分割。

五、法院观点*

一审法院认为,江某1、纪某5、赵某1、纪某6、宋某1享受过福利分房待遇,他处有房,故不应认定为系争房屋的同住人;王某1、王某2、王某3、赵某3户籍在系争房屋内,但在最近一次户籍迁入系争房屋后他们未在该房屋内实际居住生活一年以上,属于空挂户口,故无权获得系争房屋的征收补偿利益;江某2、纪某1、徐某2、赵某2户籍在系争房屋内,他们因居住困难未实际居住,属于特殊情况,且在上海市无其他福利性质分房,应认定为该房屋内的共同居住人。徐某3为原承租人曾孙辈的未成年人,与房屋来源已关联较远,且出生后已有父母的住房保障其居住,属于空挂户口,不应认定为同住人;因江某2、纪某1、徐某2、赵某2在征收决定作出之前较长时间不在该房内居住,其仅有权分割与系争房屋价值相关的征收利益。纪某2、纪某3、纪某4、徐某1、宋某2动迁前在系争房屋内实际居住,不仅有权分割与系争房屋价值相关的征收利益,而且与居住相关的奖励补贴应由其取得。故判决江某2分得征收补偿款90万元,纪某1分得征收补偿款110万元,纪某2、纪某3、纪某4、徐某1、宋某2、徐某2、赵某2分得征收补偿款8,584,653.26元;对原告的其他诉讼请求,不予支持。

二审法院维持了一审判决。

本案例形成时间为2021年2月。

六、案例评析

本案是征收补偿利益分割比较复杂的案例之一,其裁判结果展现了较高的审判智慧。司法实践中,常有户籍在册人员的户籍多次迁入迁出系争房屋的情形,对于此种情形下实际生活一年以上如何认定,当事人之间常有争议。

笔者认为,户籍最后一次迁入系争房屋后未在该房屋实际居住生活一年以上的,属于空挂户口,不应获得系争房屋的征收补偿利益。也就是说,即使户籍现在册人员以前曾在系争公房内居住一年以上,其迁出户籍的行为,是对其此前居住可能产生的征收补偿利益的主动放弃。在其户籍最后一次迁入系争房屋后,未实际居住一年以上的(特殊情形除外),说明其已不再需要系争房屋解决其居住问题,对系争房屋的居住已不具有依赖性,属于空挂户口,不应被认定为同住人,不应获得征收补偿利益。

实践中,有的当事人在户籍迁入系争房屋后,因上学或工作断断续续居住,并非长期稳定居住,此种情况,很可能也不被认定为同住人。

---

* 上海市第二中级人民法院二审民事判决书,(2020)沪02民终11104号。

帮助性质落户是否有权主张征收补偿款?

马永健[*]

一、争议焦点

为方便亲戚的子女在沪读书从而为其落户提供帮助,在遇到征收补偿时,受助落户的亲戚的子女是否有权分割征收补偿利益?

二、主要人物关系

原告金晓卫和金卫卫系父女关系。被告金友善和蒋诚信系母子关系,蒋诚信和郑和谐系夫妻关系。金晓卫系金友善的侄子。案外人金大卫系金晓卫的父亲,金友善的哥哥。

三、案情简介

东长治路某号房屋(以下简称系争房屋)系公房,系争房屋内有两本户口簿,其中一本在册户籍人员为金友善、金晓卫、金卫卫,另一本在册户籍人员为蒋诚信、郑和谐。其中,因金大卫为知青,其户口于1964年从上海市柳林路迁至新疆,金晓卫的户籍因知青子女政策可以回沪,本应迁到柳林路,因柳林路的亲戚不能做监护人,而无监护人就无法落户,为了帮助侄子将户口从新疆迁回上海,金友善就担任了监护人,1994年金晓卫的户籍从新疆迁至系争房屋,后于1996年迁至外地某学校的集体户口,又于2000年从学校集体户口迁回系争房屋内。

2019年10月30日,金友善与上海市某区住房保障和房屋管理局、征收实施单位上海市某房屋征收服务事务所有限公司签订了《上海市国有土地上房屋征收补偿协议》(以下简称征收协议)。

系争房屋承租人原为金友善的婆婆;金友善的婆婆去世之后,承租人变更为金友善的丈夫;金友善的丈夫去世之后,变更为金友善。

四、各方观点

(一)原告观点

原告金晓卫、金卫卫认为,系争房屋的在册户籍为金晓卫、金卫卫、金友善、

---

[*] 北京炜衡(上海)律师事务所合伙人,上海市律师协会第十一届不动产征收(动迁)专业委员会主任。

蒋诚信、郑和谐共 5 人,现在系争房屋被征收,原、被告 5 人均为系争房屋的同住人,金晓卫及金卫卫应当享有相应份额的征收补偿利益。

(二)被告观点

被告金友善、蒋诚信、郑和谐认为,系争房屋一直由被告居住,金晓卫及金卫卫自户籍迁入后,除了亲戚来往,从未在系争房屋内居住,不属于系争房屋的共同居住人。金晓卫的户籍迁入系争房屋系金友善作为金晓卫的姑姑,帮助自己的侄子回沪读书,属于帮助性质的行为。故金晓卫及金卫卫并非系争房屋的共同居住人,对系争房屋也没有任何的贡献,不应享有征收补偿利益。

五、法院观点[*]

法院认为,虽然金晓卫系按照知青子女回沪政策将户籍迁入系争房屋,但其父金大卫作为知青,户籍是从上海市柳林路迁至新疆,并非从系争房屋迁出。系争房屋来源于金友善丈夫的家庭,因此系争房屋与金晓卫并无任何关系。金晓卫按照知青子女回沪政策迁回户籍并不是必然要迁入系争房屋,金友善作为金晓卫的旁系亲属并无接受金晓卫户籍迁入的义务,因此金晓卫户籍迁入系争房屋属于金友善对其的帮助,并不当然等于同意该未成年人取得房屋的权利份额。根据庭审中双方的陈述及提供的证据来看,金晓卫及金卫卫也未在系争房屋内实际居住。综上,原告金晓卫、金卫卫不符合系争房屋共同居住人的条件,不应分得征收补偿利益,原告的诉讼请求无事实和法律依据,不予支持。

法院认为,"诚信、友善"是社会主义核心价值观的内容。友善是指人与人之间的亲近和睦,其表现形式之一为帮助他人。但受帮助人不应基于接受了帮助,为了一己私利而违反诚实信用原则去损害提供帮助人的利益,否则将造成无人再愿意向他人提供帮助的社会窘境,并与社会主义核心价值观相背离。

本案例形成时间为 2020 年 9 月。

六、案例评析

《实施细则》第 51 条第 3 项规定:"共同居住人,是指作出房屋征收决定时,在被征收房屋处具有常住户口,并实际居住生活一年以上(特殊情况除外),且本市无其他住房或者虽有其他住房但居住困难的人。"

但在司法实践中,法院在适用《实施细则》第 51 条时,会综合考虑被征收房屋的来源、户籍迁入的缘由及时间、保障家庭成员居住权以及房屋内实际居住情况等因素,兼顾公平合理原则,合理地对征收补偿进行分割。

本案有三大亮点:

---

[*] 上海市第二中级人民法院二审民事判决书,(2020)沪 02 民终 7717 号。

(一) 对迁户是基于义务还是提供帮助作了认定

本案法院认为,金晓卫的户籍并不是必然迁入系争房屋内,其户籍迁入系争房屋内的原因是金友善帮助其在上海读书,法院对金友善帮助性质的行为进行了认定。

(二) 对于未成年人是否能够成为共同居住人作了判断

法院认为,未成年人即便在被征收房屋内实际居住,如果该实际居住的情况被认定为属于帮助性质,并不当然等于同意该未成年人取得房屋的权利份额,该未成年人无权主张分割房屋拆迁补偿款。这是参照了《高院解答》中的相关规定。

(三) 维护民法诚信原则,将"诚信、友善"的社会主义核心价值观作为重要考量因素

本案一审除维护"民事主体从事民事活动,应当遵守诚信原则"外,还从"诚信、友善"的社会主义核心价值观出发,以情说理,既鼓励了金友善为家庭旁系成员能够顺利在沪读书而提供帮助的行为,也指出接受帮助的家庭成员应当对于他人的雪中送炭行为心怀感激,不可在接受帮助的基础上,反而去损害提供帮助者的利益。

法院在处理涉及帮助未成年人亲戚在沪读书,允许其户口迁入系争房屋从而引发的征收安置补偿纠纷时,在默认他处未享受过动迁安置、福利分房的情况下,征收补偿利益如何分配,存在以下三种情形。

情形一,判定给。有的征收补偿共有纠纷,当事人系支内人员,其子女系支内人员子女,根据相关政策规定,当事人及其子女的户籍在经承租人或同住人同意情况下可迁回本市。法院认为,当事人及其子女的户籍在经承租人或同住人同意情况下迁入系争房屋,受助当事人应对此心存感激;承租人同意当事人及其子女迁入户籍,亦应当保障其对系争房屋享有相应权利。故承租人在取得系争房屋征收补偿利益后,应对当事人及其子女给予相应补偿。

情形二,酌定给。有的征收补偿共有纠纷,法院在分割被征收房屋的征收补偿利益时,综合考虑被征收房屋的来源、各方当事人户籍迁入的缘由及时间长短、系争房屋的实际居住情况、各家庭成员居住权益保障等因素,并遵循公平合理原则。若对系争房屋的来源没有贡献,系争房屋征收补偿利益的获得也并未考虑迁入户籍人员的户籍因素,承租人允许当事人迁入户籍的行为是出于亲情,属于帮助的性质,法院根据公平合理原则,酌情判决迁入户籍的当事人获得一定的征收补偿利益。

情形三,全不给。有的征收补偿共有纠纷,法院在处理是否有权分得系争

房屋补偿款时,认为有无在册户籍不是衡量当事人有无公房居住权益的唯一标准,而应根据实际居住生活年限、他处有无住房等因素综合考虑。当事人若在户籍迁入时系未成年人,当时承租人也并非其法定监护人,且当事人在该房屋内居住时间较短的,虽当事人户籍在系争房屋内,但并不当然认定可取得系争房屋的权利份额。若当事人的子女在被征收房屋内报出生,鉴于其系未成年人,应随父母一起生活,其户籍在系争房屋内只属于帮助性质,当事人不属于被征收房屋的共同居住人,当事人的子女也从未在被征收房屋内生活,因此,该情形下当事人子女也不属于系争房屋的共同居住人,无权要求分割系争房屋的征收补偿利益。

家庭安排对同住人认定的影响

周文宣[*]

一、争议焦点

户籍在册人员在户籍迁入后没有居住过,且其居住问题已由家庭在他处进行安排并解决,征收时是否能被认定为户籍所在公房的同住人?

二、主要人物关系

宋大和宋二系兄弟关系。宋大和小娟系夫妻关系,宋小小是二人之子。

三、案情简介

系争房屋为黄浦区老公房,承租人为宋大,系争房屋中共有四个户籍人口,为宋大一家三口和弟弟宋二。宋大户籍于 1975 年 6 月从 A 处迁入;宋二户籍于 1977 年 3 月从 B 处迁入。2010 年前后,小娟和宋小小的户籍从 C 处迁入。

1975 年宋家老宅 A 处房屋一换二,换取了系争房屋及 B 处房屋两套房屋。宋大即迁往了系争房屋并在内实际居住,结婚生子。宋二随家庭其他人员迁往 B 处房屋,1977 年 B 处房屋调换至 D 处,承租人为宋二,其他家庭人员此时均迁往 D 处,宋二户籍迁至了系争房屋。目前 D 处房屋的承租人系宋二的配偶。

---

[*] 北京市隆安律师事务所上海分所合伙人,上海市律师协会第十一届不动产征收(动迁)专业委员会委员。

四、各方观点

（一）原告观点

原告宋二认为，宋大是系争房屋的承租人，可以享有补偿利益，原告本人 1977 年前后就迁入房屋，未享受过单位分房或者其他福利性质的住房。而小娟和宋小小是在原户籍 C 处动迁后迁入户籍的，不应当被认定为同住人。因此，原告认为安置对象只有宋大和宋二两兄弟，应当均分。

（二）被告观点

被告方认为，宋二不是系争房屋的同住人，被征收房屋是宋家老宅的房屋一调二而来，宋大取得系争房屋，宋二入住 B 处房屋，后 B 处房屋调换至 D 处，考虑系争房屋位于市区，D 处当时属于城乡，为了宋二以后结婚及工作，宋大基于亲情同意其户籍迁入，迁入后宋二也并未实际居住过。宋二早年间曾居住于 B 处，后因房屋调换居住在 D 处，从未在系争房屋内居住，仅为空挂户口。

五、法院观点[*]

法院认为，宋二虽然户籍于 1977 年迁入涉案房屋内，但从未在该房屋内实际居住，为空挂户口。宋二称其未在涉案房屋内实际居住系因居住困难，但根据当事人陈述，宋二长期居住在 D 处，上述房屋系由原 A 处房屋取得且现承租人为宋二的配偶，可见家庭对宋二的居住问题在他处进行了安排并解决。综上，宋二非涉案房屋的同住人，仅以户口在册主张对系争房屋征收利益的分配，一审法院难以支持。本案经二审维持原判。

本案例形成时间为 2020 年 6 月。

六、案例评析

本案的难点在于，B 处和 A 处房屋都已在多年前被拆迁，20 世纪 70 年代的文档保存不规范，物业公司也几经易手，房屋调换或者调配的材料无法取得，无法证明宋二是 B 处或 D 处房屋的受配人。但是律师通过到多个派出所进行户籍摘录，根据宋家家族的户籍迁移记录还原房屋的变更情况，结合居委会开具的系争房屋实际居住情况，将家庭对两兄弟房屋使用和居住已经作出安排的事实呈现给法庭。在没有直接证据的情况下，通过多种间接证据印证本案全貌。

根据《高院解答》中对于同住人认定的规则，除了户籍因素，法院对于实际居住和他处有房的情况也应当进行审查。第一，宋二居住在 D 处，而并未居住到系争房屋，是宋二对于家庭安排的服从，其仅在系争房屋内挂户口，未争取居

---

[*] 上海市第二中级人民法院二审民事判决书，(2020)沪 02 民终 4357 号。

住权益;第二,从源头来看,因宋家 A 处老宅换取的房屋一套由宋大承租,另一套由宋二的配偶承租,是公平地安置了两兄弟,由配偶做承租人是宋二家庭内部的安排,不影响其在他处有房的事实。因此,法院在认定他处有房的问题上,不仅考虑其自身享受的福利性质住房的情况,也完整考虑其家庭中其他人口是不是公房承租人及相关房屋的取得情况。

知青及其子女征收利益的保护

许丹丹[*]

一、争议焦点

知青及其子女按政策回沪后在公有住房中是否享有居住权,以及在公房动迁时是否享有动迁安置利益。

二、主要人物关系

唐某1、唐某2、唐某3 系唐××(已死亡)与陈××的婚生子女。唐某1 与钱某1 系夫妻关系,唐某 A 系二人之女;唐某2 与刘某2 系夫妻关系,刘某 A 系二人之子,刘某某系刘某 A 之女;唐某3 与高某3 系夫妻关系,唐某 B 系二人之子,唐某某系唐某 B 之子。

三、案情简介

系争房屋为公房,原承租人系唐××,唐××去世之后承租人变更为陈××。2019 年 5 月该房所在地块列入征收范围,该户内在册人口共有 12 人。被征收房屋价值补偿款 226 万余元,装潢补贴 1.3 万余元,该户选择全货币补偿,各类奖励补贴合计 109 万余元,结算单上另有其他奖励费 25 万余元。承租人与同住人就拆迁款的分割难以达成共识,遂诉至法院。

四、各方观点

(一)原告观点

原告方认为,唐某1 系回沪知青,1961 年与父母和兄弟姐妹一起将户口迁入系争房屋,1969 年为父母及兄弟姐妹考虑,主动下乡支农,将户口迁往云南。2000 年唐某1 和配偶根据知青回沪政策迁回上海落户到系争房屋。唐某 A 的

---

[*] 上海瀛东律师事务所合伙人,上海市律师协会第十一届不动产征收(动迁)专业委员会委员。

户籍则是在 1995 年,根据知青回沪政策迁入系争房屋。自唐某 1 一家回沪至动迁时,一直在系争房屋内居住生活,三人均未享受过单位福利分房,故应当认定唐某 1 一家三口是系争房屋的同住人。

唐某 2 与配偶享受过两次单位福利分房,刘某 A 享受过单位福利分房和房屋拆迁安置。在拆迁之前,唐某 2、刘某 2、刘某 A 及刘某某居住在巨峰路房屋内,刘某 2、刘某 A 及刘某某从未在系争房屋内居住过,系空挂户口。唐某 3 与配偶高某 3 及唐某 B 也享受过两次单位福利分房,唐某某则系空挂户口。因此上述人员均不符合系争房屋同住人资格,不应参与此次拆迁安置。

因此,该户享有拆迁利益的为 4 人,即陈××、唐某 1、钱某 1 及唐某 A,4 人应平均分配,故唐某 1、钱某 1 及唐某 A 应分得征收补偿安置款项 3/4 的份额。

(二)被告观点

被告认为,系争房屋在册的户籍人员均为同住人,其户口在册时间较长,征收利益应由原告与被告平均分割,故不同意原告的诉请。

五、法院观点[*]

法院认为,原告在系争房屋内实际居住,且在上海市没有福利性质的房屋,故应认定为系争房屋共同居住人;承租人陈××在系争房屋内有户籍,曾长期在系争房屋内居住,且在上海市没有福利性质房屋,故陈××亦有权分得征收补偿利益;其余被告存在享受过福利分房或拆迁安置,在上海市有其他房屋,没有在系争房屋内实际居住等情形,故不属于系争房屋共同居住人,不应分得征收补偿利益。法院判令原告可分得的拆迁补偿安置款为 240 万元。

被告对该判决结果不服上诉至二审法院,二审法院维持一审判决。

本案例形成时间为 2020 年 9 月。

六、案件评析

笔者是原告的代理人,在详细了解了案情之后向法院申请了数份调查令,调取系争房屋的《动迁安置补偿协议》、在册人员户籍变动记录、在册人员的拆迁及享受福利分房的情况,尽力还原案件事实。

本案涉及回沪知青子女等按政策回沪人员在公有住房中是否享有居住权及公房拆迁时是否享有动迁安置利益等相关问题。根据上海市公房动迁的相关规定以及司法实践,知青多数系因国家政策到外地插队落户,按政策回沪时可以迁入户籍,一般应认定其对公房享有居住权,故在动迁时应认定为同住人,

---

[*] 上海市第二中级人民法院二审民事判决书,(2020)沪 02 民终 5204 号。

有权主张动迁利益。

唐某A作为知青子女回沪将户籍报入涉案房屋,其父唐某1作为知青与配偶钱某1在离退休后将户籍报入涉案房屋,三人未享受过福利性质分房,实际居住在涉案房屋内直至动迁。根据相关政策,作为承租人和共同居住人应当知晓并保障回沪知青的居住权益。在本案中,法院在综合考虑上述情况后,支持了唐某1、钱某1、唐某A作为同住人的诉讼主张,维护了其合法权益。

我国境内无户籍人员能否享受公房拆迁安置利益?

金 毓[*]

一、争议焦点

本案为行政案件,争议焦点主要在于我国境内无户籍人员能否享受公房拆迁安置利益。

二、主要人物关系

本案原告为陶某,被告为上海市某区住房保障和房屋管理局(以下简称某区房管局),第三人为某区一征所、Q(荷兰籍)。

三、案情简介

案件所涉房屋为上海市某区国有土地上公有房屋,公房租赁凭证中载明该公房承租人为Q。1991年,Q因前往汤加而注销上海市户口,后加入荷兰国籍。自1993年起,涉案房屋由Q的侄女(原告陶某)实际居住并落户。

2018年12月14日,上海市某区人民政府因公共利益需要,对涉案房屋所在地块作出征收决定。

2019年1月12日,第三人某区一征所与Q签订《征收补偿协议》,约定:涉案公房租赁凭证记载居住面积16.8平方米,换算建筑面积30.58平方米,认定建筑面积30.58平方米。根据相关规定及本基地征收补偿安置方案,被征收房屋价值补偿款为评估价格、价格补贴及套型面积补贴的总和,计人民币(以下币种均为人民币)4,110,348.75元,其中评估价格为2,584,285.22元,价格补贴775,285.57元,套型面积补贴为1,267,635元。根据本基地征收补偿方案,被

---

[*] 上海市海华永泰律师事务所合伙人,上海市律师协会第十一届不动产征收(动迁)专业委员会委员。

征收房屋装潢补偿为15,290元。乙方选择货币补偿,补偿款合计款项4,110,348.75元。不予认定建筑面积残值补偿50,000元,搬家费补贴800元,家用设施移装费补贴2500元,居住协议签约奖励380,580元,早签多得益奖励50,000元,居住均衡实物安置补贴672,760元,奖励补贴合计1,156,640元。双方就房屋征收补偿事宜还进行了其他约定。

2019年1月,因该征收基地的签约率达95.96%,本案所涉《征收补偿协议》生效。

原告因对系争《征收补偿协议》不服,诉至法院。

四、各方观点

原告观点:(1)某区房管局、某区一征所与Q签订的《征收补偿协议》应属无效合同,理由是:第三人Q早已出国定居并注销户口,加入外国籍,故根据《关于贯彻执行〈上海市国有土地上房屋征收与补偿实施细则〉若干具体问题的意见》第4条、《关于公有居住房屋承租人户口迁离本市或死亡的确定房屋征收补偿协议签订主体的通知》(有效期延长至2020年6月30日)的规定,其已不享有公房承租权及被征收房屋的安置补偿利益,不具备签订《征收补偿协议》的主体资格。(2)某区房管局、某区一征所应对原告重新安置,理由是:原告自1993年起即于涉案房屋居住并已落户,且他处无房。

被告某区房管局观点:涉案房屋性质为公房,2019年1月12日,Q作为承租人在《征收补偿协议》乙方处签名捺印。被告某区房管局在审核协议过程中发现,Q不是协议适格的签约主体,故未确认、盖章,涉案《征收补偿协议》未成立。原告要求确认协议无效缺乏前提条件,无事实和法律依据,故请求依法判决驳回原告的诉讼请求。

第三人某区一征所观点:同意某区房管局意见。

第三人Q观点:(1)其本人系涉案房屋承租人,是合法签约主体。《征收补偿协议》由某区房管局委托的某区一征所签订并盖章,符合双方真实意思表示,故协议已经合法成立并生效。(2)原告户籍迁入涉案房屋并未经过Q的同意,迁入程序违法,且原告系空挂户口,未实际居住在被征收房屋内,不符合同住人的条件,不具备本案的诉讼主体资格。

五、法院观点[*]

针对被告某区房管局称协议未成立,法院认为:某区一征所已作为受托单位在协议上盖章,被告某区房管局未盖章,不影响《征收补偿协议》的成立。

---

[*] 上海市第二中级人民法院一审行政判决书,(2019)沪02行初42号。

针对第三人Q称原告无诉讼主体资格,法院认为:原告认为Q系外国人,对其协议签约主体资格有异议,原告作为户内人员,具有提起本案诉讼的主体资格。

针对案件争议焦点,第三人Q作为取得外国国籍的公房承租人是否有权签订征收补偿协议,法院认为:

公房承租人取得外国国籍后,并不必然丧失承租权,也不意味着其必然丧失房屋的征收补偿利益。

首先,2010年修正的《上海市房屋租赁条例》第7条规定:"房屋承租人可以是中华人民共和国境内外的自然人、法人或者其他组织,但法律、法规另有规定或者土地使用权出让合同、土地租赁合同另有约定的,从其规定或者约定。"该"房屋承租人"既可以是私房承租人,也可以是公房承租人,故上述地方性法规并未禁止境外自然人作为公房承租人的资格。而且,沪房地资公〔2000〕98号"十二、公有居住房屋承租户名的变更"中规定:"承租人全家户口迁离本市、全家出国(境)定居,要求继续履行租赁合同的,承租人应当向出租人提出,出租人应当同意。承租人全家出国(境)定居的,应当同时按规定调整租金标准。"该规定虽然与本案情况有所区别,但亦可佐证公房承租人取得外国国籍后,并不必然丧失承租权。

其次,对于原告依据的《关于公有居住房屋承租人户口迁离本市或死亡的确定房屋征收补偿协议签订主体的通知》和《关于贯彻执行〈上海市国有土地上房屋征收与补偿实施细则〉若干具体问题的意见》第4条"房屋征收范围内的公有居住房屋承租人户口迁离本市的,本处有本市常住户口的共同居住人可以协商变更承租人,变更后的公有房屋承租人作为补偿协议签订主体"的规定,因本案不存在变更承租人的事实,也没有多人可继续履行租赁合同的情形,故上述规范性文件不适用于本案,不能据此认定境外自然人自动丧失公房承租人资格。

并且,Q在房屋征收启动之前,已经成为涉案房屋的公房承租人,在其加入外国国籍后,作为出租人的物业公司也未变更房屋租赁权,故Q的公房承租人资格可予认定。根据原告和Q的陈述,涉案房屋系原告奶奶调换房屋后由Q承租,其出国前曾居住在此处,故Q虽然取得外国国籍,但并不意味着其必然丧失房屋的征收补偿利益。

另外,公房承租人取得签约资格,是代表被征收户与房屋征收部门签订征收补偿协议,协议是对整户的补偿,而非仅对承租人一人。故协议效力并不因承租人的国籍身份而有所不同。

综上，一审法院认为，被告某区房管局与第三人Q签订的被诉《征收补偿协议》合法有效，原告的诉讼请求和理由缺乏事实证据和法律依据，不予支持。原告如对协议补偿利益的分割有异议，可另寻法律途径解决。

原告对该判决结果不服，上诉至二审法院，二审法院维持一审判决。

本案例形成时间为2019年3月至2020年7月。

六、案例评析

随着国内外交流日益增多，原我国居民注销户籍、丧失我国国籍的情形并不鲜见。以各种形式占有我国境内居住用房但在境内无户籍的人员是否可以依法参与不动产征收并享有征收补偿利益？这一问题因政策把握略有不同，征收主体、征收实施单位往往难以决断。本案中，被告某区房管所及某区一征所即出现了对被征收人主体资格认定不自信的情形。

但本案中，法院对境外公房承租人的征收补偿协议签约主体地位予以了行政司法实践意义上的确认，并且通过判决书明确指出，在公房征收环节，征收补偿协议的效力不会因签约主体的国籍身份不同而有所不同。

不过要指出的是，由于土地性质和房屋性质各有不同，本案例只能在公房征收领域且境外人员为房屋承租人时具有类案借鉴意义。公有房屋内可认定为安置对象的人员一般包括：承租人、共同居住人、托底保障人口。除却本案涉及的承租人情形，外籍人员是否可以共同居住人身份或托底保障人口身份享受拆迁利益？笔者认为，答案是否定的。"共同居住人"的认定，是以在公有房屋内具有常住户口为必要条件的，因此，无户籍人员无法以共同居住人身份参与动迁安置。"托底保障人口"的认定，一般以征收主体的审核认定为标准，经检索，并未发现有成文法作出关于境内无户籍人员是否可以作为安置对象参与动迁利益分配这一问题的规定。但笔者认为，给予该等人员动迁利益具有社会保障和社会福利性质，因此应当依法限制该等人员的认定，境内无户籍人员如无相关法律和事实依据支持的，不得作为托底保障人口参与公房动迁利益分配。国有土地上私房征收亦可类推适用。

此外，农村宅基地上房屋征收也不应以本案例为参考。

首先，农村宅基地使用权具有社会福利性质，是为保障本集体经济组织成员的居住权而无偿享有的权利，故对该权利的取得、变更均应符合法定条件。根据自然资办函〔2020〕1344号"36.非农民集体经济组成员取得宅基地能不能登记？"中的规定，非本农民集体经济组织成员，仅在有限情形下可登记为宅基地权利人："（1）非本农民集体经济组成员，因易地扶贫搬迁、地质灾害防治、新农村建设、移民安置等按照政府统一规划和批准使用宅基地的，在退出原宅基地并注销登记后,依法确定新建房屋占用的宅基地使用权,并办理不动产登记。(2)非本农民集体经济组织成员(含城镇居民),因继承房屋占用宅基地的,可按规定确权登记,在不动产登记簿及证书附记栏注记'该权利人为本农民集体经济组织原成员住宅的合法继承人'。(3)1999年《国务院办公厅关于加强土地转让管理严禁炒卖土地的通知》(国办发〔1999〕39号)印发前,回原籍村庄、集镇落户的职工、退伍军人、离(退)休干部以及回乡定居的华侨、港澳台同胞等,原在农村合法取得的宅基地,或因合法取得房屋而占用宅基地的,经公告无异议或异议不成立的,由该农民集体经济组织出具证明,可依法确权登记,在不动产登记簿及证书附记栏注记'该权利人为非本农民集体经济组织成员'。'国办发〔1999〕39号'文件印发后,城市居民违法占用宅基地建造房屋、购买农房的,不予登记。"因此,除回乡定居的华侨、港澳台同胞等情形外,一般境内无户籍人员无法成为宅基地依法登记的权利人,自然也就无法据此取得宅基地征收补偿利益。

另据"房地一致原则",因建造等事实行为取得宅基地房屋所有权的前提是合法享有该宅基地使用权。因此,即使境内无户籍人员对宅基地上房屋有建造、改扩建等事实行为,在司法实践中仍有可能无法取得针对建筑物残值的征收补偿利益。该观点可从一份民事判决书中管窥:"相关安置利益应由户内成员或宅基地房屋权利人享有,而黄某耀夫妇既非该户内成员,亦非原宅基地房屋的权利人,故黄某铭、黄某玲、宋某琴主张对安置房屋享有三分之一的权利份额,无据可依,原审法院难以支持。黄某耀夫妇对翻建宅基地房屋的相关出资权利可基于债权债务关系向宅基地使用权人另行主张。"

综上所述,虽已有本案的行政判决在先,但境内无户籍人员在征收领域的权利体现仍有较大个案差异,我们可以期待相关立法机关和政府部门对境内无户籍人员在不动产征收补偿过程中的可得利益作出更为明确的支持或限制。

同住人因出国注销户籍,恢复户籍后未实际居住,其同住人身份还在吗?

周文宣[*] 周 青[**]

一、争议焦点

同住人因出国注销户籍,恢复户籍后未实际居住,系争房屋被征收时其是否还能被认定为同住人?

二、主要人物关系

李某1、李某2、李某3系兄弟姐妹关系。李某1为承租人;李某2为李某1的哥哥,其与武某系夫妻关系,李某4系二人之子;李某3是李某1的弟弟,其与唐某系夫妻关系。

三、案情简介

系争房屋位于泉州路×号,为公有居住房屋,承租人为李某1。2021年4月,系争房屋被列入征收范围。征收时户籍在册人员为5人:李某1(自1961年户口迁入);李某2、武某、李某4(3人户籍自2005年迁入);唐某(1982年因结婚户籍迁入,1997年随夫前往国外,注销户籍。2007年回国定居,恢复户籍至系争房屋)。

2021年6月,李某1作为系争房屋承租人与征收单位签订《上海市国有土地上房屋征收补偿协议》和结算单,确认征收补偿利益总计8,692,819.65元,其中房屋价值补偿5,876,657.27元。

唐某婚后在系争房屋内居住直至1997年户籍注销。2002年,唐某购买取得上海市A处商品房,登记权利人为唐某。2007年,唐某户口恢复至系争房屋后未实际居住。另据唐某护照记载,2011年至2020年,唐某在国内与国外两地生活。唐某已取得国外绿卡,在国外领取类似养老费用。

李某2、武某在系争房屋内结婚并居住,1983年被增配上海市B处房屋,1993年套配上海市C处房屋,两次获配房屋迁入户籍3人(李某2、武某、李某

---

[*] 北京市隆安律师事务所上海分所合伙人,上海市律师协会第十一届不动产征收(动迁)专业委员会委员。

[**] 北京市隆安律师事务所上海分所律师。

4)。1994年12月,李某2作为购买人将C处公房购买为产权房,当时该户内在册户籍人员3人,分别为李某2、武某、李某4。1999年9月,李某2、武某、李某4购买本市D处商品房。李某2、武某、李某4自2005年户籍迁入后未在系争房屋内实际居住。

系争房屋被征收前由李某1一人实际居住。

四、各方观点

(一)原告观点

原告认为,在房屋征收决定作出时,唐某户籍在系争房屋内,在上海市亦未享受过福利性质房屋,且曾实际居住,符合共同居住人的条件,依法有权分割征收补偿利益。

(二)被告观点

被告李某1认为,1997年,唐某注销户籍取得国外绿卡,已放弃系争房屋居住权利。唐某在2002年购买本市A处房屋,2007年户籍迁入系争房屋后,名下有房,也未在系争房屋内实际居住,属空挂性质。唐某主要在国外生活,不是系争房屋的同住人,不应分得征收补偿利益。

被告李某2、武某、李某4认为,唐某于2002年购置商品房,仅一人居住。其配偶生前在国外购置了房产,其子已加入国外国籍。唐某在中国领取养老金,在国外还享受养老金和医疗保险。因办理养老金要求在原注销地址恢复户籍,故于2007年户籍恢复迁入系争房屋,实际不居住。被告一家三口及唐某在户籍迁入系争房屋后实际不居住,均为空挂户口。系争房屋仅由被告李某1实际居住使用。李某2、武某享受国家福利分房,与李某4无关。李某1属孤老,对父母的赡养尽到了最大的义务,现李某1身患多种疾病,名下无房,租房居住。

五、法院观点*

根据相关规定,征收居住房屋的,公有房屋承租人所得的货币补偿款归公有房屋承租人及其共同居住人共有。系争房屋被征收时,李某1作为房屋承租人,符合本次房屋征收利益分割条件。

系争房屋被征收时,李某2、武某、李某4三人户籍在内,审理中三被告自认曾被增配上海市B处房屋及套配上海市C处房屋,两次配房时迁入户籍人员均为李某2、武某、李某4。根据最高人民法院《关于民事诉讼证据的若干规定》第3条第1款的规定,在诉讼过程中,一方当事人陈述的于己不利的事实,

---

* 上海市黄浦区人民法院一审民事判决书,(2021)沪0101民初26292号。

或者对于己不利的事实明确表示承认的,另一方当事人无须举证证明,现被告确认已获配房屋且房屋内迁入人口为 3 人情况下,可认定 3 人已享受福利性质房屋。此外,1994 年 12 月李某 2 将上海市 C 处公房购买为产权房时,3 人户籍亦在内,属于享受福利性质,同样不符合共同居住人条件。因此,李某 2、武某、李某 4 不属于本案同住人,无权分割系争房屋征收补偿利益。

唐某户籍于 1982 年 8 月迁入系争房屋并在内居住直至 1997 年,符合居住满一年的条件,也未享受过福利性分房,属于本案同住人。1997 年至 2007 年因前往国外获得永久居民卡而注销户籍、此后又恢复户籍的情况,不影响其在本案中作为同住人的认定。但征收补偿利益应优先保障对被征收房屋有居住需求、实际在内居住人员的利益,鉴于唐某在上海市有房屋居住,恢复户籍后也未在系争房屋内实际居住,至房屋征收时有数年时间长期往返于国内外,对系争房屋的实际需求不大,在国外亦享有养老保障等因素,可分割的征收补偿利益对其予以少分。

综上所述,法院判决:(1)唐某分得系争房屋征收补偿款人民币 2,000,000 元;(2)李某 1 分得系争房屋征收补偿款人民币 6,672,819.65 元。

本案例形成时间为 2022 年 1 月。

六、案例评析

(一)在册人员因出国注销户口后又恢复户籍,其居住时间自注销户籍前户口迁入时开始计算

系争房屋是公有居住房屋,房屋征收补偿归房屋承租人和共同居住人共有。共同居住人条件之一是实际居住生活一年以上(特殊情况除外),关于在册人员实际居住的审查,法院目前的操作口径是审查户籍在册人员自户籍迁入后是否居住满一年以上。

户籍在册人员因出国注销户籍后又恢复户籍,其居住时间是否应该重新计算,该问题存在一定的争议。一种观点认为,因出国注销户籍后又恢复户籍,属于户籍的迁移,其居住时间应当自恢复户籍时重新计算;另一种观点认为,因出国注销户籍后在同一地址恢复户籍的,其户籍在同一地址没有改变,不同于户籍的迁入迁出,其居住时间应当自户口注销前的迁入时间开始计算。

本案中,主审法官认为,唐某因结婚实际居住在系争房屋直至 1997 年,后注销户籍,又于 2007 年恢复系争房屋户籍。唐某虽自户籍恢复后没有实际居住,但在户籍注销前,在系争房屋实际居住满一年以上,且未享受过任何住房福利,属于系争房屋的同住人。故本案主审法官在认定唐某居住时间时,是从唐某出国注销户籍前户口迁入时开始计算的。

(二) 恢复户籍后未实际居住,居住需求较小,应酌情少分征收补偿款

本案中,法院认为,征收补偿利益应优先保障对被征收房屋有居住需求、实际在内居住人员的利益。唐某出国注销户籍后又恢复户籍,不影响其同住人的认定。但由于唐某恢复户籍前已经购买产权房,房屋征收前未在系争房屋中实际居住,长期在国内和国外两边居住,且已经取得国外长期居留的绿卡,领取国外养老费用等情况,法院判定唐某对系争房屋的实际需求不大,可分割的征收补偿利益对其予以少分。

他处无房相关案例

经济适用房是否属于"福利分房"?

秦志刚[*]

一、争议焦点

《高院解答》中曾经针对他处有房的情形,做出过不完全列举的解答。他处有房所指的房屋"仅限于福利性质取得的房屋,包括原承租的公有住房、计划经济下分配的福利房、自己部分出资的福利房,房款的一半以上系用单位的补贴所购买的商品房,公房被拆迁后所得的安置房(包括自己少部分出资的产权安置房),以及按公房出售政策购买的产权房等"。然而司法实践中房屋类型较多,性质复杂,是否还有其他房屋在《高院解答》中"等"的范围之内呢?经济适用房是否属于"福利分房"呢?

二、主要人物关系

原告谢甲与张某系夫妻关系,谢小甲是两人之子。被告蒋某系原告谢甲和案外人谢乙之母。崂山某村房屋(以下简称系争房屋)原系公房,承租人为蒋某。系争房屋内有两本户口簿,其中一本户口簿中在册户籍人员为被告蒋某、案外人谢乙、证人谢小乙;另一本户口簿中在册户籍人员为原告谢甲、原告张某、原告谢小甲(1990年5月20日迁入)。

---

[*] 上海华夏汇鸿律师事务所律师,上海市律师协会第十一届不动产征收(动迁)专业委员会委员。

三、案情简介

2016年4月22日,被告蒋某与被告上海市某区房地产公司就系争房屋签订《上海市公有住房出售合同》。《职工家庭购买公有住房协议书》的承租人处有"蒋某"字样的签名,同住成年人处有"谢乙"及"谢小乙"字样的签名。本户人员情况表中家庭成员显示为被告蒋某、案外人谢乙及证人谢小乙。同日,被告蒋某交付房款、维修基金等共计人民币10,001元。2016年5月25日,被告蒋某向房地产交易中心申请将系争房屋登记至其名下。2016年8月1日,系争房屋登记至案外人张丙名下。

2014年,原告谢小甲申请了上海市某区A路的经济适用房一套,产权登记在其名下。

本案审理过程中,原告申请被告蒋某的儿媳、案外人谢乙的妻子杨某以及谢乙的女儿谢小乙到庭作证。被告蒋某及案外人谢乙从未向证人提及将系争房屋购买为产权房的事情,证人杨某不清楚系争房屋购买为产权房的过程。谢小乙陈述:其父亲即案外人谢乙欺骗其称要将公房购买为产权房,要求证人谢小乙去签字。签字盖章时,都是案外人谢乙拿着被告蒋某的手签字盖手印的,当时被告蒋某清楚将公房购买为产权房的事情。签字完成后,物业公司的工作人员称需要支付16,000元,该款由案外人陆某支付。因为谢乙经常赌博,欠了大量外债。

原告要求法院确认房屋买卖合同无效,请求恢复房屋至公房状态。

被告未出庭答辩。

四、法院观点[*]

法院认为,根据出售公有住房的规定,购买公有住房的对象为获得新分配住房的具有上海市常住户口的职工和在住所地具有上海市常住户口的公有住房承租人或年满18周岁的同住成年人。家庭人员在购房时应协商一致,并在职工家庭购买公有住房协议书上签名盖章,任何同住成年人在购买公有住房产权时必须经过其他同住成年人的同意。原告谢小甲虽申请了经济适用房,但经济适用房与计划经济时代下的公房不同,经济适用房申请人在购买经济适用房时需支付部分房款,仅可获得政府让渡的占有和使用权利,并在满5年出售时获得少量增值收益,而公房却是以较小的对价获得了较大的财产利益,故虽谢小甲申请了经济适用房,但仍不宜轻易否定其购买公有住房的资格。另外,根据现有证据情况,原告谢甲、张某尚不存在在他处已获得福利性分房或福利房

---

[*] 上海市浦东新区人民法院一审民事判决书,(2016)沪0115民初67144号。

待遇,应享有购买系争房屋的资格。然而三原告对系争房屋购买为产权房的情况毫不知情,被告蒋某就系争房屋与被告上海市某区房地产公司签订《上海市公有住房出售合同》的行为严重损害了三原告的利益,违反了职工购买公有住房的相关规定,该合同应为无效。无效的合同自始没有法律约束力,被告上海市某区房地产公司应将购房款返还给被告蒋某,但系争房屋现已被出售给他人,故本案中无法判决将该房恢复为公房状态。被告蒋某经法院合法传唤未到庭应诉,视为放弃答辩的权利,依法可予缺席裁判。

本案例形成时间为 2017 年 6 月 13 日。

五、案例评析

本案例讨论的是谁有资格按照售后公房政策将公房买为产权房,根据的是上海市《一九九五年出售公有住房方案实施细则》第 5 条第 1 款的规定,即"购买公有住房的对象为获得新分配住房的具有本市常住户口的职工和在住所地具有本市常住户口的公有住房承租人或年满 18 周岁的同住成年人"。结合实践可知,只有公房的承租人和年满 18 周岁的同住人才有资格购买该类房屋。在涉及公房纠纷中,有三类案件必然涉及同住人资格的审查,而该三类案件对同住人资格的认定又基本相同,它们分别是:确认公房买卖合同效力案件、公房排除妨害纠纷案件以及公房征收款共有纠纷案件。本案的焦点在于原告方是否属于系争房屋的同住人以及购买该房屋时是否经过同住人一致同意。因原告谢小甲申请过上海市某区 A 路的经济适用房一套,其同住人资格是否依然受到他处有房的影响是本案的争议焦点。该法院认为:经济适用房与福利分房区别较大,经济适用房不属于福利分房,因此不能排除其作为公房同住人的资格。但司法实务中对经济适用房略有争议,有些法院认为经济适用房仍然属于包含福利性质的房屋,比如某区法院判决中指出"原告于 2011 年通过系争房屋申请获得了经济适用住房,该房屋取得亦包含一定的福利性质",该观点成为原告不享有征收补偿的原因之一。那么经济适用房究竟是否属于福利分房呢?我们探讨一下其概念和性质。

(一)经济适用房的概念和性质

根据《经济适用住房管理办法》第 2 条第 1 款的规定,经济适用住房,"是指政府提供政策优惠,限定套型面积和销售价格,按照合理标准建设,面向城市低收入住房困难家庭供应,具有保障性质的政策性住房"。经济适用房是根据国家经济适用住房建设计划安排建设的住宅。其所用土地来源一般实行行政划拨的方式,并免收土地出让金,而且对各种经批准的收费实行减半征收,具有较大的政府扶持和优惠性质。同时经济适用房出售价格实行政府指导价,遵循保本微利的原则。购买经济适用房的居民支付相应对价获得限制性房屋产权证，因此经济适用房在本质上属于商品房。

(二)经济适用房能否被认定为福利分房

福利分房是我国计划经济时代的一种房屋分配形式。在计划经济时代，人们所有的剩余价值均被收归国有，国家将这些剩余价值中的一部分交由各企事业单位建住房，然后按职工级别、职称、工龄、年龄、居住人口辈数、人数以及有无住房等一系列条件分给居民承租居住使用。承租人需要缴纳房屋租金。但承租人实际支付的房租远远低于该房屋的建筑成本和维修成本(类似于赠送)。

司法实践中,《高院解答》中认定的福利分房主要包括原承租的公有住房、计划经济下分配的福利房、自己部分出资的福利房、房款的一半以上系用单位的补贴所购买的商品房、公房被拆迁后所得的安置房(包括自己少部分出资的产权安置房)及按公房出售政策购买的产权房等。很显然，经济适用房并不属于上面所列的福利性质的房屋，同时也没有相应的法律法规以及司法解释确认经济适用房属于福利分房，更没有规定因居民享有经济适用房而排除其共有住房中同住人资格。但实践中依然存在两种观点。一种观点认为经济适用房是福利分房，因为经济适用房是政府提供优惠政策，解决中低收入家庭居住困难的保障性住房，与以往福利性公房具有相同属性；另一种观点认为经济适用房不属于福利分房，因为获得经济适用房的人支付了相应的对价，且经济适用房本质上属于商品房。

(三)司法实践中的倾向性意见：经济适用房不属于福利分房，即使享有经济适用房，仍然不能排除该房屋所有权人在他处公房内享有同住人资格

从福利分房的本质来说，享有福利分房即享有福利性房屋的财产权价值补贴和居住权补贴。首先，在经济适用房财产权方面，当事人并没有享受政府的福利。经济适用房的重要原则即保本微利，如果经济适用房是开发商建造的，其利润不能超过成本价的3%；如果是政府出资建造的，则按照成本价出售，不得盈利。根据《经济适用住房管理办法》第20条"确定经济适用住房的价格应当以保本微利为原则。其销售基准价格及浮动幅度，由有定价权的价格主管部门会同经济适用住房主管部门，依据经济适用住房价格管理的有关规定，在综合考虑建设、管理成本和利润的基础上确定并向社会公布。房地产开发企业实施的经济适用住房项目利润率按不高于3%核定；市、县人民政府直接组织建设的经济适用住房只能按成本价销售，不得有利润"的规定，当事人购买经济适用房支付了其享有产权的对价，支付成本价格同样高于政府的优惠价格。其次，经济适用房产权人希望满足年限后上市交易的，需要向政府支付相应土地

出让金。因此,经济适用房产权人在购房时至少已经支付了经济适用房的成本价,在财产权上并未享受政府的福利补贴。不过经济适用房土地属于划拨用地,居住权的福利性质基于财产权延伸而来,因此具有保障性住房的性质,但是其福利性质相对于公房等显然较少,而且该居住权的福利性可以随时收回或者中止(如廉租房)。总之,政策性保障减少了经济适用房产权人支付的房屋价款,但这些福利补贴相较于公房分房等福利性太小,可以忽略不计。因此,经济适用房一般不被认定为福利分房。

司法实践中必然会遇到除经济适用房外的其他也含有福利成分的房屋,比如增配房屋、平价房、安居房、廉租房、宅基地房和"拆私还公"的房屋等,其中的福利成分可能包括单位补贴款、房价优惠、税费减免、土地划拨、租房补贴、贷款扶持、工龄购房等政府或单位的各类优惠扶持。在实务办理案件中,承办律师如何分析涉案房屋是否属于福利分房,涉案房屋能否被认定为《高院解答》中关于福利分房不完全列举中"等"的内容是重点。

已购置经济适用房的共同居住人应少分征收补偿利益

焦士雷[*]

一、争议焦点

已购置经济适用房是否还享有征收补偿利益?

二、主要人物关系

李某 1 与李某系堂兄弟关系。李某 2、李某 3 系李某 1 女儿。蒋某系李某前妻。李晓某系李某之子。

三、案情简介

涉案房屋系公房,承租人为李某。2021 年 4 月,李某与征收人签订《上海市国有土地上房屋征收补偿协议》(以下简称征收协议),被征收房屋居住部分价值补偿款 2,481,599.12 元。被征收人不符合居住困难户的条件。装潢补偿款为 4182 元。奖励补贴合计 1,487,720 元。被征收人选择货币补偿,协议外该户另有百分比奖 70,000 元,上述款项已由李某全部领取。

---

[*] 上海日盈律师事务所合伙人,上海市律师协会第十一届不动产征收(动迁)专业委员会委员。

户籍情况：涉案房屋在册户籍6人，其中，李某1户籍于1989年6月因知青子女回沪迁入涉案房屋。李某2、李某3分别于2009年1月、2017年2月在涉案房屋内报出生。李某户籍自1980年2月起一直在涉案房屋内。蒋某户籍于1991年4月从上海市×街迁入，后迁往他处，2009年4月再次迁入。李晓某1992年12月在涉案房屋内报出生，后迁往上海市他处，2009年4月再次迁入。

居住情况：1989年李某1回沪后，在涉案房屋内实际居住至本次拆迁，李某2、李某3出生后，均随李某1在涉案房屋内实际居住。2009年之后，李某、李晓某、蒋某均未在涉案房屋内实际居住。

李某的婚姻状况：李某与蒋某于1991年1月登记结婚，婚后于1992年11月生育李晓某。2014年2月，李某与蒋某协议离婚，离婚协议约定涉案房屋动迁按国家安置政策分配。

经济适用房情况：一审中，李某1自认于2014年购买上海市闵行区某处经济适用房一套，产权登记在李某1、李某2名下。

四、各方观点

（一）原审原告（被上诉人）观点

原审原告（被上诉人）李某1、李某2、李某3认为：（1）李某1为涉案房屋的同住人，其户籍是根据知青子女回沪政策于1989年由新疆迁入涉案房屋内且其实际居住至该房屋被征收，符合同住人条件；（2）李某于2009年搬到他处居住，要求李某1每月补贴其500元，李某1出于亲情支付这笔款项，并非基于李某所称的商业租赁关系；（3）李晓某的户籍于2009年再次迁入涉案房屋后并未实际居住，属于空挂户口，不是涉案房屋的同住人。

（二）原审被告（上诉人）观点

原审被告（上诉人）李某、李晓某认为：（1）涉案房屋是由李某父母单位分配房屋置换所得。李某1户籍迁入属于帮助性质，仅允许其短暂居住，不应获得涉案房屋同住人身份；（2）2007年年底，李某1在涉案房屋中居住，李某1每月支付500元租金，属于商业上的租赁合同关系，且李某1已申购经济适用房，属于已享受福利政策；（3）李晓某在户籍于2009年迁入涉案房屋后虽未实际居住，但他处无房，对涉案房屋有居住需求，应被认定为涉案房屋同住人。

（三）原审被告蒋某观点

蒋某未应诉发表答辩意见。

五、法院观点

（一）一审法院观点

一审法院认为，涉案房屋系公房，所获得的征收补偿利益应由承租人、同住人共同享有。涉案房屋的承租人为李某。李某1的户籍在涉案房屋内,且其在涉案房屋内实际居住,符合同住人条件。李某2、李某3在涉案房屋中有户籍并一直在内居住,但两人系未成年人,不符合同住人条件,其居住权利可在分配征收补偿利益时酌情予以考虑。蒋某、李晓某虽户籍在涉案房屋内,但自2009年户籍迁入后未在涉案房屋内实际居住,不符合同住人条件,无权要求分割涉案房屋的征收补偿利益。涉案房屋的征收补偿利益应由房屋承租人李某及同住人李某1进行分配。考虑到李某1已购置过经济适用房,应当适当予以少分。因涉案房屋的征收货币补偿款已由李某领取,相关款项应由李某向李某1支付。

(二)二审法院观点*

二审法院认为,一审法院考虑到李某1购置过经济适用房这一事实,已经酌情给予李某1少分征收补偿利益,所酌定金额尚属合理,予以认同。

二审法院判决:驳回上诉,维持原判。

本案例形成时间为2022年3月24日。

六、案例评析

(一)经济适用房非福利分房,当事人不因此丧失涉案房屋的同住人身份

经济适用房,又称共有产权保障住房,此类住房需当事人自行出资购买且为有限产权住房,其性质与福利分房有别。经济适用房兼具商品房和福利房性质,在符合出售条件时当事人通过出售仅可获得少量增值收益;福利分房却是以较小的对价获得了较大的财产利益。在房屋征收补偿利益分割案件(案由一般为共有纠纷或共有物分割纠纷)中认定共同居住人资格时,已购置经济适用房的户籍在册人员不属于已享受福利分房的情况,不能仅因其已购置经济适用房即排除其在涉案公房内的同住人资格。

(二)虽然经济适用房系有限产权住房,但作为社会保障性住房,其本身具有社会福利属性

根据《经济适用住房管理办法》的相关规定,已参加福利分房的家庭在退回所分房屋之前不得购买经济适用住房,可见经济适用房的购买与福利分房在一定程度上是相互排他的。因此,在征收许可证核发之日已经购置经济适用房并实际入住的同住人,对涉案房屋解决居住问题的依赖较小,应当适当少分涉案房屋的征收补偿利益。

---

* 上海市第二中级人民法院二审民事判决书,(2022)沪02民终2087号。

安居、平价房屋是否属于福利分房？

秦志刚[*]

一、争议焦点

安居房、平价房这类具有社会保障性功能的房屋是否属于福利分房？

二、主要人物关系

张乙系张甲的舅舅，张乙、徐甲系夫妻关系。系争房屋是上海市巨鹿路某弄公房，租赁户名为张乙，在册户籍人员为张甲、张乙和徐甲三人。

三、案情简介

张甲于1967年报出生，户籍登记于系争房屋，并曾长期居住直至1992年结婚。系争房屋内有两本户口簿，即张甲一本，张乙、徐甲一本。2003年张乙、徐甲与某置业公司签订上海市公有住房出售合同。张乙、徐甲成为系争房屋的产权人。2007年，张乙、徐甲将该房屋出售。2010年10月，张甲诉至法院，请求确认张乙、徐甲与某置业公司所签订的系争房屋的出售合同无效。

原审另查明，张甲父亲单位于1977年分配上海市四平路某弄房屋一套，当时写明家庭人口为4人。1985年由于家庭住房困难，张甲父亲单位又分配柳营路某弄房屋一套，原四平路住房由单位保留。此次分房家庭成员中未包括张甲。1998年张甲购买安居房一套，位于上海市棕榈路某弄，该房已被张甲出售。

四、法院观点

（一）一审法院观点[**]

一审法院认为，上海市巨鹿路某弄公房房屋承租人系张乙，张甲户籍一直在该处房屋内，并曾经长期居住于该屋内。但根据国家有关法律、法规及政策规定，如张甲他处有房，享受过福利分房，则张甲不属于该房屋同住人。如张甲不具有同住人资格，就不具有公房购买条件。本案中，1977年张甲父亲单位分配房屋，1985年因住房困难单位再次分配房屋时，房屋调配单中写明家庭人口并未包括张甲，且原分配的房屋已由单位收回。故张甲实际在上述两次房屋分

---

[*] 上海华夏汇鸿律师事务所律师，上海市律师协会第十一届不动产征收（动迁）专业委员会委员。
[**] 上海市静安区人民法院一审民事判决书，(2010)静民三(民)初字第363号。

配中,并未享受福利分房。但张甲在 1998 年购买了安居房。安居房作为国家为解决中低收入家庭的居住问题,而以成本价出售的住房,具有明显的福利性质,应认定张甲取得了福利性质的房屋。且 1992 年后张甲已不居住在该房屋内。故张甲不具有系争房屋同住人资格。张乙、徐甲购买系争房屋的产权并未侵犯张甲的利益。张甲要求确认房屋买卖合同无效缺乏依据。对张甲的诉请不予支持。

上诉人张甲不服一审法院判决,向中级人民法院提起上诉称:张甲在他处未享受过福利分房,1998 年张甲购买的上海市棕榈路某弄房屋并非安居房,而是平价房,且该房已被张甲出售,故张甲符合共同居住人的条件,应认定为系争房屋的共同居住人,张乙、徐甲在未经张甲同意情况下,与某置业公司签订的上海市公有住房出售合同,侵害了张甲的合法权益,要求撤销原判,支持其原审请求。

(二)二审法院观点

二审法院认为,根据查明的事实,1998 年张甲与上海市建设系统职工住宅合作社签订《上海市安居房、平价房配售合同》,购买了上海市棕榈路某弄房屋一套。安居房、平价房是国家安排的专项贷款和地方自筹资金建设的面向广大中低收入家庭,特别是对居住面积 4 平方米以下特困户提供的销售价格低于成本,由政府补贴的非营利性住房,故具有明显的福利性质,原审法院据此认定张甲取得了福利性质的房屋,且 1992 年后张甲已不居住在系争房屋内,张甲不具有系争房屋同住人资格,并无不当,张甲要求确认房屋买卖合同无效依据不足。张甲的上诉请求,二审法院不予支持。

本案例形成时间为 2011 年 8 月。

五、案件评析

本案的争议焦点为安居房是否属于福利分房。司法实践中经常把平价房与安居房并列讨论,虽然两者有些区别,但其本质上都属于保障性住房。本文亦将平价房与安居房一起论述,不作区分。

国家和地方政府为加快解决中低收入家庭的居住问题,建立社会主义市场经济条件下具有社会保障性质的住房供给体制,实施了安居房的开发、建设、分配、出售和管理工程,并采用自建、联建、委托代建以及市统一建造多种形式进行建设。建设的安居住房坚持非营利性原则,并以成本价向中低收入家庭出售。安居房建设用地,以政府划拨的方式进行安排。上海市人民政府从 1995 年开始实施安居住房建设工程,解决中低收入家庭无房户、危房户和住房困难户。那么安居房屋是否属于公房同住人资格中他处有房的情形,即安居房是否

属于福利分房的问题,因缺少法律规范的解释,司法审判中对该类房屋定性尚未有统一的观点,但有两种倾向性意见:

第一,安居、平价房屋属于福利分房,应当被认定为同住人资格认定中的他处有房情形。本案两级法院便坚持此观点,认为安居房屋属于保障性住房,不具有营利性,且个人仅支付了安居房屋的成本价格或低于成本的价格,因此安居房屋应当被认定为福利分房。根据安居房的概念和性质可知,该类房屋的福利性还包含:(1)建设所用土地一般是行政划拨用地;(2)房屋一般是政府扶持、由单位筹资建设,虽然个人出资购买房屋时支付安居房的"成本价",但该价格远远低于商品房开发的成本价;(3)税费减免,《安居方案》第14条规定,"实施安居工程建设,按市、区分工的原则,分别由市、区承担固定资产投资方向调节税、营业税、房产税、契税"。审判实践中也有很多判例,比如,2014年某法院判决书载明,"某某户籍在系争房屋内,因居住困难,符合特困户条件,在系争房屋动迁之前,已由相关部门为其解决居住问题,其购置的解困平价房面积也已超过法定标准,虽购置的解困平价房由其自行部分出资,但该房的取得应属福利性质,故某某也不符合系争房屋安置人员的条件,亦不应获得系争房屋安置补偿款"。

第二,安居房、平价房不属于福利分房。安居房、平价房是为解决居住困难问题而由政府提供的保障性住房。《安居方案》第4条规定:"安居房建设资金坚持国家、单位、个人三者共同负担的原则,即:国家贷款等扶持,单位筹资建房,个人出资买房。"符合条件的居民购买安居房时需要支付房屋的成本价,《安居方案》第19条规定:"安居房的成本价,由市建设委员会(以下简称市建委)会同有关部门审核确定。安居房成本价由征地和拆迁补偿费、勘察设计费和前期工程费、建筑安装工程费、住宅小区基础设施建设费(包括50%小区级非经营性公建配套费)、管理费、贷款利息和税金等构成。"安居房屋具有政府和单位帮助的福利性,但该部分福利性相对于福利分房的福利性小,由于个人购买安居房时支付房屋对价,且该对价已经覆盖房屋的成本价格,国家和单位并未无偿补贴款项和房屋面积给个人,故不能认定安居房屋属于福利分房。

在实务办理案件中,不动产征收律师必然会遇到各类含有福利成分的房屋,福利成分可能包括:单位补贴款、房价优惠、税费减免、土地划拨、租房补贴、贷款扶持、工龄购房等各类政府、单位提供的优惠扶持。房屋含有国家和单位福利成分并不代表一定是福利分房,根据《高院解答》的相关规定,"房款的一半以上系用单位的补贴所购买的商品房"才被认定为福利分房。因此律师要勤勉尽责,将当事人购房的证据材料调查清楚,并重点理清房屋的成本价是否超过其福利成分。

享受过农村宅基地动迁是否属于他处有房?

秦志刚[*]

一、争议焦点

公房征收补偿利益分割案件中,户籍在册人曾获得农村宅基地使用权或者享受过农村宅基地动迁的,是否属于他处有房?

二、主要人物关系

上诉人(原审被告)为沈某,女,1963年4月16日出生。被上诉人(原审原告)为黄某某,女,1988年4月28日出生。

三、案情简介

黄某某系黄某与前妻张某所生之女。黄某某父母于1987年12月登记结婚,2001年经法院调解离婚,黄某某随其母亲生活。黄某与沈某于2017年8月24日登记结婚。2017年10月31日,黄某因病去世。黄某之父王良于2014年12月25日因死亡注销户籍;黄某之母黄阿妹于2015年12月24日因死亡注销户籍。

合肥路房屋为公有居住房屋,面积6.8平方米,租赁户名为黄某。该房屋拆迁时,内有黄某、黄某某二人户籍,其中黄某的户籍于1984年5月4日由三林公社临浦大队黄宅×号迁入,黄某某的户籍于2007年2月26日自郭家宅×号房屋迁入。

根据上海×房地产动拆迁有限公司拆迁补偿安置费用结算清单,补偿项目除××协议外,还有首发过渡费22,500元;应付款总额为1,180,625.54元,实发金额为599,225.44元,领款人为黄某,领款日期为2010年11月5日。

另查明:沈某曾于2018年1月向上海市×人民法院起诉黄某某,要求法院判令对鹤永路房屋进行遗嘱继承,并要求对黄某名下的上海市基本养老保险返还款135,293.80元、丧葬费19,008元进行法定继承。案号为2018沪×民初

---

[*] 上海华夏汇鸿律师事务所律师,上海市律师协会第十一届不动产征收(动迁)专业委员会委员。

×号,后法院对该案中止审理。

二审法院发现新的事实,除一审法院认定的事实外,2013年5月23日,上海×集团有限公司作为甲方,被拆迁人张某、黄某、黄某某、王某作为乙方,就郭家宅×号房屋动迁事宜签订《上海市征用集体所有土地拆迁房屋补偿安置协议》,约定甲方安置乙方的房屋坐落在三菱新城59-4地块24-2号601室、59-4地块27-3号601室,房屋建筑面积161.46平方米,总价473,261.92元,同时就安置房屋与货币补偿款的差价、搬家补助费、设备迁移费等其他费用作出了约定,张某等4人在协议落款乙方处签字。2006年8月28日,黄某、黄某某作为受让人、张某、黄某某作为受让人,分别申请受让登记为上海市西泰林路×弄×号×室及上海市西泰林路×××弄×××号×××室房屋产权人。1991年8月9日的上海县农村居民宅基地使用权申报表和草表、上海县农村居民宅基地使用权审核表等均记载土地使用者张某美(此处记载疑系笔误,应为张某,下同),现有家庭人员张某美、黄某、黄某某、王某。上海浦东新区农村个人建房用地申请表记载申请人为张某,家庭成员黄某居、黄某某。

四、各方观点

(一)上诉人观点

沈某认为,黄某某在张某作为所有权人申请郭家宅×号宅基地、批建房屋时作为家庭成员及该房屋的使用权人,基于其农村户口的身份获取了相应的农村宅基地面积,并在该处房屋拆迁时作为被拆迁人之一享受了安置补偿,并获得了拆迁安置房,属于他处有房,结合其户籍自迁入合肥路房屋后从未居住过等情况,其不符合同住人的认定标准,不应享有合肥路房屋动迁的任何利益,鹤永路房屋份额应完全属于黄某。

(二)被上诉人观点

黄某某则认为,首先,《上海市征用集体土地拆迁房屋补偿安置协议》上载明的被拆迁人是张某,括号中的其余三人是否属于被拆迁人无法确定。该次拆迁未按托底方式进行,实际安置人口应当另案通过诉讼方式进行确定,无法得出黄某某系同住人且享受了拆迁安置补偿的结论。其次,申请郭家宅×号宅基地使用权、批建房屋时黄某某尚未出生,其不可能作为该处宅基地的使用权人。黄某某是基于与实际权利人张某的母女关系在表格上以家庭成员的身份进行登记,获得的拆迁安置房也是张某对黄某某的赠与,实际拆迁利益还是应当归属于张某所有。郭家宅×号房屋系私房,不属于福利性质房屋,黄某某未享受过福利分房,应当认定为合肥路房屋的同住人。

五、法院观点

(一) 一审法院观点

一审法院认为,黄某某户籍在被拆迁房屋内,对其是否居住被拆迁房屋,双方各执一词,考虑到被拆迁房屋面积狭小等相关因素,法院认定黄某某为被拆迁房屋同住人,对被拆迁房屋补偿利益享有份额。综合考虑被拆迁房屋来源、居住使用情况、当事人对被拆迁房屋的贡献等因素,法院依照公平合理的原则依法确认黄某某及被继承人黄某应享有的份额。因沈某未举证证明该征收补偿利益已经分配给黄某某,黄某某有权主张该利益;同时,鉴于黄某某未提出给付诉请,法院仅判明其应享有的份额。

一审法院据此作出如下判决:(1)确认黄某某、被继承人黄某对合肥路房屋拆迁所得的安置房永路房屋各享有50%的产权份额。(2)确认上海市黄浦区合肥路×××弄×××号二层后楼房屋拆迁所得的货币补偿款599,225.44元中,由黄某某分得250,000元,被继承人黄某分得349,225.44元。

(二) 二审法院观点[*]

二审法院认为,本案主要争议焦点在于黄某某是否合肥路房屋的同住人及能否据此对鹤永路房屋产权份额及剩余动迁款现金进行主张。沈某认为同住人身份认定属于确权之诉,应当作为明确的诉请提出,对此,一审中虽然黄某某未明确将同住人身份认定作为诉请提出,但是确认黄某某是否合肥路房屋同住人系其主张分割鹤永路房屋及剩余动迁款现金的请求权基础,故一审法院依法对此进行审理未超越当事人诉请范围,并无不当。

关于黄某某是否合肥路房屋同住人的问题。合肥路房屋来源于黄某某之父黄某,黄某与前妻张某于2001年离婚,黄某某随张某居住生活,其时黄某某尚未成年,对合肥路房屋取得并无贡献,其户口于2007年迁入合肥路房屋后亦从未居住其中。另,根据二审法院已查明事实,郭家宅×号房屋动迁过程中,黄某某在拆迁房屋安置协议上作为乙方签字,并以受让人身份认购动迁安置房屋并登记为产权人,应可认定黄某某系郭家宅×号房屋的拆迁安置对象,并获得了相应的动迁安置利益,属于他处有房,故黄某某不应被认定为合肥路房屋同住人。合肥路房屋拆迁时,黄某与黄某某户籍在册,该房屋动迁利益应全部归黄某所有,鹤永路房屋亦登记在黄某名下,应作为其遗产由各方另案主张分割。黄某某主张其对鹤永路房屋及合肥路房屋剩余动迁款现金应享有1/2的份额,没有依据,应予驳回。

---

[*] 上海市第二中级人民法院二审民事判决书,(2019)沪02民终431号。

本案例形成时间为2019年2月。

六、案例评析

农村宅基地是农村的农户或个人用作住宅基地而占有、使用的本集体所有的土地。宅基地属于本村经济组织成员以户为单位申请无偿使用的土地类型，属于福利性质，宅基地仅能被占有、使用，且具有身份属性，因此其使用权不能继承。宅基地使用人可以在宅基地上建造居住房屋，房屋属于个人所有的财产，不具有福利性，可以继承。因此宅基地和房屋应分离看待。在房屋征收补偿利益分割的民事案件中，对于宅基地房屋是否属于福利分房，争议较大，笔者认为，因申请而享受农村宅基地使用权，且在宅基地上建造房屋的，属于《高院解答》中"他处有房"的情形。

补充说明：因私有房屋动迁而获得货币安置或者房屋安置，原则上不属于他处有房，也不属于享受福利性动迁，除非享受托底保障等福利性政策。因此如果宅基地房屋被认定为私有房屋或者非福利性房屋，那么宅基地动迁安置中居民除非被证明享有托底保障，才会被认定为享受过福利性分房，因此很多法院在认定宅基地动迁是否属于福利性动迁安置时，参考适用公房动迁安置。

综上，房屋征收补偿案件中，需要综合考虑房屋的性质、福利成分、来源等因素，认定他处房屋是否属于福利分房。

未成年时享受过福利分房，到底算不算他处有房？

周文宣[*]

一、争议焦点

（1）白4未成年时享受过福利分房，后户籍迁入涉案房屋中，是否影响同住人资格的认定？

（2）苗1系承租人的外孙子，从小居住在涉案房屋中，但成年后未实际居住在涉案房屋中，其父母享受过他处福利分房，苗1是否属于涉案房屋的同住人？

---

[*] 北京市隆安律师事务所上海分所合伙人，上海市律师协会第十一届不动产征收（动迁）专业委员会委员。

二、主要人物关系

涉案房屋被征收时,户籍在册人口共9人,存在两本户口簿,其中一本户口簿人口为王某(1989年6月16日户籍迁入)、白1(2007年1月10日户籍迁入)、苗1(1989年1月9日户籍迁入)、顾某(2001年4月30日户籍迁入);另一本户口簿人口为白2(1999年11月4日同号分户)、吴1(1999年11月4日同号分户)、白4(1999年11月4日同号分户)、谢某(2016年3月20日报出生)、张某(2004年12月17日户籍迁入)。涉案房屋原承租人是王某的母亲刘某。王某系白1、白2之母,吴1与白4系白2之妻、女,谢某系白4之子,顾某系白1之子,苗1系王某另一女儿白3之子,张某系吴1姐姐吴2之子。

三、案情简介

2019年6月29日,王某(乙方)和上海市某区住房保障和房屋管理局(甲方)签订了《上海市国有土地上房屋征收补偿协议》,协议明确:涉案房屋类型为旧里,房屋性质为公房,房屋用途为居住;乙方(被征收人户)不符合居住困难户的条件;乙方选择货币补偿。涉案房屋获得各项补偿、奖励费等总计5,845,016.49元(其中包含吴1大病补助30,000元、王某高龄补助20,000元)。

涉案房屋承租人是王某。1989年6月,白2、白鹏天、王某、吴1、白4在上海市崂山路享有公有居住房屋分配;白3、苗×龙、朱×宝在杨高路享有公有居住房屋分配;吴2曾享受过福利分房。

四、各方观点

(一)原告观点

白2、白4、吴1、谢某与被告系亲属关系。涉案房屋征收时,四原告的户籍在涉案房屋中,四原告依法应该获得征收补偿利益。原告方要求获取征收补偿款人民币260万元。

(二)被告观点

王某、白1、顾某辩称:(1)涉案房屋来源于王某的母亲,与原告无关;(2)原告享受过福利分房且居住不困难;(3)涉案房屋由王某、白1、顾某实际居住,其他人员均未实际居住,不符合同住人条件,不应享受征收补偿利益。

苗1认为,涉案房屋的征收利益应该按"户"进行分割,原告4人一户分一份;王某分一份;白1、顾某是一户,分一份;苗1分一份。张某不符合同住人条件,无权分割。

张某认为,其符合同住人条件,应该分得一份,分割方案为户籍在册人员9人均分。

五、法院观点

(一)一审法院观点

一审法院认为,白2、吴1均已享受福利分房待遇,不属于涉案房屋共同居住人。王某虽然也享受了福利分房,但系涉案房屋的承租人并实际居住,仍可享受涉案房屋的征收利益。白4享受过福利分房,但因分房时其尚未成年,并非作为独立的主体获得住房福利,而是附随父母的居住利益,故白4仍可被认定为涉案房屋的共同居住人。谢某的居住问题本应由其父母解决;张某与涉案房屋承租人非直接的亲属关系,该二人户口报入涉案房屋,应认定为帮助性质,且无证据证明两人在涉案房屋内实际居住,两人不符合共同居住人条件。未显示苗1享受过福利分房,且苗1曾在涉案房屋内实际居住,故苗1属于涉案房屋的共同居住人。白1和顾某未享受过福利分房,两人均符合共同居住人条件且实际居住。综上所述,涉案房屋属于共同居住人的为白1、顾某、白4、苗1。

据此,一审法院判决:(1)白4分得补偿安置款 1,044,554.20 元;(2)吴1分得特殊困难对象补贴 30,000 元;(3)王某分得补偿安置款 1,235,302.69 元及特殊困难对象补贴 20,000 元;(4)白1、顾某各分得补偿安置款 1,235,302.70 元;(5)苗1分得补偿安置款 1,044,554.20 元。

(二)二审法院观点[*]

二审法院认为,王某是涉案房屋的承租人,白1、顾某户籍在册且居住涉案房屋一年以上,没有证据证实其享受过福利性质分房,符合涉案房屋共同居住人条件,均有权获得涉案房屋征收利益。根据现有证据,一审法院认定白2、谢某、吴1、张某不符合共同居住人条件,无权获得涉案房屋征收利益正确,理由已阐明,不再赘述。关于白4,首先,其在涉案房屋的居住情况,当事人表述不一,难以根据各方陈述认定其在涉案房屋内实际居住;其次,白4已享受过福利分房,不符合涉案房屋共同居住人条件。关于苗1,其户籍在册,但关于其在涉案房屋内的居住情况,当事人表述不一,亦无充分确实的证据对该节事实予以证明。且苗1父母白3、苗×龙享受过福利性分房,而一审中证人的陈述,只能证明苗1在未成年时曾居住涉案房屋,成年以后未居住,故苗1不符合涉案房屋共同居住人条件。综上,白4、苗1均无权获得涉案房屋征收利益,一审法院认为白4、苗1可分得征收利益缺乏依据,予以纠正。

据此,二审法院改判:除吴1享有大病补助 30,000 元外,王某、白1、顾某分得涉案房屋征收所得的货币补偿安置款 5,795,016.49 元及特殊困难对象补贴

---

[*] 上海市第二中级人民法院二审民事判决书,(2021)沪02民终2250号。

20,000元。

本案例形成时间为2020年11月至2021年4月。

六、案例评析

（一）未成年时享受过福利分房，属于他处有房，不符合同住人条件

《会议纪要》中对于"未成年受配公房的性质"的论述为："实践中，有的当事人在未成年时曾与父母共同受配过公有住房（甲房），在成年后又分得另外一套公房（乙房），在确定乙房同住人范围时，该当事人是否会因为曾经受配甲房而被认定为'他处有房'存在一定争议。会议倾向性意见认为，未成年人与父母共同受配公房时，未成年人并非作为独立的民事主体获得住房福利，而是附随于父母的居住利益，故原则上不属于他处有房，不影响其成年后所获得公房在征收时同住人的认定。"

实践中，对于上海市高级人民法院倾向性意见的理解存在争议。一种观点认为，子女在未成年时即使享受过福利分房，因并非作为独立的主体享受，故仍然不属于他处有房。另一种观点认为，上海市高级人民法院倾向性意见适用的前提条件应该是"未成年子女成年后又分得一套公房"，即该子女应该是乙房的受配人，考虑到该子女对乙房分配的确有贡献，故认为未成年子女受配甲房，不影响乙房同住人的认定。

根据二审法院的判决观点，未成年人享受福利分房待遇，属于他处有房，除非该未成年人同时也是涉案房屋的受配人。《会议纪要》的相关规定有严格的适用前提，不能断章取义，任意扩大解释，否则会造成征收利益分配的严重失衡，无法解决实际居住人征收后的住房保障问题。

（二）未成年时居住，应视为帮助性质，成年后未居住，不能认定为同住人

根据二审法院的判决观点，苗1虽然小时候居住在涉案房屋中，但长大后并未实际居住。且苗1的父母在上海市其他地址调配过公有居住房屋，苗1的居住问题应该由其父母解决，故苗1小时候居住在涉案房屋中应该视为对苗1的帮助，并不当然表示其在涉案房屋中有居住权。因此，苗1不符合同住人的条件，无权参与分割本案的征收补偿利益。

私房动迁对公房征收时同住人认定的影响

李维世[*]

一、争议焦点

（1）蒋某莲的户籍从公房 A 迁入公房 B，后 A、B 先后被征收，其居住权益在 A 还是 B？

（2）蒋某莲是否符合公房 B 的同住人资格？

二、主要人物关系

蒋某菊与蒋某莲系姐妹关系，二人的母亲为刘某，瞿某为蒋某菊的儿子。

三、案情简介

蒋某菊与蒋某莲系姐妹关系，二人的母亲刘某生前拥有一处私房，于 1994 年动迁，安置 H 区两套公房 A 和 B。住房调配单显示，A 的受配人员为刘某、蒋某莲和案外人蒋文某（系刘某的孙女），B 的受配人员为蒋某菊的丈夫、蒋某菊的儿子瞿某、蒋某莲（载明"报户口，不计面积"）。系争房屋为公房 B，2020 年被纳入征收范围。户籍在册人员为蒋某莲、蒋某菊、瞿某，承租人为瞿某。

1995 年，蒋某莲的户口由 A 处迁入 B 处，在 B 处的住房调配单上记载蒋某莲"报户口，不计面积"。蒋某菊出具一张字据给蒋某莲，写明"B 的前楼由瞿某使用，后楼由蒋某莲使用"，其后蒋某莲于 1996 年至 1998 年居住于 B 处。另，蒋某莲的公公单位曾于 1990 年调配给蒋某莲配偶一套杨浦区的房屋，2000 年蒋某莲的配偶使用蒋某莲的连续工龄购买了产权。

四、各方观点

（一）原告观点

原告蒋某莲认为，母亲刘某的私房动迁不属于福利分房，其配偶在其不知情的情况下用其工龄将公房产权买下，也不能认定蒋某莲享受过福利性质的房屋。蒋某莲的户籍于 1995 年迁入 B，1996 年至 1998 年因系争房屋距离上班地点和医院较近，便于工作和照顾小孩，随即居住于此，满足户籍迁入之后连续居住一年的同住人条件，且蒋某菊作为 B 的实际控制人出具字据保障其居住权

---

[*] 上海誓维利律师事务所主任，上海市律师协会第十一届不动产征收（动迁）专业委员会委员。

和使用权,故其居住权益在 B 处,有权取得 B 处的征收利益。

(二)被告观点

被告认为蒋某莲在杨浦区房屋购买产权时使用了工龄,享受了优惠政策,在母亲刘某的私房动迁时作为 A 的原始受配人,享受了福利待遇,属于他处有房,且不认可蒋某莲于 1996 年至 1998 年居住的事实,认为属于空挂户口,依法无权取得 B 处房屋的征收利益。

五、法院观点[*]

法院认为,原、被告母亲刘某的私房动迁获配两套公房 A、B,蒋某莲作为 A 的原始受配对象,其居住权益在 A 处,且蒋某莲将户籍由 A 处迁往 B 处时,住房调配单上记载了"报户口,不计面积",意即蒋某莲虽将户籍迁入 B 处,但其仅仅是空挂户口,不能计算 B 处的居住面积。换言之,蒋某莲对于房屋 B 不具有居住权益,并且蒋某莲 1996 年至 1998 年居住于 B 处的证据不足,无法采信。对于其姐姐写的字据,当时蒋某菊并非 B 的承租人,也并未得到 B 的原始受配人员的同意,现在也未得到承租人瞿某的同意,因此不产生法律效力。

据此,一审法院判决驳回原告蒋某莲的诉讼请求,否定了其作为 B 处同住人的资格。

本案例形成时间为 2021 年。

六、案例评析

对于母亲刘某私房动迁获配的两套公房是否算作福利分房法院并无明确认定,但从 A 的原始受配人员中有蒋某莲可以认定其居住权益在 A,之后蒋某莲将户籍迁入 B 也仅仅是"报户口,不计面积",其居住权益不随户籍的迁移而转移,其应享受的动迁利益在 A 而不是 B,其后蒋某莲自述 1996 年至 1998 年居住于 B,但并无充分的证据证明,因此不能认定其为 B 的同住人。由此可见,法院对于动迁利益的分配要综合考虑户口迁入的原因、其是否在系争房屋内享有居住权益、其居住的事实是否有证据佐证等因素判断。

对于蒋某莲的配偶用其连续工龄买下产权房的资格,一审法院并未据此判决,因此当事人的工龄无论在当事人知情或不知情的情况下被用来买产权房都并不能直接排除其作为动迁房同住人资格的认定,还应当考虑其他因素。

家庭成员出具的保障当事人居住权益、使用权益的相关字据,应当经房屋所有原始受配人员包括承租人的同意或追认才能产生法律效力,否则只是一纸空文,即便该家庭成员在历史上确实是系争房屋的实际控制人。

---

[*] 上海市虹口区人民法院一审民事判决书,(2021)沪 0109 民初 6589 号。

如何认定住房调配单上新配房人员为一人但实际解决多人居困问题?

焦士雷[*]

一、争议焦点

住房调配单上新配房人员为张某一人,但解决了张某、李某珍等多人的居住困难问题,李某珍是否属于享受过福利分房?

二、主要人物关系

李某才(2016年2月28日报死亡)与朱某(2006年11月6日报死亡)系原配夫妻,婚后生育李某源、李某2、李某3、李某栋、李某珍、李某星。李某星与李某凤系夫妻关系,李某晶系李某2之子,李某龄系李某3之子,李某萍系李某栋之女。李某珍与张某于1981年登记结婚,于2003年登记离婚。

三、案情简介

1. 房屋情况:系争房屋系公有住房,新中国成立后分配给李某才、朱某、李某才的父母及弟弟居住,承租人为李某才,2019年7月由物业公司指定李某珍为承租人。

2. 户籍情况:征收时户籍在册人员为李某萍、李某珍、李某星、李某凤、李某晶、李某龄6人。

3. 居住使用情况:李某珍自2004年起在系争房屋内居住直至房屋被征收;李某萍自出生时起在系争房屋内居住直至1988年,1989年搬至怀德路后未在系争房屋内实际居住。李某星自1979年3月、李某凤自1991年2月起居住在系争房屋内直至1997年搬出,后均未再回系争房屋居住。李某晶自1977年起在系争房屋内居住直至1979年或20世纪80年代搬出,自2008年起为照顾李某才一周在系争房屋内居住一两天,后未再回系争房屋居住。李某龄自1991年后未在系争房屋内居住。

4. 征收情况:2019年11月14日,某区住房保障和房屋管理局(甲方)、上海市×事务所有限公司(实施单位)与李某珍(乙方)签订的《上海市国有土地

---

[*] 上海日盈律师事务所合伙人,上海市律师协会第十一届不动产征收(动迁)专业委员会委员。

上房屋征收补偿协议》约定,房屋性质为公房,认定建筑面积为底层后客7.55平方米、二层后楼6.63平方米。被征收房屋价值补偿款1,481,475.25元,装潢补偿款3,686.80元。产权调换房屋1套:青浦区徐泾北×幢×室,价格合计2,338,340.40元。其他各类补贴、奖励费用合计823,900元。乙方在办理产权调换房屋进户手续前,应向甲方支付本协议约定的差额款项,计29,278元。该款实际由李某珍支付。该户另有百分比奖65,000元、祝福奖5000元、过渡费35,000元,均在李某珍处。

5.各方当事人他处享受福利分房待遇等情况:

(1)1998年,李某栋的单位上海市C公司分配本市×路×弄×号×室房屋(以下简称彭越浦路房屋),受配人为李某栋,家庭主要成员为朱某1、李某萍。根据彭越浦路房屋的住房配售单上新住房人员情况栏中的记载,受配人为李某栋,家庭主要成员为朱某2、李某萍,受配人员共3人。

(2)1993年,张某单位杨房修建公司分配隆昌路房屋,2000年4月5日,张某与上海×集团有限公司就前述房屋签署《上海市公有住房出售合同》,购买前述房屋产权。李某珍与张某于2003年3月21日协议离婚,离婚协议书中载明前述房屋归李某珍。隆昌路房屋的住房调配单记载的原住房地址为上海市×路×弄×号,面积18.3平方米,原住房人口5人,新配房面积14.4平方米,新配房人员为张某1人,调配类型为"拥挤困难",调配原因栏部分字迹潦草,无法确认。

(3)1996年,李某星的单位长春集团公司分配报春三村房屋,受配人为李某星,家庭主要成员为李某凤。

(4)1988年,李某2的单位航道局东方E公司分配上海市×路×号×室房屋,受配人为李某2,家庭主要成员为贾某、李某晶。

(5)2008年,李某3的单位增配上海市×路×弄×号×室房屋,受配人为李某3,同住人为樊某、李某龄。

(6)1993年2月1日,×路×号二层前楼、阳台、晒台的承租人为李某源,2014年,前述房屋的承租人变更为李某源女儿李某1,与系争房屋同时被征收。

四、各方观点

李某萍(上诉人、原审原告)认为:福利分房是分给李某萍父母的,李某萍不是受配人,且当时其未成年,故李某萍没有享受过福利分房。

李某珍(被上诉人、原审被告)认为:(1)李某萍陈述其因为被认定为居住困难人员而有订购安置房屋的权利,但征收协议及补偿表格均显示居住困难户没有作为该次征收补偿的依据。(2)李某萍与李某晶、李某龄一样,是系争房屋承租人李某才的三代子孙,他们的父辈都已经享受过多次福利分房,故其不具有同住人身份,也不应当据此享受订购安置房屋的权利。

李某星、李某凤(被上诉人、原审被告)认为:李某萍的上诉请求都不是事实,李某萍享受过福利分房。

李某晶(被上诉人、原审被告)认为:李某萍的上诉理由中关于李某萍与李某珍共同购房来解决对其他人的补偿问题,属于可以讨论接受的范围,但是这不属于诉讼请求。

李某龄(被上诉人、原审被告)认为:系争房屋面积不大,只能居住两三个人。李某珍家里有过分房,李某珍丈夫将该房屋出售未居住,经家庭协商才同意让李某珍住到系争房屋。因房屋面积限制,其他人想住也住不进去。

五、法院观点*

一审法院认为,因李某珍长期居住在系争房屋内,青浦区徐泾北×幢×室由其订购;关于李某珍应支付各方的征收补偿款,综合考虑房屋的来源、当事人的实际居住情况、他处房屋等因素,酌情予以分配。李某龄要求取得征收补偿款 384,843.67 元,于法不悖,予以准许。判决:(1)青浦区徐泾北×幢×室由李某珍购买;(2)李某珍支付李某萍房屋征收补偿款 500,000 元;(3)李某珍支付李某星房屋征收补偿款 250,000 元;(4)李某珍支付李某凤房屋征收补偿款 250,000 元;(5)李某珍支付李某龄房屋征收补偿款 384,843.67 元;(6)李某珍支付李某晶房屋征收补偿款 500,000 元。

二审法院认为,增配房屋是因居住困难或者控制标准内面积增补等,仍可以在保留原房屋前提下,再享受住房分配。隆昌路房屋的住房调配单上新配房人员虽只记载为张某一人,但该房屋调配的原因是原住房"拥挤困难",根据原住房和新配房的面积,可以认定该增配并非仅为解决张某一人的居住困难问题,且隆昌路房屋增配后张某、李某珍一家三口即居住在该增配房屋内,故李某珍属于享受过福利分房,不符合系争房屋共同居住人条件。判决驳回上诉,维持原判。

本案例形成时间为 2021 年 12 月。

六、案例评析

(1)本案中,虽然系争房屋以外的隆昌路房屋住房调配单上记载的新配房人员只有张某一人,但是张某、李某珍等一家三口实际居住在该增配房屋内,法院根据原住房和新配房的面积,认定李某珍已享受过福利分房而不符合系争房

---

* 上海市杨浦区人民法院一审民事判决书,(2020)沪 0110 民初 22059 号。

屋共同居住人条件,解决了住房调配单记载的形式与内容不一致的难题,体现了较高的审判智慧。

(2)如何认定住房调配单上新配房人员为一人但实际解决多人居住困难的问题?

笔者认为,无论系争房屋以外他处公房是调配还是增配而来,在认定系争房屋共同居住人时,均应充分考虑他处公房的面积、来源、实际居住情况、实际解决几个人居住困难问题等因素,以确定系争房屋户籍在册人员中几人已享受福利性分房进而排除几个共同居住人的身份,是公平合理原则的具体适用;而不能因住房调配单上记载的新配房人员为一人就当然认为他处公房仅解决了一人的居住困难问题,进而认定仅一人享受过福利分房、仅排除一人的系争房屋共同居住人身份。

曾在购买配偶福利分的公房时使用过工龄为何不能分得公房征收补偿款?

顾剑栋[*]

一、争议焦点

郭某宏的配偶冯某享受过福利分房,且在购买公房过程中使用了郭某宏的工龄,是否应当认定郭某宏享受过福利分房?

二、主要人物关系

郭某儒与张某系夫妻关系,二人生育郭某一、郭某宏、郭某秀、郭某敏、郭某萍5子女。郭某儒于1997年报死亡,张某于2019年12月报死亡,二人生前均未留下遗嘱,二人父母已先于二人去世。郭某萍于2019年8月报死亡,阮某志为郭某萍独子。郭某宏与冯某系夫妻关系,郭某骏系二人之子。

三、案情简介

上海市×路×弄×号房屋(以下称系争房屋)是1963年张某的单位收回×路房屋另外分配的,张某一直住到2015年4月,后因为摔跤受伤住到医院,并在几家医院轮候就医,后来在护理院中去世;郭某宏在2000年之前就在系争

---

[*] 上海剑栋律师事务所主任,上海市律师协会第十一届不动产征收(动迁)专业委员会委员。

房屋内居住,张某住院后系争房屋就空关了,没有人居住;郭某骏是初中之前住在系争房屋内,初中毕业之后是否住在系争房屋内存争议。

系争房屋为公房,于2018年12月14日被征收,此时房屋承租人为张某,房屋内共有张某(1963年5月自×路353号迁入)、郭某骏(1991年6月自×路×弄×号×室迁入)、郭某宏(1974年12月自×中路12号迁入)3人户籍。

1996年,郭某宏之妻冯某获得其单位增配的×新村24平方米房屋(居住面积),2000年4月,郭某宏之妻冯某(乙方)与单位就×新村房屋签订了《上海市公有住房出售合同》,由冯某购得×新村房屋产权。公有住房出售价格计算表中载明享受工龄人郭某宏,工龄18年。2000年5月,×新村房屋产权人登记为冯某。

郭某宏的单位×医院累计已向其发放了中央行政(参公)事业单位购房补贴450,254.52元。

2019年1月13日,郭某宏(乙方张某的代理人)与征收单位签订《上海市国有土地上房屋征收补偿协议》,该协议载明:房屋性质为公房,房屋价值补偿款为5,057,610.13元;乙方不符合居住困难户条件;装潢补偿款为20,385元;其他各类补贴、奖励费共计1,391,010元。

四、各方观点

(一)原告观点

郭某宏已享受过其单位福利购房补贴以及其配偶冯某单位的购房优惠,不能被认定为系争房屋的同住人。截至2012年6月,郭某宏已领取×医院购房补贴450,254.52元。购房补贴是福利补贴,是等同于住房实物分配的货币补贴形式,而郭某宏通过领取的450,000余元的购房补贴,在当时完全有能力购买一套自住房,故其属于有能力购房而不购房,不能视为同住人。2000年4月,郭某宏的配偶冯某用1198.00元/平方米的成本价购买其单位某大学的福利公房×新村房屋,购房时享受了郭某宏的工龄18年。郭某宏与其配偶冯某作为一个家庭,该家庭利用了郭某宏的18年工龄,已享受过某大学的福利分房待遇,不能认定为该房屋的取得与郭某宏无关。

(二)被告观点

郭某宏、郭某骏作为系争房屋的同住人,应与张某均等分割系争房屋征收补偿款。郭某宏、郭某骏名下皆无房,且郭某骏现已结婚,组成了新的家庭,生活特别困难。系争房屋征收补偿款的分配应考虑到郭某宏、郭某骏的实际居住情况,二人应适当多分。

五、法院观点

(一)一审法院观点

一审法院认为,关于张某、郭某宏、郭某骏的征收补偿份额。张某在系争房屋被征收时系承租人,其户籍在册且在内长时间居住,符合同住人条件,有权取得相应征收补偿。根据审理查明的事实,郭某一所举证的×新村房屋的住房配售单及《上海市公有住房出售合同》仅与冯某取得该房屋有关,该房屋的取得与郭某宏无关。同时,虽然×医院向郭某宏发放了购房补贴,但该种补贴不能视为郭某宏已享受了福利性住房权益。基于此,郭某宏于户籍迁入系争房屋后已实际居住满一年且没有在他处享受过福利性住房权益,符合同住人条件,有权获得相应征收补偿。郭某骏在户籍迁入系争房屋后已实际居住满一年,后虽于初中毕业后在外居住,但考虑到其系因读书未能在内实际居住,不能基于此排除其同住人资格,故郭某骏亦有权取得相应征收补偿。张某于系争房屋内实际居住时间较长且对于房屋来源贡献较大,有权适当多分。郭某骏在内居住时间较短且对房屋来源无贡献,应酌情少分。郭某宏、郭某骏表示其内部份额无须法院分割,相应意见并无不当,法院予以准许。综合考虑系争房屋的来源、居住、户籍等因素,法院酌情确定张某可得征收补偿3,320,000元,余额由郭某宏、郭某骏取得。

(二)二审法院观点*

二审法院认为,现虽根据受配×新村房屋的住房调配单无法得出郭某宏是×新村房屋受配人的结论,然该房屋受配是在其与冯某婚姻关系存续期间,冯某在2000年购买×新村房屋售后公房产权时使用了郭某宏的工龄,优惠购房,故郭某宏也应被视为享受了相应的购房福利政策,不应再被认定为系争房屋同住人。

郭某骏迁入户籍时是未成年人,其居住应由其父母保障,即便其曾居住系争房屋也仅是帮助性质。现郭某骏初中毕业之后是否居住系争房屋的事实仅有郭某宏、郭某骏的陈述,并无其他充分证据证明,在其余各方当事人均否认该居住事实的情况下,难以认定郭某骏初中毕业之后仍在系争房屋内形成长期稳定的居住事实。故郭某骏亦不能被认定为系争房屋同住人。

本案例形成时间为2022年2月。

六、案例评析

郭某宏和郭某骏的同住人资格问题是本案的争议焦点,两审法院认定不一

---

* 上海市第二中级人民法院二审民事判决书,(2021)沪02民终11857号。

致。一审法院认定郭某宏和郭某骏是同住人,而二审法院则否定了两人的同住人资格。

根据二审法院的观点,一方福利分房的认定要考虑其配偶在福利分房时其是不是增配人,或者是否考虑了与其相关的其他因素(比如工龄)以享受购房优惠,本案是后一种情况。

另根据二审法院的观点,未成年人在系争房屋内居住,属于帮助性质,若其成年后未在系争房屋内形成长期稳定的居住,则也不是房屋的同住人。

调配单明确"不予安置"是否属于他处有房?

李维世[*]

一、争议焦点

公房征收补偿利益分割案件中,户籍在册人员在他处公房调配单中被明确注明不属于安置对象的,是否属于他处有房?

二、主要人物关系

林某江、林某河、林某满为林某子女;林某江和何某顺为夫妻,林婕为两人女儿;林浩为林某河儿子;林某满和蔡某斌为夫妻,蔡某珍为两人女儿。

三、案情简介

系争房屋为虹口区公房,2021年年初被纳入征收范围。户籍在册人员为何某顺与林婕(二人1984年迁入)、林浩(1998年迁入)、林某满与蔡某珍(二人1996年5月迁入),原承租人为林某,林某去世后未变更承租人。征收过程中,林某满被指定为承租人,与征收人签订了征收补偿协议。

何某顺与林婕户籍迁入后一直居住至房屋被征收(曾出租过两年,征收前一年又搬回);林浩按知青子女回沪政策迁入户籍,并居住至2008年结婚搬离;林某满与蔡某珍自称户籍迁入后居住至1998年搬离。

另外,1996年6月,林某满丈夫蔡某斌的公房动迁,分得安置房一套,调配单上新配房人员一栏只有蔡某斌一人,并备注"林某满、蔡某珍不作安置"。

三方就征收补偿款分割事宜协商数次未果,因虹口区无须户籍在册人员签

---

[*] 上海誓维利律师事务所主任,上海市律师协会第十一届不动产征收(动迁)专业委员会委员。

字,直接发放征收补偿款给承租人,何某顺与林婕无奈诉至法院。

四、各方观点

(一) 原告观点

原告何某顺与林婕认为,其常年居住系争房屋,未享受过福利分房,是系争房屋同住人,有权获得征收利益。被告林某满和蔡某珍户籍迁入后未居住满一年,虽然调配单上备注"林某满、蔡某珍不作安置",但 1996 年的安置对象应以动迁协议为准,虽未查到动迁协议,但通过与同是 1996 年、同一家动迁公司、同一地块的另一地址的动迁协议和调配单对比可以发现,调配单上记载的安置人员是 2 人,但在动迁协议上记载的安置人员却为 9 人。况且安置房的产权证上有林某满 50% 的份额,拆迁的时候不可能拆大换小,必有额外的货币补偿,因此"不作安置"的意思应为"另作安置"或"已作安置",故二人并非同住人,无权获得征收利益。被告林浩虽系知青子女回沪,但居住时间比原告短,应适当少分,故原告应当在 2/3 的基础上多分。

(二) 被告观点

被告林浩认为,原告虽曾在系争房屋内居住,但之后将房屋出租,未实际居住,应予少分。被告林某满与蔡某珍已享受过动迁安置,且户籍迁入后从未实际居住,属于空挂户口,不应获得本次征收利益。林浩作为知青子女,在系争房屋内实际居住,要求按家庭分割,林浩应当在 1/2 基础上多分。

被告林某满与蔡某珍认为,两人户籍在册,自户籍迁入后在系争房屋内居住满一年,动迁安置调配单上明确写明"林某满与蔡某珍不作安置",原告与被告林浩认为两人享受过动迁安置没有事实依据,故两人符合同住人条件,应当获得本次征收利益,要求按人头分配,考虑到两人居住时间较短,两人最高应当分得 2/5 的份额。

五、法院观点[*]

法院认为,虽然林某满、蔡某珍在 1996 年房屋动迁中不作安置,但林某满的丈夫蔡某斌被安置了凌×路房屋,该房系公房,林某满户籍虽在他处,但基于婚姻和居住对该房享有利益,且该房最终成为林某满、蔡某斌的共有产权,故难以认定林某满与蔡某珍无福利性质房屋;且林某满、蔡某珍末次户籍迁入系争房屋后,尚无充分证据证明两人以系争房屋作为主要居住地,连续稳定居住一年以上,故二人并非系争房屋共同居住人。何某顺、林婕在系争房屋处具有常住户口并实际居住生活,在上海市无其他住房,是系争房屋的共同居住人,且征

---

[*] 上海市虹口区人民法院一审民事判决书,(2021) 沪 0109 民初 7007 号。

收时二人居住在内,故与搬迁有关的费用应由其分得。林浩作为回沪知青子女迁入系争房屋,且居住多年,是系争房屋的共同居住人。

综合考量系争房屋的来源、各方对房屋的贡献、各方居住状况等因素,法院酌情确定原告何某顺、林婕分得70%的征收补偿款,被告林浩分得30%。

本案例形成时间为2021年10月。

六、案例评析

往常即使调配单上新配房人员一栏没有名字,也被认定为他处有房的案例屡见不鲜。但调配单上明确备注了"某某不作安置",法院也不会因此认定某某未享受过福利。因为公房作为特殊历史背景下的一种国家福利,在分配时一般都是以家庭为单位,解决家庭困难,如居住拥挤、结婚无房,很少有一个人获得一套安置房的情况。本案中公房换公房仍属福利范畴,故调配单的备注未能成为"挡箭牌"。

增配房屋是否属于他处有房?

秦志刚[*]

一、争议焦点

征收补偿利益分割案件中,在他处获得增配房屋的,是否属于他处有房?

二、主要人物关系

何某国、何某慧与何某骊系兄弟姐妹关系,三人的父母为何某、蔡某芬。

三、案情简介

徐汇区×街×号×室房屋(以下称系争房屋)原为公有住房,承租人为何某。1994年9月29日,何某骊与何某、蔡某芬共同签署《购买公有住房委托书》,该委托书载明,经同住成年人协商一致同意购买系争房屋,购买人确认为何某。1994年12月13日,何某与出售方签订《公有住房买卖合同》,购得系争房屋产权,产权人登记为何某。2009年12月11日,蔡某芬报死亡。2013年8月18日,何某报死亡。

1997年11月,何某骊与其丈夫赵某文一户居住在黄浦区黄家路×弄×号

---

[*] 上海华夏汇鸿律师事务所律师,上海市律师协会第十一届不动产征收(动迁)专业委员会委员。

×室房屋内,因居住困难被增配上海市潍坊路×号×室的房屋。在该房屋的住房配售单中"配售原因"一栏载明"拥挤困难,增配"。该户并于同年12月24日与出售方签订《上海市公有住房出售合同》,购得该房屋产权。

原、被告双方曾就各自对系争房屋所享有的份额问题进行协商,拟将继承事宜在本案中一并予以解决,何某骊要求确认按照"94方案"①购买的系争房屋中具有其产权份额。本案的争议焦点在于何某骊曾享受过增配房屋,是否可以获得系争房屋同住人资格?

四、法院观点

(一)一审法院观点

一审法院认为,公民、法人合法的民事权益受法律保护,任何组织和个人均不得侵犯。根据上海市相关规定,按"94方案"购买的房屋,产权证登记为一人的,在诉讼时效内,购房时的购房人、工龄人、职级人、原公房的同住人及具有购房资格的出资人主张房屋产权的,可确认房屋产权共有。本案中,系争房屋产权系按照"94方案"购买,双方对此均无异议。何某骊作为购买系争房屋产权时的同住人,符合主张系争房屋产权共有的相关条件,故对何某骊的诉讼请求予以支持。对于何某国、何某慧认为何某骊已在他处享受过福利分房待遇,因此不再具备购买系争房屋资格的辩称意见,根据审理查明的事实,何某骊在他处获配公房并购得产权的原因为居住困难增配。根据上海市相关规定,增配房屋不属于重复享受福利政策,而是前者房屋分配的延续,故在他处获得增配房屋的同住人,仍可就"94方案"售后公房的产权主张确权。故对于何某国、何某慧的辩称意见不予采信。

综上所述,何某骊的诉讼请求具有事实及法律依据,予以支持。何某国、何某慧的辩称意见有悖相关规定,不予采纳。因何某骊在本案中仅是依照"94方案"的相关规定要求确认其为系争房屋产权人之一,而系争房屋原登记权利人已死亡,故对系争房屋权属中涉及继承事宜的问题,双方可在本案判决生效后依照相关法律的规定另行予以处理。

一审法院审理后依照《民法通则》(已失效)第5条、第6条,《物权法》(已失效)第33条、第93条之规定,于2014年5月12日作出判决:确认何某骊为系争房屋共同共有产权人之一。

---

① "94方案"包括上海市人民政府《关于出售公有住房的暂行办法》(1994年),上海市住房改革制度办公室、上海市房产管理局《关于出售公有住房的实施细则》和《上海市〈关于出售公有住房的实施细则〉有关政策的补充通知》。

判决后,何某国、何某慧不服一审法院判决,上诉于中级人民法院。并认为一审没有查明系争房屋的来源与何某骊无关,何某骊并未在系争房屋内实际居住等情况。最重要的是何某骊就上海市潍坊路×号×室房屋已经享受过福利性质的分房和购房,属于"他处有住房",其主张系争房屋产权共有没有事实依据。综上,请求二审撤销原审判决,改判驳回何某骊的原审诉请。

(二)二审法院观点[*]

二审法院认为,在系争房屋购买成产权房时,相关物业公司已将何某骊认定为原公房的同住成年人,何某骊亦在购买公有住房委托书上作为同住成年人签名盖章,故按照上海市"94方案"售后公房确权的相关规定,何某骊符合主张系争房屋共有产权的条件。何某国、何某慧主张何某骊在他处已享受了福利分房和福利购房的待遇,因此不再具备购买系争房屋的资格。但经原审查明,何某骊在他处获配公房系因居住困难而增配的情形,而增配房屋并不属于重复享受福利政策,并不能因此否认何某骊主张系争房屋共有权的资格,原审就此也作了相关阐述,援引了相关规定,不再赘述。

综上,原审根据"94方案"售后公房确权的相关规定,确认何某骊为系争房屋共同共有产权人之一,于法不悖,予以维持。何某国、何某慧的上诉请求,缺乏事实及法律依据,实难支持。

何某国、何某慧不服二审法院判决,向上海市高级人民法院申请再审称:何某骊因居住困难获得增配的房屋,故主张本案系争房屋中的权利,属于重复享受福利政策。何某骊并非系争房屋的安置人员,也从未在系争房屋内实际居住过,其只是在系争房屋处短暂空挂户口,原审法院认定何某骊是系争房屋的共有产权人错误。

(三)再审法院观点

再审法院认为,何某骊获配的上海市潍坊路×号×室房屋的住房配售单中载明"配售房原因"为"拥挤困难,增配",故该增配房屋不属于重复享受福利政策。在系争房屋购买成产权房时,何某骊作为系争房屋的同住成年人在购买公有住房委托书上签名盖章,故原审法院根据在案查明事实,并按照上海市"94方案"售后公房确权的相关规定,认定何某骊为系争房屋共同共有产权人之一,并无不当。何某国、何某慧的申请再审理由,法院不予支持。依照《民事诉讼法》第204条第1款之规定,裁定驳回再审申请。

本案例形成时间为2014年7月。

---

[*] 上海市第一中级人民法院二审民事判决书,(2014)沪一中民二(民)终字第1458号。

五、案例评析

本案的争议焦点为增配房屋是否属于公房同住人条件中他处有房的范围。增配房屋一般是指：由于原始受配房屋内引进新的户口（子女报出生、因结婚而将户籍迁入等），房屋原有居住面积不足人均最低法定标准，而居民陷入居住困难的，单位根据居民的申请，考虑申请职工的工龄、职称、家庭人数等情况，在保持居民享有原始公房的情况下，另行增配一套公有房屋，以解决该户家庭居住困难的问题。在增配过程中，如果增配房屋面积过大，申请人需要向公房管理部门缴纳相应的款项。增配房屋属于对初始房屋的面积补充，也是初始房屋的延续，更抽象地说，增配房屋与初始房屋是一体的。那么增配所得房屋是否属于他处有房呢？司法实务界以及理论界对此颇有争议。而该争议始于2014年上海市高级人民法院民一庭关于公房的研讨会。《上海市高级人民法院公房居住权纠纷研讨会综述》在讨论影响公房居住权的他处有房的范围时，多数法官的倾向性意见认为其仅指福利分房（增配除外），并引用《高院解答》的相关规定，即"在涉及公房拆迁中的共同居住人认定时，对'他处有房'的解释，限定为福利性分房（增配除外）"。但是纵览《高院解答》全文，关于福利分房的解释中，并无"增配除外"的表述。

根据笔者的实践经验和理论研讨结果，审判实践中对增配房屋主要有以下三种观点。

1.增配房屋不属于同住人资格认定中的他处有房。本案是增配房屋不属于重复享受福利政策的经典案例，且本案经过上海市高级人民法院再次明确：曾因居住困难而获得单位增配房屋属于对初始分配房屋的延续，并不属于认定同住人资格案件中"他处有房"的情形，可以获得他处公有房屋同住人资格。一方面，《上海市高级人民法院公房居住权纠纷研讨会综述》在涉及公房拆迁中的共同居住人认定时，对"他处有房"的解释限定为"福利性分房（增配除外）"。另一方面，增配房屋属于对初始公房的补充、延续，其仍然属于初始公房的一部分。而获得增配房屋的居民，由于获得可售增配房屋面积较大，一般需要支付相应的对价。该对价相对于增配房屋本身的价格而言有可能超过当时公房的一半的价格，所以，因获得增配房屋便认定他处有房，有失公平。

2.增配房屋相对于初始房屋不属于他处有房，但相对于其他公房依旧会被认定为他处有房。该理论的依据是对"增配除外"含义的合理解释。结合增配房屋的概念和性质，其本质依旧是解决居住困难的保障性公房，具有和初始房屋同样性质的福利性，是对初始房屋的补充、延伸，与初始房屋在概念中本属于一体，因此增配房屋相对于初始房屋不属于他处有房，也不能排除增配房屋受配人在初始房屋中的同住人身份(满足同住人其他条件)。本类解释承认增配房屋属于福利分房,但是应当排除在关于初始房屋的福利分房之外,符合《上海市高级人民法院公房居住权纠纷研讨会综述》的内涵。

3. 增配房屋属于福利分房,属于同住人资格中的他处有房。该观点在司法案例中也已得到印证,比如上海某法院判决:"陈某、邵某均曾获得增配的公房,即使支付了一定价款,但仍具有福利分房性质,应认定已获得过他处住房的事实;陈某森单位增配的公房承租人先登记为其母亲,但该房屋分配后由陈某森一家居住使用,承租人也在之后变更为陈某森的女儿,故该房屋也应视为陈某森家庭享受的福利分房。"增配房屋是解决居民居住困难的方法之一,另外一种方式为调配分房。调配是指单位收回居民原始的房屋,将该户居民调配至面积超过居住困难标准的公房内。如果调配房屋面积超过居住困难标准,申请居民需要缴纳相应的费用。在司法实践中,因调配所得公房的新受配人如果居住不困难,应当被认定他处有房。而因增配而获得的房屋在性质上属于公有住房,福利性上属于单位无偿配售(租金可忽略),对于增配房屋与初始房屋在基于解困分配时的全部面积而言,申请人支付的价格远低于两套房屋应支付的价格,与调配所得房屋并无本质的区别。同时,增配房屋在形态和权属上均具有独立性,与初始房屋在法律关系上并无关联。因此增配房屋可以独立成为新的福利分房。另外,因增配所获的房屋均可按照上海市售后公房政策购买成售后产权房,而购买公房本身就具有福利性质。根据《高院解答》第3条关于同住人资格中他处有房的定义,"按公房出售政策购买的产权房"属于福利分房,应当被认定为他处有房。

居住困难相关案例

公房征收中"居住困难人员"的法律地位及补偿标准

许建斌[*]

一、争议焦点

公有房屋征收中,已经被房屋征收部门认定为居住困难的人员,是否应该

---

[*] 上海汉盛律师事务所合伙人,上海市律师协会第十一届不动产征收(动迁)专业委员会委员。

属于被安置人？是否还应审查其同住人资格？该如何补偿？

二、主要人物关系与案情简介

（一）案例一

方某甲、方某乙、方某丙、方某丁系兄弟姐妹关系，上海市杨浦区杨树浦路×弄×号房屋原系上述4人之父亲方某承租的公房。1992年4月方某去世，承租人自1992年9月起变更为其配偶孔某。孔某于2016年7月死亡，该房屋的承租人变更为方某乙。方某甲、方某乙、方某丙、方某丁幼年时，随其父母共同居住生活在上述房屋中，后除方某乙外各自成家搬出该房屋，方某乙一直未婚，因到外地插队落户将户籍迁出，后又将户籍迁回该房屋并居住。方某甲享受过单位福利分房。

1995年9月，方某甲之子方某戊的户籍自上海市×新村迁入系争房屋，后因考取大学，1995年9月从系争房屋迁往学校，1999年6月大学毕业又迁回系争房屋，方某戊1999年至2005年陆续在系争房屋内居住。方某戊之妻于某户口不在系争房屋内。

2018年系争房屋被征收，当时该房屋内的户口除了方某甲、方某乙、方某丙、方某丁、方某戊，还有方某甲之妻周某、方某丙之子王某、方某丁之配偶范某、方某丁之子范某某，共9人。2018年7月，上海市×区住房保障和房屋管理局、上海市×房屋征收服务事务所有限公司与方某乙签订《上海市国有土地上房屋征收补偿协议》。被征收房屋价值补偿款总计2,430,727.52元，经认定，该户符合居住困难户的补偿安置条件，居住困难人员为方某乙、方某丁、方某戊、方某戊之妻于某、方某丙之子王某、方某丁之子范某某，居住困难户增加货币补偿款407,272.48元。经评估，被征收房屋的装潢补偿款6250.44元。除此之外，搬家补助费1000元、家用设施移装补贴2000元、不予认定建筑面积的材料费补贴50,000元、按期搬迁奖50,000元、集体签约奖150,000元、按期签约奖459,450元。协议签订后，各方因补偿款分配事宜未能达成一致协议，方某甲、周某、方某戊、于某以其他在户6人为被告提起诉讼。

（二）案例二

许某与刘某（2016年1月26日报死亡）系夫妻关系，两人育有两子女许某某1、许某某2，朱某是许某某1的配偶。上海市杨浦区惠民路×弄×号二层前楼房屋（以下简称惠民路房屋）系许某所在单位中国纺织机械厂因昆明路×弄×号住房困难于1985年向许某户增配的公房，当时家庭成员为许某、刘某、许某某1、许某某2。增配后，租赁户名为许某。

1991年1月因许某某1与朱某结婚，许某某1的单位上海远洋运输公司分配了上海市杨浦区阜新路×弄×号×室的住房,面积9平方米;1995年12月许某某1的单位又套配了密云路×弄×号×室房屋,面积14.7平方米。许某某1的户籍于1991年4月2日由昆明路×弄×号迁入上海市杨浦区阜新路×弄×号×室,于1996年1月10日迁往密云路×弄×号×室,1997年1月30日迁往国顺路×弄×号×室,1999年5月26日迁往惠民路房屋×弄×号直至动迁。动迁后于2010年12月4日迁往昆明路×弄×号。

2010年11月22日,惠民路房屋被拆迁,获得动迁安置补偿款共计1,091,848.9元,其中原住房面积货币补偿款281,295.2元、居住困难补贴310,420元、最低补偿单价补贴83,053.7元、搬家补助费500元、设备迁移费1140元、签约速迁奖60,000元、签约搬迁配合奖49,240元、无违章搭建奖或无证搭建材料费补贴10,000元、纯货币奖励296,200元。

拆迁时该房屋内有许某、许某某1及朱某3人户口,动迁公司认定在册人口为许某、许某某1、朱某3人,面积调换认定人口为许某某1、许某二人,认定居住困难保障人口为许某、许某某1 二人。

许某作为被征收房屋承租人与动迁公司签订了拆迁安置补偿协议并领取了全部补偿款,许某某1因与其协商补偿款分配事宜未能达成一致意见,遂以许某某1、朱某名义提起诉讼。许某某2作为刘某继承人与许某同列为被告。

三、各方观点

(一)案例一

1. 原告观点

原告方认为,虽然方某甲、周某的户籍在被征收房屋内,但是夫妻两人已经享受过方某甲单位福利分房,按规定不应享受拆迁安置,所以两人自愿放弃系争房屋的安置补偿款。但是两人的儿子方某戊的户籍在被征收房屋内,方某戊上学和大学毕业后实习期间都在被征收房屋内长期居住过,有同学和同事作证,并且方某戊他处无房,没有享受过拆迁安置,也没有享受过福利房屋,在此次征收中更被认定为居住困难人员,所以有权作为被安置人获得拆迁补偿款。方某戊之妻于某虽然户籍不在被征收房屋内,但是基于与方某戊的婚姻关系,没有享受过动迁安置,他处无房,也被拆迁方认定为居住困难人员,所以也应享受被安置人待遇。原告认为,除了被认定为居住困难的6个人员,其他人都享受过福利分房或者动迁安置,不应享有拆迁安置款。故拆迁安置款中除了应该归实际居住人的奖励费和补偿费,其他费用应该由居住困难的6人进行分配。既然原告方某戊、于某被认定为居住困难人员,不应再审查其是否具有同住人资格。

2. 被告观点

被告方认为,方某甲及周某享受过福利分房,无资格参与征收补偿款分割。原告方某戊仅在大学毕业后实习期间在被征收房屋内短暂居住,不符合同住人居住一年以上的认定条件,故不属于同住人。方某戊之妻于某的户籍不在被征收房屋内,其亦未在被征收房屋内居住过,也不属于同住人,不应获得拆迁安置款。

(二)案例二

1. 原告观点

原告许某某1认为,父亲许某与母亲刘某生前曾明确,二人去世后,惠民路房屋(系争被征收房屋)的财产权利归其所有,许某所有的另一套位于昆明路×弄×号的房屋的财产权益归许某某2所有,并将该决定告知家庭所有成员,大家都表示认可。故两原告将户口迁至被征收房屋处,而许某某2全家户口迁至昆明路×弄×号房屋处。现惠民路房屋拆迁,其是居住困难托底保障对象,应该享有拆迁安置款。

2. 被告观点

被告许某不同意向两原告支付任何动迁安置补偿款,虽然许某某1的户口在被征收房屋内,但其是空挂户口,并没有实际居住,而且其在国顺路×弄×号×室有房屋,故其不符合安置人条件,不应享有动迁安置款。被告许某某2同意原告的诉讼请求。

四、法院观点

(一)案例一[*]

法院认为,公民的合法民事权利受到法律保护。征收补偿协议中已经明确原告方某戊、于某系居住困难人员,该户享有居住困难户增加货币补贴款,故原告方某戊、于某有权主张征收补偿款。被征收房屋的原始取得与方某戊、于某无关。原告方某戊虽户籍在被征收房屋内,但其仅在被征收房屋内短暂借住过,没有充分证据证明其长期居住的事实,原告于某属于引进人口,从未在被征收房屋内居住过。因此,原告方某戊、于某在诉讼中主张的补偿款分割方案,法院难以支持。原告方某戊、于某被认定为居住困难人口,故两原告有权要求分割居住困难保障补贴,另于某属引进人口,分割时亦与原告方某戊有所不同。法院综合考虑被征收房屋的原始取得方式、实际居住情况、家庭人员结构、各当事人对房屋的贡献等情况,酌情确定原告方某戊、于某可获得的征收补偿款。

---

[*] 上海市杨浦区人民法院一审民事判决书,(2018)沪0110民初21294号。

原告方某甲、周某因享受过福利分房，不再享受拆迁安置款。由于征收补偿款发放至被告方某乙名下，故由方某乙承担支付义务。最终，法院判决方某乙支付原告方某戊、于某征收补偿款10万元。

本案例形成时间为2018年12月。

（二）案例二*

法院认为，公民、法人合法的民事权益受法律保护。原告许某某1作为系争房屋的居住困难保障对象，理应享有分割该共有物的权利，取得相应的动迁利益，法院综合被拆迁房屋的性质和来源、贡献大小、居住、生活以及安置对象在动迁安置时的不同身份、各自实际住房情况等具体因素酌情予以确定相应补偿数额。最终，法院判决许某支付许某某1动迁安置补偿款35万元。

本案例形成时间为2018年3月。

五、案例评析

从以上两个案例可以看出，同一法院对基本相同案例中居住困难人员在征收补偿款分割纠纷中的地位描述是不同的。案例一中法院审查了居住困难人员的同住人资格，认为不符合同住人资格的居住困难人员只能享受增加的居住困难人员补贴款，而案例二中却没有对居住困难人员是否符合同住人资格进行严格审查，认为只要是居住困难保障人员就享有分割征收补偿款的权利。基于以上两种不同的裁判思路，两个案例中的原告最后获得的安置补偿款金额可以说天壤之别。

笔者认为，在公有住房拆迁安置补偿款分割纠纷中，对于被核定为居住困难对象的被征收人，不应该再审查其同住人资格。理由如下：

第一，《实施细则》第31条第1款规定："按照本市经济适用住房有关住房面积核定规定以及本条第二款规定的折算公式计算后，人均建筑面积不足22平方米的居住困难户，增加保障补贴，但已享受过经济适用住房政策的除外。增加的保障补贴可以用于购买产权调换房屋。"根据该规定，居住困难人员的认定依据是上海市经济适用房有关住房面积核定规定。

第二，根据《上海市共有产权保障住房申请对象住房面积核查办法》（沪房规范〔2019〕17号）第1条、第2条对住房面积核查的范围、核定面积家庭人数的规定，核定面积家庭成员是指包括申请对象在内、在申请对象户口所在地住房和他处住房中有居住权利的家庭关系成员，核定面积家庭人数原则上按照申请对象户口所在地住房和他处住房内具有上海市常住户口并且满2年的人员

---

* 上海市第二中级人民法院二审民事判决书，(2018)沪02民终2055号。

确定。下列人员可以计入核定面积家庭人数：

（1）户口在上海市他处居民家庭或者工作学习单位,按照规定须一同申请的具有法定赡养、抚养或者扶养关系的家庭成员；

（2）因入托、求学等,户口迁离申请对象户口所在地住房或者他处住房的未成年人员；

（3）原户口在申请对象户口所在地住房或者他处住房的未婚现役军人、海员、野外筑路、勘探等人员；

（4）户口在申请对象户口所在地住房或者他处住房,在境外学校学习未满5年,未婚且未定居,或者在境外工作未定居且每年在上海市居住满90日的人员；

（5）与申请对象在上海市共同居住生活,取得上海市常住户口未满2年的申请对象的配偶（需结婚满3年）、子女、父母；

（6）与申请对象在上海市共同居住生活,具有上海市居住证连续满3年的申请对象的配偶（需结婚满3年）、子女、父母。

第三,沪房管征〔2014〕243号第2条规定：居住困难审核申请,应当由被征收人、公有房屋承租人提出。被征收人、公有房屋承租人不提出居住困难审核申请,房屋使用人、共同居住人可以提出居住困难审核申请。按照《实施细则》及本市共有产权保障住房（经济适用住房）面积核定规定,居住困难审核的内容,应当是房屋征收决定公告之日,在被征收房屋处有上海市户籍的人员,在上海市有无其他住房或者是否居住困难。居住困难户的房屋征收补偿所得包括保障补贴,按照《实施细则》的规定,属于被征收人所有,或者公有房屋承租人及其共同居住人共有。

从以上规定可以看出,居住困难核定面积家庭成员是指包括申请对象在内、在申请对象户口所在地住房和他处住房中有居住权利的家庭关系成员,这些成员被核查的前提是在核查房屋中有居住权利,核查的内容是有无住房或者是否居住困难,并无有无实际居住一项,所以已经通过核查并被认定为居住困难的人员,等于是被默认为具有同住人资格,法院在解决该类争议时,不应该再去审查居住困难人员的同住人资格问题,否则与认定居住困难人员的相关规定和程序相抵触,不但侵害了居住困难人员的合法权益,也违背了征收政策中保障居住困难人员的初衷,难以彰显公平正义。

司法实践中法律适用差异问题在各个领域都比较突出,而一旦出现此类问题,就会对当事人进一步维权造成很大困难,当事人仅以此为由通过申诉改变原判决的可能性非常小。造成这一现象的原因有很多,但是最主要的原因是法律规定的不完善和法官自由裁量权问题。因为法律规定不完善,很多问题的规定出现"真空地带",每个法官对问题的理解不一致,这些不同理解与认识运用到司法实践中,必然产生不同的结果。为了解决同案不同判的问题,最高人民法院于 2019 年 10 月 11 日发布了《关于建立法律适用分歧解决机制的实施办法》,希望该办法的实施,能改善法律适用差异问题。

房屋征收过程中居住困难对象是否等同于共同居住人?

王垚翔[*]

一、争议焦点

在房屋征收过程中,居住困难人员是否等同于共同居住人?

二、主要人物关系

虹口区某处公房(以下简称系争房屋)被征收,因居住困难户增加货币补贴款若干万元。因就补偿款分割无法达成一致,遂成讼。

原告王某奕与被告王某芸系兄妹关系,原告沈某某系王某奕的妻子,被告朱某某系王某芸的女儿。系争房屋系王某芸单位分配的公房,承租人为王某芸。

三、案情简介

系争房屋被征收前,内有原、被告 4 人户籍。系争房屋原由两被告王某芸、朱某某居住使用,后处于出租状态。

两原告曾享受过福利分房,后将该房屋出售,并于 2011 年 7 月将户籍迁入系争房屋。直至征收,两原告均未实际居住过系争房屋。2013 年 12 月,王某奕出具承诺书,称"绝不影响王某芸、朱某某的任何经济利益及房屋分配,绝不和王某芸、朱某某争任何经济利益及房屋分配"。被告沈某某未在承诺书上签字。

2016 年 3 月,被告王某芸与征收人上海市某区住房保障和房屋管理局、征收实施单位上海市某房屋征收服务事务所有限公司签订了《上海市国有土地上房屋征收补偿协议》,该协议明确原、被告户符合居住困难条件,王某芸、王某奕、沈某某、朱某某被列为居住困难人口,对居住困难户增加货币补贴款若干

---

[*] 上海市君悦律师事务所律师,上海市律师协会第十一届不动产征收(动迁)专业委员会委员。

万元。

四、法院观点*

法院认为,被征收户属于居住困难户,居住困难人口为王某芸、王某奕、沈某某、朱某某,故该4人均为系争房屋征收被安置对象。王某奕写下承诺书,只能在不影响王某芸、朱某某征收利益的前提下,取得因困难户增加的货币补贴款。承诺书系王某奕所写,并未涉及沈某某,沈某某系成年人,王某奕不能代替其放弃任何利益,故该书面材料对沈某某无效,考虑到对系争房屋的贡献及管理情况,法院酌情确定沈某某取得征收补偿款若干万元。

本案例形成时间为2017年7月。

五、案例评析

本案最大的争议在于居住困难对象(人口)和共同居住人之间的关系,二者是否对等,进一步说,在居住困难对象(人口)不符合共同居住人条件的情况下,其是否有权分割征收补偿款。

对于这个问题,笔者以关键词"居住困难补贴""共同居住人"对上海法院的判决进行了检索。从检索到的结果来看,司法实践中存在严重的适法不统一的情况。有的法院将征收部门认定的居住困难对象(人口)直接等同于共同居住人,继而享受共同居住人的权利;有的法院虽未对二者关系进行评价,但在权利处置上将二者混为一谈;当然,也有法院对二者进行了明确区分,继而对权利分割作出限制。笔者更认同第三种观点,理由如下:

首先,公有住房的共同居住人和居住困难对象(人口)在法律上是两个不同的概念。法律法规并未规定共同居住人的认定程序,一般都是通过诉讼的形式对共同居住人予以确认。而居住困难对象(人口)被涵盖在"居住困难户"的概念中,其认定需要有程序确认,即居住困难的被征收人、公有房屋承租人应当向所在区(县)住房保障机构提出居住困难审核申请,并提供相关证明材料,接着由区(县)住房保障机构按照《实施细则》以及上海市经济适用住房的相关规定对居住困难户进行认定,并将经认定符合条件的居住困难户及其人数在征收范围内公示。征收实践中,各区制定的困难户认定标准存在一定差异,但相比共同居住人的概念,还是有不小的出入。

其次,不同的身份对应不同的补偿内容。《实施细则》明确规定,在征收过程中,公有房屋承租人所得的货币补偿款、产权调换房屋归公有房屋承租人及其共同居住人共有,共同居住人更类似于产权人的身份。而居住困难对象(人

---

* 上海市杨浦区人民法院一审民事判决书,(2017)沪0110民初19680号。

口)对应的仅为保障补贴,保障补贴＝折算单价×居住困难户人数×22平方米－被征收居住房屋补偿金额。在明显能将二者区分开来的情况下,把居住困难对象(人口)等同于共同居住人来分割征收补偿款,本质上又回到了过去拆迁的"数人头",而这是与征收宗旨相背离的,势必严重影响承租人以及共同居住人的合法权利。

公有住房对应的权利义务缺乏系统性的法律规定,与承租人、共同居住人相关的规定都散落在各种细则及司法解释中,甚至这些细则、司法解释本身都存在自相矛盾的地方,直接导致了公有住房类案件判决结果显得混乱。希望上海市高级人民法院能就此类案件出台相关规定进行规范,让类似案件的处理有法可依。

被认定为居住困难但享受过福利分房的人员能获得哪些征收补偿?

许建斌[*]

一、争议焦点

被认定为居住困难人员,但是享受过单位福利分房,是否还应享受被征收房屋的安置补偿款? 如果能享受,又能获得哪些补偿款项?

二、主要人物关系

项某凤、谢某系母子关系。项某凤、项某英、项某菊、项某兰、项某1系兄弟姐妹关系。项某英与李某系夫妻关系,李某1系二人之子。项2系项某1之子。

三、案情简介

系争房屋系公房,承租人为项某菊。2019年11月,项某菊与上海市某区住房保障和房屋管理局签订《上海市国有土地上房屋征收补偿协议》,明确系争房屋共获得征收补偿款5,384,563.27元,其中房屋价值补偿款3,152,560.11元、居住困难户增加货币补贴款158,439.89元、房屋装潢补偿款16,093.27元、按期签约奖527,950元、按期搬迁奖50,000元、均衡实物安置补贴911,800元、

---

[*] 上海汉盛律师事务所合伙人,上海市律师协会第十一届不动产征收(动迁)专业委员会委员。

首日生效签约奖 364,720 元、搬家补助费 1000 元、家用设施移装补贴 2000 元、不予认定建筑面积的材料费补贴 50,000 元、集体签约奖 150,000 元。经认定，该户符合居住困难户的补偿安置条件，居住困难人口 7 人，分别为：李某、项某兰、项 2、项某凤、项某英、项某 1、谢某。

系争房屋被征收时，屋内共有项某凤、谢某、项某英、李某、项某菊、项某兰、李某 1、项 2、项某 1 九人户籍。系争房屋长期出租给他人。

2020 年 1 月，项某菊向项某凤、谢某支付了系争房屋征收补偿款 1,301,730.74 元。

项某凤、谢某认为其二人获得的房屋征收补偿款过少，诉至法院。

四、各方观点

（一）原告观点

李某于 2000 年 5 月与上海某物业有限公司签订《上海市公有住房出售合同》，购买上海市杨浦区某路 A 房屋，而该房屋原系单位分配的公房。项某英系李某的配偶，李某 1 系李某的儿子，3 人均享受了该福利分房利益。且李某、李某 1 于 1999 年 12 月签订过《上海市房屋拆迁货币化安置协议》，两人已享受过上海市杨浦区某路 B 房屋市政拆迁货币安置。根据以上事实，李某、项某英、李某 1 不应是系争房屋同住人，更不应被认定为居住困难人口而分割系争房屋征收补偿款。项某兰与其配偶于 1995 年享受过福利分配公房，即上海市虹口区某路房屋，并将该房作为售后公房购入产权，后又于 2017 年将该房抛售获利。故项某兰也不符合系争房屋同住人资格，不应该享受系争房屋征收补偿款。

（二）被告观点

李某表示 A 房屋是 2000 年因父母的私房居住困难由单位增配获得，增配面积为 37 平方米，当时按国家规定人均 4 平方米，故超标准面积部分是由其出资 3 万余元购买。1999 年享受的 B 房屋系父母的私房，李某、李某 1 是该房的被拆迁人口。拆迁系采用货币安置，被拆迁房屋面积为 9 平方米，拆迁安置款仅 77,520 元。其被认定为居住困难人员，应该享受征收补偿利益。

项某兰表示虹口区某路房屋是其前公公分配的，分配当时其还未成婚。原承租人是其前公公，前公公去世后改为前夫。2016 年其已协议离婚，该房屋归前夫所有，2017 年前夫将该房出售。其应享受征收补偿利益。

五、法院观点[*]

终审法院认为,系争房屋被征收过程中,经认定该户符合居住困难户的补偿安置条件,李某、项某兰、项 2、项某凤、项某英、项某 1、谢某被认定为居住困难人口,故上述 7 人与承租人项某菊均有权参与系争房屋征收补偿利益的分割。

A 房屋系单位分配给李某的福利公房,李某虽有部分出资,但福利分配的人均居住面积不低于分配当时的公房政策所规定"居住困难"的面积标准,且嗣后李某按公房出售政策购买了该房屋产权,故李某属于享受过福利性质房屋。项某凤、谢某未能提供有效证据证明项某英是 A 房屋的共同受配人,且李某按公房出售政策购买该房屋产权时,项某英户口并未在内,故项某凤、谢某主张项某英与李某共同享受了福利分房,法院不予采信。

项某兰前夫按公房出售政策购买虹口区某路房屋产权时,项某兰与前夫尚在夫妻关系存续期间,且其户籍亦在该房屋内,为该房屋的同住人,离婚时亦获得该房屋的折价款,故项某兰亦属于享受过福利性质房屋。

综上所述,李某、项某兰仅可参与系争房屋价值补偿及居住困难补贴的分配,而不能获得奖励补贴费等征收补偿利益。

本案例形成时间为 2021 年 3 月。

六、案例评析

本案争议的焦点是享受过福利分房但是被认定为居住困难的人员能否获得征收补偿款?以及能获得哪些征收补偿款?

(一)被认定为居住困难但享受过福利分房的人员能否获得征收补偿款?

共同居住人需满足户籍条件、居住条件及他处无房的条件,虽有其他住房但居住困难的人除外。

沪房管征〔2014〕243 号第 2 条明确规定:居住困难审核的内容,应当是房屋征收决定公告之日,在被征收房屋处有上海市户籍的人员,在上海市有无其他住房或者是否居住困难。所以居住困难审核其实也包含了对审核对象是否属于被征收房屋共同居住人的认定,既然审核对象被认定为居住困难人员,就说明其属于共同居住人。本案中,李某、项某兰户口在系争房屋处,两人虽然享受过福利分房,但是仍被认定为居住困难人口,说明经过审核两人符合《实施细则》第 51 条第 3 项的规定,应该享受系争房屋的征收补偿利益。

---

[*] 上海市第二中级人民法院二审民事判决书,(2021)沪 02 民终 1870 号。

(二)被认定为居住困难但享受过福利分房的人员能获得哪些征收补偿款?

根据沪房管征〔2014〕243号第2条的规定,居住困难户的房屋征收补偿所得包括保障补贴,按照《实施细则》规定,属于被征收人所有,或者公有房屋承租人及其共同居住人共有。该规定明确了居住困难户的房屋征收补偿所得包括保障补贴,属于公有房屋承租人及其共同居住人共有。

《动迁新政后动迁安置补偿款分割纠纷研讨会综述》(二)中对"各类补贴、奖励款项如何分配"的倾向性意见是:"除房屋补偿款外,其他的补贴和奖励具体分配对象,要参照《高院解答》第十一条对公房补贴等费用的处理原则,结合具体名目予以分别处理。对于有指向的补贴,由所指向的对象取得,如搬场费、搬场奖励费给实际搬迁人,期房过渡费给取得期房的人,家用设施移装费补贴给设施的所有人,无证经营补贴给实际经营人。"

本案中,系争房屋征收补偿款中有指向性的补偿款为居住困难户增加货币补贴、房屋装潢补偿款、按期搬迁奖、搬家补助费、家用设施移装补贴、不予认定建筑面积的材料费补贴等项,这些指向性的款项应该归居住困难对象、在被拆迁房屋内实际居住的人、实际搬迁人、设施的所有人等分别所有,其他补偿款应该在承租人和同住人之间均等分配。

但是,鉴于李某、项某兰享受过福利分房,法院认定其二人仅可参与系争房屋价值补偿及居住困难补贴的分配,而不能获得奖励补贴费等征收补偿利益,是基于实际情况和公平原则作出的考量,是法官的自由裁量权,并不违反法律规定。具体到司法实践中,可能不同的法官对法律适用会有不同,自由裁量的幅度也有所不同,需要结合个案来分析。

居住困难保障对象的认定标准与被安置对象的认定标准的区别

秦志刚[*]

一、争议焦点

被征收房屋处的居民被征收部门认定为居住困难保障户,但不符合同住人

---

[*] 上海华夏汇鸿律师事务所律师,上海市律师协会第十一届不动产征收(动迁)专业委员会委员。

标准,是否有权获得征收补偿利益?

二、主要人物关系

唐娣(2011年报死亡)与张阿福(1993年报死亡)系夫妻关系,二人生育张颖、张凤、张小宝、张生、张宏(2017年11月4日报死亡)、张强等子女。原告张颖与方阳系夫妻关系,生育原告方奇。原告张凤与刘耀系夫妻关系,生育原告刘玲玲。被告张宏与赵菊系夫妻关系,生育一女张霞、一子张斌。被告张斌与吴倩于2007年12月22日结婚,生育被告张森。被告张霞与高帅于2000年10月13日结婚,生育被告高小满。

三、案情简介

系争房屋为公房,承租人原为唐娣,房屋于新中国成立前由张阿福、唐娣居住使用,后经社会主义改造变为公房。至征收公告作出之日,系争房屋内共有两册户籍,其中一户为张颖、方阳、方奇、张凤、刘耀、刘玲玲、张小宝、张生、张强;另一户为张宏、赵菊、张斌、高小满、张森、张霞、高帅。只有吴倩的户籍不在系争房屋内。

2016年3月,某区房屋征收与补偿项目监督评议组经评议建议张宏为该户签约主体。后上海某物业管理有限公司重新核发了承租人为张宏的租用居住公房凭证。

2016年7月,被告赵菊作为张宏(乙方)的代理人与第三人某区一征所签订了征收补偿安置协议,协议载明:房屋类型为旧里住宅,性质为公房,用途为居住,认定建筑面积39.12平方米;计算居住困难货币补贴的折算单价为12,500元/平方米(建筑面积);乙方符合居住困难户的补偿安置条件,居住困难人口信息为张宏、赵菊、张斌、吴倩、张森、张霞、高帅、高小满、张小宝;结算单载明:房屋评估价格1,191,125.76元、套型面积补贴570,900元、价格补贴446,672.16元、居住困难保障补助266,302.08元、居住装潢补贴19,560元、旧城区改建补贴312,960元、不予认定建筑面积部分的补贴80,000元、签约奖励94,120元、安置房屋总价2,971,754.6元、设备迁移费1000元、按期搬迁奖50,000元、搬场补贴800元、家用设施移装补贴2000元、过渡费补贴17,212.8元,合计80,898.8元。第三人某区一征所向张宏发放了征收补偿款约80,898.8元。

他处有房情况:2000年4月,被告高帅及案外人高某1、王某某与上海某(集团)有限公司就上海市闸北区某路某弄某号某室房屋签订《上海市公有住房出售合同》,该合同载明房屋建筑面积50.33平方米,产权登记为高某1、王某某、高帅各占1/3的份额。

2004年6月,案外人高某1、高某2与上海某(集团)有限公司就上海市阳曲路某弄某号房屋签订了《上海市公有住房出售合同》,该房屋由高某1和高某2各占1/2的份额。

四、法院观点[*]

法院认为,原告张颖、方阳、方奇、张凤、刘耀、刘玲玲、张生、张强未被征收单位认定为居住困难保障对象,考虑到居住困难保障对象的认定标准与征收补偿利益分割民事诉讼中被安置对象的认定标准并不一致,故对受安置人员根据全案事实予以认定。原告张生、张强于户籍迁入系争房屋后未实际居住,属空挂户口,二人不应取得征收补偿份额。原告张小宝在户籍迁入系争房屋后未实际居住,但考虑到其被认定为居住困难保障对象,故其可取得相应征收补偿份额。原告张颖、方阳、刘耀、刘玲玲虽称在系争房屋内实际居住,但并未提供其户籍迁入系争房屋后实际居住的证据,现被告对此不予认可,故该4人亦属于空挂户口,无权取得征收补偿份额。原告方奇曾在系争房屋隔壁处租房居住,被告于审理中亦认可其系因房屋面积狭小无法入住,故原告方奇囿于客观因素未入住,不应据此排除其同住人身份,可以取得相应征收补偿份额。而原告张凤在户籍迁入系争房屋后亦已实际居住满一年,故符合同住人标准,可取得相应征收补偿份额。被告关于张颖、方阳、刘耀、刘玲玲、张生、张强未实际居住、不应取得征收补偿的意见,与查明事实相符,予以采纳,但对其关于原告方奇、张凤未被认定为居住困难保障对象、不应分得征收补偿的意见,不予采纳。

综合考虑系争房屋的来源、户籍、居住及安置房屋情况等因素,法院酌情确定原告方奇可得征收补偿份额为250,000元,原告张凤可得征收补偿份额为275,000元,原告张小宝可得征收补偿份额为275,000元,余款由被告取得。

本案例形成时间为2019年5月。

五、案例评析

本案是被征收房屋的承租人与同住人之间以及同住人之间在征收补偿款如何分割问题上存在分歧。房屋被纳入征收补偿范围后,房屋征收部门和物业公司分别确定签约主体与房屋的承租人,顺利完成签约。因承租人申请居住困难保障,征收部门核实9人属于居住困难托底保障范围,并给予居住困难补贴。基于居住困难保障对象的理解问题,不动产征收实务中经常出现一组这样的矛盾问题:被认定属于居住困难保障对象的居民并不满足该被征收房屋的同住人的条件,或者该居民曾经承诺放弃动迁利益。那么,在司法审判中,该类居民应

---

[*] 上海市静安区人民法院一审民事判决书,(2018)沪0106民初36718号。

当如何分配利益呢？

（一）居住困难保障对象的认定标准与征收补偿利益分割民事诉讼中被安置对象的认定标准的区别

1. 居住困难保障对象的认定标准。其也就是房屋征收部门认定居住困难保障对象的标准。房屋征收部门根据承租人或者同住人的申请，针对他处无房且经济困难的居民给予困难补贴。而此处的他处无房包括福利分房和自购的商品房、宅基地房屋等所有能够解决居住问题的房屋。

根据《实施细则》第31条第1款的规定，按照上海市经济适用住房有关住房面积核定规定以及本条第2款规定的折算公式计算后，人均建筑面积不足22平方米的居住困难户，增加保障补贴，但已享受过经济适用住房政策的除外。增加的保障补贴可以用于购买产权调换房屋。

而根据申请经济适用房的相关规定，申请对象他处住房应当按照该住房的全部建筑面积计算。申请对象他处住房内无户籍人员，或者虽有户籍人员但按照规定不计入核定面积家庭人数的，可以按照申请对象在该住房拥有的建筑面积计算，计算方式如下：(1)该住房为产权住房，房地产权证记载房屋产权为按份共有的，按照其拥有的产权份额计算住房建筑面积；房地产权证记载房屋产权为共同共有的，按照住房建筑面积除以房地产权利人人数计算住房建筑面积。(2)该住房为承租公房的，按照该住房的全部建筑面积计算。(3)该住房为宅基地住房的，按照住房建筑面积除以批准建房人数计算。

结论：房屋征收部门核准居住困难中他处无房的标准为他处5年内没有任何房屋，包括单位福利分房、拆迁分房、自购商品房、经济适用房以及宅基地房屋。房屋征收部门认定居住困难必须符合5年之内没有房屋条件限制。而这一条件就决定了房屋征收部门认定居住困难与法院认定他处无房的居住困难截然不同。

2. 征收补偿利益分割民事诉讼中被安置对象的认定标准。法院认定被征收房屋内同住人的标准之一是他处无房，即使他处有房也应属于居住困难。在民事诉讼中，法院认定被安置的对象必须满足他处无房或者他处有房但居住困难的标准，而此处他处无房的概念仅指含有福利性质的房屋。只要享受过福利分房且不属于居住困难的，不受时间限制，一律不被认定为房屋的同住人。同时这里居住困难，人均不足法定最低标准的认定是参考廉租房申请的标准。

综上，法院审理共有纠纷案件中认定居住困难和他处有房的标准与动迁组认定居住困难和他处有房的标准不同。因此符合动迁组居住困难标准不等于符合法院认定同住人的标准。

（二）对于不符合同住人资格的托底保障对象如何分配征收补偿利益？

笔者从自己代理的案件以及司法判例中得出，司法实践中一般存在两种观点。一种观点认为：不符合同住人资格的托底保障对象视同被征收房屋的同住人，与同住人具有相同的权利。比如，本案默认托底保障的对象享有同住人的资格。如此判决的理由主要是：居住困难保障的补偿标准已经排除按面积补偿（俗称"砖头数"），而是参考该户居住困难人数多少补偿（俗称"按人头"）。其计算公式为：补偿款总额＝折算单价×居住困难户人数×22 平方米，因此被认定为居住困难的居民是该户补偿的核心依据，必须得到均等安置。另一种观点认为：不符合同住人资格的托底保障对象，只能分割居住困难保障的补贴部分，其计算公式为：保障补贴＝折算单价×居住困难户人数×22 平方米－被征收居住房屋补偿款。如此判决的理由主要有两点：(1)被认定为被征收房屋的被安置人的前提条件是该居民对被征收房屋具有居住使用权，否则就无法获得安置，而被征收部门认定为享有居住困难保障的人员不一定对房屋具有居住使用权，相反，不被征收部门认定享有居住困难保障的人不一定不属于同住人。因此无论征收部门是否认定居住困难补贴，所需要安置的人员不因此而改变。(2)不属于同住人的托底保障人员，符合居住困难标准，征收部门给予保障补贴，因此该部分保障补贴应当属于该托底保障人员。比如某法院认为，系争房屋被征收过程中，陆某、叶某虽被认定为居住困难人员，但享受过福利分房，根据上海市相关规定，其不满足系争房屋同住人的条件。因此，陆某、叶某不因被认定居住困难而具有同住人身份并基于该身份而享受补偿利益。鉴于各项补偿费用中的居住困难保障补助系按居住困难人口数予以确定，陆某、叶某在该笔补助中享有相应的份额，其余各项补偿费用无人口因素，陆某、叶某依法均不应享有。

总之，司法实践中会有很多类似的矛盾点，必然会给律师或法官带来较大的麻烦，也因此出现同案不同判现象，同时也给居民带来较大的困惑。因此，我们不仅需要完善的法律法规，更需要法律职业共同体共同研究、互相交流，形成统一的法律规范和操作，促进社会更加和谐稳定。

其他同住人相关案例

房屋征收补偿中,可以享有征收补偿款的非常规"同住人"

秦志刚*

一、争议焦点

国有土地上被征收公房的安置对象,需满足:(1)在该被征收房屋内具有上海市常住户口;(2)实际居住一年以上(特殊情况除外);(3)他处无房或虽然他处有房但居住困难。是否还有其他情形,使得居民即使不完全满足以上条件,也依然会被认定为同住人?

二、主要人物关系

孙伯符与大乔系夫妻关系,孙倩系其女儿;孙仲谋系孙伯符之弟,孙仲谋、祝某某系夫妻关系,孙裕系其儿子;孙裕与韩光华于2013年2月18日登记结婚。祝某某于2014年6月3日病亡,未留下遗嘱。祝夏、顾珍珍系祝某某的父母。2013年该房屋被征收时,在册户籍人员共有孙仲谋、祝某某、孙裕、孙伯符、孙倩5人。

三、案情简介

上海市长宁区仙霞路×弄×号即为本案被征收公房,使用面积21.60平方米。该房屋系孙仲谋、孙伯符之母马某某在上海市天山路100号的公房套配所得。被征收房屋实际由马某某及祝某某一家居住使用,孙伯符、孙倩与大乔居住于大乔娘家的房屋。马某某去世后,祝某某一家居住使用被征收房屋。2007年12月6日,因孙倩的户籍迁入,孙仲谋、孙伯符两家曾达成书面协议并约定:(1)孙仲谋、祝某某同意孙倩户籍迁入仙霞路×弄×号;(2)若今后动迁,动迁方案如以居住面积为计算单位,孙仲谋、祝某某方面在经济上不应受到损失,若遇损失,孙伯符、大乔承诺根据具体情况酌情补偿;(3)若今后动迁,动迁方案如以人口为计算单位,孙仲谋、祝某某到时不表示异议。

2013年9月,上海市长宁区仙霞路×弄×号被列入征收范围。根据该基

---

* 上海华夏汇鸿律师事务所律师,上海市律师协会第十一届不动产征收(动迁)专业委员会委员。

地的征收补偿方案,本基地签约期为 60 天。征收与补偿协议生效后,每证给予 15 万元的协议签约奖励。签约后 15 天内搬出原址交出空房的,每证奖励 5 万元。在约定签约期内签约并达到规定的 85% 生效签约比例,每证给予签约鼓励奖 5 万元。面积奖以被征收房屋建筑面积为基准,每平方米 5000 元,每证低于 10 万元的按 10 万元计算。无搭建面积,每证奖励 10 万元。征收与补偿协议生效后,补偿总金额以半年期贷款年利率 6.10% 标准计息。以被征收房屋建筑面积为准按每平方米 500 元补贴装潢。协议生效并搬迁的每证一次性给予借房补贴 1 万元。选择购买产权调换房的,按购房后补偿金额的余款的 30% 给予补贴。

征收开始后,上海市长宁某征收服务事务所有限公司(以下简称长宁征收公司)组织孙仲谋、孙伯符家庭对征收事项和具体调换房屋进行了协商和选择。当时孙伯符提出需要一套房屋解决居住问题,在孙仲谋、孙伯符家庭内部未达成一致意见时,2013 年 11 月 29 日,孙仲谋代理祝某某(乙方)与征收单位上海市某房屋征收和管理局、征收实施单位长宁征收公司(甲方)就系争公有房屋的征收签订了上海市国有土地上房屋征收补偿协议。协议认定建筑面积 33.26 平方米,被征收房屋价值补偿款为 1,439,249.40 元,该户不符合居住困难户条件。装潢补偿为 16,630 元。乙方选择房屋产权调换,甲方提供乙方产权调换房屋 2 套,一套为闵行区 × 路 × 弄 × 号 × 室,建筑面积 76.87 平方米,房屋总价 569,991.05 元;另一套为长宁区仙霞路 × 弄 × 号,建筑面积 74.56 平方米,房屋总价 552,862.40 元,产权调换差价为 316,395.95 元。乙方另获各类补贴奖励费:搬迁费 600 元、购房剩余补贴(1,439,249.40 − 1,122,853.45)× 0.3 计 94,918.79 元、借房补贴 1 万元、居住按时搬迁奖 5 万元、面积奖 166,300 元、签约鼓励奖 5 万元、签约奖 15 万元、设备移装费 2000 元、无搭建面积奖 10 万元,合计 623,818.79 元。双方另约定本基地签约期内签约比例超过 85% 并完成搬迁,每提升 1%,甲方向乙方增发 1.5 万元。本协议生效后,甲方向乙方按本基地征收补偿方案中相关规定发放协议生效计息奖励费。

2013 年 12 月 31 日,孙裕领取了合同最后金额及结算单奖励补贴合计 977,988.60 元。尚有签约比例奖 18 万元在长宁征收公司未领取,该款于本次诉讼中被法院冻结。

2014 年 3 月 12 日,孙仲谋、祝某某、孙裕与上海 A 房产有限公司签订《上海市商品房出售合同》,购买上海市长宁区仙霞路 12 弄 5 号,建筑面积 74.56 平方米。诉讼时征收补偿协议项下上海市长宁区仙霞路 12 弄 5 号的房地产权利仍登记在上海 A 房产有限公司名下。

综上所述,因公房被征收所获各类补偿款构成为产权调换所占房款1,122,853.45元、孙裕领取的977,988.60元及签约比例奖18万元,合计2,280,842.05元。

另查明,2000年4月28日,大乔与上海C有限公司签订《上海市公有住房出售合同》,将其父母原租住的上海市×路×弄×号×室建筑面积48.23平方米公有房屋产权购下,2001年1月2日,大乔成为上述房屋的产权人。

韩光华之父韩某某系上海市×路×弄×号×室公有房屋的承租人,该房屋由韩某某、邵某某、韩光华居住使用。2000年经本户同住成年人韩某某、邵某某协商一致,签订职工家庭购买公有住房协议书,将所购的上述房屋产权确定为韩某某所有。韩光华当时未成年,其签名在承租人或受配人一栏中被划去。2000年4月3日,韩某某与上海D物业有限公司签订《上海市公有住房出售合同》,购买了上述房屋的产权。2000年11月20日,韩某某成为上海市×路×弄×号×室房屋的权利人。

2014年6月3日,祝某某病亡,其生前未留下遗嘱。祝夏、顾珍珍、孙仲谋、孙裕系其法定继承人。

原、被告因对征收款项的分配不能达成一致意见,故诉至法院。

四、法院观点*

法院认为,原告与被告争议的焦点在于对征收补偿利益应由哪些人参与分配及征收补偿利益如何分配。

(1)涉案征收补偿利益应由公有住房的承租人和同住人享有。祝某某系承租人,孙仲谋、孙裕在该房内有户籍且实际居住,故该三人应享有征收补偿利益。原告孙伯符从原他处公房被套配至被征收住房,户籍也迁入该处,由于套配房屋面积仍然不宽裕,同住人口多,故其不能正常使用被征收房屋转而居住于大乔娘家,又未得到其他福利性质房屋,那么虽然其不实际居住被征收房屋,但是其同住人的身份没有改变,其对被征收房屋的使用权利应受法律保护。原告孙伯符应被列为征收补偿利益分配人。原告孙倩户籍迁入被征收房屋,但其未实际居住,且根据户籍迁入前双方的家庭协议,其户籍不应对祝某某一家造成利益损害,结合长宁征收公司对征收属"数砖头"的定性,孙倩无法获得被征收公房同住人资格,因而不能参与征收补偿利益的分配。第三人韩光华因结婚而在被拆迁公房内居住,按照有关规定,即使居住不满一年,也视为同住人。又因在案证据无法证明其另外享受过福利性住房安置的待遇,故其应被列为征收补偿利益的分配人。但其于本案获得征收补偿利益后,今后无权再主张上海市

---

* 上海市闵行区人民法院一审民事判决书,(2014)闵民五(民)初字第464号。

其他公房的拆迁补偿款份额。据此，原告孙伯符、祝某某一家三口、第三人韩光华应享有被征收公房的征收补偿利益。

（2）被征收房屋的征收补偿利益应由孙伯符、孙仲谋、祝某某、孙裕、韩光华共有，且原则上应均等分割。基于以下几方面因素考虑：①根据涉案基地的征收补偿方案，部分补偿款项应由实际居住人员取得。②祝某某与征收部门签订征收补偿协议后，有义务对孙伯符进行安置。而孙伯符有权使用被征收公房，却多年来自行解决居住困难，在外居住，故本次征收时其要求以房屋进行安置，合情合理。但因被征收人内部不能达成一致意见，祝某某用征收补偿款调换两套房屋后也不愿安置孙伯符，长宁拆迁公司向法院表示，即使孙伯符获得补偿款，基地现也已无房源可供选择，故分配孙伯符应得的征收补偿份额时，应适当考虑房屋增值部分的利益。③祝某某去世后，其所得的征收补偿份额由其法定继承人继承。综上，从公平合理角度出发，法院酌情确定原告孙伯符应享有征收补偿各类款项合计60万元。

因征收补偿各类款项2,280,842.05元中除第三人长宁征收公司处尚有签约比例奖18万元未发外，其余款项由祝夏、顾珍珍、孙仲谋、孙裕、韩光华实际占有，故签约比例奖18万元可由孙伯符向第三人长宁征收公司直接领取。孙仲谋、孙裕、祝夏、顾珍珍、韩光华应给付孙伯符征收补偿各类款项计42万元。原告孙倩要求分割征收补偿利益，因缺乏事实依据，法院难以支持。第三人韩光华主张应由其与祝某某、孙仲谋、孙裕各1/4分享征收补偿利益，损害了原告孙伯符的合法权利，也有违公平原则，法院不予采纳。因上海市长宁区仙霞路12弄5号房地产权利登记在上海A房产有限公司名下，故第三人韩光华要求确认其享有系争房屋1/4产权份额及货币补偿款1/4份额之诉，法院不予支持。

本案例形成时间为2015年4月。

五、案例评析

本案的争议焦点为谁是被征收房屋的同住人。在系争房屋被征收时，孙仲谋、祝某某、孙裕、孙伯符、孙倩户籍在册。而法院在认定同住人时考虑到孙倩并未实际居住，且家庭内部协议约定，其放弃征收补偿利益，因此孙倩不符合同住人资格。同时法院还将户口不在被征收房屋内的韩光华列为同住人，其法律依据是什么？除一般规定的条件外，满足同住人资格是否还包含其他因素？我们通过本案例研究一下《实施细则》第51条规定的共同居住人以外的其他情形，即某类人在形式上虽不满足同住人其中之一项条件，但是由于特殊的身份、居住情况、房屋来源、房屋面积等条件，其依然享有对被征收房屋的居住使用权,进而被法院认定为同住人或者被安置人。

(一)在被征收房屋内没有户籍,但因结婚、服兵役、读大学、服刑等特殊情况,依然有可能会被认定为同住人

根据《高院解答》第5条的规定,有下列情形之一的人,也视为同住人:(1)具有上海市常住户口,至拆迁许可证核发之日,因结婚而在被拆迁公有住房内居住的,即使居住未满1年,也视为同住人。但其在该处取得拆迁补偿款后,一般无权再主张上海市其他公房拆迁补偿款的份额。(2)一般情况下,在上海市无常住户口,至拆迁许可证核发之日,因结婚而在被拆迁公有住房内居住满5年的,也视为同住人,可以分得拆迁补偿款。(3)在被拆迁公有居住房屋处有上海市常住户口,因家庭矛盾、居住困难等在外借房居住,他处也未取得福利性房屋的。(4)房屋拆迁时,因在服兵役、读大学、服刑等,户籍被迁出被拆迁公有居住房屋,且在上海市他处也没有福利性房屋的。本解答中有三类居民即使户籍不在系争房屋内也被认定为同住人。而第三类因服兵役、读大学、服刑等户籍被迁出,符合同住人其他条件的也可以被认定为同住人,由于实际案例较少,且争议不大,笔者对此不作论述。本文主要讨论具有上海市户籍和不具有上海市户籍的人因结婚而实际居住在被征收公房内的两种情况。

1.具有上海市常住户口,至拆迁许可证核发之日,因结婚而在被拆迁公有住房内居住的,即使居住未满1年,也视为同住人。但其在该处取得拆迁补偿款后,一般无权再主张上海市其他公房拆迁补偿款的份额(无户籍+实际居住+同住人其他条件)。本案中第三人韩光华能够享受被征收房屋的征收补偿款,是因为其与被征收房屋同住人孙裕是夫妻关系,而且其满足同住人的实际居住且他处无房的条件。根据该规定,法院认定其属于被征收房屋的同住人。假若本案第三人韩光华不满足同住人的其他条件,比如他处享受过福利分房或者并未实际居住等条件,则其依然不会被认定为同住人,比如上海某法院判决:"苏××与吕××结婚后即居住系争房屋,但苏××不是系争房屋的承租人,在该房屋内无户籍,且已在新建路房屋的征收中作为安置对象获得过征收安置,不符合同住人条件,不能享受本次征收的利益。"审判实务中,对于该类同住人要求较为严格,尤其是实际居住。有些法院要求,必须是公房被征收前5年内实际居住,或者征收时必须实际居住。对于实际居住的客观事实,该类居民负有举证责任。根据笔者征收团队的实践经验,户籍不在被征收房屋内的上海市居民,申请法院认定其为系争房屋同住人的核心难点在于其必须提供实际居住证明。而居住证明以所在地的居委会开具的居住证明最为有效。当然,若有两个以上无利害关系的邻居出庭作证也并无不可。

2. 在上海市无常住户口,至拆迁许可证核发之日,因结婚而在被拆迁公有住房内居住满 5 年的,也视为同住人,可以分得拆迁补偿款(非沪籍+居住 5 年)。实践中,居住满 5 年一般是指,自征收开始向前推算 5 年,且征收时依然实际居住的。在公房内享有合法的居住使用权的居民,都可以获得同住人资格,并以此而享受征收补偿利益。因结婚而在被征收房屋内实际居住,属于因夫妻关系而获得合法的居住权利。同时因在该房屋内实际居住满 5 年,被认定为具有长期稳定的居住状态。因此,该非沪籍居民便因为身份和居住状态获得公房的实际使用和居住的权利,自然应当被认定为同住人。法院是根据征收部门给予实际居住人的份额而决定非沪籍居民享受征收补偿款,而征收部门依然是根据该居民满足被安置人的资格(引进户籍)给予其应有的份额,也说明上海市的政策具有系统性和互补性。

(二)在系争房屋内未实际居住满一年,但因满足面积小、家庭矛盾、结婚、报出生等条件的,依然有可能被认定为同住人

根据《高院解答》第 5 条的规定,在被拆迁公有居住房屋处有上海市常住户口,因家庭矛盾、居住困难等在外借房居住,他处也未取得福利性房屋的,可被视为同住人。凡是符合同住人资格的,因为家庭内部矛盾或者房屋面积符合居住困难标准(参考申请经济适用房的标准),即使未在系争房屋内实际居住满 1 年的,仍然不排除其作为同住人身份。证明因家庭矛盾或者被征收房屋面积小而未居住的合理性,是司法实务中律师常用的代理思路。除本条所说的两个原因之外,还有两类情形,在实践中也经常遇到,可以供大家参考。

1. 因结婚和报出生而未实际居住满 1 年的,依然可以被认定为同住人。沪房地资公〔2000〕98 号第 12 条第 1 款指出,"《上海市房屋租赁条例》中所称公有居住房屋的'共同居住人'是指公有居住房屋的承租人死亡或者变更租赁关系时,在该承租房屋处实际居住生活一年以上(特殊情况除外)而且本市无其他住房或者虽有其他住房但居住困难的人,结婚、出生可以不受上述条件的限制"。本条文中所指的"特殊情况"一般是指家庭矛盾和居住困难两种特殊情形。但从条文中看,其中必然包含结婚和报出生两种情形。虽然从文法解释上看,结婚和报出生可以不受以上户籍、居住以及他处无房的限制;但从体系解释、政策本意以及司法实践中看,"结婚、出生可以不受上述条件的限制"主要还是实际居住方面的限制。但对于户籍以及他处无房的两个条件限制,报出生居民必须满足。因此,因报出生或结婚而将户籍迁入,但是未实际居住满一年的,法院不会排除其同住人资格,比如(2018)沪 0101 民初 × 号,该案中有两位未成年人,在系争房屋报出生但并未实际居住,法院仍然认可其同住人的身份,

对其适当给予分割。

2. 关于《实施细则》或者《上海市房屋租赁条例》中所说的"特殊情况",笔者认为该"特殊情况"也包含按政策回沪的知青子女(回沪知青子女只能是未满16周岁的未成年人)。知青子女的监护人一般都不在系争房屋内居住,而是在外地居住。因此,会存在一些知青子女只是户籍回沪,但本人并未实际回沪居住,或者回沪后在其他房屋内居住等情形。因此对于按照政策回沪的知青子女,政策一般会保障其对房屋的居住使用权,不然该政策就失去了意义。比如,公房物业公司在推选承租人意见书中一般会注明"如本户有按照政策回沪的知青子女,承租人应当确保其居住使用"。因此,如果是知青子女回沪,对其是否实际居住法院一般不做审核。笔者结合团队经验和司法案例研究认为:由于司法审判观点并未统一,对知青子女如何保护并未达成一致。但是从公平公正以及司法系统性的角度应当给予知青子女特殊保护。而且专业律师在征收案件中发挥着不可替代的作用,既要收集好相应的证据,也要提供更多的司法观点,供法官参阅。

(三)被列为居住困难保障对象的居民,即使不满足有户籍、实际居住年限甚至他处无房等条件的,也依然可以享有征收补偿款

征收部门认定居住困难保障对象的标准与法院认定同住人或者被安置人的标准并不相同(见表1)。由于政府部门和司法机关认定房屋征收补偿款被安置人所依据的法律法规不同,不符合同住人标准的居民会被动迁组认定为居住困难保障对象,也需要用征收补偿款给予安置。这便是法律未统一适用或者缺乏整体性导致的漏洞。

表1 居住困难认定

项目	法院	征收部门
他处有房的类型	福利分房[仅限于福利性质取得的房屋,包括原承租的公有住房、计划经济下分配的福利房、自己部分出资的福利房,房款的一半以上系单位的补贴所购买的商品房,公房被拆迁后所得的安置房(包括自己少部分出资的产权安置房),以及按公房出售政策购买的产权房等]	1. 该住房为产权住房的,房地产权证记载房屋产权为按份共有的,按照其拥有的产权份额计算住房建筑面积;房地产权证记载房屋产权为共同共有的,按照住房建筑面积除以房地产权利人人数计算住房建筑面积。 2. 该住房为承租公房的,按照该住房的全部建筑面积计算。 3. 该住房为宅基地住房的,按照住房建筑面积除以批准建房人数计算

续表

项目	法院	征收部门
房屋取得年限的要求	无	5年以内名下无房且未经历过征收
居住困难的概念	他处无房或者他处有房但面积不足法定最低标准	折算单价×居住困难户人数×22平方米＞被征收居住房屋补偿金额
居住困难面积的标准	他处房屋内人均居住面积不足法定最低标准的情况：申请家庭人均居住面积低于7平方米（含7平方米）（2010年之前是5平方米，后来由于政策变化，增加了2平方米）	核定面积家庭成员他处住房人均住房建筑面积低于15平方米（含15平方米）的，可以计入申请对象户籍所在地住房的核定面积家庭人数；人均住房建筑面积超过15平方米的，不得计入申请对象户籍所在地住房的核定面积家庭人数
参考依据	1.《高院解答》 2.上海市人民政府《关于调整和完善本市廉租住房政策标准的通知》（沪府发〔2013〕25号、沪府发〔2014〕52号） 3.《上海市高级人民法院公房居住权纠纷研讨会综述》	1.《实施细则》 2.《上海市共有产权保障房申请对象住房面积核查办法》 3.《关于贯彻执行〈上海市国有土地上房屋征收与补偿实施细则〉的若干意见》

从表1中可以看出，司法裁判认定居住困难和他处有房的标准与征收部门认定居住困难和他处有房的标准不同。因此符合征收部门居住困难标准不等于符合法院认定同住人的标准。但是被认定享受居住困难保障的居民也一定可以获得相应的补偿。在征收实务以及司法审判中，符合政府居住困难保障标准但是不符合法院认定同住人标准的人员一般分为三类：

1. 曾经取得福利分房，但被认定为居住困难保障对象的，可以享受征收补偿利益。如果户籍在被征收房屋内的居民曾经享受过单位福利分房或者被拆迁安置过，但该居民将公房出售或者在1994年后，将该福利分房购买成产权房进而出售。该居民在系争房屋被征收之前5年之内名下无任何房屋，同时该居民所在户人数较多，且符合居住困难保障标准的，该居民就会被征收部门纳入居住困难保障范围。根据居住困难保障的计算方式，该居民一般都会享受托底保障的数额（人均22平方米×保障系数）。但按照法院认定同住人资格的标准，但凡享受过福利分房且居住不困难的，无论该居民何时出售其福利分房，其一定会被排除在同住人之列，不再有资格享受征收补偿利益。司法实践中，面对这一政策性矛盾,法院的做法是:该居民即使曾经享受过福利分房,不满足同住人资格,也依然有权享有被征收房屋补偿款。因此,法院在审判该类案件时,虽然对该类居民应享受的数额有不同的观点,但无一例外地都给予其相应的征收补偿款。

2. 在被征收房屋内没有户籍,但因结婚而实际居住在被征收房屋内的,在申请居住困难保障时,被列入居住困难保障对象的,在《实施细则》实际适用之前,该类人员经常被称作"引进户籍"而直接被列入被安置人。2011年房屋拆迁改为房屋征收,征收部门对被征收房屋内的同住人资格不再进行认定。征收部门只负责确定该户居民依据"砖头数"或可能与"人头数"相结合,最终确定该户可以获得的征收补偿总额。只有当该户属于居住困难托底保障户时,才会考虑"人头数"。根据《实施细则》《上海市共有产权保障房(经济适用住房)申请对象住房面积核查办法》以及上海市每个区公开的《房屋征收居住困难户认定和补贴办法》的规定,居住困难保障人数与在册户籍人数并不完全相同,如果在册人员人均居住面积较大,仍然不符合居住困难人口;如果户籍不在系争房屋内但符合特定的条件,同样可以被列入居住困难保障范围。比如,《黄浦区厦门路地块(110、111、133、134街坊)居住困难户人数审核办法》第3条规定:"申请人应为被征收房屋的产权人或公有房屋承租人,由其向设在本征收地块的区住房保障机构受理窗口提出申请,并提交下列材料:1. 被征收房屋权属证明;2. 被征收房屋户籍证明;3. 在本市有他处房屋的,需提交相关证明;4. 申请人要求将外地配偶、未成年子女认定为居住人口的,必须提供婚姻状况的证明及当地居委会出具的居住情况证明材料……"

3. 在被征收房屋内,没有户籍,也未实际居住,但被列入居住困难保障范围的居民,也可以享受征收补偿款的安置。司法实践中对于居住困难保障人口的审核并不统一,甚至每一个区政府都有自己的临时规范性文件,更甚者同一个区的不同征收事务所的操作口径也有差异。可以通过引进户口的方式认定居民为居住困难对象,进而使其享有征收补偿利益。

公房同住人认定的特殊情形

管文琦[*]

一、争议焦点

本案为重审案件,争议焦点为被征收公房的同住人认定问题。

二、主要人物关系

原告李建国与赵玉霞系夫妻关系,原告李佳系二人之女。被告李秀英系原告李建国之妹,案外人李志伟系原告李建国之弟。案外人李大福系李建国、李秀英、李志伟三人之父。

三、案情简介

本案原告李建国、赵玉霞、李佳三人原与李建国的父亲李大福、李建国的弟弟李志伟一家居住于上海市XX区YY路某号房屋内(以下简称YY路房屋),因该房屋内人口众多,居住困难,李大福向其工作单位申请增配一处公有住房,后获得一处位于上海市XX区YY路某号的房屋,即本案系争房屋。

取得系争房屋后,李大福的户籍迁入系争房屋内,成为承租人,原告三人的户籍未迁入该房屋,继续保留在YY路房屋中。但系争房屋实际由原告三人搬入居住,案外人李大福与李志伟一家继续居住于YY路房屋内。

2008年7月,经李大福同意,本案被告李秀英因离婚将户籍自上海市他处迁入系争房屋内。2016年,李大福报死亡。2017年11月,系争房屋承租人由李大福变更为李秀英。

2017年,系争房屋与YY路房屋均被政府划入征收范围。2017年12月,李秀英与征收单位签订关于系争房屋的征收补偿协议,选择货币补偿方式,获得征收补偿款共计422万余元,于2018年2月领取。后原、被告就系争房屋补偿利益分割产生纠纷,原告遂至法院提起诉讼。

四、各方观点

(一)原告观点

本案系争房屋是原承租人李大福因家庭居住困难向单位申请增配所得,且

---

[*] 上海市新闵律师事务所合伙人,上海市律师协会第十一届不动产征收(动迁)专业委员会委员。

一直是由三原告实际居住并承担房租等相关费用。而被告李秀英从未在系争房屋内居住,也未支付过房屋租金,仅仅是在征收开始后突击变更成为承租人,其未履行承租人义务,不应是系争房屋的承租人。

系争房屋的来源足以影响征收利益的分配,直接关系到本案的权利义务归属。原告原居住的 YY 路房屋因无法满足众人实际居住需要,李大福才向其单位申请增配住房,后才获得本案系争房屋,此时,被告不居住且户籍都不在 YY 路房屋内。增配后,YY 路房屋户籍分为两户,原告一家和其弟弟李志伟一家从此分开居住,家庭内部实际就本案系争房屋的分配达成共识。因此,原告三人对取得本案系争房屋存在直接贡献,三人有权分配系争房屋相关征收利益。

在搬入系争房屋后,三原告一直实际履行承租人义务,不但交纳租金及公共事业费,而且始终由三原告实际居住使用系争房屋。原告三人担任"承租人"角色的事实,也足以支持其取得征收利益份额。

而被告从未在本案系争房屋内居住过,也未支付过任何租金和公共事业费,既未享受权利,也未承担义务,故被告实际仅为空挂户口,非事实上的承租人。因此,三原告均具备分割动迁利益的资格。

(二)被告观点

被告作为系争房屋唯一户口持有人及承租人,应享有系争房屋全部征收补偿款项和其他权益。

原告三人的户籍都不在系争房屋处。原告三人曾在系争房屋处居住过,然而系争房屋作为早期过渡用房,其面积与居住环境早已无法满足正常三口人的居住需求,故已被闲置多年,无人居住。原告李建国和赵玉霞在上海市他处有自有房屋,原告三人在征收方作出征收决定时,早已不在系争房屋内居住。因此,原告三人非系争房屋之共同居住人,对系争房屋及其征收补偿款项无任何权利。

原告三人的户籍都在上海市 YY 路房屋处。YY 路房屋与系争房屋同被纳入本次征收范围。原告三人作为 YY 路房屋征收补偿款之权利人,无权再从系争房屋处分得任何拆迁款项。

五、法院观点

(一)一审法院观点

一审法院认为,公民的合法权利受法律保护,非共有人无权分得共有物。现原告三人的户籍在上海市他处住房内,与系争房屋并无关系,原告三人不符合同住人的条件,不应分得征收补偿利益。原告三人在系争房屋内居住时间的长短不影响其不具备同住人资格的事实,据此判决对原告李建国、赵玉霞、李佳的全部诉讼请求不予支持。

(二)二审法院*以事实不清为由发回重审,重审法院观点

重审法院认为,民事主体的人身权利、财产权利以及其他合法权益受法律保护,任何组织或者个人均不得侵犯。本案中,系争房屋承租人由李大福变更为李秀英,但李秀英是在离婚后将户籍迁入系争房屋,其于一审原审中表示并未实际居住于系争房屋,故对于本案中李秀英主张其户籍迁入后陆续在系争房屋内居住的主张,不予采信。系争房屋是由李建国、李秀英的父亲李大福的单位于20世纪80年代在YY路房屋的基础上增配的公有住房,当时户籍在YY路房屋的人员就有李建国、赵玉霞、李佳,结合当时的时代背景及福利分房政策,认定原告李建国、赵玉霞、李佳对系争房屋的原始取得是有贡献的。李建国、赵玉霞、李佳主张取得系争房屋后,根据家庭内部的安排,YY路房屋由案外人李建国兄弟及父母居住,系争房屋由李建国一家长期居住使用,且提供了充分的证据予以佐证,予以采信。李建国、赵玉霞、李佳的户籍虽在YY路房屋处,但YY路房屋同时被纳入征收范围,两处房屋均无居住困难保障,且李建国、赵玉霞、李佳表示其并未领取YY路房屋的任何征收补偿款,故其作为系争房屋的实际居住人,且于房屋的原始取得有贡献,应享有一定的征收补偿利益。

法院综合考虑本案系争房屋来源、居住使用情况、家庭结构等因素,酌情确定李建国、赵玉霞、李佳取得征收补偿款240万元,李秀英取得征收补偿款182万余元。因系争房屋的征收补偿款已全部由李秀英领取,故应由其承担给付义务。

本案例形成时间为2020年12月。

六、案例评析

本案历时3年,经历一审、二审与发回一审重审,审理焦点始终围绕公有房屋同住人的认定展开。

从原告一方来分析,同住人的认定一般需同时满足以下三个条件:(1)户籍条件,即征收方作出征收决定时,需要在被征收房屋内具有常住户口;(2)居住条件,即除特殊情况外,作出征收决定时应在被征房屋内实际居住一年以上;(3)住房条件,即作出征收决定时,在上海市无其他住房或虽有其他住房但居住困难。从表面上看,以上述三个条件一一衡量本案原告,很显然第一个条件本案原告就不满足,第二个条件与第三个条件则被被告方质疑。

---

* 上海市第二中级人民法院二审民事判决书,(2020)沪02民终10271号。

但原告代理律师深入挖掘三原告与系争房屋的相互联系,从系争房屋的取得、原告三人户籍的变动等关键点切入,充分证明了三原告对系争房屋的原始取得有其不可或缺的贡献。律师还收集大量有力证据,形成完整的证据链证明原告自始终居住在系争房屋内,同时廓清了第三个条件中对于"他处住房"性质的界定,应仅限于福利性质取得的房屋,而非自购商品房,从而阐明本案三原告完全有权获得系争房屋的征收补偿利益。

从被告一方来分析,从表面上看,被告是合规的承租人,也是系争房屋内唯一户籍的持有人,似乎理应获得系争房屋全部的征收补偿利益。但是,拨开表象看实质,被告从未实际居住于系争房屋,也未承担过支付租金等义务,且在征收前一个月突击成为系争房屋承租人。被告虽名义上为系争房屋承租人,但其实际不具备承租人资格,其与系争房屋之间的关系实为空挂户口,若类似被告这样的承租人能获得系争房屋全部征收补偿利益,实属分配不当。

综上,关于公有住房同住人的认定不能机械适用法律法规,而应根据案件具体情况,本着遵循相关法律法规的立法精神来认定同住人。《实施细则》虽对同住人有明确的界定,但应综合考量房屋的来源、相关人员对房屋的贡献、实际居住情况以及户口变迁情况等因素,公平合理地认定同住人,实现征收利益的本质,即对被征收房屋中的实际居住人员及相关人员进行补偿,实现真正的公平正义和维护社会公序良俗。

此"同住人"非彼"同住人"

许丹丹[*] 杨 佳[**]

一、争议焦点

共有物返还纠纷中的同住人和共有纠纷中的同住人概念是否相同?曾作为家庭成员享受过福利分房是否还能被认定为同住人?

二、主要人物关系

陆某系本案房屋原承租人,陆A、陆B、陆C系陆家同胞兄妹。是陆某的子女。

---

[*] 上海瀛东律师事务所合伙人,上海市律师协会第十一届不动产征收(动迁)专业委员会委员。
[**] 上海瀛东律师事务所律师。

三、案情简介

系争房屋原系陆某承租的公房,陆某去世后,陆 B 于 2002 年变更为系争房屋的承租人。被征收前,系争房屋内有 2 个在册户籍,即陆 B(1949 年在系争房屋内报出生)和陆 A(1998 年将户籍迁入)。陆 C 则一直在系争房屋内居住直至征收决定作出之日。

2019 年 11 月,陆 B 与征收部门签订征收协议,确定系争房屋征收补偿款为 364 万余元。因陆 A 与陆 B 之间就分配方案协商未果,故陆 A 将陆 B 诉诸法院,要求分割系争房屋 60% 的征收补偿利益。

四、各方观点

(一)原告观点

原告认为,陆 A 长期居住在系争房屋内,是系争房屋征收中适格的同住人,并向法院提交了一份判决书,证明在 2010 年陆 B 曾起诉陆 A,要求陆 A 搬离系争房屋,法院驳回了陆 B 的起诉,认定陆 A 在当时具有系争房屋同住人资格。陆 A 依据这份判决书要求法院确认其同住人资格并分得拆迁利益。

另外,原告提供多张电费、煤气缴费用于证明陆 A 是系争房屋的实际居住人,要求在分割拆迁利益时予以多分。

(二)被告观点

作为陆 B 的代理律师,接受委托后,笔者向法院申请调查令,调取到了"住房调配单",证实陆 A 已享受过两次单位福利分房;调取了存档于物业的"房屋分割协议",证实父亲陆某在分配房屋时,将自己与女儿陆 B 的居住利益分配至系争房屋;另从网络公司调取到了系争房屋近十年的宽带使用人是陆 C,证实了房屋的实际居住人不是陆 A;还向法庭提交了数十年来一直由陆 B 缴纳房屋租金的凭证,并申请系争房屋的邻居作为证人出庭,证明系争房屋的实际居住人是陆 C。

现有证据能够证明陆 A 并未在系争房屋内居住的事实,并不符合同住人"实际居住一年以上"的条件,且系争房屋采取的征收补偿方案是按照房屋面积来核算补偿款,并未针对户籍人口因素给予相应补偿,陆 A 对房屋的来源也没有贡献。代理人认为,系争房屋的所有动迁利益属于承租人陆 B 一人所有。

(三)被告上诉观点

一审判决所指的"生效判决"是 2010 年陆 B 与陆 A 占有物返还纠纷一案的判决,该判决依据《上海市房屋租赁条例》的相关规定认定陆 A 是系争房屋的"同住人"。当时依据该条例,只要在系争房屋内有上海市常住户口就可以认定为系争房屋的"同住人",享有居住利益。但本案是系争房屋被征收引起的纠纷，应根据《高院解答》中的规定来重新认定"同住人"。一审法院以 2010 年的判决为依据认定陆 A 的"同住人"身份是欠妥当的。

五、法院观点

（一）一审法院观点

陆 B 作为系争房屋的承租人，陆 A 作为生效判决确定的系争房屋的共同居住人，对系争房屋享有居住权，陆 A 与陆 B 均有权分得系争房屋的征收补偿利益，由于陆 B 为系争房屋的承租人，长期支付房屋租金，对系争房屋的管理有较大贡献，故分得 60% 的征收补偿利益，陆 A 分得 40% 的征收补偿利益。

（二）二审法院裁定[*]

在收到一审判决后，双方均提出了上诉，二审法院以"一审法院认定事实不清"为由，裁定撤销一审判决，发回重审。

（三）重审一审观点

重审法庭采纳了被告的上诉意见，认为虽然陆 A 的户籍在系争房屋内，但其曾获配×路房屋，虽之后由其前夫取得该房屋产权，但不能改变其曾获配房屋的事实，另外，其作为家庭成员获配×路房屋，无须系争房屋安置其居住利益，故陆 A 不应被认定为同住人，无权分得系争房屋征收利益。判决系争房屋全部征收利益归陆 B 一人所有。

六、案件评析

本案中陆 A 在系争房屋被征收前曾享受过两次单位福利分房，属于"他处有房"，两次福利分房的人均面积均超 25 平方米，也不符合"居住困难"的认定标准，故陆 A 根本不符合《高院解答》中关于"同住人"的认定标准，其无权以同住人身份取得系争房屋征收补偿利益。

那么 2010 年判决书中确认的"同住人"与房屋征收中的"同住人"概念是否相同？2010 年陆 B 起诉陆 A 的案由为"占有物返还纠纷"，而本案案由为"共有纠纷"，两份判决的案由、所处的时代背景截然不同。本案是征收引起的共有纠纷案件，应当依据《高院解答》中的相关规定来重新认定同住人。《高院解答》在关于"同住人"的问题上明确指出是"与《上海市房屋租赁条例》相关条款规定所指的同住人概念不同"。一审法院在引用 2010 年判决时，并未对当时这份判决作出的事实情况及法律依据作细致的解读，混淆了不同案件中"同住人"的概念。

---

[*] 上海市第二中级人民法院二审民事判决书，(2022)沪 02 民终 742 号。

因重婚迁入户口后能否享受征收补偿利益?

李甲三[*]

一、争议焦点

因重婚形成父母子女关系迁入户口的户籍在册人员是否为房屋征收补偿利益纠纷的适格当事人？因重婚迁入户口的户籍在册人员能否成为同住人享有系争房屋征收补偿利益？

二、主要人物关系

张某崇（2015年1月1日报死亡）与吴某系事实婚姻关系，张女系两人之女。张某崇与案外人曹某于2011年7月11日办理结婚登记，两人的婚姻关系于2015年7月16日被上海市黄浦区人民法院以重婚为由判决无效。王某1系曹某之子（曹某与原配所生），王某2系王某1之子。

三、案情简介

系争房屋系公有居住房屋，原承租人系张某崇之母，张母去世后2014年承租人变更为张某崇，2015年1月1日张某崇死亡。因父母子女相互投靠，王某1的户籍于2014年6月6日自上海市国权北路×弄×号×室迁入系争房屋。王某2于2015年3月24日在系争房屋处报出生。系争房屋原承租人张某崇死亡后，因承租人变更事宜发生争议。公房管理部门经过长达2年的研究、审核，并多次向上级机构上海市房屋土地管理局请示后，最终确认王某1不是系争房屋同住人，于2017年2月20日，依据《关于贯彻实施〈上海市房屋租赁条例〉的意见（二）》"承租人死亡，其生前在本处无本市常住户口的共同居住人的，其生前具有本市常住户口的配偶和直系亲属协商一致，要求变更租赁户名的，出租人应予同意"的规定，向被告颁发了租用居住公房凭证，确认张女为系争房屋承租人。张女遂以承租人身份将户口自上海市永嘉路×弄×号迁入系争房屋，公安机关向张女颁发了张女为户主的户口簿。

2017年12月2日，上海市某区人民政府作出房屋征收决定，将系争房屋纳入征收范围。此时，系争房屋内有户籍人口3人，分为2户，一户为王某1、

---

[*] 上海市中和律师事务所合伙人，上海市律师协会第十一届不动产征收（动迁）专业委员会委员。

王某2,另一户为张女。

2017年12月16日,张女与房屋征收部门签订《上海市国有土地上房屋征收补偿协议》。该协议约定:系争房屋认定建筑面积为×平方米,房屋价值补偿款×元,该户不符合居住困难户的条件,装潢补偿×元,其他各类补贴、奖励费用合计×元;该户选择房屋货币补偿。协议经双方签字或盖章后成立,该地块适用征询制,在规定的签约期内(含签约附加期),房屋征收决定范围内签约户数达到被征收总户数的90%,协议生效。

四、各方观点

(一)原告观点

系争房屋系公房,原承租人为张某崇。1992年,张某崇与吴某形成事实婚姻关系;1993年,两人育有被告张女。1994年年底,吴某及被告搬离系争房屋。1999年,案外人曹某及原告王某1搬入系争房屋与张某崇共同居住。2011年7月11日,张某崇与曹某登记结婚。2015年1月1日,张某崇死亡,吴某出现并提出张某崇与曹某之间的婚姻无效。2017年2月20日,系争房屋承租人变更为被告,原告对此曾提起诉讼。

2017年12月2日,系争房屋被征收。2017年12月16日,被告未经原告同意与征收相关单位签订房屋征收补偿协议。原告为不影响总体利益,按期搬出系争房屋。原告作为实际居住人、户籍在册人员,有权分得征收补偿利益。被告拒绝公平分配上述利益,侵犯了原告合法权益。

(二)被告观点

本案系给付之诉,原告此前已被公房管理部门明确不符合同住人条件,故并非本案适格当事人;原告通过不同途径争夺系争房屋承租权均未成功,其已不可能获得相关确权;原告户籍迁入系争房屋系基于张某崇与曹某之前的非法重婚关系,现该关系已被确认无效,非法的行为不能产生民事权利;系争房屋系分配给家庭的社会福利,现原告不属于承租人家庭成员,原告不应享有相关权利。

五、法院观点

(一)一审法院观点

一审法院认为,王某1、王某2是系争房屋被征收之时户籍人员,可能符合共同居住人条件而依据相关规定分得系争房屋征收补偿利益,与本案存在直接利害关系,是本案适格当事人;至于王某1、王某2能否确定为系争房屋权利人以及最终可否分得征收补偿利益系案件实体问题,不影响王某2、王某1在程序上享有的诉权。

关于王某1、王某2户籍迁入合法与否对王某1、王某2分割本案征收补偿利益的影响,作如下分析:(1)本案系民事纠纷,王某1、王某2户籍迁入系争房屋是否违法,不在本案审查范围,张女亦未提供充分证据加以证明,对王某1、王某2户籍迁入合法与否在本案中不作认定;(2)不论王某1、王某2户籍迁入是否合法,王某1、王某2户籍是否在册属于客观事实问题,经庭审质证已被确认,不因主观价值判断而被推翻;(3)房屋征收补偿相关规定并未要求户籍迁入事由须满足特定条件,亦未针对户籍由来的不同类型在分割征收补偿利益上有所区分,故王某1、王某2户籍迁入是否合法不影响分割征收补偿利益;(4)原承租人容留王某1公开、和平、长期居住,其间同意王某1户籍迁入,实际已认可王某1在系争房屋处的居住权益。

另需特别阐明的是,本案并非身份关系纠纷或者遗产分割纠纷,诉争征收补偿利益亦非遗产,当事人是否与原承租人形成合法的家庭关系以及对原承租人照顾多少,均不属于本案认定分配资格的法定要件,与本案无必然联系。

一审法院遂判决系争房屋的征收补偿利益中,2,000,000元归原告王某1、王某2所有;余款归被告张女所有。

(二)二审法院观点*

二审法院认为,有关公民的户籍迁移问题,应由相关公安机关予以处理,并非法院的受理范围。上诉人王某1的母亲曹某因无效的婚姻关系被依法撤销的法律后果,应由曹某承担,与王某1无关。原审法院基于相关房屋被征收的法律法规,以及相关政策的规定,作出张女作为承租人,当然享有系争房屋征收补偿利益,以及王某1系系争房屋的共同居住人,王某2系未成年人,不得独立主张相关房屋被征收权益,且王某1因需抚养未成年人,故可多分的认定,于法有据。

本案例形成时间为2019年。

六、案例评析

笔者认为这个案例值得探讨。

第一,虽然户口迁入、迁出不属于法院管辖范畴,但征收安置补偿中,户籍在册与否涉及重大民事实体权益。法院明知王某1和原承租人张某崇无亲属关系,其户口是通过其母曹某重婚行为才得以迁入,却以违法行为人是曹某而不是王某1为由将涉案大部分安置补偿利益判给王某1,这一点难以让人信服。

---

* 上海市第二中级人民法院二审民事判决书,(2018)沪02民终11178号。

第二，公房管理部门此前已经认定王某1不是系争房屋同住人，法院判决却认定其具备系争房屋同住人资格。显然，行政认定和司法判决存在矛盾。

公房同住人所得征收补偿款属于夫妻共同财产吗？

周文宣[*]

一、争议焦点

（1）郭某在未成年时系上海市他处公房受配人，后该公房被其父母买成产权房，该售后公房被征收，郭某又是被安置人员，郭某是否属于享受过福利分房？

（2）丁2作为系争房屋同住人，其获得的征收补偿款是否属于夫妻共同财产？

二、主要人物关系

系争房屋是公有居住房屋，承租人是丁1。丁2是丁1、徐某的儿子，郭某是丁2的前妻，两人于2012年5月3日登记结婚，于2017年10月23日经法院判决离婚。房屋征收时，系争房屋在册户口共2人，即承租人丁1、丁2。

三、案情简介

2014年9月22日，系争房屋被纳入征收范围。2015年6月，丁1签订《房屋征收补偿协议》，经核定获得补偿款总计人民币608万元（含丁2特殊困难补贴3万元）。

另外，郭某父亲的单位因其家庭居住困难，于1998年11月分配上海市他处房屋，郭某系配房人员之一，但配房时郭某未成年，房屋取得后，郭某父亲将该房购置成产权房，登记在其名下。2009年4月该售后公房被拆迁，郭某系安置人口之一。

四、各方观点

（一）原告观点

原告郭某认为，系争房屋征收时，郭某与丁2系夫妻关系，且是系争房屋实际居住人，其属于同住人。系争房屋在册户口2人，根据相关规定，郭某有权享

---

[*] 北京市隆安律师事务所上海分所合伙人，上海市律师协会第十一届不动产征收（动迁）专业委员会委员。

有征收补偿款 1/3 的份额,即人民币 202 万元。

(二)被告观点

被告认为,原告户籍不在系争房屋中,原告婚姻关系存续期间虽居住在系争房屋中,但居住时间不长,不符合同住人条件,况且郭某与系争房屋的来源无关,对房屋无贡献所言。此外,原告在他处享受过动迁安置,不应该再享受征收补偿利益。三被告长期居住在系争房屋中,故系争房屋的所有征收补偿款属于被告所有,请求驳回原告的全部诉讼请求。

五、法院观点

(一)一审法院观点

一审法院认为,丁 2 与征收单位签订的《房屋征收补偿协议》合法有效,郭某结婚后虽户籍不在系争房屋中,但在系争房屋内实际居住至征收之时,符合相关规定中可视为共同居住人的情形,故有权对系争房屋征收获得的货币补偿款主张权利。至于郭某是其父亲单位分配的上海市他处房屋受配人员之一,但配房时其尚未成年,且取得房屋后即购置成产权房,权利人也非郭某,2009 年 4 月该房屋拆迁时性质系私房而非公有房屋,故不属于他处有房情形,不影响郭某对系争房屋所享有的补偿利益。徐某的情形与郭某一致,也符合视为同住人条件,故对系争房屋也应享有补偿利益。综上,郭某、丁 2 方对系争房屋的征收补偿利益应共同共有,但考虑到系争房屋来源、特别贡献及实际居住时间长短等因素,故对补偿款中涉及系争房屋价值补偿及与房屋相关的补偿部分,郭某应酌情少分。

据此,一审法院判决:丁 1、丁 2、徐某应于判决生效之日起 10 日内支付郭某系争房屋征收补偿款 110 万元。

(二)二审法院观点*

二审法院认为,根据丁 2 在离婚案件中的陈述,结合本案中丁 2 方对郭某婚后居住情况的陈述,就郭某结婚后以系争房屋为居住地的事实可予认定。但同时根据在案证据,郭某未成年时曾系上海市他处房屋受配人员,2009 年上海市他处房屋拆迁时亦被作为安置人口,故郭某实际已取得过福利性房屋,不能被认定为系争房屋的共同居住人。而丁 1 为系争房屋承租人,其与丁 2 户籍均在系争房屋内且两人长期居住,两人可被认定为共同居住人;徐某系丁 1 的妻子,虽户籍不在系争房屋内,但其亦长期居住,其可被视为共同居住人。故本案所涉征收补偿款应在丁 1、徐某、丁 2 三人中予以分割。虽一审中上诉人方不

---

* 上海市第二中级人民法院二审民事判决书,(2020)沪 02 民终 6428 号。

要求分割内部份额,然考虑到征收过程中郭某与丁2仍在婚姻关系存续期间,现两人已离婚,且均要求在本案中一并处理离婚后涉及征收补偿款的夫妻共同财产,故为避免当事人诉累,仍需对丁2的份额先予酌定。综合考量系争房屋来源系丁1的父亲,丁1为承租人,以及丁1、徐某年龄较大等因素,系争房屋的征收补偿款应由丁1、徐某适当多分,丁2可适当少分,故酌情确定丁2应分得的征收补偿款为140万元,其余征收补偿款由丁1、徐某共有。而郭某基于离婚前与丁2的夫妻关系,应分得丁2所得征收补偿款中的1/2,即分得70万元。

据此,二审法院改判丁1、丁2、徐某应于判决生效之日起10日内支付郭某征收补偿款人民币70万元。

本案例形成时间为2020年7月至11月。

六、案例评析

(一)郭某不符合同住人条件

本案中,郭某在其父亲单位分配的公房是新增受配人,系争房屋的来源与郭某无关,且郭某对系争房屋无贡献所言。郭某作为父亲单位分配公房的受配人,受配时虽然是未成年人,但毫无疑问已经享受过福利分房。

此外,郭某父亲单位分配的公房被买成产权房,并登记在郭某父亲名下。该房屋被拆迁时,郭某又是被安置人员之一。郭某作为私房的非产权安置人,在动迁安置过程中享受了安置利益,再次可以证明郭某是享受过福利性质分房的。

(二)配偶作为同住人享有的征收补偿利益应属于夫妻共同财产

本案中,郭某未成年时享受过福利分房,属于他处有房,不符合同住人条件。但是系争房屋被征收时,郭某与丁2是夫妻关系。丁2因房屋征收所获得的征收补偿款应当属于夫妻共同财产。后郭某与丁2离婚,郭某有权就夫妻共同共有的征收补偿款要求予以分割。

一方婚前承租的公房,婚后的征收补偿款是否属于夫妻共同财产?

黄正桥[*]

一、争议焦点

离婚案件中,涉及房屋征收补偿利益时,作为配偶是否有权获得征收补偿利益? 该征收补偿利益是否完全为婚前财产的转化?

二、主要人物关系

原告吴某、被告徐某原系夫妻关系。双方于 2008 年 5 月 8 日登记结婚,后于 2016 年 7 月 5 日经法院调解离婚。被告外婆何某某系 A 房屋的承租人。

三、案情简介

何某某、刘某某(被告阿姨)、张某某(被告继父)及被告徐某 4 人的户口位于该房屋中。后因建设需要 A 房屋被拆迁,何某某于 2009 年 6 月 29 日与拆迁单位签订了拆迁补偿安置协议,其中补偿安置方式为货币补偿。动迁安置人口认定审批表载明 A 房屋户籍在册人员为何某某、刘某某、张某某、徐某,托底保障认定人员也为上述 4 人。2009 年 8 月 31 日,被告徐某用其所得的动迁安置款购买了动迁安置房即本案系争 B 房屋。2009 年 9 月 29 日,B 房屋登记在被告一人名下。离婚后,原告吴某提出诉讼请求:判令确认原、被告婚姻关系存续期间购买的 B 房屋中原告享有 40%的产权份额。

四、各方观点

原告认为,被告作为同住人,享受合同约定的动迁安置待遇,其中应当包含原告及孩子的份额。如今原、被告经调解离婚,孩子随原告共同生活,原告和孩子确无其他住房。

被告认为,系争房屋系被告的外婆何某某承租的 A 房屋拆迁安置得来,该公房拆迁安置人员不包括原告,原告并非同住人和安置对象。系争房屋即动迁所安置房屋不属于原、被告夫妻共同财产,而属于被告的个人财产。

---

[*] 北京盈科(上海)律师事务所律师,上海市律师协会第十一届不动产征收(动迁)专业委员会委员。

五、法院观点[*]

法院认为,公房是夫妻共同财产还是一方个人财产,不能仅仅以实际居住情况来确定,而应当以公房所有人或管理人作为出租方与承租方的真实意思表示为依据。本案系争房屋来源于 A 公租房动迁,A 公租房由被告外婆何某某承租,该房屋被拆迁时,动迁单位所认定的在册人口、托底保障认定人口均为被告、何某某、刘某某、张某某 4 人,且原告的户籍当时并未迁入该房屋,原告也不是同住人,拆迁安置材料中也未反映原告被列为被安置人之一。原告主张因双方系夫妻关系,动迁时是以原、被告整个家庭享受动迁利益,但未能提供相关证据证实,法院不予采纳。原告不能成为 A 公租房的承租人及权利人。因此,被告作为 A 公租房的权利人,用其所享受的动迁安置款购买了系争房屋,系争房屋是被告婚前财产的转化,不是用夫妻共同财产购买而得,且登记在被告名下,应属于其个人财产。原告要求确认系争房屋 40% 的权益,无事实和法律依据,不予支持。

本案例形成时间为 2016 年 11 月至 2017 年 9 月。

六、案例评析

首先,法释〔2020〕22 号第 27 条已明确规定了"由一方婚前承租、婚后用共同财产购买的房屋,登记在一方名下的,应当认定为夫妻共同财产"。但是,在很多地方,公房使用权可通过承租权转让的方式上市交易,具有一定的交换价值。因此,在婚姻关系存续期间,以共同财产出资,将原有的公房使用权转为产权后,在离婚分割该房屋时,一概不考虑一方承租时的使用价值,是有失公允的。基于此,上海市高级人民法院《关于适用最高人民法院婚姻法司法解释(二)若干问题的解答(一)》(《婚姻法》已失效,由《民法典》婚姻家庭编承继)中规定:

1. 一方婚前承租的公房,是基于福利政策分配取得,婚后以共同财产购买为产权的,由于在婚姻关系存续期间,无法体现出原公房使用权的交换价值,故在离婚分割该产权房时,可不考虑原公房使用权的交换价值的单独归属问题。

2. 一方婚前承租的公房使用权,是其以个人财产支付对价取得的,婚后又以共同财产购买为产权,在离婚分割该产权房时,应当将取得原公房使用权时所支付对价部分,确定为当时承租的夫或妻一方个人所有,产权房的剩余价值按共同财产分割。

3. 对于婚前由夫或妻一方父母承租,婚后又以共同财产购买为产权的公

---

[*] 上海市浦东新区人民法院一审民事判决书,(2016)沪 0115 民初 75903 号。

房,原公房使用权的交换价值可参考司法解释(二)第22条的规定,推定为父母对夫妻双方的赠与,离婚时可直接将产权房按共同财产分割处理。

其次,征收利益分为基于房屋价值的补偿款以及签约搬迁补贴等其他补偿款,其中房屋价值补偿来源于婚前房屋的变现以及对应的自然增值。根据法释〔2020〕22号第26条的规定,"夫妻一方个人财产在婚后产生的收益,除孳息和自然增值外,应认定为夫妻共同财产",房屋价值补偿款(来源于一方的婚前房屋的变价及自然增值)应认定为一方的个人财产的形态变化,并不转化为共有财产;而其他补偿款作为一方个人婚前财产在婚后所产生的收益,既不对应房屋价值,又不属于自然孳息抑或自然增值,该部分认定为夫妻共同财产,即将房屋价值补偿款认定为一方的个人财产,而将其他的补偿款认定为夫妻共同财产并进行分割。

综上,婚前房屋婚后被征收的,征收补偿利益原则上是婚前房产的转化形式,属于个人财产,另一方无权要求分割,但在以下情形下,可以要求分割一定的征收补偿利益。

1. 当事人是被安置对象。

(1)配偶婚前承租的房屋,当事人是同住人。

《高院解答》规定:户口在被拆迁公房内,已实际居住一年以上,且上海市无其他福利性质的住房,或者虽有其他住房但居住困难的人,可作为同住人,参与分配公房的动迁利益。

(2)动迁安置是以人口为依据的,作为被安置人口可以获得征收补偿利益。

2. 奖励性质的补贴。

婚前房屋被征收之前,夫妻在内共同居住生活,那么征收安置中的房屋补偿款就是原房屋的转化形式,仍然属于原房屋的产权人所有。

但是,速迁费、过渡费、奖励费等补贴或者费用,按照规定应当属于夫妻共同财产。

3. 有婚后投入。

(1)征收前,被征收房屋内有婚后投入。

例如,被征收房屋虽然是配偶的婚前财产,但婚后对房屋进行装修。

(2)征收时,用夫妻共同财产支付了对价。

这往往发生在对被征收房屋以房产形式进行补贴的情形中。

如果征收补偿利益是安置房屋,而且由于安置房屋超出面积,被安置人对超面积部分需要出资购买,那么出资购买部分的房屋份额属于夫妻共同财产。

在以上可以分割征收补偿利益情形下，法院往往会考虑房屋来源、贡献大小、房屋征收安置情况、照顾及解决实际居住、双方婚姻关系存续时间长短等实际情况，酌情分割征收补偿利益。

各住一半的离婚夫妇应如何分配公房征收补偿利益？

李甲三[*]

一、争议焦点

征收时，已离婚的夫妻仍同住在涉案公房内，且各居住一半，公房内存在的实际居住承租人、同住人和"引进同住人"等6人是否还平均分配全部征收补偿利益？

二、主要人物关系

林某与左某1原系再婚夫妻，于1988年9月21日登记结婚，2012年7月12日经法院调解离婚。左某2系左某1之女（非林某之女），左某2与陈某1系夫妻关系，陈某2系左某2与陈某1之女，王某1系陈某2之女。

三、案情简介

2020年上半年，系争房屋被列入征收范围。当时户籍在册人员共5人：林某户籍于1990年12月18日由外省迁入平凉路×弄×号，后于1991年4月3日迁入系争房屋；左某1户籍于1984年4月30日由外省迁入平凉路×弄×号，后于1991年4月3日迁入系争房屋；左某2、陈某2户籍均于1999年6月21日由上海市宝山区×农场迁入系争房屋，且陈某2户籍迁入原因显示为寄读；王某1于2009年6月5日在系争房屋内报出生。

另查明，系争房屋系1991年3月由平凉路×弄×号房屋增配，增配单位为左某1当时的工作单位×区卫生局，新配房人员为林某与左某1。系争房屋自增配后由林某及左某1居住，左某2、陈某2、王某1均未在系争房屋内实际居住。

又查明，本户被认定为居住困难户，认定人数为6人，即林某、左某1、左某2、陈某1、陈某2、王某1。

---

[*] 上海市中和律师事务所合伙人，上海市律师协会第十一届不动产征收（动迁）专业委员会委员。

再查明,林某与左某1于2012年7月12日在杨浦区人民法院经调解离婚,调解书第4条写明:"离婚后,双方自行解决居住问题。"

离婚后,林某与左某1将系争房屋用板壁一分为二,各自居住一半至征收时。

2020年7月23日,左某1作为被征收公房承租人(乙方)与征收单位(甲方)签订征收协议,约定:被征收房屋性质为公房,用途为居住,公房租赁凭证记载居住面积×平方米,认定建筑面积×平方米;总计安置款项4,266,952元;乙方选择货币安置。

四、各方观点

(一)原告观点

1. 根据相关征收安置法律的规定,征收的方式为一证一户,本案林某与左某1在2012年离婚时,按(2012)杨民一(民)初字第×号民事调解书第4条的约定,"离婚后,双方自行解决居住问题"。事实上,双方(林某与左某1)离婚后将系争房屋一隔为二,各自居住一半,已充分表明对系争房屋而言,左某一方早就认可林某有一半的权益。因此,根据涉案征收补偿协议第2~5条的约定,被征收房屋价值总计1,972,439.01元,原告应分得该补偿款的1/2约986,219.5元。

2. 根据涉案征收补偿协议第10条(补偿所得的归属和安置义务)的约定,涉案征收补偿协议生效后,公有房屋承租人所得的货币补偿款、产权调换房屋归承租人及其共同居住人共有,故涉案征收安置协议第7条、第9条所列的装潢补偿款等各类补贴、奖励费用共计714,476元(1,428,952元的1/2)应归原告所有。

(二)被告观点

1. 系争房屋系被告左某1单位所增配,原告林某无权享受动迁安置利益;

2. 被告方有4人享受托底保障,全部征收安置利益应由原、被告6人均分,故仅同意给原告林某征收补偿款70万元。

(三)房屋征收部门观点

该户连同引进人员陈某1(被告5)共有托底保障人员4人,该4人视作被征收房屋同住人,应和原告、被告1平分全部征收安置利益。

(四)征收实施单位观点

征收实施单位认为,该户被认定为居住困难户,认定人数为6人,即林某、左某1、左某2、陈某1、陈某2、王某1,故全部征收安置利益应由此6人平分。并强调,即使涉讼,按照本辖区中级人民法院的裁判口径,原告也只能分得安置利益的 1/6。

五、调解息讼*

本案承办法官充分听取了双方的意见后,召集双方多次调解,最终各方当事人自愿达成调解协议:(1)被告左某 1 应于本调解书生效之日即给付原告林某上海市杨浦区松潘路×号房屋动迁补偿款人民币 92 万元;(2)原、被告之间无其他争议。

本案例形成时间为 2020 年 9 月至 2021 年 3 月。

六、案例评析

笔者在本案中担任原告的代理律师,观点如下:

首先,笔者认为对享受托底保障的居住困难户,不区分实际居住同住人和引进同住人的具体情况,所谓的"一刀切"是对实际居住在被征收房屋内的同住人权利的一种侵犯。

其次,本案的特殊性还在于原告和被告 1 已离婚多年,当初离婚时双方对各自在系争住房内的居住问题事实上达成一致。也就是双方离婚后,把原来夫妻关系存续期间分得的住房用板壁分割,原告和被告 1 各居其中 1/2 直至征收。笔者认为,这就是原告和被告 1 离婚时就系争房屋分割达成的协议,这一协议合法有效,且双方履行至今,其效力自然延伸到征收安置利益的分割。

最后,本案被告 1 是系争房屋户口本上的户主,被告 1 利用这个有利地位把他的亲生女儿、外孙女等(被告 2、被告 3、被告 4)人的户口迁入或报入系争房屋,同时坚持不让原告亲生儿子的户口迁入系争房屋。笔者认为,如果被告 1 坚持让被告 2、被告 3、被告 4、被告 5 参与平分系争房屋的征收补偿利益,那也只能分割被告 1 名下的征收补偿利益。

出租状态的公房同住人认定的考量因素

郑震捷**

一、争议焦点

对于已出租的公房,在认定同住人时应考量哪些因素?

---

* 上海市杨浦区人民法院一审民事调解书,(2020)沪 0110 民初 20829 号。
** 上海市善法律师事务所主任,上海市律师协会第十一届不动产征收(动迁)专业委员会副主任。

二、主要人物关系

系争房屋是上海市黄浦区公房,公房租赁凭证中载明承租人为陈某贵。本案中原告陈某山与被告陈某贵、陈某昌、陈某荣系兄弟关系;原告陈某山与张某莲系夫妻关系,生育一女即原告陈某一;原告陈某一与史某某系夫妻关系,生育一子即原告史某辰;被告陈某贵与王某琴系夫妻关系,生育一女即被告陈某三;被告陈某三与陈某四系夫妻关系,生育一子即被告陈某辰;被告陈某荣与宗某芳系夫妻关系,生育一女即被告陈某二。

三、案情简介

2018年12月29日,被告陈某贵与上海市某住房保障和房屋管理局签订《上海市国有土地上房屋征收补偿协议》,该协议约定征收补偿款共计4,693,591.63元。

1988年被告陈某贵、王某琴、陈某三获得单位增配房屋,2004年被告陈某贵一家三口又因该房屋拆迁选择货币安置补偿。1999年被告陈某贵一家购得一处房屋,并登记于其三人名下。2014年,被告陈某三购得一处房屋,并登记于其名下。

被告陈某四及其父母和姐姐因上海市房屋动迁取得一套安置房屋。

被告陈某荣自认其不符合分房标准,因此于1999年获单位奖励并用于购买房屋。

原告史某名下有房。

四、各方观点

原告认为:原告5人户口均位于案涉承租公房内,应当获得征收补偿利益。

被告陈某贵一家认为:承租人陈某贵有权获得征收补偿利益,陈某昌系孤寡老人,入住养老院前一直在系争房屋内实际居住,其可以作为同住人分得系争房屋征收利益。原告陈某山退休后回沪落户于系争房屋内,他处无房,其可以作为同住人分得系争房屋征收利益。被告陈某荣曾于1998年从单位获得住房补贴购买房屋,应视为享受过福利款购房,不应分得系争房屋征收利益。被告认为有权获得征收补偿款的只有被告陈某贵、被告陈某昌、原告陈某山。

被告陈某昌认为:其上海无房,一直住在系争房屋内直至入住养老院,符合同住人条件。

被告陈某荣一家认为:同意原告主张,并主张自己应得份额。

五、法院观点[*]

法院认为,被告陈某贵作为系争房屋承租人,有权享有系争房屋相应的征收补偿利益。被告王某琴和陈某三增配取得公房一处,后该公房动迁选择货币安置补偿,故应视为享受过福利性质房屋,不符合系争房屋同住人条件。被告陈某四虽属户籍在册人员,但从未在系争房屋内居住过,其与家人还曾因公房动迁获配房屋一套,故不符合系争房屋同住人条件,其子女陈某辰作为未成年人,居住情况随父母,因此也不符合系争房屋同住人条件。被告陈某昌自系争房屋取得之际就将户籍报入至今并实际居住,也从未取得过福利性质分房,后入住养老院是受限于身体状况而对其居住方式做出的调整,故符合系争房屋同住人条件。原告陈某一作为知青子女回沪将户籍报入系争房屋,其父陈某山作为知青与配偶张某莲在离退休后将户籍报入系争房屋,三人未享受过福利性质房屋,在上海市亦无住房,根据知青相关政策,作为承租人和共同居住人应当知晓并保障知青回沪人员的居住,因此应当作为同住人享受本次征收补偿利益。被告陈某荣自认因不符合分房标准而取得单位10万元补贴,故不能视为系争房屋同住人,无权取得相应的征收补偿利益;被告陈某荣配偶宗某芳和女儿陈某二,与陈某荣一直居住在他处,从未在系争房屋内居住,其户籍报入系争房屋应视为帮助性质,不符合系争房屋同住人条件。根据已查明的事实和证据,法院认定被告陈某贵作为承租人以及原告陈某山、张某莲和陈某一,被告陈某昌符合同住人条件,依法享有系争房屋的征收补偿利益。

法院判决:(1)原告陈某山、张某莲、陈某一应分得系争房屋征收补偿款165万元;(2)被告陈某昌应分得房屋征收补偿款152万元。

本案例形成时间为2019年1月至7月。

六、案例评析

本案系比较典型的公房征收案例,法官对同住人、知青回沪保障、福利分房等均作出认定。该案涉及14个当事人,涉及的征收补偿款为人民币400余万元。

公房因被征收所获的征收补偿利益应由该房屋的承租人及共同居住人共同享有。只有确定了承租人和同住人,才能确定征收补偿利益由谁享有。因此在公房征收案件中确定同住人尤为重要。

在本案中,5名原告共同主张征收补偿利益,但是几名被告抗辩称14名当事人中仅2人符合同住人条件,1人为承租人,因此,只有该3名户籍在册人员可以享有征收补偿利益,其余人员均不享有。

---

[*] 上海市黄浦区人民法院一审民事判决书,(2019)沪0101民初2465号。

根据原、被告双方提供的证据来看,系争房屋自 2008 年年底一直对外出租,在 9 名被告中有 1 人为承租人,1 人现居住于养老院内,4 人享受过福利性质的分房,3 人并未在系争房屋中居住过;5 名原告中有 3 名系因知青回沪政策落户于该房屋中,5 人均未在该房屋中居住过。

如果机械套用《实施细则》第 51 条的规定,似乎除承租人可以享受征收补偿利益之外,其余 13 人均不符合同住人的认定条件。但需要注意的是,第 51 条第 3 项中对于"实际居住一年以上"有一个但书规定,即"特殊情况除外"。因此,在审判过程中,就需要法官综合考量各种因素才能正确认定同住人。

在本案中,3 名原告系因知青回沪政策落户于系争房屋中。考虑到特殊历史时期的背景和知青对地方的贡献,为了保护知青的权益,根据知青相关政策,作为承租人和共同居住人应当知晓并保障知青回沪人员的居住,因此法官认定该 3 名原告可以作为同住人享受本次征收补偿利益。

此外,居住于养老院内的被告自系争房屋取得之际就将户籍报入并实际居住,他处也并未取得福利性质分房,其于 2008 年年底入住养老院,系争房屋也已经出租,但该房屋出租租金系用于支付其养老院支出。其入住养老院也是受限于身体状况而对其居住方式做出的调整,所以应当认定其符合同住人条件。

由此可知,在对同住人"实际居住一年以上"进行判断的时候,需要综合考量各方面的情况,其后的但书条件也是对该条件的一种补充和完善。

《实施细则》第 51 条还提及"本市无其他住房或者虽有其他住房但居住困难的人",此处的其他住房是指福利性质取得的房屋。根据实践经验来看,通常在上海市他处享受过动迁、征收利益或是享受过单位增配房屋的,一般会被认定为"他处有房"。

在本案中,一共有四人享受过动迁、征收利益或是单位增配房屋,但其中一人系未成年子女,未成年人的居住情况随父母确定,因为其父母享受过动迁、征收利益或单位增配,所以该未成年人不能被认定为同住人。据此,该四人并不能够享受征收利益。但需注意的是,在同住人条件中也有"虽有其他住房但居住困难的人",根据该内容可以判断,如果单位增配或者动迁、征收分配的房屋并不能够满足居民生活需要,那么在征收中同样应当认定其为同住人并享有一定的征收补偿利益。对于居住困难的认定,则需要法官综合考量各方面的情况加以判断。

本案作为公房征收比较典型的案例,法院的判决在同住人认定方面作出了较为详尽的论述,但征收补偿中并不只是同住人认定,也不只是公房征收,该判决也并未囊括所有同住人认定的情形。私房征收、居住困难保障、家庭内部协议等都是征收过程中的难题,但相对来说,同住人的认定是征收补偿中最主要的问题之一,如何认定同住人需要更加深入研究。

不具有同住人资格的公房"同住人"是否一定不能获得征收补偿利益?

焦士雷[*]

一、争议焦点

户籍在册人员并未实际在系争公房内居住,或/且在上海市他处因动迁已经获得征收补偿利益导致其不具有共同居住人资格,是否一定不能获得征收补偿利益?

二、主要人物关系

陈某 1 和陈某 2 为姐弟关系,二人的父亲为陈某 6;陈某 2 的妻子为李某,儿子为陈某 3;陈某 3 的妻子为蒋某,二人育有女儿陈某 4 和陈某 5。

三、案情简介

上海市泾东路某号房屋为公房(以下简称系争房屋),原承租人陈某 6 于 2014 年去世。2015 年,经家庭成员协商一致,承租人变更为陈某 2。2017 年 6 月,系争房屋所在地块被列入征收范围,当时该房内有户籍在册人员 7 人,原告 1 人,被告 6 人户籍都在该房内。

2017 年 7 月,某区房屋管理局与陈某 2 签订了《上海市国有土地上房屋征收补偿协议》,约定:被征收房屋价值补偿款 1,907,016.48 元;装潢补偿 12320 元;居住房屋搬迁补助费 700 元、居住房屋家用设施移装费 2000 元、不予认定建筑面积残值补偿 4 万元、居住房屋签约面积奖 24,640 元、签约比例奖 12 万元、居住房屋自购房补贴 116 万元,奖励补贴合计 1,347,340 元。该户另有签约比例奖超比例递增部分 5 万元、按期搬迁奖 2 万元、临时安置费补贴 12,000 元、早签早搬加奖 9 万元、增发临时安置费补贴 11,550 元、签约搬迁计息奖 41,550.68 元。被告陈某 2 已经领取该处房屋征收补偿款共计 2,566,667 元。

1990 年 4 月,陈某 2、李某因婚后无房,曾获得单位增配的上海市怀德路某

---

[*] 上海日盈律师事务所合伙人,上海市律师协会第十一届不动产征收(动迁)专业委员会委员。

室公有住房一处。2000年6月,上海市某公司(甲方)与李某(乙方)签订《公有住房买卖合同》,约定:李某自愿购买甲方出售的上海市怀德路某室房屋,该房屋建筑面积36.91平方米,售价为21,955元。

1997年4月,陈某1居住的东宝兴路某号的私房拆迁,应安置人数3人,陈某1为被安置人员之一,陈某1和家庭成员共获得公租房2套,其中一套后被购买成售后产权房。

四、各方观点

原告认为,系争房屋为公房,承租人为陈某2。原告陈某1与被告陈某2系姐弟关系,原、被告户籍在册,原告系被征收房屋的被安置人员,现系争房屋被征收,原告有权获得相应的征收补偿利益。

被告认为,原告虽然在系争房屋内有户籍,但并未实际居住。系争房屋来源与原告无关,原告对系争房屋没有贡献。本次征收系按照房屋面积计算,原告户籍迁入并未带来额外利益。原告已经在他处享受过动迁安置利益,不属于上海市无其他住房或虽有其他住房但居住困难。因此,原告并非系争房屋共同居住人,不能享受征收补偿利益。故不同意原告的诉讼请求。

五、法院观点[*]

法院认为,公有房屋承租人所得的货币补偿款归公有房屋承租人及其共同居住人共有。原告陈某1在上海市他处因动拆迁获得福利分房,故不应认定为系争房屋共同居住人。但考虑到该房屋来源情况及变更承租人时系经原、被告协商一致,被告陈某2虽然被确认为承租人,但在上海市他处同样享受过福利分房。故根据公平原则,酌情确定原告陈某1分得征收补偿安置款35万元。

本案例形成时间为2017年8月至2018年2月。

六、案例评析

1. 在公房征收案件中,只有公房承租人和同住人才能获得征收补偿利益。但是,根据案件的具体情况,户籍在册人员并未实际在系争公房内居住或/且在上海市他处因动拆迁已经获得福利分房导致其不具备共同居住人资格时,并非必然不能获得征收补偿利益。

2. 能否获得公房征收补偿利益以及获得多少利益要综合多种因素判断。这些因素包括但不限于:是否具有常住户口、是否实际居住生活一年以上(特殊情况除外)、是否在上海市无其他住房或者虽有其他住房但居住困难、系争房屋的来源、对系争房屋的征收是否有贡献以及贡献大小、承租人变更的过程、

---

[*] 上海市虹口区人民法院一审民事判决书,(2017)沪0109民初20742号。

是否有家庭内部协议、是否在上海市他处已享受过征收补偿利益以及公平原则的适用等。

3.本案原、被告各方对一审判决结果都表示满意,没有上诉,一审判决为生效判决。法院在综合考虑系争房屋来源情况、变更承租人的过程、原被告方在上海市他处均已享受过福利分房、公平原则等因素作出了判决,既解决了社会矛盾,又维护了当事人之间的家庭亲情关系,展现了较高的审判智慧。

职工宿舍中的实际居住人是否可以作为同住人享受房屋征收利益?

王文琴[*]

一、争议焦点

租赁凭证上房屋被登记为职工宿舍,实际居住人是否可以作为同住人享受房屋征收补偿利益?

二、主要人物关系

原告李某某、冷某某系夫妻关系,生育原告李某甲、李某乙。四原告的户籍均在系争房屋内,且原告四人实际居住在内。被告为上海某有限公司。

三、案情简介

2015年4月9日,系争房屋被纳入征收范围。系争房屋为公房,租赁户名为"上海某有限公司宿舍",租赁部位为夹层前后间。被告对房屋征收决定书不服,先提起行政复议,认为系争房屋内没有任何户口,被告无须承担任何人员安置义务。后经行政复议、行政判决一审、行政判决终审,明确了被告作为承租人应当安置作为同住人、实际居住人的四原告。但此后,被告始终没有对四原告进行安置。无奈之下,四原告向人民法院提起民事诉讼,要求依法分割系争房屋的征收利益。

四、各方观点

(一)原告观点

四原告实际居住在系争房屋内,居住部位为前后夹层前后间60平方米,是

---

[*] 上海华夏汇鸿律师事务所律师,上海市律师协会第十一届不动产征收(动迁)专业委员会委员。

系争房屋的实际使用人。系争房屋的房租、燃气费、电费、水费也均系原告户支付,其中,燃气费发票联中记载的户名为李某某,上海某有限公司作为承租人,应当对四原告以系争房屋同住人进行安置分配。

(二)被告观点

被告坚持认为四原告不属于系争房屋的征收补偿适格主体。被告认为系争房屋登记为不同的户号,四原告并非系争房屋内的共同居住人。

被告认为,李某某自2004年12月起就已经办理买断手续,不再是被告下属公司员工。系争房屋是公房,产权人是国家,被告仅是承租人,根据相关法律规定,在公房的拆迁中,承租人将获得相应的补偿,而被告是被补偿的对象,同时被告是国务院国资委下属的全资国有企业,其获得的补偿均属于国有资产。被告还认为被征收的房屋地址与原告所诉请的系争房屋地址不一致。但被告承认,系争房屋在被征收前是原告李某某一家在实际居住;"上海某有限公司宿舍"是租用公房凭证上的名称,只是预作为员工宿舍使用,但没有安排员工入住。

后在再审过程中,上海某有限公司的再审申请书称:系争房屋为职工宿舍,李某某方并非该房屋的共同居住人,不应享有征收补偿款及房屋分割的权利,应由某公司对其居住问题进行安置。

五、法院观点

(一)一审法院观点

一审法院认为,当事人的合法权益受法律保护,四原告是系争房屋的共同居住人。鉴于此,四原告有权享有系争房屋的征收补偿利益,并有权要求分割。其中无搭建补贴、室内装饰装修补偿、搬迁费、家用设施移装费应归系争房屋的实际居住人即四原告所有,被告不享有。在分割系争房屋的征收补偿利益时,要综合考虑系争房屋的来源、各方当事人户籍迁入的缘由及时间长短、系争房屋的实际居住使用情况、保障实际居住人居住权益、安置房源情况等诸多因素,并遵循公平合理原则予以分割。

(二)二审法院观点

二审法院认为,李某某方在册户籍登记地址虽与被告认为的实际地址有出入,但根据生效法律文书的认定,物业管理单位对系争房屋重新制发的租用居住公房凭证记载的租赁部位、居住面积及公用租赁部位均与原租赁凭证一致,上海某有限公司对系争房屋由李某某方实际居住并无异议,故一审法院认定李某某方系系争房屋共同居住人,并无不当,一审法院综合考虑系争房屋的来源、各方当事人户籍迁入的缘由及时间长短、系争房屋的实际居住使用情况、保障实际居住人居住权益、安置房源情况等诸多因素,并遵循公平合理原则予以分割,亦无不当,故驳回上诉,维持原判。

(三)再审法院观点[*]

再审法院认为,原审查明系争房屋系公房,其租赁户名为"上海某有限公司宿舍",该房屋由李某某方实际居住,上海某有限公司对此未持异议,法院生效判决也对此予以确认,故原审认定李某某方是系争房屋的共同居住人并无不妥。上海某有限公司认为系争房屋为职工宿舍,对此并没有充分证据予以佐证,不予采信,驳回上海某有限公司的再审申请。

本案例形成时间为2019年至2020年3月。

六、案例评析

本案审理过程涉及两个法律问题,具体分析如下:

第一,四原告是否属于系争房屋的征收补偿适格主体。原告李某某虽然已经与被告办理了买断,不属于被告下属员工,但在作出征收房屋决定之前一直居住在系争房屋内,且在被征收房屋内具有常住户口,符合共同居住人的认定标准。无论是行政诉讼,还是民事诉讼,均明确了原告方是系争房屋的共同居住人。根据《高院解答》第9条的规定,承租人、同住人之间,一般遵循一人一份、均等分割的原则取得拆迁补偿款。

第二,系争房屋是否属于征收中的公房。本案本可以在一审法院认定原告方的同住人身份,遵循公平合理原则予以分割,且经过二审维持后,就可以进入执行阶段。但被告在双方达成执行和解合意之后又提出再审,并在再审过程中提出系争房屋不属于公房性质,而是申请人的职工宿舍,不需要考虑同住人的概念,即使被申请人在系争房屋内有户口,充其量也是对被申请人另行分配职工宿舍予以居住。本案中,虽然租赁凭证上的承租人为"上海某有限公司宿舍",但事实上,系争房屋只是预作为员工宿舍使用,没有安排员工入住,没有充分证据予以证明系争房屋为职工宿舍,而在生效的法律文书中也明确,李某某户并非单位集体户口,而是居民常住户口。本案行政复议,行政诉讼一审、二审,以及民事诉讼一审、二审的提起,均是由于上海某有限公司认为李某某户不属于系争房屋的征收补偿适格主体,即不符合同住人标准,不愿安置李某某户,但是上海某有限公司在再审申请书中所提出的观点是:愿意给李某某户提供宿舍进行安置,这与之前的观点完全相悖,显然是违背了"禁反言"的司法理念,最终被驳回再审申请。

---

[*] 上海市高级人民法院再审民事裁定书,(2019)沪民申1878号。

被确认为同住人为何只能分得小部分补偿款?

李甲三[*]

一、争议焦点

承租人去世多年,同住人之间对征收补偿利益(含安置房屋)如何分配?

二、主要人物关系

张甲系承租人张某某的侄女;吴某系张甲之弟张丁(知青,已亡)之妻;吴某与张乙系母子关系;张乙与张丙系父子关系。

三、案情简介

2015年10月16日,系争房屋被列入征收范围。当时户籍在册人员共4人:张甲户籍于1991年3月15日由上钢某村迁入,张乙、吴某户籍分别于1993年4月21日、1997年10月16日由浙江省迁入,张丙于2005年11月2日报出生。

2016年2月25日,张甲、吴某作为被征收公房承租人张某某代理人(乙方)与征收单位(甲方)签订征收协议(协议书上张甲的签名非本人所签),约定:被征收房屋性质为公房,用途为居住,公房租赁凭证记载居住面积×平方米,认定建筑面积×平方米;房屋价值补偿款共1,069,427.78元;乙方不符合居住困难户条件;装潢补贴7931元;其他各类补贴、奖励费用984,755.68元,上述款项总计2,062,114.46元;乙方选择房屋产权调换,选购价格合计为1,592,904.50元的房屋2套。审理中,吴某称除两套安置房价款外,其实际领取831,336.92元。

法院查明,张甲未曾居住系争房屋。20世纪90年代,张乙、吴某居住该房,张丙出生后亦居住在内,直至该房被征收。

又查明,1982年9月,张甲、陶某1(张甲丈夫)、陶某2、陶某3(两个儿子)获配上钢某村房屋(2间,面积26平方米),调配原因记载:"张甲系困难户,于1978年12月已在房管所登记,其两个儿子是双胞胎,目前均已十几岁,房间小,读书、起居均产生极大的不便,经群众讨论决定同意该户去浦东,并将其原住房(淮海中路×公房,1间,8.5平方米)增配一困难户。"

---

[*] 上海市中和律师事务所合伙人,上海市律师协会第十一届不动产征收(动迁)专业委员会委员。

2000年5月31日,张甲丈夫与浦东某房地产公司签订《上海市公有住房出售合同》,购买上钢某村房屋产权,该房建筑面积50.23平方米。

四、各方观点

(一)原告观点

系争房屋系案外人张某某(2002年1月26日去世)承租,张甲户籍于1991年迁入。当年张丁作为知青上山下乡的户口迁出地并非系争房屋,后张乙作为知青未成年子女按照相关政策规定可将户口迁入上海,原告念及亲情才同意张乙户口迁入并自愿担任张乙的监护人。吴某退休后,其户口以父母子女相互投靠为由也迁入系争房屋,原告又主动将系争房屋让给张乙和吴某居住直至该房被征收。倘若不是因原告这一善举,张乙、吴某户口根本进不了系争房屋,故涉案全部利益应归于原告一人。2015年,该房屋被征收,有资格成为新的系争房屋承租人的应为张甲。吴某冒用张甲名义于2016年2月25日与征收单位签订了《上海市国有土地上房屋征收补偿协议》,征收利益共计约240万元,包含两套安置房,分别安置本案双方当事人。原告认为,征收利益应由张甲、吴某、张乙均分,张甲应得80万元,其虽曾享受过福利分房,但居住困难,符合同住人条件。张丙是未成年人,不应分割征收补偿利益,只能由其监护人即张乙适当多分。

(二)被告观点

张甲并非系争房屋同住人,其未在该房内居住,并在他处享受过福利分房,未达到居住困难的标准,无权分割系争房屋征收利益。原承租人张某某已于2002年去世,吴某作为签约代表签订征收协议,该协议以房屋面积作为补偿标准,不涉及户籍因素。张某某在上海无子女,张甲不是张某某之女,而是张某某兄长的再婚妻子包某之女。吴某是张丁之妻、张乙之母、张丙之祖母。系争房屋长期由吴某、张乙、张丙居住,直至被征收。

五、法院观点[*]

法院认为,系争房屋承租人张某某去世后,承租人未作变更。房屋征收决定作出时,张甲、吴某、张乙、张丙户籍均在系争房屋内。吴某、张乙、张丙在该房内实际居住生活一年以上,无证据证明该三人在上海市他处有福利分房,故应为同住人。张甲曾受配上钢某村房屋,但该房居住面积不足人均7平方米,属于居住困难,且因系争房屋面积仅10.3平方米,亦属于居住困难,故张甲亦应为同住人。考虑到系争房屋来源、实际居住情况、上钢某村房屋等因素,根据公平原则,法院酌情确定张甲应得征收利益:张甲要求分得安置房的诉讼请求,

---

[*] 上海市黄浦区人民法院一审民事判决书,(2018)沪0101民初22121号。

法院不予支持;张甲应得征收补偿安置款30万元。

一审判决后,双方均未上诉。

本案例形成时间为2018年11月至2019年8月。

六、案例评析

公房同住人应当符合三个条件:在该处房屋内有上海市常住户口、实际居住一年以上,以及他处无房或他处有房但居住困难。本案张甲虽曾受配过房屋,但属于居住困难,且因系争房屋面积仅10.3平方米,亦属于居住困难,从而认定张甲为同住人。

笔者认为,张甲在法庭上自认其在户口迁入系争房屋后三十余年从未居住过,法院仍认定她为同住人须有足够的依据。张甲户口迁入后,出于亲情关系让张乙户口迁入并担任其监护人,后又同意张乙之母吴某户口迁入,还主动将系争房屋让与张乙和吴某居住,直至系争房屋被征收。如果机械适用法条,将涉案全部安置利益归于被告,笔者认为不仅有失公平,更有悖司法裁判的社会价值导向。所以,法院综合考虑系争房屋来源、实际居住情况、上钢某村房屋等因素,根据公平原则,酌情确定张甲应得征收补偿利益。这一判决兼顾了法与情的有机统一。

被征收公有房屋共同居住人的再探讨

高兴发[*]

一、争议焦点

施某1、施某2是不是系争公房的同住人?

二、主要人物关系

本案系争房屋系公房,承租人为高某(本案被告)。高某系宋某2(本案原告)、宋某1(本案被告)之母。宋某2与施某1(本案原告)系夫妻关系,施某2(本案原告)系两人之子。施某2与蒋某(本案原告)系夫妻关系,施某3(本案原告)系两人之子。前述7人户籍均在系争房屋处。

三、案情简介

2016年10月29日,高某作为公房承租人与上海市某区住房保障和房屋

---

[*] 上海市信本律师事务所合伙人,上海律师协会第十一届不动产征收(动迁)专业委员会副主任。

管理局签订了《上海市国有土地上房屋征收补偿协议》，协议约定该户获得征收补偿款 2,843,950 元及上海市某区三室一厅房屋一套、上海市某区二室一厅房屋二套等三套安置房屋。另外，该户还获得期房过渡费及超期交房增补费。协议明确，该户不符合居住困难户的条件。

后原告宋某 2、施某 1、施某 2、蒋某、施某 3 与被告高某、宋某 1 就本案征收补偿利益分配发生纠纷，遂诉至法院。

四、各方观点

原告方认为，五原告均为系争房屋的共同居住人，依法享有征收补偿利益，应获得上海市某区两套二室一厅的房屋，并获得动迁款 650,000 元及上述两套房屋的期房过渡费及超期交房增补费合计 248,400 元。

被告方不同意原告方的诉讼请求，认为施某 1、施某 2 对系争房屋没有贡献，且施某 2 与蒋某的户籍迁入系争房屋时，大家曾口头约定，如系争房屋动迁，施某 2 与蒋某不享受动迁利益。施某 3 从未在系争房屋内居住过，故系争房屋的动迁补偿款应当由高某、宋某 1、宋某 2 三人均分，约各得 947,984 元。选购的三套安置房屋，由高某、宋某 1 各得一套二室一厅的房屋，由原告宋某 2、施某 1、施某 2、蒋某、施某 3 共同取得一套三室一厅的房屋，被告同意支付给原告该房 2016 年 11 月至 2021 年 4 月的期房过渡费 151,200 元。

五、法院观点

（一）一审法院观点[*]

一审法院认为，本案系争房屋为公有租赁居住房屋，承租人为高某。宋某 1 在系争房屋内实际居住满一年，应认定为同住人。根据他案民事判决书查明事实及该案中施某 1、宋某 2 的辩称部分，施某 1、宋某 2、施某 2 自 1992 年居住于宁武路某号仓库内，本案审理中原告方自述 2000 年在外购房后，没有在系争房屋内居住，故难以认定施某 1、施某 2 为系争房屋的同住人。原告蒋某、施某 3 的户籍虽在系争房屋内，但二人并未实际居住，故不予认定为同住人。结合被拆迁房屋的性质和来源，安置对象在动迁安置时的不同身份、实际居住情况等具体因素，以及当事人在本案诉讼中的表态，系争房屋获得的动迁安置房、补偿款及其他费用由高某、宋某 1、宋某 2 三人获得。

（二）二审法院观点

二审法院认为，施某 1 的户籍于 1994 年 12 月迁入系争房屋，根据他案查明事实，宋某 2、施某 1 及施某 2 自 1992 年起就居住他处，之后并未实际居住系

---

[*] 上海市杨浦区人民法院一审民事判决书，(2020) 沪 0110 民初 22513 号。

争房屋,由于施某1在其户籍迁入系争房屋后未实际居住系争房屋,故不属于系争房屋同住人。即使宋某2户所称施某2于1992年之前曾居住系争房屋属实,施某2也仅在其未成年时居住,因其成年后未实际居住系争房屋,其亦不属于系争房屋同住人。一审法院综合系争房屋的性质和来源,各当事人实际居住状况及征收补偿利益具体构成等因素,酌情确定了各方当事人可分得的征收补偿利益份额,所作分配已保障了各方当事人的合法权益,予以认同,遂裁定:驳回上诉,维持原判。

本案例形成时间为2021年5月至7月。

六、案例评析

本案中,宋某2被认定为共同居住人,原、被告双方对此并无争议。蒋某、施某3并未在系争房屋内居住,两人不是共同居住人,从现行法律法规之规定来看应无争议,故本案争议焦点是施某1、施某2是否为系争房屋的共同居住人。对此,笔者具体分析如下。

(一)关于共同居住人的相关规定

《实施细则》第44条规定,公有房屋承租人所得的货币补偿款、产权调换房屋归公有房屋承租人及其共同居住人所有。根据《实施细则》第51条的规定,认定共同居住人的条件之一是上海市无其他住房或者虽有其他住房但居住困难。

关于"其他住房",《会议纪要》第1条规定,为鼓励居住困难的人通过自己的努力改善居住条件,这里的"其他住房"应限定为福利性质的房屋,公房同住人在他处购买的商品房不属于"他处有房"。

关于何谓"福利性质的房屋",《会议纪要》没有明确。根据《高院解答》之规定,福利性质取得的房屋,包括原承租的公有住房、计划经济下分配的福利房、自己部分出资的福利房,房款的一半以上系用单位的补贴所购买的商品房,公房被拆迁后所得的安置房(包括自己少部分出资的产权安置房),以及按公房出售政策购买的产权房等。

作为例外情形,《高院解答》第4条规定了承租人或同住人允许他人未成年子女在自己承租的公房内居住的,一般可认定为帮助性质,并不当然等于同意该未成年人取得房屋的权利份额,除非其能够提供证据证明其居住权并非基于他人的帮助而取得;当事人对该未成年人居住的相关问题另有约定的,依约定处理。根据前述规定,对于符合上述共同居住人标准的承租人或共同居住人以外的他人的未成年子女,不认定为共同居住人,除非其能证明非基于承租人或同住人的帮助而居住在公有租赁居住房屋,或当事人约定其为共同居住人。

(二)关于施某1、施某2是不是系争房屋的共同居住人

对于施某1、施某2,一审、二审判决查明事实部分未认定施某1、施某2在1992年之前居住在系争房屋内,但从施某1、施某2与宋某1系一个家庭等情况来看,两人在1992年之前在系争房屋内居住一年以上可资认定。根据上述规定,施某1与施某2似可被认定为共同居住人,但一审、二审判决均基于两者的具体情况未认定两者为共同居住人,进一步分析如下:

1.对于施某1,二审判决认为"施某1在其户籍迁入系争房屋后未实际居住,故不属于系争房屋同住人"。从二审判决的前述意见来看,即使曾经居住公有租赁居住房屋满一年,但户籍迁入公有租赁居住房屋后未再实际居住该房屋的,不能被认定为共同居住人。根据上海市第二中级人民法院《房屋征收补偿利益分割类改发案件10个裁判要点》的规定,"实际居住一年以上"应理解为户籍在册人员将户口迁入被征收房屋后未再迁出,直至征收时,以被征收房屋为居住地,长期连续稳定居住一年以上,而并不仅指至房屋征收决定作出前一年的实际居住。二审判决意见与前述规定是一致的。

笔者认为,《高院解答》第5条规定了"具有本市常住户口,至拆迁许可证核发之日,因结婚而在被拆迁公有住房内居住的,即使居住未满一年,也视为同住人"与"一般情况下,在本市无常住户口,至拆迁许可证核发之日,因结婚而在被拆迁公有住房内居住满五年的,也视为同住人",本案中的施某1较前两种"视为同住人"情形的人员更符合或接近共同居住人的规定要求,上述判决意见未考虑施某1曾因结婚于户籍迁入前在系争房屋居住一年以上情况进而不认定其为共同居住人,有失公允。

2.对于施某2,二审判决认为"即使宋某2户所称施某2于1992年之前曾居住系争房屋属实,施某2也仅在其未成年时居住,因其成年后未实际居住系争房屋,其亦不属于系争房屋同住人"。从前述判决意见来看,对于共同居住人的子女,在未成年时居住公有租赁居住房屋但成年后未再实际居住该房屋的,不认定为共同居住人。笔者认为,从《高院解答》第4条的规定来看,对在公房内居住的未成年人实际承担监护义务的人,可以就该房屋的拆迁补偿款适当多分,因此,承租人或共同居住人的未成年子女在符合共同居住人规定要求之情形时也应享有一定的房屋征收补偿利益,否则规定"承租人或同住人以外的他人未成年子女"征收补偿利益之处理规则将无任何意义,而前述判决意见以施某2"成年后未再居住公有租赁居住房屋"否定其为共同居住人,亦未认定其享有任何征收补偿利益,值得进一步探讨。

公房居住权纠纷的"共同居住人"
不完全等于共有纠纷的"共同居住人"

张崇华[*]

一、争议焦点

户籍在册人员曾在居住权纠纷诉讼中被法院认定为公房同住人,那么在该公房征收引起的共有纠纷诉讼中法院是否可以直接援引该生效法律文书作为认定共同居住人的依据?是否需要审查其居住情况和上海市他处有房情况?

二、主要人物关系

系争房屋为公房,该房屋的原承租人为田某。2015年8月,系争房屋的承租人指定更户为田甲。田甲、田乙系田某之女,田丙系田某之子。陆某与田乙系夫妻关系,陆甲系二人之子。陆甲与刘甲系夫妻关系,陆甲a系二人之子。刘某系刘甲之父。

三、案情简介

（一）户籍情况

系争房屋内原为一本户口簿,原户籍户主为田某,田甲及案外人师某某的户籍在该户内,其中田甲的户籍于1985年9月21日由上海市乳山三村×号×室迁入系争房屋。陆甲的户籍于1990年8月依照知青子女回沪政策迁入系争房屋,后又迁入其上海工作单位的集体户口。1996年3月12日田某报死亡当日,陆甲的户籍又从其工作单位的集体户口迁回系争房屋。2004年2月,陆甲以"家庭矛盾"为由,申请与田甲办理了户籍分户手续。至此,系争房屋内有2本户口簿,户籍户主分别为陆甲、田甲。之后,刘甲、陆某、陆甲a、刘某、田乙的户籍陆续迁入户籍户主为陆甲的户口簿内。其中,刘甲的户籍于2004年2月25日因夫妻投靠自上海市三林镇迁入系争房屋;陆某的户籍于2010年8月9日因其投靠自浙江省上虞市迁入系争房屋;陆甲a的户籍于2004年2月25日因其投靠自上海市三林镇迁入系争房屋;刘某的户籍于2004年10月31日自上海市×路×弄×号×室（以下简称临沂路房屋）迁入系争房屋;田乙的户籍

---

[*] 上海市天一律师事务所合伙人,上海市律师协会第十一届不动产征收（动迁）专业委员会副主任。

于1969年9月从系争房屋内迁往浙江省上虞市,于2008年9月3日由浙江省上虞市迁入系争房屋。田丙的户籍于2015年10月30日自上海市康桥镇迁入以田甲为户籍户主的户口簿内。

2009年的农婚知青插队期间工龄认定表中记载:田乙"自1969年9月13日插队至1992年12月31日";2008年9月批准入户,入户原因为投靠子女,户口地址为系争房屋。

(二)征收情况

2019年6月3日,上海市某区人民政府作出房屋征收决定,对系争房屋所在的地块实施征收,征收类别为旧改项目。

2019年9月17日,该户(乙方)与×区住房保障和房屋管理局(甲方)签订《上海市国有土地上房屋征收补偿协议》,约定:系争房屋的承租人为田甲,根据相关规定及本基地征收补偿方案,被征收房屋的价值补偿款总计3,258,727.31元(评估价格2,258,352.1元×0.8+价格补贴677,505.63元+套型面积补贴774,540元);乙方不符合居住困难户的条件;根据本基地征收补偿方案,被征收房屋装潢补偿为21,868元;乙方选择货币补偿,补偿款合计为3,258,727.31元;其他各类补贴、奖励费用合计1,551,449.66元,包括签约奖励费543,680元、家用设施移装费2000元、搬迁费1049.66元、无搭建补贴10万元、均衡实物安置补贴874,720元、临时安置费3万元;本协议生效后,乙方搬离原址60日内,甲方应向乙方支付款项4,832,045元。

房屋征收特殊对象审核表中记载:田丙为肢体×残疾。

结算单中记载:协议书应付总计4,832,045元;结算单额外增加发放费用共计499,565.85元,包括搬迁奖励费418,736元、征收补偿费用计息80,829.85元;合计5,331,610.85元。另在结算单外增加发放特殊困难对象补贴3万元。

(三)居住情况

原审审理中,陆甲、刘甲、陆甲a、陆某、田乙、刘某称:陆甲1996年至2007年居住在系争房屋内,2000年与刘甲结婚。2007年因为系争房屋太小居住到丈母娘家。2014年,陆甲购买了瑞阳路房屋并居住。刘甲与陆甲结婚后居住系争房屋直至2007年回娘家居住。刘甲与陆甲离婚时,约定居住问题各自解决,刘甲未再在系争房屋内居住过。因为田乙是知青,陆某的户籍以投靠亲属为由自浙江省迁入系争房屋,曾于2012年至2013年在系争房屋内居住,之后因官司败诉回浙江上虞居住,未再在系争房屋内居住。陆甲a是在系争房屋内出生,居住至2007年。2007年后随陆甲、刘甲居住到×路×室。父母离婚后,陆甲 a 随陆甲一起居住。刘某自 2004 年起在系争房屋内居住一年多,2005 年居住到其妻子处,之后没有在系争房屋内居住。田甲小时候居住在系争房屋内,1984 年离婚后也居住在系争房屋内,对于其之后的居住情况,陆甲等 6 人因为在上虞居住,所以不清楚,但陆甲回沪时,田甲已经不在系争房屋内居住。田丙一直在系争房屋内居住直到其生病住院,其未去宜川路房屋居住过。系争房屋被征收前没有人居住在内,系争房屋由田甲出租。后陆甲等 6 人又称,2004 年前,陆甲、刘甲、田乙、陆甲 a、刘某居住在系争房屋内。2004 年双方发生争吵。2006 年至 2011 年,底层二进西后客堂由陆甲出租。底层二进中后间由田甲出租,但出租时间陆甲等 6 人不知。2013 年 8 月至系争房屋被征收,这期间系争房屋均由田甲出租。

原审审理中,田甲称:田乙小时候在系争房屋内居住过,15 岁时嫁到浙江与陆某结婚。田乙与陆某离婚又复婚。陆甲等 6 人在户籍迁入系争房屋后没有在该房屋内居住过一天。田甲是在系争房屋内出生,1986 年结婚,婚后居住在夫家,1996 年 8 月离婚后一直居住在系争房屋内。田丙称:田丙从小居住在系争房屋内。因为田丙需要治病,所以宜川路房屋在 2014 年就卖掉了。田丙在田某 1996 年 3 月 8 日死亡后仍在系争房屋内居住了一年多,之后因为脑出血一直居住在医院。

原审又查明:2014 年 3 月,陆甲等 6 人以其与田甲办理户籍分户时,双方已对系争房屋的使用部位作出分配,后田甲占用属陆甲等 6 人使用的系争房屋中二进西后客堂部位为由,向法院提起诉讼,要求田甲排除妨害,将占用的该二进西后客堂部位腾退交由陆甲等 6 人使用。同年 9 月 5 日,一审法院作出(2014)×民四(民)初字第×号民事判决,对陆甲等 6 人的诉讼请求不予支持。法院在该判决书中认为,根据查明的事实,系争房屋原承租人去世前,陆甲并不居住于该房内,其户籍是在原承租人报死亡之日报入,故其不符合共同居住人条件。刘甲、田乙、陆甲 a、刘某、陆某的户籍均在陆甲与田甲分户后,从他处迁入系争房屋内,他们同样均不符合共同居住人条件。后陆甲等 6 人不服该判决提起上诉。2015 年 1 月 5 日,二审法院作出(2014)沪二中民二(民)终字第×号民事判决,驳回上诉,维持原判。二审法院另查明:在陆甲与田甲办理户籍分户手续后,陆甲将系争房屋出租给案外人使用直至 2013 年 7 月,后田甲实际入住使用系争房屋。二审法院认为,系争房屋系公房,承租人为田某,田某去世后未办理承租人变更手续。陆甲于田某在世时按照知青子女回沪政策,将户籍迁入系争房屋内,后又迁至其工作单位的集体户口。田某报死亡当日,陆甲的户籍迁回系争房屋。陆甲、田甲于 2004 年 2 月办理户籍分户手续。之后,陆甲将系争房屋出租给案外人使用直至2013年。鉴于陆甲属于回沪的知青子女,系争房屋承租人田某生前亦同意陆甲的户籍迁入系争房屋,虽然陆甲的户籍有段时间迁出系争房屋,但其户籍迁入其工作单位的集体户口,并非陆甲他处有房。陆甲的户籍已迁回系争房屋,亦无证据证明陆甲在上海市他处有住房,况且陆甲、田甲于2004年办理了系争房屋内的户籍分户手续,故陆甲具有系争房屋同住人资格。法院生效判决认定田甲对系争房屋亦享有居住权利,对于系争房屋内部如何分割使用,应由田甲、陆甲协商解决,法院不予处理。系争房屋由田甲实际居住使用,而当事人双方的矛盾激烈,无法共同居住,故陆甲方上诉要求田甲排除妨害,将系争房屋的底层二进西后客堂腾退交由陆甲方使用,法院不予支持。2015年,刘甲、田乙、陆甲a、刘某、陆某向上海市高级人民法院申请再审。2016年1月26日,上海市高级人民法院作出(2015)沪高民一(民)申字第×号民事裁定,驳回刘甲、田乙、陆甲a、刘某、陆某的再审申请。上海市高级人民法院在裁定书中认为,综合田乙的户籍是在陆甲与田甲分户后,从他处迁入系争房屋内;陆甲于2004年2月办理户籍分户手续后将系争房屋出租给案外人使用直至2013年等状况,原审法院据此认定田乙不符合共同居住人条件,并无不当。对田乙、刘甲、陆甲a、刘某、陆某的申请再审理由,难以支持。

(四)他处住房情况

2003年3月9日,上海×有限公司作为上海A(集团)有限公司的代理人(甲方),与姚某a、陆某、刘甲、陆甲a、陆甲、奚某、姚某(乙方)签订《上海市征用集体所有土地房屋拆迁补偿安置协议》,约定:乙方所有的房屋坐落在上海市×村×号,建筑面积128平方米;乙方选择按与货币补偿金额同等价值的产权房屋调换的补偿安置方式,并同意与甲方按房地产市场价值结算调换房屋的差价;甲方应当支付给乙方货币补偿款748,984.14元;甲方应当支付给乙方其他附属物等补偿款28,849.70元;甲方安置乙方的房屋坐落在×城××号楼××号××室(建筑面积120.93平方米)、三林新村S9-4地块14号楼14-3号501室(建筑面积81.82平方米)、三林新村S9-4地块14号楼14-3号302室(建筑面积48.06平方米);安置房屋与货币补偿款的差价为29,772元,甲方应当在乙方搬离原址后20日内支付给乙方。

配套商品房供应单中记载,被拆迁户原住房地址为上海市浦东新区×路×号,所购房屋地址为×路×室,建筑面积120.66平方米,购房人基本情况为刘甲、陆甲、陆甲a。2011年7月,×路×室房屋产权登记在刘甲、陆甲、陆甲a名下。

2012年9月20日,陆甲与刘甲登记离婚。双方在《自愿离婚协议》中约定:双方所育之子陆甲a由陆甲抚养,抚养费……×路×室产权房已挂牌出售,出售后所得房款双方各得1/3;双方无其他财产分割。

上海市浦东新区×镇×路×弄×号×室房屋(以下简称瑞阳路房屋)的产权人为陆甲,该房屋的建筑面积为101.40平方米,2014年5月7日,该房屋买卖产权核准在陆甲名下。

临沂路房屋的原产权人为刘甲,产权核准时间为2015年10月14日的"上海市不动产登记信息"中记载该房屋为动迁安置房,建筑面积为96.76平方米。2015年1月27日,该房屋的产权人变更为王某。2018年8月8日,该房屋的产权人又变更为刘甲、王某。

临沂路房屋原为公房。2004年10月22日,案外人上海E公司作为浦东新区F(集团)有限公司的代理人(甲方、出售人),与刘某(乙方、购房人)签订《上海市公有住房出售合同》,约定由乙方向甲方购买临沂路房屋。2004年10月27日,临沂路房屋的产权登记在刘某名下,该房屋的建筑面积为57.56平方米。"上海市不动产登记信息"中记载该房屋为房改售房。

1995年8月,田丙的工作单位上海市G公司以田丙在系争房屋内居住困难等为由,增配田丙1人宜川路房屋,居住面积17平方米。住房调配单中记载原住房为系争房屋,原住房人员为田某、田丙、田甲、师某某。

四、各方观点

(一)原审阶段

陆甲、刘甲、陆甲a、陆某、田乙、刘某诉称:1990年,陆甲的户籍依照知青子女回沪政策迁入系争房屋。2004年2月25日,陆甲与田甲户籍分户。分户后,其余5原告以投靠亲属居住为由将户籍陆续迁入系争房屋,登记在户籍户主为陆甲的户口簿内。2015年10月30日,田丙的户籍迁入以田甲为户主的户口簿内。2019年9月17日,田甲与征收单位签署房屋征收补偿协议,选择货币置换方式补偿,所得货币补偿款总计5,331,610.85元。6原告为系争房屋安置对象,有权享有系争房屋的征收货币补偿款。2015年田丙户籍迁入系争房屋,但是户籍迁入后田丙一直在康复医院居住,且其在1995年享受过单位福利分房,获得了宜川路房屋,故田丙不是系争房屋的安置对象,应当排除。系争房屋的征收补偿利益应由陆甲、刘甲、田乙、陆甲a、刘某、陆某、田甲平均分割享有。

田甲辩称:不同意原告诉讼请求。陆甲、刘甲、陆甲a享受过上海市某村某号房屋(以下简称张家宅房屋)的动迁安置。6原告将户籍迁入系争房屋后都没有实际居住,故属于空挂户口,不是系争房屋的共同居住人。田丙享受过宜川路房屋,即福利分房,也不是系争房屋的共同居住人。

田丙辩称:不同意原告的诉讼请求。陆甲、刘甲、陆甲 a、陆某、田乙、刘某将户籍迁入系争房屋后都没有实际居住,是空挂户口。田丙从小居住在系争房屋内,后单位分配宜川路房屋。田丙因生病已经将宜川路房屋出售,现在其名下无房,田丙是系争房屋的安置对象。

(二)再审阶段

田甲申请再审称:(1)原判认定陆甲系系争房屋同住人属于认定事实错误,陆甲的户口是违规迁入,户口迁入之后陆甲没有实际居住,陆甲作为张家宅房屋的安置对象,与上海 A(集团)有限公司签订了《上海市征用集体所有土地房屋拆迁安置协议》,取得了×路×室房屋,属于他处有房;(2)原审法院根据(2014)沪二中民二(民)终字第×号民事判决认定陆甲是系争房屋的同住人是错误的,田甲已就该案向上海市高级人民法院申请再审;(3)田甲不认可原审判决,但由于还债及治病,没有多余的钱款缴纳上诉费,故没有提起上诉。综上,请求撤销原审判决,改判驳回陆甲的原审诉请。

陆甲、刘甲、陆甲 a、陆某、田乙、刘某辩称,不同意田甲的再审主张。(1)原审判决后,田甲无正当理由未在法定期限内提起上诉,放弃了上诉权利;(2)田甲实际已取得动迁补偿款约人民币 130 万元,不存在其所称的无力支付上诉费的情形,田甲也向原审法院表示过自愿履行生效判决且已经实际履行;(3)原审中田甲提交了两份关于张家宅房屋的拆迁协议,两份协议记载略有不同。第一份协议明确被拆迁人是房屋所有权人姚某 a,第二份协议除被拆迁人增加陆某、刘甲、陆甲 a、陆甲等几个人名字外,其余条款无变化,说明拆迁并未考虑陆甲的因素,且农村宅基地上的私房动迁不属于福利分房性质,故陆甲不属于他处有房。

田丙辩称:同意田甲的再审主张。

五、法院观点

(一)原审法院观点

陆甲的户籍是作为知青子女迁入系争房屋内的,法院生效法律文书认定陆甲是系争房屋的共同居住人,故陆甲享有系争房屋的征收补偿利益。刘甲、田乙、陆甲 a、刘某、陆某的户籍在系争房屋内,但法院生效法律文书认定刘甲、田乙、陆甲 a、刘某、陆某并非系争房屋的共同居住人;刘甲、田乙、陆甲 a、刘某、陆某自认底层二进西后客堂在 2006 年至 2011 年由陆甲出租,法院生效法律文书认定陆甲出租该部位至 2013 年;刘甲、陆甲自认其离婚时约定居住问题各自解决;刘某是刘甲的父亲,无证据证明刘某的户籍迁入系争房屋是经田甲的同意;

刘甲、田乙、陆甲 a、刘某、陆某在系争房屋被征收时未实际居住在该房屋内。综上,也鉴于刘甲、田乙、陆甲 a、刘某、陆某的户籍对系争房屋的征收补偿利益取得无贡献,他们不享有系争房屋的征收补偿利益。田甲是系争房屋的承租人,依法享有系争房屋的征收补偿利益。田丙户籍在系争房屋内,但其曾被增配宜川路房屋(公房),故其属于享受了福利分房且居住不困难,不符合系争房屋共同居住人的条件。至于田丙将宜川路房屋出售,是其对自己权利的处分,并不因此成为系争房屋的共同居住人。鉴于此,田丙只享有特殊困难对象补贴 3 万元,系争房屋其余的征收补偿款田丙无权享有。法院认为,在分割征收补偿利益时,应综合考虑系争房屋的历史来源、相关当事人在系争房屋内的居住情况、户籍迁移情况、他处有无住房、对获得征收补偿利益的贡献等因素,并考虑保障各家庭成员居住权益等,故法院遵循公平合理原则,酌情确定田甲享有系争房屋的征收补偿款 2,931,610.85 元,陆甲享有系争房屋的征收补偿款 240 万元,田丙只享有特殊困难对象补贴 3 万元。系争房屋的征收补偿款系田甲领取,故陆甲应享有的征收补偿款 240 万元、田丙应享有的特殊困难对象补贴 3 万元应由田甲向其支付。

原审法院判决:(1)田甲应于判决生效之日起 10 日内给付陆甲关于系争房屋的征收补偿款 240 万元;(2)田甲应于判决生效之日起 10 日内给付田丙特殊困难对象补贴 3 万元;(3)驳回刘甲、田乙、陆甲 a、刘某、陆某的诉讼请求。

(二)再审法院观点[*]

1. 再审查明事实。再审中,再审法院向动迁部门调取了张家宅房屋拆迁的相关材料,并由动迁部门进行了说明。(1)动迁部门保管的一份拆迁协议中,被拆迁人处写着"姚某 a"。之前的拆迁协议仅写产权人名字,表明姚某 a 系该房产权人。(2)张家宅房屋的面积确认单记载,该房原建筑面积 128 平方米,另补建筑面积 292 平方米,总建筑面积 420 平方米。增补的建筑面积系考虑到安置人口的因素,具有福利性质。(3)配套商品房供应单三张,表明被拆迁住户基本情况及购买安置房的情况,由拆迁实施单位、村民委员会、拆迁人及拆迁管理部门共同签字或盖章确认。被拆迁住户中有姚某 a、陆甲、刘甲、陆甲 a、姚某、奚某、陆某的名字,陆甲、刘甲、陆甲 a 三人是其中一套×路×室房屋的购房人。后陆甲、刘甲、陆甲 a 成为×路×室房屋产权人。

2. 再审法院认为,根据再审查明的事实,张家宅房屋拆迁中增补的建筑面积系考虑到安置人口的因素,具有福利性质。陆甲系张家宅房屋的被拆迁人,

[*] 上海市第二中级人民法院再审民事判决书,(2021)沪 02 民再 78 号。

并登记成为其中一套安置房的产权人,不属于上海市无其他住房或者虽有其他住房但居住困难的人,故陆甲不符合系争房屋的同住人资格,依法不应享有该房的征收补偿利益。原审对于刘甲、陆 a、刘某、陆某、田乙、田丙非系争房屋的同住人已进行说理,再审院予以认同,不再赘述。再审中,刘甲、陆甲 a、刘某、陆某、田乙表示其对原审判决均无异议,其在本案中没有任何利益,亦无任何权利义务需要主张或履行,故决定不参加本案审理。此系当事人对自己民事权利的处分,予以准许。根据系争房屋历史来源、人员户籍及实际居住情况、他处有无住房、对获得征收补偿利益的贡献等综合因素,该房的征收补偿款5,331,610.85元应由承租人田甲享有。原审以另案生效判决说理部分的内容认定陆甲系系争房屋的同住人,判令田甲向其支付征收补偿款有所不妥,再审予以纠正。田甲的再审请求成立。原审判令田甲向田丙支付特殊困难补贴3万元,并无不当,予以维持。据此,依照2021年《民事诉讼法》第214条第1款、第177条第1款第2项的规定,判决如下:(1)维持上海市×区人民法院(2019)沪×民初×号民事判决第2项;(2)撤销上海市×区人民法院(2019)沪×民初×号民事判决第1、3项;(3)驳回陆甲、刘甲、田乙、陆 a、刘某、陆某原审诉讼请求。

本案例形成时间为2021年11月至2022年1月。

六、案例评析

本案中,虽然田甲提供陆甲在张家宅房屋拆迁中被认定为安置人口享受了拆迁利益的证据,但原审法院仍以生效法律文书为主要证据认定陆甲有权享有征收补偿利益。生效的法律文书的确是法院审理案例的重要依据,那为何再审法院推翻了原审判决呢?笔者认为:

首先,在排除妨碍纠纷中,二审法院在"本院认为"部分载明陆甲在上海市他处无房,经笔者查阅一审、二审判决文书,田甲虽有提及陆甲在上海市他处有房,但并未提供相应证据予以佐证,且田甲未委托专业律师代理诉讼,也没有能力调取相应的证据,依据"谁主张,谁举证"的规则,法院未支持田甲主张,在未了解全部事实的情况下作出判决。笔者认为,田甲客观上无法调取证据,且一审、二审均是作出驳回判决,田甲作为一个不具有专业法律素养的普通人,没有能力分辨该判决在之后事态的变化中会对其产生多么不利的影响。基于公平正义原则,不能仅凭这一份判决书就认定陆甲符合房屋征收中共同居住人的标准。

其次,原审法院所依据的判决文书系排除妨碍纠纷之诉,所依据的是《上海市房屋租赁条例》的规定。而本案系房屋征收引起的共有纠纷之诉,所依据的是《实施细则》的规定,除此之外,还有相关的指导意见、会议纪要等作为参考,如《高院解答》及《会议纪要》等。上述政策法规中明确规定,共同居住人需在上海市他处无房,所谓的他处无房系指具有福利性质的房屋,其中包括在私房征收中享受过托底保障等福利性政策。上海市第二中级人民法院《房屋征收补偿利益分割类改发案件裁判要点》亦明确规定,非产权人在他人所有的私房拆迁过程中被明确为被安置对象,享受了住房福利,则应认定其已享受过相应拆迁安置,不能再次参与其他征收补偿利益分配。

本案中,陆甲作为非产权人在张家宅房屋拆迁过程中被认定为安置人口享受了拆迁利益,属于福利性质,故不符合共同居住人的条件,无权享有系争房屋的征收补偿利益。

第三节 承租人和同住人综合案例

公房被征收时,谁有权分得该房屋的征收补偿款?

秦志刚[*]

一、争议焦点

公房被征收时获得的征收补偿款应当归属该公房的承租人和同住人共有,如何认定该公房的承租人与同住人?承租人与同住人之间如何分配补偿款?

二、主要人物关系

张某乙、张某丙、张某丁、张某甲系兄弟姐妹关系;贺某某是张某乙之女;王甲是张某甲之女;陈某某与张某丙是夫妻关系,张某A是两人之女。

三、案情简介

上海市海伦路×号房屋为公房,原承租人是张某乙等人之母杨阿妹,早先租赁面积包括二层统楼21.90平方米、阳台3平方米、晒台搭建15.70平方米,由杨阿妹居住于二层统楼,张某乙一家居住于晒台搭建。1993年,杨阿妹以母女关系不睦为由,向上海市虹口区房屋纠纷仲裁委员会申请分列房屋租赁户

---

[*] 上海华夏汇鸿律师事务所律师,上海市律师协会第十一届不动产征收(动迁)专业委员会委员。

名。经该委员会调解,双方达成调解协议,二层统楼(阳台)租赁户名为杨阿妹,晒台搭建租赁户名为张某乙。据此,海伦路×号分为两处公房,租赁部位二层统楼(阳台)的房屋(以下简称系争房屋)承租人为杨阿妹,租赁部位晒台搭建的房屋承租人为张某乙。张某乙、贺某某的户籍也迁入新的户口簿。2007年,张某乙将海伦路×号晒台搭建公房出售,与贺某某的户籍又迁回杨阿妹所在户口簿。张某丁的户籍原在系争房屋,后因服刑迁出,刑满后迁回系争房屋并实际居住直至动迁。张某丙一家在1994年受配上海市东礁四村公房并居住,后从该处将户籍迁到系争房屋。张某甲一家在2000年获得动迁安置,取得动迁款后购买了上海市四川北路房屋居住,随后将户籍迁到系争房屋。动迁之前,系争房屋内有户籍8人,即本案所有当事人。杨阿妹于2010年去世,此后系争房屋承租人未作变更。

2015年1月,系争房屋所在地区被纳入征收范围,经过协商,当事人同意由张某丙作为承租人进行签约。2015年2月3日,张某丙与征收人签订了《上海市国有土地上房屋征收补偿协议》(以下简称征收协议)。根据征收协议的约定,系争房屋认定建筑面积38.35平方米,房屋价值补偿款人民币(以下币种均为人民币)1,540,849.83元,各项奖励补贴487,821.33元,结算单发放费用267,166元;该户购买4套产权调换房屋,扣除购房款后,还需支付征收单位购房补差款31,938元。张某乙、贺某某认为其应当分得征收利益,遂诉至一审法院要求分得产权调换房屋及货币补偿款228,640.76元。

四、法院观点

(一)一审法院观点

一审法院认为,本案系争房屋原承租人杨阿妹已去世,在户籍在册人员中,除张某丁他处无房且实际居住外,张某丙一家曾受配过公有住房,张某甲一家曾获得过动迁安置,张某乙一家曾通过分列租赁户名取得公有住房,现该公有住房虽已出售但依法并不改变其已享受过住房福利的事实,且其都不再实际居住于系争房屋。张某乙主张其出售房屋的房款是被杨阿妹用于还债,无充分证据可以证明,法院不予采信。故当事人中仅张某丁一人符合同住人条件,系争房屋的征收利益应首先用于满足张某丁的安置,其他人均无权以同住人名义要求分割征收利益。张某丙虽在征收之前经当事人同意成为承租人,但仅具有代表该户签约的职能,并不能据此主张取得真正属于承租人的权利。现张某丁要求获得一套崧润路12弄×号909室的产权调换房屋,再加500,000元货币补偿款,剩余征收利益由其他兄弟姐妹分配,于法不悖,法院予以照准。张某乙、张某丙、张某甲都是原承租人的子女,其他征收利益份额可由该三人均分,每人酌情取得一套产权调换房屋,并分担应向征收单位支付的购房补差款和应向张某丁支付的货币补偿款。据此,一审法院判决如下:(1)上海市海伦路×号公有房屋征收所得4套产权调换房屋,由张某乙分得崧润路12弄×号505室,张某丁分得崧润路12弄×号909室,张某丙分得崧润路12弄×号605室,张某甲分得崧润路12弄×号602室;(2)应向征收单位支付的购房补差款,由张某乙与张某丙、张某甲每人分别负担10,646元;(3)张某乙应于判决生效之日起10日内支付张某丁货币补偿款166,330元;(4)张某丙应于判决生效之日起10日内支付张某丁货币补偿款166,835元;(5)张某甲应于判决生效之日起10日内支付张某丁货币补偿款166,835元;(6)驳回张某乙、贺某某的其他诉讼请求。

(二)二审法院观点*

张某甲、王甲不服一审判决,向中级人民法院提起上诉称:一审法院认定事实及适用法律有误,所作判决不公。虽然张某甲、王甲享受过动迁安置,但张某甲仅获得了40,000元的货币补偿,王甲也未获房屋安置,仅获得了28,000元的货币补偿。张某甲、王甲、王某乙用动迁款及银行贷款购买了商品房,建筑面积为42.72平方米,人均不到15平方米,属于居住困难。且张某甲自2008年12月至2010年5月10日一直居住在系争房屋内,照顾母亲杨阿妹至离世,故张某甲、王甲符合同住人条件,应当被认定为系争房屋同住人,系争房屋的征收利益应当由张某甲、王甲和张某丁三人获得。据此,上诉人张某甲、王甲请求撤销一审判决,将本案发回重审或依法改判张某甲、王甲分得系争房屋征收补偿利益的一半,即取得两套安置房屋并支付一半的补差款。

被上诉人答辩称,不同意张某甲、王甲的上诉请求。张某甲一家在2000年时享受过动迁安置,张某甲获得了货币补偿,补偿金额在当时足以购买房屋;王甲获得了房屋安置,故二人不符合居住困难条件。张某甲自结婚后就搬出系争房屋,此后未再居住,其在诉讼过程中对居住情况的陈述也前后不一致。张某丁他处无房,因本案诉讼一直在外借房居住,希望法院早日判决。综上,被上诉人认为一审法院认定事实清楚,适用法律正确,请求依法驳回上诉人张某甲、王甲的上诉请求,维持原判。

二审法院认为,根据查明的事实,张某甲、王甲均曾在2000年因他处公房动迁享受过安置,其中张某甲享受了货币安置,王甲与案外人王某乙则享受了二室一厅的房屋安置。现张某甲、王甲主张王甲获得的是货币安置而非房屋安

---

* 上海市第二中级人民法院二审民事判决书,(2015)沪二中民二(民)终字第3088号。

置,但未提供相应证据,二审法院难以采纳。即使安置情况确如张某甲、王甲所述,其二人曾在他处公房动迁中享受过货币安置,也不应被视为系争房屋的同住人,无权以同住人的身份主张系争房屋的征收利益。一审法院在认定张某丁为同住人的基础上,根据其要求酌情将系争房屋的征收利益在原承租人的子女间进行分配,合法合理,二审法院予以认同。综上,上诉人张某甲、王甲的上诉请求缺乏事实和法律依据,二审法院不予支持。一审法院认定事实清楚,判决并无不当,二审法院予以维持。

(三)再审法院观点

张某甲、王甲不服二审判决,并申请再审,称原审存在如下错误:(1)二审法院认定事实错误。张某甲和王甲在2000年动迁时并未获得动迁协议及住房调配单中所记载的三门路房屋,而是货币安置。(2)张某甲、王甲应属房屋的共同居住人,应当共享拆迁利益,原审法院排除张某甲、王甲的共同居住人身份,缺乏证据。(3)公房原承租人杨阿妹去世后,其生前的共同居住人应协商确定承租人,协商不一致的,由出租人确定承租人;原审法院在未确定承租人的情况下直接认定公房的共同居住人,属于超越职权,适用法律确有错误。综上,申请再审人请求高级人民法院:(1)撤销原一审和二审判决,裁定提审或指令再审。(2)一审、二审诉讼费用由被申请人承担。

再审法院认为,2015年1月,涉案上海市海伦路×号公有房屋所在地区被纳入征收范围,经协商,当事人同意由张某丙作为承租人进行签约。本案一审时,一审法院曾出具该院调查获得的房屋证明,该证明显示2014年12月,张某丙已然是系争房屋的承租人,该证据庭审中经当事人质证,张某甲、王甲亦认可其真实性。再审申请人关于原审法院在未确定承租人的情况下直接认定公房的共同居住人的意见再审法院不予采纳。系争房屋被征收时,仅张某丁实际居住。张某甲、王甲均曾在2000年因他处公房动迁享受安置,无论其享受的是房屋安置还是货币安置,两人均不符合同住人标准,无权以同住人身份主张系争房屋的征收利益。因张某丁提出在原承租人子女间分配征收利益,于法不悖,原审法院予以照准,未有不当。为此,驳回张某甲、王甲的再审申请。

本案例形成时间为2015年10月至2016年2月。

五、案例评析

本案是公有房屋征收补偿款分割案件中较为典型的案例,房屋征收补偿款应当分配给房屋的承租人和同住人。因此,只要确定房屋的承租人和同住人,即可公平分配征收补偿款。公有房屋的承租人比较容易确定,即在公房租赁凭证上承租人一栏中的登记人。而征收房屋同住人的资格通说认为:同住人是指在拆迁许可证核发之日,在被拆迁居住房屋处有上海市常住户口,已实际居住一年以上,且上海市无其他住房或者虽有其他住房但居住困难的人。这主要是依据《高院解答》的相关规定。但是房屋征收补偿实务中有很多问题需要细致说明,就如同本案中张某甲、王甲为什么最终没有被认定为同住人。

(一)国有土地上公有房屋征收补偿款应该属于谁?

公房与产权房不同,在我国,公房具有自身的特殊性,律师在处理征收或者其他公房纠纷时,要关注公房制度发展的历史背景和现实。公房是特定历史时期,国家为解决职工生活居住问题而施行的一项福利性住房政策,其出发点是解决人有所居的社会居住问题。随着住房市场化的启动,公房使用权的财产属性日益突出,不仅可以通过房改政策将公房购为私房,也可以依规定转租、差价换房,符合条件的还可以转让,来确定实现其价值。尽管公房使用权兼有保障居住、财产价值的双重性,但房屋居住问题仍是我国当前民生问题较为重要的内容之一,从我国不断加大对廉租房等保障性住房投入的事实即可管中窥豹,因此,公房居住保障功能的保护应优于其财产价值属性的保护。房屋征收补偿以保障房屋内居民的居住使用权益为首要目标,征收补偿款应当属于对征收房屋具有居住使用权的居民,因此,所有的公房征收补偿争议案件面对的首要问题是:谁有资格成为征收房屋的承租人和共同居住人。

(二)如何确定公有房屋的承租人和同住人

1. 承租人,公房首任承租人为房屋的受配对象,对房屋具有居住使用权利。如果房屋承租人去世,需要房屋内所有户籍在册人员协商一致,推荐房屋的承租人,向征收房屋物业公司提交申请材料,变更承租人。如果户籍在册人员之间存在矛盾,则需要物业公司在同住人之间指定一位承租人。

2. 共同居住人,又称同住人,是对公有房屋享有居住使用权的居民,并可以此身份要求承租人给予安置或者分得征收补偿款。公房内户口进出人员较多,因此同住人的概念较为复杂,一般是要根据户口、居住、房屋来源、贡献、身份、协议承诺、结婚、出生、知青、他处房屋等综合情况评定居民是否对公有房屋享有居住使用权。同住人必须要具备的条件是在公有房屋处有户口、实际居住一年以上、他处无房或者他处有房但居住困难。但由于公房解决的是房屋居住使用权问题,同住人认定具有相当的复杂性,需要考虑的除了户口、居住、房屋问题,还有身份问题。因此有些同住人虽然不完全具备以上三个条件,但也同样可以被认定为同住人。实务中也有例外情形,比如《高院解答》第5条规定的可视为同住人的情况。

3. 对同住人概念中常见的三个问题的解释。(1)实际居住一年以上:多数观点认为是指自户口迁入系争房屋后实际居住一年以上。户口迁入之前实际居住,或者曾经户口在该房屋内并实际居住一年以上,又将户口迁出该房屋(特殊情况除外)后再次迁进该房屋后没有居住过的,不符合居住满一年的法定情形。同住人资格的条件互相补充,缺一不可。因此很多法院的判决也是如此认定居住时间的。另外,考虑到居民的实际居住状况和证明能力,居住满一年并不要求连续居住,只要户口迁入并居住满一年,都会被认定为符合居住满一年的法定情形。(2)上海市无其他住房。此处的其他住房仅指福利分房,或者含有福利性质的房屋。而本案中张某甲、王甲是因为曾在他处动迁房屋中享受过动迁安置,所以从本质意义上看,张某甲、王甲并不属于本案的同住人,无权享有本案的征收补偿款。(3)虽有其他住房但居住困难的人。此处的居住困难是指在他处房屋内人均居住面积不足法定最低标准的情况。

(三)承租人与同住人之间征收补偿款该如何分配?分配的依据是什么?

承租人与同住人对公房的居住使用的权利是平等的,但房屋的来源、对房屋的贡献性、居住时间、对房屋的依赖性等各有不同,因此分配利益以均分为原则,同时根据承租人与同住人对房屋的使用情况不同而分配数额必然有差异。根据《高院解答》第9条的规定,"公有居住房屋拆迁补偿款,在承租人、同住人之间如何分配?答:承租人、同住人之间,一般遵循一人一份、均等分割的原则取得拆迁补偿款。但有下列情况除外:(一)有以下情况之一的人,可以酌情多分:1.承租人或同住人属于年老体弱,缺乏经济来源,且按均分所得的补偿款,无法购得房屋保证其正常生活的;2.承租人或同住人在取得公房承租权时额外支付过较多款项的;3.对公房内居住的未成年人实际承担监护义务的。(二)属于本市两处以上公房承租人的,其对各处被拆迁公房的补偿款均有权主张分割。"因此,从该解答中看出,承租人与同住人在获得安置补偿时虽然是以均分为原则但是仍然有很大的区别。

1.承租人属于特殊的同住人。多数观点认为承租人不受他处有房、实际居住等限制。根据《实施细则》第44条的规定,"公有房屋承租人所得的货币补偿款、产权调换房屋归公有房屋承租人及其共同居住人共有"。该条文并非说明承租人具有先于同住人分割的权利,或者承租人具有优先受偿权利。只是说明承租人作为公房的代表,代为领取征收补偿款和选择产权调换,而被征收所得同时归承租人和同住人共同享有。但从规章和司法解释上看,承租人不受同住人所规定条件的限制,除非承租人本人自愿放弃,否则就必然有权享受房屋的征收补偿款。因此,在审判实务中,法院在认定承租人是否享有征收补偿款时,一般不作分析,直接认定其具有分割征收补偿款的权利。但是从公房补偿并用于安置具有实际使用权人的角度上看,有时承租人并非对房屋具有居住使用权。例如,登记为承租人的原始受配人,在其承租人身份未丧失前,一般而言,其居住权也不丧失;但是,如原始受配人在他处获得福利公房且该处房屋居住也不困难的,或明确表示放弃权利的,可认定其丧失公房居住权。因此也有法院根据具体案件认定承租人不享有征收补偿利益或者少享有征收补偿利益。比如(2018)沪×民初×号中,"孙某系金沙新村房屋征收前的承租人,但其原工作单位曾向其分配公有住房,后孙某取得所分配房屋的房地产权,且孙某长期居住在所分配房屋,自变更登记为金沙新村房屋承租人后并未在房屋内实际居住,故孙某并不依赖于金沙新村房屋解决居住问题,不享有分得征收补偿利益的权利"。也有一些法院对不符合同住人条件的承租人判决适当少分,又如,(2019)沪×民初×号中认为"虽然朱某也享受过拆迁安置,但鉴于其系承租人,并对房屋进行了一定的管理,同意其他家庭成员迁入户籍等因素,本院亦酌情确认其一定的征收份额"。

2.影响承租人与同住人多分或者少分的因素。首先,房屋征收补偿款主要由房屋价值补偿(俗称"三块砖头":评估价格、价格补贴、套型面积补贴)和奖励补贴费用(其主要包括签约奖励费、搬迁奖励费、过渡费、家用设施移装费、无搭建补贴、一次性搬迁奖励费、均衡实物安置补贴等)组成,如果某户满足居住困难标准,可以增加居住困难保障补贴。因此,房屋征收补偿以面积为补偿基础,但首要目标仍然是保障同住人具有居住条件。其次,影响房屋征收补偿款分配的因素主要有房屋的实际居住情况、房屋来源、贡献、他处房屋情况、是否享受过拆迁和福利分房、户口进出、家庭协议、是否因结婚、报出生、知青子女进户甚至同住人的经济情况等。多数意见认为同住人和承租人均等分割房屋价值补偿部分,实际居住人享有房屋奖励部分。《高院解答》第11条规定:搬家补偿费、设备迁移费、临时安家补助费,应归确因拆迁而搬家、设备迁移和临时过渡的承租人、同住人等。奖励费和一次性补偿费,一般应当由拆迁时在被拆迁房屋内实际居住的人之间予以分割。设备搬迁和安装费用、无法恢复使用的设备按重置价结合成新结算的费用,应归设备所有人。因拆迁造成停产、停业损失的补偿归遭受实际损失的经营人。因此,笔者认为公有房屋征收补偿利益以均分为原则,但是由于公房经常出现上述复杂情形,不均分属于常态。

房屋征收与补偿共有纠纷案件中,核心问题必然是如何认定同住人。由于对该部分法律规定不完善,基层法院判案千差万别。因此,针对征收中的原则性问题,还需要上海市高级人民法院进一步出台细则、解释或者指导性案例以供基层法院参考,以助法治完善,社会更加公平。

承租人与共同居住人是否均等分割?

于 玮[*]

一、争议焦点

李某某是否属于被征收房屋的共同居住人,其与承租人如何分割房屋征收补偿款?

二、主要人物关系

江某、李某原系夫妻关系,于1983年生育女儿李某某,2007年江某与李某离婚。李某某曾有一段婚姻,于2015年离婚,未生育子女。2017年,李某某因病去世。

三、案情简介

2016年,李某作为公房承租人的某处房屋被纳入征收范围,房屋内有2人户籍,为李某与李某某。同年,李某与征收部门签订《上海市国有土地上房屋征收补偿协议》,该协议约定,征收补偿利益包含房屋价值补偿和各类奖励补贴,两项合计275万余元,另有超比例签约奖励费28万元。李某选择两套价值都为82万余元的房屋安置,另尚有补偿款总计139万余元。两套安置房屋已登记于李某名下,李某也领取了剩余补偿款。

后因李某某去世,江某与李某就征收补偿利益分割无法达成一致,江某起诉至法院,主张获得一套安置房屋及补偿款69万余元归其所有。

庭审中,原告江某提供职工住房调配通知单,通知单记载:1984年,租赁户名为李某,家庭主要成员为江某、李某某,拟配房屋为被征收房屋,该户属结婚户分配,独生子女加算一人,迁入3人户籍。

另外,双方确认,原、被告在2007年自愿离婚协议书中约定:夫妻他处商品房A给原告,剩余贷款由原告偿还,原告的户籍迁出系争房屋,女儿的户籍留在系争房屋,原、被告离婚后,李某某随原告共同生活。

四、各方观点

（一）原告观点

原告认为,被征收房屋由被告承租,被继承人李某某为共同居住人,李某曾

---

[*] 上海博和汉商律师事务所合伙人,上海市律师协会第十一届不动产征收(动迁)专业委员会委员。

经书面签署产权调换房屋产证办理确认单将一套安置房屋给予李某某,后又擅自将该安置房屋变更登记在自己名下。

李某某去世后,双方就女儿的遗产协商未果,被征收房屋的征收补偿利益未进行继承,故诉至法院,望判如诉请。

(二)被告观点

被告认为,就房屋来源而言,根据调配通知,房屋是李某单位向职工李某分配的,配房的原因是婚姻的缔结,故受配人为李某,而非李某某。

就户籍在册而言,原、被告离婚时,约定被征收房屋归属被告,A 房屋归属原告,李某某随原告生活,且李某某已成年,被告基于父女关系将李某某户籍留在被征收房屋内,并非继续抚养李某某或与之共同生活,所以李某某为空挂户籍。

就实际居住情况而言,2000 年后,李某某先居住于 A 房屋,后经历父母离异随原告继续居住于 A 房屋,自己结婚离婚,已自行购买商品房 B,其居住生活情况已发生新变化,父母离婚后从未实际居住于被征收房屋,也没有理由继续居住于被征收房屋。

就安置房屋变更登记而言,当时李某某跟被告商量想要获得一套安置房屋,被告虽然认为李某某不是房屋的共同居住人,但是因父女亲情,曾考虑将一套安置房屋赠与原告,后来在安置房屋办理入户登记前,李某某病危,赠与已无意义,被告作为承租人有权变更。

综上,李某某不是被征收房屋的共同居住人,不享有任何征收补偿利益,也不存在其征收补偿利益的继承分配。

五、法院观点[*]

法院经审查认为,根据职工住房调配通知单,被征收房屋因原、被告结婚分配,独生子女加算一人,原、被告及李某某均为原始受配人,在房屋征收决定作出时,李某某户籍在系争房屋中,李某某亦无其他福利性质取得的住房。关于实际居住情况,根据双方陈述,因系争房屋面积狭小,条件简陋,且双方矛盾激烈,故离婚前该房屋即已出租多年,原告与李某某共同居住在 A 房屋中,被告另住他处。2007 年,原、被告离婚后,系争房屋继续出租,李某某继续随原告共同生活,直至征收。由此可见,李某某在征收决定作出前未能在系争房屋中居住,实际系家庭矛盾、居住困难等导致。综合以上分析,并结合 2007 年原、被告离婚时,离婚协议中约定原告户籍迁出,但将李某某户籍保留的事实,法院认定

---

[*] 上海市普陀区人民法院一审民事判决书,(2018)沪 0107 民初 26537 号。

李某某可被视为系争房屋的共同居住人。

关于征收补偿利益的具体分配,法院认为被告与李某某共有征收补偿利益,但是在具体分割时应当结合对承租权取得的贡献考虑。1984年取得承租权时,李某某尚未满周岁,此后系争房屋也是其父母实际支付房租维持租赁,可见被告对系争房屋承租权的取得贡献较大,法院酌情予以多分,具体比例确定为70%。本案原、被告系李某某的第一顺序继承人,而原告长期与李某某共同生活,故法院对原告酌情予以多分,具体比例确定为60%。

原告并非共同居住人,本身并无权主张安置房屋,现李某某已经去世,亦无安置房屋的需要,根据之前论述,原告可以继承的征收补偿利益占总征收补偿利益的比例仅为18%,故原告主张取得房屋依据不足,被告为承租人且份额占82%,由其取得安置房屋为妥。

最终,法院以全部征收补偿利益作为基数计算。判决两套安置房屋归被告所有,征收补偿款中54万余元归原告所有,由被告于判决生效之日起10日内向原告支付。

本案例形成时间为2018年11月至2019年2月。

六、案例评析

本案是公房征收和继承引发的共有物分割纠纷,涉及共同居住人的认定,承租人与共同居住人征收补偿利益的分割,征收补偿利益作为遗产的继承分割等问题。

(一)原告江某本身不是共同居住人

依据法院的认定,原告是被征收房屋的原始受配人,但是与被告离婚时确认获得A房屋,被征收房屋归被告所有,原告户籍也迁出被征收房屋,不再居住,由此江某不符合共同居住人的条件,不享有任何征收补偿利益。

(二)因特殊情况未实际居住,李某某被认定为共同居住人

如前所述,共同居住人需要符合三个标准,因特殊情况未实际居住的,可以例外,由此赋予了法官结合个案情况认定的自由裁量权。审判中,主要审查征收时是否实际居住生活,如果是曾经居住,而征收时未实际居住,便需要结合房屋来源、搬离原因、他处住房情况、有无约定等方面综合考量认定。

本案中,因婚姻问题,原、被告矛盾较大,李某某系因父母离婚才随原告另居他处,本身是房屋的原始受配人,被告也仍然将李某某的户籍留在被征收房屋,父女间的血缘亲属关系不变,李某某相关权益不应受父母矛盾影响,所以法院认为李某某属于因特殊情况未实际居住。

另外,共同居住人标准中的"他处住房",主要针对福利性质取得的房屋,

包括原承租的公有住房、计划经济下分配的福利房、自己部分出资的福利房、房款的一半以上系用单位的补贴所购买的商品房等,不包含自购商品房。本案中,李某某自行购买了商品房 B,所以不是享受福利分房,不影响共同居住人的认定。

(三)承租人与共同居住人之间征收补偿利益的分割

按照法院相关文件及以往判例,承租人与共同居住人一般遵循一人一份、均等分割的原则,但是结合个案情况,部分人员可以酌情多分。比如年老体弱,缺乏经济来源,且按均分所得的补偿款,无法购得房屋保证其正常生活的人。

本案中,被征收房屋是被告单位分配的,房屋来源与作为单位职工的被告具有紧密关联。按照法院的认定,房屋的原始受配人是原、被告及李某某三人,当时李某某年幼,后续对房屋的使用维护未有任何贡献,况且原、被告离婚时,被告是将共有的 A 房屋给予原告才获得被征收房屋,被征收房屋也是被告的唯一住房,李某某初始权益不宜因其是原始受配人而扩大,如果机械地均等分割有违公平合理的原则。由此,法院结合本案的房屋来源、使用贡献等酌情确定承租人分割的征收补偿利益比例较大,并非均等分割。

(四)李某某征收补偿利益的继承分割

依据继承法的规定,同一顺序继承人继承遗产的份额,一般应当均等。对被继承人尽了主要扶养义务或者与被继承人共同生活的继承人,分配遗产时,可以多分。

确定了李某某的征收补偿利益份额后,法院继而处理作为遗产的征收补偿利益的分配问题。因李某某系突然病重,未订立遗嘱,所以按照法定继承处理,原、被告为其法定继承人。法院考虑到原告与李某某共同居住生活,所以在继承的分配上,酌情给予原告多分。

系争房屋内无承租人与共同居住人应如何分配征收补偿款?

李甲三[*]

一、争议焦点

(1)非全部户籍在册人员签订的"家庭内部协议"是否当然有效?

---

[*] 上海市中和律师事务所合伙人,上海市律师协会第十一届不动产征收(动迁)专业委员会委员。

(2)承租人去世,户籍在册人员无一具有同住人资格的,应如何分配征收补偿款?

二、主要人物关系

原告戴甲之祖父戴某与王某系夫妻关系,戴甲父、戴乙父系戴某与王某夫妻之子(实为招女婿与养子);戴甲父和戴某与王某之女系夫妻关系,戴甲(原告1)系两人之子,戴甲子(原告2)系戴甲之子,戴甲孙(原告3)系戴甲子之子;戴乙父和戴乙母系夫妻关系,戴乙系两人之子;戴乙与邵某(被告)系夫妻关系,两人于1987年2月23日结婚。

三、案情简介

系争房屋为公房,原承租人为戴乙父,其去世后,1985年承租人变更为戴乙母,2007年承租人变更为戴乙,戴乙于2011年5月21日报死亡。

2020年6月17日,系争房屋被列入征收范围,当时户籍人员为两册四人,一册为戴甲(户主,1978年12月1日从江西省×迁入)、戴甲子(子,1998年4月6日从延安东路×迁入)、戴甲孙(孙子,2010年5月24日报出生);另一册为邵某(户主,1996年1月8日从南泉路×迁入)。

2020年11月,邵某作为戴乙(亡)户(乙方)的代理人与上海市黄浦区住房保障和房屋管理局(甲方)就系争房屋征收事宜签订了《上海市国有土地上房屋征收补偿协议》,约定:房屋类型为旧里,房屋性质为公房,房屋用途为居住;公房租赁凭证记载居住面积×平方米,换算建筑面积×平方米,认定建筑面积×平方米;居住部分房地产市场评估单价为×元/平方米,房屋征收范围内被拆除房屋估计均价为×元/平方米。房屋征收价格补贴系数为0.3,套型面积补贴为建筑面积15平方米,计算居住困难货币补贴的折算单价为×元/平方米。乙方选择货币补偿。协议生效后,甲方应向乙方支付款项共计4,695,909元。结算单额外增加发放搬迁奖励费519,510元、特殊困难补贴30,000元、协议生效计息奖励费46,380.69元,合计595,890.69元。综上,系争房屋征收总利益为货币5,291,799.69元。原、被告一致陈述其均未领取过征收补偿款,特殊困难补贴3万元系针对戴甲发放的残疾补贴。

1983年1月30日,戴甲和戴乙签订协议,内容如下:"鉴于戴甲即将结婚,住房一时未分配,为了暂时解决戴甲结婚住房,达成如下协议:一、戴甲住房以目前现状为界限,以板壁相隔;二、在此期间,戴甲积极努力争取住房早日分配解决,一旦分配到新房,戴甲小家庭的户口全部迁出;三、戴甲作为其母的全权代表,在上述前提下承认目前全部住房的所有权归伯伯所有,以此表明绝无长期使用的意图;四、此协议一式三份,由戴甲、戴乙、叔叔各存一份。"

1985年的职工住房调配通知单记载,受配人员为李某(租赁户主),家庭主要成员为邵弟(夫)、邵姑(姑母)、邵某(夫姐),全家人口和配房人口均为5人,分别为"老女1、大男1、大女2、小女1";现住房为福佑路×房屋,拟配房屋为南泉路×公房;调配公房为现住房常住户口5人,居住困难,经分房组、厂职代会主席团讨论,拟配南泉路×公房,原住房套出另行分配,李某全家户口迁入新房。

1997年,延安东路×公房动迁中,应安置人数为6人,包括范某(戴甲之妻)、戴甲子、戴甲(拟进),安置房屋3套,其中,范某、戴甲、戴甲子获得的安置房屋为×公房,面积31.05平方米。

戴甲系江西知青,回沪后在系争房屋内居住至1987年前后,搬离后租房居住。戴甲子、戴甲孙在户籍迁入系争房屋后从未居住;邵某珠自1987年起居住在系争房屋内直至征收。

审理中,三原告申请证人翁某出庭作证。证人称,其是戴乙父的养女,戴乙的妹妹;系争房屋有两本户口簿,戴乙母一户,戴甲一户,公房租金是两户各付一半,证人看到戴甲将租金交给戴乙母;系争房屋朝南一间房是戴乙、邵某夫妇居住,戴乙母打地铺;邵某与戴乙母婆媳关系不好,戴乙母94岁时住进养老院,2014年在养老院去世。

四、各方观点

(一)原告观点

系争房屋是戴甲的外祖父戴某于1937年用金条买下,戴某和配偶王某仅生育一女戴甲母,戴甲系戴甲母与配偶戴甲父(招女婿)所生之子。戴某另有一养子即戴乙父,戴乙系戴乙父与配偶戴乙母所生之子。系争房屋承租人是戴乙,其于2011年5月21日报死亡,邵某系戴乙的妻子。戴甲出生在系争房屋,1970年至1976年因上山下乡将户籍迁出,后又将户籍迁回,并在系争房屋内结婚生子,从未享受过福利分房。戴甲子出生在系争房屋,一直居住到1987年,邵某嫁入戴家后婆媳关系紧张,戴甲借住单位宿舍,戴甲子随父搬离,1998年戴甲子户籍迁入后,由于邵某的阻拦,戴甲子无法在系争房屋内居住,故戴甲子仍属于系争房屋同住人。邵某对于系争房屋无任何贡献,还阻拦三原告入住系争房屋。戴某、王某夫妇去世后,戴甲母、戴甲父户与戴乙父、戴乙母户对于系争房屋的使用协商一致,三层阁一分为二,两户分别住前、后阁,公房租金也由两户各半支付。邵某曾享受过南泉路×福利分房。现邵某不认可三原告的同住人资格,且拒绝与三原告分割征收利益,三原告遂起诉至法院,要求分得2/3征收补偿款。

1980年1月30日,戴甲与戴乙签订的协议与本案无关联性;协议的标的是系争房屋的所有权,戴乙父明知系争房屋一分为二,想借此机会夺回房屋所有权。系争房屋公私合营后,已经变为公房,协议约定产权归戴乙父是无效的;戴甲的母亲戴甲母户籍当时在内,该协议未征得其同意;且该协议最终未得到履行,戴甲的户籍仍在系争房屋内。

(二)被告观点

戴甲和戴甲子均享受过动迁安置,属于他处有房,戴甲子和戴甲孙在户籍迁入系争房屋后从未居住。戴甲的配偶享受过单位福利分房,三原告在上海市有多处住房,没有在系争房屋内居住的必要性,实际也多年未居住,故三原告均不属于系争房屋同住人。根据1983年的协议,戴甲已经放弃了对系争房屋的使用权,确认全部利益归戴乙家庭所有,故三原告不应分得系争房屋征收利益。系争房屋几十年来一直由被告家庭使用、管理,承租人也一直是在被告家庭中流转,被告作为承租人戴乙的配偶,在结婚后就居住在系争房屋内直至征收,公房租金、水电费等生活费用亦均由被告家庭缴纳,与三原告毫无关系。南泉路×公房配房人口为5人,面积28.88平方米,人均居住面积仅5.77平方米,远低于15平方米,仍属于居住困难。且该房屋系被告的弟弟、弟媳分得,买受人亦为该二人,与被告无关。被告丧偶且无子女,除系争房屋外在上海市无任何性质的住房,征收后,只能暂时居住在养老院,生活无保障,被告应分得系争房屋征收利益。

五、法院观点[*]

法院认为,本案三原告中,戴甲和戴甲子已享受了延安东路×公房动迁,获得×安置公房且居住不困难,属于他处有房,同时戴甲子与戴甲孙在户籍迁入系争房屋后从未实际居住,故三原告不符合系争房屋共同居住人条件。但原、被告一致确认特殊困难补贴30,000元系针对戴甲发放,故该30,000元归戴甲所有。戴甲和戴乙于1983年1月30日签订协议时邵某的户籍尚未迁入系争房屋,协议内容也未涉及邵某,故不能得出系争房屋征收利益全部由邵某享有的结论,应由法院依法认定邵某是否属于共同居住人。邵某虽在系争房屋内长期居住至征收,但曾受配南泉路×公房且居住不困难,属他处有房,其同样也不符合系争房屋共同居住人条件。鉴于系争房屋承租人戴乙在征收前已经去世,户籍在册人员中无一人具有共同居住人资格,对于特殊困难补贴之外的剩余征收补偿款,法院综合系争房屋来源、实际居住、他处房屋等因素,遵循公平合理

---

[*] 上海市黄浦区人民法院一审民事判决书,(2021)沪0101民初7869号。

原则,酌情分割。三原告内部不要求分割,故法院不予分割。综上,判决如下:(1)系争房屋的征收补偿款5,291,799.69元中,戴甲、戴甲子、戴甲孙分得130万元;(2)系争房屋的征收补偿款5,291,799.69元中,邵某分得3,991,799.69元。

一审判决后,原、被告均提起上诉后又撤回了上诉。

本案例形成时间为2021年12月。

六、案例评析

就本案而言,法院是综合系争房屋来源、实际居住、他处房屋等因素,遵循公平合理原则酌情分割涉案安置款。笔者认为,法院之所以将系争房屋来源作为考量的首选因素,说明国有土地上公有住房使用权的财产属性日益得到司法机关的认可和重视。既然认可国有土地上公有住房使用权的财产属性,涉案房屋使用权来源又是戴家祖上,与被告邵某无关,且被告邵某对使用权形成无任何贡献。笔者几经周折在开庭后才查到邵某享受过福利分房,法院依据系争房屋内无适格同住人这一基础事实,顺理成章综合系争房屋来源、实际居住、他处房屋等因素,遵循公平合理原则酌情分割涉案安置款。但如果未能查到邵某享受过福利分房,依现行法律法规,极有可能全部征收安置利益归邵某一人所有。笔者认为,既然认可国有土地上公有住房使用权的财产属性,从公平原则出发,即便本案被告邵某被认定为系争房屋唯一同住人,涉案征收安置利益也不能全部归她一人所有。

公房承租人去世且无同住人如何分配补偿利益?

许伊音[*]

一、争议焦点

对于系争公房的承租人在征收前去世,且系争公房内无户籍在册人员或同住人的情况,法院如何处理?

二、主要人物关系

原告:吴甲,男,1958年出生,汉族,户籍地上海市。

---

[*] 上海至合律师事务所律师,上海市律师协会第十一届不动产征收(动迁)专业委员会委员。

被告：吴乙，女，1963 年出生，汉族，户籍地上海市。

被告：吴丙，男，1965 年出生，汉族，户籍地上海市。

第三人：上海市×第一房屋征收服务事务所有限公司。

吴某与梁某系夫妻关系，两人生育吴甲、吴乙、吴丙。吴某与梁某先后于 1998 年、2018 年去世。系争房屋为公房，承租人为吴某。

三、案情简介

2019 年，系争房屋被纳入征收范围，系争房屋内无户籍在册。征收过程中，吴乙作为系争房屋的签约代表，与第三人签订了《上海市国有土地上房屋征收补偿协议》（以下简称《征收补偿协议》），并取得征收补偿利益。现原、被告无法就补偿利益的分割协商一致，故起诉至法院。

四、各方观点

（一）原告观点

原告吴甲认为承租人在征收前去世，系争房屋的征收补偿利益应当归继承人共有，故原告主张其中的 1/3。

（二）被告观点

被告吴乙、吴丙则认为，在系争房屋征收过程中已经确认新的承租人为吴乙，不再适用承租人死亡的规定，不属于继承纠纷，《征收补偿协议》记载的房屋价值补偿款应当归吴乙所有；此外，系争房屋使用权由吴乙出资购买，且系争房屋一直由吴乙居住使用或对外出租，吴乙系实际使用人，相关的奖励补贴费用也应当归吴乙所有。故认为所有的征收补偿利益均应当归吴乙所有。

五、法院观点[*]

法院认为，公有房屋承租人所得的公有房屋征收货币补偿款、产权调换房归公有房屋承租人及其共同居住人共有。然本案中，吴甲、吴乙、吴丙在系争房屋内均无户籍，且经审理查明，三人均已经享受福利分房或征收补偿，故不属于系争房屋同住人。吴乙主张系争房屋使用权系其出资购买的，然其提供的证据并不足以证明其出资事实，且在明知承租人为吴某以及吴某去世至系争房屋征收近 30 年的时间里，既未迁入户籍，也未主张过相关权利，家庭内也未有相关书面协议，故对吴乙的主张不予采信。征收过程中经协商一致，吴乙作为本户的签约代表，并非真正意义上的承租人，不能以此要求取得征收补偿利益。鉴于吴某在征收前已经死亡，系争房屋内无户籍在册人员或同住人，征收补偿利益应当归吴某的继承人，即吴甲、吴乙、吴丙予以均分。

---

[*] 上海市静安区人民法院一审民事判决书，(2019) 沪 0106 民初 58455 号。

本案例形成时间为 2020 年 6 月。

六、案例评析

共同居住人的认定一直是征收补偿利益分割案件中的重点,认定共同居住人的三个关键点即"户籍""实际居住一年以上""他处无房"。因此,在通常情况下,如果原告在系争房屋被征收时在该房屋内并无户籍,则很可能因诉讼主体不适格而导致法院不受理起诉。然而本案的特殊之处在于,系争房屋的承租人在征收前就已经去世,且系争房屋内无户籍在册人员,因此法院将征收补偿利益视为原承租人的遗产,由原承租人的法定继承人平均分配。由此可见,在公房征收补偿利益分割的案件中,是否为共同居住人、是否在系争房屋内有户口并非衡量当事人是否有权参与分配的唯一标准,对于此类特殊案件,法院通常会综合考虑房屋的来源,从公平合理的角度对征收补偿利益进行分配。

第二章 共有纠纷相关案例

征收共有纠纷中家庭协议的效力与运用

张崇华[*]

一、争议焦点

(1)房屋征收补偿中家庭成员间签订的《家庭协议》的法律性质。

(2)《家庭协议》在房屋征收补偿中的效力如何认定?

(3)在房屋征收补偿过程中签订《家庭协议》的作用有哪些?

二、主要人物关系

被征收房屋承租人宋某娥系吕维某、吕平某、吕某敏、吕华某、吕琴某、吕瑞某的母亲;冯某系吕维某的女儿;谢某某系吕平某的女儿。该房屋于2012年5月被征收时的在册有户籍人员有:吕维某、吕平某、吕华某、冯某、谢某某。

三、案情简介

宋某娥承租的公有住房位于上海市延安西路1573弄×号,居住面积为19.8平方米。2012年7月3日,×区人民政府作出房屋征收决定,对上址公房进行征收。2012年8月29日,吕某敏作为宋某娥的受托人与征收单位签订《上海市国有土地上房屋征收补偿协议》。根据征收补偿安置方案,房屋征收实施单位给予被征收房屋价值补偿款1,272,244.68元,各类补贴和奖励费911,968.40元,两项合计2,184,213.08元,上述款项由吕某敏领取,交吕华某保管。

同年10月22日,宋某娥病重,在以上当事人均在场的情况下,各方协商达成《家庭协议》,约定:

(1)吕某敏保证本家庭协议签署后,上海市延安西路1573弄×号房屋的全部征收补偿款及利息由征收人直接转入宋某娥名下的银行账户中;该账户的存折和银行卡由吕华某保管;吕某敏预支人民币20万元,根据宋某娥的生活、医疗等实际需要从该20万元中按需支出,并将账目票据报吕华某审核;如不足

---

[*] 上海市天一律师事务所合伙人,上海市律师协会第十一届不动产征收(动迁)专业委员会副主任。

则由吕华某审核后决定再次预支金额。宋某娥生前如有重大财产购置项目,由家庭成员商量决定。

(2)如宋某娥百年,其丧葬费用从该账户中据实支出;扣除宋某娥生前生活、医疗及丧葬费用等后,余额由6个子女按照法定继承平均分配;如任何一个子女在账户管理中任意转移钱款的,则应在遗产分配中予以少分或者不分。

(3)6个子女均承诺没有母亲宋某娥生前所立的遗嘱,对于该征收补偿款按照本家庭协议内容予以分配。

(4)吕华某、吕平某、吕维某及谢某某、冯某对上述内容清楚且无异议,今后对该征收补偿款不再另行主张任何权利。

2012年11月3日,宋某娥因病去世。2014年12月25日,四原告向上海市长宁区人民法院提起诉讼。

四、各方观点

(一)原告观点

四原告认为,首先,《家庭协议》涉及对宋某娥财产的处分,而宋某娥并未在《家庭协议》上签字确认,故该协议缺乏法定成立条件而未生效。其次,该协议部分内容约定宋某娥遗产分配,而宋某娥当时还在世,缔约人无权处分宋某娥的财产,该协议违反相关法律规定而无效。再次,该协议含有赠与房屋征收补偿利益内容,其中四原告与被告吕华某均是被征收房屋户籍在册人员,属于动迁安置对象,而另外三被告为非动迁安置对象,因此不考虑房屋征收补偿因素,无疑将原告的可获取补偿利益赠与非动迁安置对象的三被告,而赠与是可以撤销的。最后,基于上述问题,该协议至今尚未履行。综上,四原告请求人民法院确认涉案《家庭协议》无效。

(二)被告观点

被告认为,宋某娥作为被征收房屋的承租人,按房屋征收的政策,系房屋征收办确定的唯一安置对象,其他户籍在册人员均非安置对象。四原告自认为她们的户籍在被征收房屋处,她们就应被纳入安置范围,没有依据。当事各方自愿签订的《家庭协议》体现当事人各自的意愿,应具有法律效力并应受到尊重。四原告均为完全民事行为能力人,在签名时未曾受到胁迫,《家庭协议》签订不存在无效情形,四原告要求确认《家庭协议》无效,无法律依据,请求法院予以驳回。

五、法院观点[*]

法院认为,合同是平等主体的自然人、法人、其他组织之间设立、变更、终止

---

[*] 上海市长宁区人民法院一审民事判决书,(2014)长民一(民)初字第8900号。

民事权利义务关系的协议。涉案《家庭协议》系所有签约人对宋某娥作为房屋承租人在房屋被征收后所获得补偿款，表达各自意愿，对家庭事务作出安排，设定各自权利义务的协议，《家庭协议》受合同法调整。

《家庭协议》签约人系宋某娥的子女或孙辈，为了使宋某娥能够安度晚年，对房屋征收补偿款的保管、取用、报账、审核，以及重大支出商议等事项，设定具体操作方案和措施，以保护宋某娥的利益。

《家庭协议》内容尽管涉及宋某娥的遗产，但仅是子女表明对宋某娥逝后遗产处理的态度。而吕华某、吕平某、吕维某及谢某某、冯某则表示今后对征收补偿款不再另行主张任何权利。故根据《家庭协议》上述内容，该协议性质并非遗嘱，无须宋某娥签名作为协议成立、生效条件，《家庭协议》在签约人具名以后，即成立生效，且《家庭协议》对各签约人产生拘束力。

《家庭协议》内容未损害宋某娥的利益，是对宋某娥的利益维护和保障。而吕华某、吕平某、吕维某及谢某某、冯某在《家庭协议》中自愿表达了对房屋征收补偿款的处理意见。《家庭协议》签约各方均具有民事行为能力，意思表示真实，协议内容并不违反法律或社会公共利益，《家庭协议》应属有效。

签订合同是当事各方作出的民事法律行为。民事法律行为从成立时起即具有法律约束力，行为人非依法律规定或者取得对方同意，不得擅自变更或者解除。因此，原告诉称的《家庭协议》无效事由，与法定的合同无效情形并不相符，驳回四原告要求确认《家庭协议》无效的诉讼请求。

本案例形成时间为2015年。

六、案例评析

本案的焦点在于，原被告签订的《家庭协议》的法律效力问题。本案中的《家庭协议》性质上为合同，在《家庭协议》签订时行之有效的《合同法》第52条规定了合同无效的五种情形：(1)一方以欺诈、胁迫的手段订立合同，损害国家利益；(2)恶意串通，损害国家、集体或者第三人利益；(3)以合法形式掩盖非法目的；(4)损害社会公共利益；(5)违反法律、行政法规的强制性规定。

本案涉及的《家庭协议》，是各签约人考虑到宋某娥晚年生活的各项因素，表达了各自对宋某娥作为房屋承租人在房屋被征收后所获得补偿款的意愿，基于平等自愿的原则，对各自权利义务作出了相关约定，目的在于让宋某娥更好地安度晚年，最大限度维护宋某娥的权益。《家庭协议》签约各方均具有民事行为能力，意思表示真实，协议内容并不违反法律或社会公共利益，不存在《合同法》第52条中规定的无效情形，故《家庭协议》不能被认定为无效。

签订合同的目的在于明确各方的权利和义务，保证合同的顺利履行。因此,在房屋征收补偿过程中,合法有效地签订《家庭协议》能明确各方在房屋征收补偿中的权利和义务,不仅能使房屋征收补偿的过程更加顺利,减少不必要的矛盾,而且也是维护各方合法权益的有效手段。以本案为例,各方通过签订《家庭协议》,明确了各方有关宋某娥晚年生活的权利义务,使宋某娥在房屋征收补偿后的权益得到保障,这正是《家庭协议》在房屋征收补偿过程中发挥作用的表现。《家庭协议》中也可约定房屋征收补偿款分配或者房屋征收补偿中所置换房屋的产权分配等相关内容,以明确各方在房屋征收补偿中的权益。

在订立《家庭协议》时,对协议内容还应当注意以下两点:

1. 协议内容不存在《民法典》规定的合同无效的情形。

2. 协议内容具有可操作性。例如,《家庭协议》中对被继承人遗产分配的约定是无效的。我国的《民法典》继承编规定,继承从被继承人死亡时开始,遗产指的是公民死亡时遗留的个人合法财产。也就是说,只有在被继承人死亡时,才会产生继承关系。子女即使作出放弃继承的意思表示,也要在继承开始后、遗产处理前。很多《家庭协议》会写明对老人将来的遗产的分配,其实都是无效的。再如,《家庭协议》中,对父母的赡养义务作出的超出国家法律法规规定的约定是无效的,《民法典》婚姻家庭编明确规定,子女不履行赡养义务时,无劳动能力的或生活困难的父母,有要求子女付给赡养费的权利。赡养父母是国家法律规定的义务,子女之间就父母赡养问题的约定不能对抗国家法律法规。

在房屋征收补偿过程中,有效的《家庭协议》不但是约定各方真实意愿的表达,也是约定各方权利的保障,对于吃不准的条款不妨事先咨询专业的律师,以减少房屋征收补偿中不必要的矛盾与风险。

家庭协议对同住人利益的影响

李维世[*]

一、争议焦点

(1)家庭成员之间就房屋征收补偿利益的分配签订协议是否具有法律效力?

(2)其他房屋共同居住人的户籍于家庭协议签订后迁入的,是否受家庭协

---

[*] 上海誓维利律师事务所主任,上海市律师协会第十一届不动产征收(动迁)专业委员会委员。

议的约束?

二、主要人物关系

原告:孙某堂、桑某、孙某莹。

被告:孙某才、季某、孙某恒、孙某恬。

孙某堂与孙某才系吴某之子;孙某堂与桑某系夫妻关系,生育孙某莹;孙某才与季某系夫妻关系,生育孙某恒、孙某恬二人。

三、案情简介

系争房屋为黄浦区公房,2020年9月被纳入征收范围。户籍在册人员为孙某才一家四口,即孙某才(1993年迁入)及其妻季某、儿子孙某恒、女儿孙某恬(三人均于2005年迁入),承租人为孙某才。

2000年,孙某堂(甲方)与孙某才(乙方)签订《协议书》,约定:甲方与乙方原属兄弟二人,母亲在世曾留言于我们兄弟二人,即×路×号四楼的户主使用权归我们二人。现经过甲方与乙方商量后决定:(1)目前未拆(房屋拆前)使用权归乙方;(2)母亲去世即日起房费归甲方、乙方共同承担;(3)待房屋需拆时(×路×号四楼),应由甲方、乙方共同承担权利与义务。双方合意以此协议为准。落款处由孙某堂与孙某才签字。

2011年,孙某堂(甲方)与孙某才(乙方)签订《补充协议书》一份,除先前《协议书》内容外,另增加如下内容:因原协议已订11年,因房屋未拆,由于双方年龄大了,经双方商量后为了不给双方后代带来不便,需重新修订协议。具体补充内容如下:原则上仍按原协议执行,但甲方与乙方需要更改一下,即甲方:孙某堂及家属子女;乙方:孙某才及家属子女。以上协议双方同意执行。落款处仅由孙某堂与孙某才签字。

2020年11月,孙某才与征收人签订了征收补偿协议,获得征收补偿款280余万元(含一套价值160余万元的安置房)。2021年2月,征收补偿款余款由孙某才领取。孙某堂要求孙某才支付140余万元征收补偿款,孙某才认为应当扣除其妻子与儿女的份额,愿意给付50万元,孙某堂不允,遂诉至法院。

四、各方观点

(一)原告观点

原告孙某堂一方认为:《协议书》公平合理,系双方真实意思表示,且未违反法律强制性规定,于法无悖,合法有效。被告应当向原告支付系争房屋50%的征收补偿款。

(二)被告观点

被告孙某才一方认为:系争房屋征收时间为2020年,征收时三原告户籍不在册,三原告不属于同住人或安置对象,不应分得征收补偿款;四被告中孙某才系承租人,其他三位被告实际居住满一年且他处无房,符合同住人条件,有权分得征收补偿款。《协议书》及《补充协议书》仅有孙某堂及孙某才签字,尤其《补充协议书》,未经所有当事方签字,应属无效。即使有效也仅对孙某才生效,原告能够分得的征收利益应当从孙某才的份额中扣除。考虑到承租人适当多分,儿女结婚后搬离适当少分,孙某才的份额应为1/3,故原告只能获得1/6。

五、法院观点[*]

本案争议焦点主要为《协议书》及《补充协议书》的效力问题。

首先,原告孙某堂与被告孙某才均确认《协议书》系本人所签,2000年系争房屋户籍在册人员仅被告孙某才一人,其自愿将系争房屋使用权及日后的权利义务与原告孙某堂进行约定,并不存在违反法律禁止性规定及损害他人利益之情形,协议内容合法有效。被告季某、孙某恒、孙某恬三人均于《协议书》签订之后将户籍迁入,应受该协议内容约束。

其次,关于《协议书》内容的意思表示,据《协议书》内容可知,双方签订该协议背景系孙某堂与孙某才原属兄弟,二人母亲吴某在世时曾留言系争房屋使用权归其二人所有。在此基础上,双方对于系争房屋使用权及征收时的利益归属问题进行了约定。结合双方当事人订立协议初衷及内容约定,确认协议第3条的真实意思表示应为系争房屋日后征收补偿利益归孙某堂、孙某才所有。

最后,2011年《补充协议书》具体约定内容与之前协议一致,双方仅在协议主体上进行了修改,新增加了各自配偶与子女,该约定亦不违反法律规定,对其效力予以认定。审理中,双方当事人确认,"甲方:孙某堂及家属子女"系指孙某堂、桑某、孙某莹;"乙方:孙某才及家属子女"系指孙某才、季某、孙某恒、孙某恬。现原告依据《协议书》及《补充协议书》主张系争房屋一半的征收利益,符合协议约定。

据此,一审法院支持了原告方的全部诉请,且由四名被告共同承担支付义务。

被告孙某才一方不服一审判决,提起上诉。

上诉人孙某才一方认为:首先,不论协议是否有效,两份协议上都仅有孙某才一人签名,仅涉及上诉人孙某才、被上诉人孙某堂两人。其他上诉人尤其是孙某恒、孙某恬,对协议的签订毫不知情,一审法院剥夺了二人获得征收利益的权利,却要二人承担付款义务,没有事实和法律依据。

其次,一审的案由是合同纠纷,上诉人季某、孙某恒、孙某恬不是合同相对方,未在协议上签字,也未授权孙某才签字,事后更未追认,故三人并非合同纠

---

[*] 上海市第二中级人民法院二审民事判决书,(2022)沪02民终829号。

纷的诉讼主体，将三人追加为当事人只是程序要求，故三人不应承担实体义务。如果认为三人有实体权利义务，且不说案由应是共有纠纷，此举至少表示法院认可三人享有获得征收补偿款的资格，那么《补充协议书》上没有他们的签名，则协议无效；如果认为《补充协议书》仅上诉人孙某才一人签名即生效，且效力可及于其他上诉人，则应审查同住人资格，原告仅能分得孙某才份额的一半。然而一审法院既认为孙某才签订的协议效力可及于其他上诉人，又认为其他上诉人无权获得征收利益，还让三位上诉人承担付款义务，实属自相矛盾。

二审审理时，上诉人孙某才一方提供了一审谈话录音，证明双方确认孙某堂妻子女儿、孙某才妻子儿女为协议当事人，系应法官助理要求，且法官助理多次强调仅是为了程序合法。经过法院调解，最终被上诉人孙某堂一方同意将金额减为130万元，由上诉人孙某才一方分6期于8个月内支付完毕。

本案例形成时间为2021年。

六、案例评析

本案是典型的因家庭协议签署于同住人户籍迁入之前而导致同住人利益受到侵害的案例。与征收相关的家庭协议不同于一般的民事合同，它主要是家庭成员就房屋征收补偿利益达成的协议，除非有证据证明系受胁迫所签，否则被法院认定有效的概率非常高。且其他房屋同住人户籍于家庭协议签订后再迁入的，在司法实践中，也会被认定要受家庭协议的约束。因此，签订与征收相关的家庭内部协议一定要慎之又慎，尤其是户籍不在册人员要求签订的协议，签订之前务必咨询专业人士。

家庭协议与征收政策不一致时，如何分配征收补偿利益？

李甲三[*]

一、争议焦点

（1）如何认定家庭协议关于"承租人必须维护现有户口簿所有人员的被动迁权益"约定的效力及对该约定的理解？

（2）户口迁入被征收房屋，是否就能享有该房屋的征收补偿利益？

---

[*] 上海市中和律师事务所合伙人，上海市律师协会第十一届不动产征收（动迁）专业委员会委员。

(3) 已取得国外永久居住权的户口在册人员是否具备同住人资格?

二、主要人物关系

T 姐、T 某系姐妹。L 甲、L 乙、L 丙系 T 某之子女。L 乙女系 L 乙之女。L 甲妻系 L 甲之妻子,L 甲子系二人之子。

三、案情简介

系争房屋为公房,原承租人为 T 某,原由 T 某夫妻携子女及 T 姐共同居住。L 甲、乙曾先后上山下乡前往上海市某农场务农,回沪后亦居住系争房屋内。L 乙婚后迁至夫家居住,1978 年 L 乙户籍自系争房屋迁往祥德路房屋,并与 L 乙女居住于该房屋内,该房屋系 1978 年因 L 乙结婚无房所套配,面积 23.8 平方米,原承租人为 L 乙的公公,1985 年变更承租人为 L 乙,2012 年,由 L 乙之夫将该房屋产权买下。L 甲于 1975 年将户籍迁回系争房屋,后在系争房屋内结婚,其家庭居住系争房屋内,至 1999 年前后迁至自购房屋内。L 丙于 1978 年就读上海某学院,工作后即主要居住在外,1990 年前后出国求学,后在国外工作生活。

因 T 姐、T 某已先后死亡,2009 年 11 月 6 日,L 甲、L 丙、L 乙签订协议书一份,约定 L 甲、L 甲妻、L 甲子、L 乙、L 丙和 L 乙女同意 L 甲变更为系争房屋承租人,并同意系争房屋出租,租金收入抵扣房屋各项费用后归 L 甲所有;今后遇房屋动迁,如不能以各自家庭分别安置,承租人必须维护现有户口簿中所有人员的被动迁权益,动迁时,承租人应按动迁政策对每一位权益人的动迁利益给予兑现,L 丁(L 甲、L 乙、L 丙的大姐)作为见证人亦签字落款。当时户籍在册人员即为本案当事人 6 人。嗣后,L 甲变更为系争房屋承租人。征收前,系争房屋由 L 甲长期出租。

2020 年 5 月,系争房屋被列入征收范围前,系争房屋内有本案当事人 6 人户籍。其中,L 乙户籍于 2008 年自祥德路房屋迁入,L 乙女户籍因出生报于系争房屋内,于 1984 年迁往上海市龚家宅路并于 1986 年迁回,L 甲户籍于 1975 年自上海某农场迁回,L 甲子户籍于 1988 年自上海市淮海中路迁入。L 甲妻户籍于 2001 年自上海市某小区房屋迁入,该房屋系 L 甲妻单位于 1998 年增配,使用面积 14.9 平方米,住房调配单载明,原住房为系争房屋,原住房人员为 T 某、L 甲、L 甲妻、L 甲子、L 乙女,新住房人员为 L 甲妻一人,后该房屋由 L 甲妻买下产权。L 丙户籍因出生报于系争房屋内,1978 年因就学户籍迁往上海某学院,2004 年 8 月 9 日于上海奉贤区某路集体户口恢复户籍,2004 年 8 月 12 日再迁入系争房屋。

2020 年 5 月 24 日,L 甲与征收单位就系争房屋征收事宜签订了《上海市国有土地上房屋征收补偿协议》。根据征收协议,系争房屋公房租赁凭证记载居住面积 34.40 平方米,认定建筑面积 52.98 平方米,补偿款共计 5,152,353 元。根据结算单 2,共计 453,615.20 元。根据结算单 3,该户还有一次性奖励 5000 元。

审理中,L 甲表示,L 乙、L 乙女、L 丙并非系争房屋的同住人,但基于系争房屋来源和亲情,同意 L 乙、L 丙各分得征收补偿款 30 万元。

四、各方观点

(一)原告观点

系争房屋原承租人系 T 某。T 某于 2009 年 10 月 29 日病故后,2009 年 11 月 6 日,原、被告经协商,在 L 甲同意"今后系争房屋动迁,承租人必须维护现有户口簿所有人员的被动迁权益;应将动迁情况如实向现有户口簿中每一权益人通报;必须对每一位权益人的动迁权益给予及时兑现的"前提下,才将承租人变更为 L 甲,并签订了协议书,签字人 L 甲、L 丙、L 乙,见证人 L 丁。2020 年 6 月,L 甲与某征收服务事务所签署结算单。系争房屋被征收时,户籍在册人员为两原告与四被告,且 L 乙自 1952 年起一直居住在系争房屋内,L 乙女自 1976 年出生后跟随 L 乙也一直居住在系争房屋内。后来因为系争房屋居住困难及家庭矛盾,两原告才搬离系争房屋。故两原告依法应为系争房屋的同住人,依法应获得该房屋的征收补偿利益。两原告要求共同分得系争房屋征收补偿利益 180 万元。

(二)被告 1、2、3 观点

两原告在系争房屋内系空挂户口。L 乙户籍于 1978 年因为分配到福利房迁出了系争房屋。后 L 乙为获得动迁利益,把户籍先迁到了上海市四川北路亲戚家,后又迁回了上海市祥德路房屋,2008 年又迁到了系争房屋。L 乙在户籍迁入后从未住过,无权分得征收补偿款。即使原告有权利分配,系争房屋来源于 T 某、T 姐,其仅能就 T 某的部分进行分割。系争房屋征收利益应归 L 甲、L 甲妻、L 甲子。

L 丙是 L 甲的弟弟,其已有 30 多年没住系争房屋,且已永久定居国外,其户籍是由 L 乙运作恢复到系争房屋内,也属于空挂,不应分得征收利益。基于亲情,愿意给其他兄弟姐妹包括户籍不在内的人,每人 30 万元,故愿意给 L 丙 30 万元。

(三)被告 4 观点

同意原告的诉请,但 L 丙也应分得征收补偿利益。L 丙出生在系争房屋,至 1978 年,户籍和实际居住都在系争房屋。1978 年因上学户籍迁到上海某学院,2004年8月户籍迁回系争房屋。因为1990年其就出国了,户籍一直没有变动过,直到2004年才迁回。2001年开始系争房屋由L甲出租,L丙回国也无法住系争房屋。

五、法院观点[*]

法院认为,本案中,L乙已因结婚获配祥德路福利分房,嗣后又变更为该房屋承租人,L乙女随母亲L乙实际居住于该房屋内,户籍迁入系争房屋后均未实际居住,依法不属于系争房屋的同住人。L甲妻已于1998年获得单位增配的福利分房,属于享受了住房福利,依法不属于系争房屋的同住人,而L甲未被列为该房屋的受配对象,受配原因亦与L甲无关,故应认为L甲未享受过住房福利。L丙户籍因出生报入系争房屋内,1978年因就学迁出,其毕业后户籍未再迁入系争房屋内并非政策所限制,嗣后其长期居住在外并在国外定居,其在户籍再次迁入系争房屋后未曾实际居住系争房屋,依法不符合同住人条件。根据2009年的协议书,L甲作为承租人系按政策保障兑现户籍在册人员的动迁利益,现L乙、L乙女及L丙按规定不符合同住人条件,无权分得征收利益,对L乙、L乙女及L丙的主张不予支持。鉴于L甲表示同意L乙、L丙各分得征收补偿款30万元,于法不悖,法院予以照准。综上,判决如下:(1)L乙应分得系争房屋征收补偿利益30万元;(2)L丙应分得系争房屋征收补偿利益30万元。

本案判决后,原告、被告4均提起上诉,后又撤回了上诉。

本案例形成时间为2022年1月。

六、案例评析

本案囊括了户籍在册人员就征收补偿利益分配签订的协议效力、在系争房屋内报出生的第三代的同住人资格的认定、已取得国外永久居住权的户籍在册人员是否具备同住人资格等三类问题。

近几年来,有望取得被征收房屋征收补偿利益的户内人员出于种种原因,早早就相关利益分配订立协议。应该说,这类协议的签订,体现了国人契约精神的觉醒。就本案来说,当事人早在征收前十几年前就订立了这个协议,足见相关当事人对分得这块"蛋糕"心情的迫切,这也是这几年数量巨大的征收补偿利益分配案件调解结案比例低且大多数进入二审的一个重要原因。就本案这个协议而言,确系当事人真实意思表示且不违反法律强制性规定,自然是有效的,但协议相关当事人约定的主要内容是:"今后系争房屋动迁,承租人必须

---

[*] 上海市虹口区人民法院一审民事判决书,(2020)沪0109民初18754号。

维护现有户口簿所有人员的被动迁权益；应将动迁情况如实向现有户口簿中每一权益人通报；必须对每一位权益人的动迁权益给予及时兑现。"其强调的是维护户籍在册人员的利益。按现行"数砖头"征收安置政策，户籍在册只是认定系争房屋同住人的条件之一，户籍在册人员并非一定享有征收补偿利益，还需要符合其他同住人认定条件。因此涉案协议约定"承租人必须维护现有户口簿所有人员的被动迁权益"，而原告和被告4不符合同住人条件，故法院判决未能支持原告诉请和被告4的主张。

审判实践中如何掌握同住人"实际居住生活一年以上（特殊情况除外）"这一条件，是近几年来征收补偿利益分割案件中较为棘手的一个"点"，本案没有认定原告2和被告4为系争房屋同住人，是基于"即使曾经居住公有租赁居住房屋满一年，但户籍迁入公有租赁居住房屋后未再实际居住该房屋的，不能认定为共同居住人"而作出的认定。笔者认为，为遏制极少数钻法律空子，为牟取征收补偿利益通过各种手段将户口迁来迁去的行为，本案判决将户籍迁入公有租赁房屋后未再实际居住该房屋的，不认定为共同居住人是有其合法、合理性的。

本案被告4的情况有点特殊，其早在20世纪90年代初就出国求学，后在M国定居。根据当时政策规定，凡出国求学、工作、定居均须注销户籍，被告4的户口于1978年因上大学从系争房屋迁往上海市杨浦区某派出所，1990年被告4出国时户籍被注销。本案判决以被告4在户籍迁入后未在系争房屋内实际居住为由认定被告4不具备系争房屋同住人资格。

笔者认为，一审法院综合被告4实际已30余年未居住系争房屋且早已取得国外永久居住权，对系争房屋无实际居住使用需求，从户籍迁入系争房屋后未实际居住该房屋角度来认定被告4不符合系争房屋同住人条件是有其合法、合理性的。同时，本案判决从公平原则出发，兼顾了公有租赁居住房屋使用权的财产属性，也尽可能维护了家族亲情。

自2003年起，根据公安部规定，出国工作、求学、定居不注销户籍。已在国外、境外定居的本市居民，应当根据国家和本市出入境管理的有关规定申报注销户籍。现在有不少被征收安置户存在人已在国外定居，户籍仍在系争房屋内（也实际居住过）的情况，本案判决也为这类人员是否有权分享征收补偿利益，提供了一个审理参照。

征收利益共有纠纷中的法官自由裁量权

柴云海[*]

一、争议焦点

(1)在征收利益共有纠纷案中,法官行使自由裁量权时主要考虑哪些因素?

(2)户籍在册人员未经承租人同意入住被征收房屋,是否能被认定为实际居住人?

二、主要人物关系

原告:范某。

被告:喻某,鲁某1,鲁某4,张某,鲁某5。

被征收房屋系公房,鲁某某(2017年去世)与喻某系夫妻关系,两人生育了鲁某1、鲁某2(2006年去世)、鲁某3(2019年1月去世)三个子女,范某系鲁某1的女儿,鲁某4系鲁某2的儿子,张某与鲁某3原系夫妻关系,双方于2012年12月协议离婚,鲁某5系二人之女。

三、案情简介

系争房屋原承租人为鲁某某,在征收过程中承租人经指定变更为喻某,征收之前系争房屋内有范某、喻某、鲁某1、鲁某3、鲁某4共5人户籍。鲁某1户籍早前因上山下乡由系争房屋迁出,于2009年退休后迁入系争房屋。范某的户籍于1992年迁入,鲁某4的户籍于1989年迁入,鲁某3的户籍于2009年迁入。系争房屋长期由喻某夫妻居住使用,范某于1994年回沪后随喻某夫妻居住系争房屋,结婚后搬离。之后,喻某夫妻将系争房屋出租。2014年前后范某自行入住系争房屋,直至征收。鲁某4与其家庭享受过福利分房。鲁某3生前与其家庭享受过福利分房。

系争房屋于2018年12月列入征收范围,2019年3月签订征收协议,征收补偿款合计600余万元。

---

[*] 上海申浩律师事务所律师,上海市律师协会第十一届不动产征收(动迁)专业委员会委员。

四、各方观点

（一）原告观点

鲁某1系知青，原告系知青子女，征收前长期居住在系争房屋。鲁某4享受过福利分房，不应再分得本次征收利益。鲁某3生前享受过福利分房，无权分得本次征收利益，故其继承人也不享有征收利益。本次征收利益，应由原告、鲁某1、喻某三人均分。

（二）被告观点

喻某观点：不同意范某的诉讼请求，全部征收利益应归其所有。范某虽系因知青子女回沪将户籍迁入，但婚后主动搬离，系空挂户口。系争房屋由喻某夫妻居住，2012年因家庭矛盾搬走，将房屋出租补贴生活费。2014年，范某强行赶走租客后入住，违背承租人意愿，不符合同住人条件。

鲁某4观点：其随父母居住系争房屋至十几岁，后搬离，要求分得征收利益。

鲁某5、张某观点：张某与鲁某3于2012年协议离婚，双方约定福利分房归张某所有，故福利分房与鲁某3无关，鲁某3应分得系争房屋征收利益，由鲁某5继承。

五、法院观点[*]

鲁某1系知青、范某系知青子女，根据知青相关政策，户籍迁入系争房屋，曾在系争房屋内实际居住，无证据证明在上海市他处享受过住房福利，故根据系争房屋使用情况，结合知青政策的相关规定综合考虑，鲁某1、范某可以参与系争房屋相应征收利益的分配。但鲁某1将户籍迁入后常住浙江宁波，范某与系争房屋来源无任何关系，对其也无任何贡献，故对其征收利益酌情予以确定。喻某作为系争房屋原始承租人配偶及指定承租人，自始长期居住系争房屋，年老体弱，他处无房，有权分得系争房屋，且应酌情多分。范某曾购有产权房屋及商铺，且已搬离系争房屋多年，其将产权房屋出售后，在喻某夫妻将系争房屋出租用于补贴生活的情况下，未征得喻某同意，自行入住系争房屋直至征收，其不应分得实际居住人可得的与居住、搬迁有关的奖励补贴，相关奖励由喻某分得。鲁某4享受过福利分房，即便其曾在系争房屋居住，也不符合同住人条件。鲁某3征收前户籍在册，但因其生前享受过福利分房，福利分房即便离婚时归前妻所有，也不能改变享受过福利分房的事实，故不符合同住人条件。法院综合考量系争房屋的来源、各方对房屋的贡献、各方居住情况、人员结构的因素等，酌情确定

---

[*] 上海市虹口区人民法院一审民事判决书，(2019)沪0109民初10528号。

范某、鲁某1各分得征收补偿款100万元,其余征收补偿款400余万元归喻某所有。

本案例形成时间为2019年12月。

六、案例评析

本案是比较复杂的关于征收利益分割的案例,涉及知青回沪、福利分房、离婚、继承等各种情况,笔者主要有两点体会:

1.在征收利益共有纠纷中,法官有较大的自由裁量权,本案中法官充分行使了该权利,故不同的当事人对最后的裁判结果会有不同的认知。范某就认为法官过分使用了自由裁量权,对其判决的数额过低。虽然法官在判决中进行了解释,但实际的依据并不充分,范某购买过产权房与征收利益的分割并没有直接关系,范某未经承租人同意入住系争房屋与征收利益的分割也没有直接关系。最后法官只能综合考虑系争房屋的来源、各方对房屋的贡献、各方居住情况、人员结构的因素等,形成自由心证作出裁决,但各种因素如何影响到判决的比例,这是很难量化的。

2.如果当事人曾经与之前配偶一起享受过福利分房,在离婚时,该房屋明确归之前配偶所有,当事人在之后遇到征收利益分割时是否可以主张分得征收款。法官在本案中对此作出了明确的判断,这种情况,不能改变当事人享受过福利分房的事实,不符合同住人的条件,无权分得征收款。

共有纠纷中公平合理原则的适用

张崇华[*]

一、争议焦点

被征收公房处无承租人,户籍在册人员均不属于共同居住人,那法院该如何分配征收补偿款?

二、主要人物关系

原告:甲一,乙,乙一。

被告:甲二,甲A,甲B,丙,丁。

---

[*] 上海市天一律师事务所合伙人,上海市律师协会第十一届不动产征收(动迁)专业委员会副主任。

甲一与乙系夫妻关系,乙一是二人之女。甲二系甲A之父,丙系甲二再婚妻子,甲B系甲A与丁之子。甲一与甲二为姐弟关系。

三、案情简介

被征收房屋承租人为甲,甲于2014年去世,征收决定作出时,该户籍地址有两本户口簿,一本为原告三人,另一本为被告甲二、甲A、甲B。其中原告三人户籍于2001年同时从AM路房屋迁入,被告甲二于2002年从CN路房屋迁入,被告甲A于2007年从SZ路房屋迁入,被告甲B于2014年报出生。甲二与丙于2016年10月登记结婚,甲A与丁于2014年2月登记结婚。

2019年12月,区人民政府作出房屋征收决定,被征收房屋被列入征收范围。2020年1月,甲二作为代理人与征收部门签订征收补偿协议,该户共获得征收补偿款人民币500万元,该户未被认定为居住困难户。

1998年,CN路公房被列入拆迁范围,根据拆迁协议记载,甲二、甲A被列入安置人口。该房屋拆迁共安置三套房屋,其中甲二、甲A作为配房人口安置取得了SH路房屋,居住面积37平方米。

1998年,根据住房配售单记载,甲一、乙及案外人配售上海市AM路房屋,建筑面积88平方米。2000年,甲一作为购房人签订《公有住房出售合同》。

四、各方观点

(一)原告观点

1. 三原告户籍于2001年迁入系争房屋,户籍迁入后三原告实际居住在内并照顾承租人,直至承租人2014年去世后搬离,实际居住一年以上。原告方搬离后,甲二独自住进被征收房屋。

2. 原告曾经有过福利分房,但被告甲二、甲A也曾享受过动迁,被安置了一套房屋。甲B为未成年人,无权单独享有征收补偿利益,故三原告主张享有50%的征收补偿利益。

(二)被告观点

1. 被告甲二、甲A户籍于1999年迁入,甲B为2014年报出生。原告方早年享受福利分房后就未在该房屋内居住,原告所称照顾父亲并实际居住并不属实,该房屋原是父亲一人居住,父亲2014去世后就由甲二居住在内,甲A和甲B未居住。

2. 虽然甲二、甲A曾有过动迁安置,但所获的房屋在甲二与前妻离婚时给了前妻,被告方名下无房。

3. 丙和丁应作为共同居住人进行安置,丙自2010年起就居住在被征收房屋内,甲A婚前在被征收房屋内居住,其与丁结婚后在外居住。

五、法院观点[*]

法院认为,原告方虽然户籍在册,但属于他处有房。被告甲二、甲A曾在公房拆迁中作为安置对象享受过拆迁,获得房屋安置,亦属于他处有房。被告丙、丁均非上海市常住人口,且均不符合因结婚在被征收房屋内居住满5年的条件,故二人无法基于婚姻关系及居住事实取得被征收房屋的居住权。被告甲B系未成年人,其居住问题应跟随父母,由父母解决。

原承租人去世后,未变更新承租人,其余户籍在册成年人均取得福利性质房屋,故本案各方当事人地位相当,无须对同住人情况予以认定,均可享有征收补偿利益。但鉴于征收时被告方在被征收房屋内居住,故征收补偿利益中的设备移装费、搬迁费、临时安置费、搬迁奖励费应归被告方所有。综合各方因素,依照公平合理的原则,酌情原告方享有补偿利益200万元,被告方享有补偿利益300万元。

本案例形成时间为2020年12月。

六、案例评析

当被征收公房无承租人且户籍在册人员均不符合共同居住人标准时,共同居住人的认定就已经毫无意义,则应根据公平合理原则,除了与实际居住人相关的奖励补贴,其余补偿利益户籍在册人员均能予以分割。

分配征收补偿利益案件中公平原则的适用

方　燕[**]

一、争议焦点

对于不符合共同居住人条件的当事人,法院能否适用公平原则酌定其分得部分征收补偿利益?

二、主要人物关系

张某、曹某系夫妻关系,张某4、张某2均系二人之子。张某1系张某2之子。杨某系张某4妻子,张某3系二人之子。张某、曹某、张某2、张某1系一审原告,杨某、张某4、张某3系一审被告。

---

[*] 上海市黄浦区人民法院一审民事判决书,(2020)沪0101民初4688号。

[**] 上海市光明律师事务所律师,上海市律师协会第十一届不动产征收(动迁)专业委员会委员。

三、案情简介

系争房屋系公房,于新中国成立前取得,承租人原为张某的母亲李某。李某去世后,张某4变更为系争房屋承租人。

张某4自小与李某共同生活,长期居住在系争房屋内。2008年,张某4与杨某在系争房屋内结婚。2010年后,因张某3出生后系争房屋内居住不便,张某4、杨某、张某3搬出系争房屋在外借房居住,系争房屋空关至征收。

被征收前,系争房屋内有双方7人户籍在册,其中张某户籍于2000年11月9日由上海市崇明县×农场迁入,曹某户籍于1998年11月16日由上海市崇明县×农场迁入,张某2户籍于1999年5月20日由上海市陆家浜路房屋(系张某2外婆家)迁入,张某1于2010年5月17日在系争房屋报出生,张某4户籍于1991年5月30日由海丰农场迁入,杨某户籍于2008年5月28日由上海市惠南镇房屋迁入,张某3于2010年4月19日在系争房屋报出生。

张某、曹某所在单位上海市×农场曾向张某、曹某、张某2分配了上海市×新村×幢×室公房。1993年4月15日,曹某与上海市×农场签订《现已租住公房优惠出售买卖合同》,并于之后登记为该房屋产权人,后将该房屋出售。1999年2月,张某、曹某、张某2购买了上海市兰州路产权房屋,后将该房屋出售。现张某、曹某、张某2名下有上海市周家嘴路产权房屋,张某、曹某名下有上海市晨晖路产权房屋,张某2与其妻子匡某名下有上海市紫薇路产权房屋。

2017年6月7日,张某4与征收人签订了《上海市国有土地上房屋征收补偿协议》(以下简称征收协议)。根据征收协议,系争房屋共获得货币补偿款及费用合计3,429,149.11元。

一审法院认为,张某1系未成年人,出生后从未居住系争房屋,不是系争房屋共同居住人,无权分得征收补偿款;张某、曹某、张某2虽户籍在系争房屋内,但曾享受过福利分房,户籍系从上海市他处住房迁入,不属于系争房屋共同居住人。鉴于系争房屋来源及居住情况,根据公平原则,张某、曹某、张某2应可分得一定征收补偿利益,法院酌情确定张某、曹某、张某2可共同分得征收补偿款50万元。

张某4、杨某、张某3不服一审判决,提起上诉。

四、各方观点

(一)上诉人观点

原审中,被上诉人以系争房屋共同居住人为由主张参与征收补偿利益的分配,但根据一审查明的事实及认定结果,被上诉人并不符合共同居住人条件。

故,他们参与分配的理由不成立。

系争房屋系李某于新中国成立前取得,彼时被上诉人均未出生。故,被上诉人与系争房屋的取得来源无关。也无证据表明被上诉人对系争房屋的维护、管理做出过贡献。

张某4自小与李某共同生活,祖孙感情很好。李某生前言明,系争房屋今后留给张某4,其他家庭成员不得居住。为此,被上诉人的户口在李某生前一直无法迁入系争房屋内,被上诉人从农场回沪后也未入住系争房屋,而是自行购房居住。显然,被上诉人与系争房屋的关联较远。而张某4长期居住在系争房屋内,并在该房内结婚生子,是系争房屋的实际控制人。系争房屋与张某4家庭的关联度更为密切。

被上诉人与系争房屋的取得来源无关,且被上诉人与系争房屋的关联度远低于上诉人。故,原审法院适用公平原则准予被上诉人参与分配,缺乏法律依据,且会导致当事人之间利益失衡。

(二)被上诉人观点

张某等人为了照顾母亲李某,从崇明搬至系争房屋居住,且有两名证人予以证明。张某等人户籍在系争房屋内,系争房屋在拆迁前处于空关状态。张某2、张某4均因结婚生子搬离系争房屋,但并未放弃居住权。系争房屋是李某留给张某一家的,张某4无权一人独享。

五、法院观点[*]

二审法院认为系争房屋是公有房屋,承租人为张某4。一审法院认定,张某1系未成年人,出生后从未居住系争房屋,张某、曹某、张某2虽户籍在系争房屋内,但曾享受过福利分房,户籍系从上海市他处住房迁入,均不是系争房屋共同居住人,该意见并无不当,二审法院予以维持。张某2、张某1、张某、曹某均不是系争房屋共同居住人,即无权分得征收补偿款。

本案例形成时间为2018年7月。

六、案例评析

1. 公平原则的适用应慎重,否则难免有"不公平"之嫌。例如,本案中,被上诉人一方既享受过福利性分房,名下又有多套房产;而上诉人从未享受过福利性分房,居住条件也远劣于被上诉人。如果准予被上诉人分得一定的征收补偿利益,上诉人应得的补偿款必将减少。这势必影响上诉人在外购房的能力和居住条件。

---

[*] 上海市第二中级人民法院二审民事判决书,(2018)沪02民终2060号。

2.在有些案例中,对于不符合共同居住人条件的当事人,法院会综合考虑房屋的来源、对房屋的贡献度、与房屋的关联性等因素,酌情认定他们可分得一定的利益。因此,作为代理律师,在向当事人了解案情时,不要仅围绕共同居住人的三个条件,还要追根溯源,多方面调查案情,寻找对当事人有利的线索和事实,以最大限度地维护当事人的合法权益。

3.房屋征收补偿利益分配案件中,当事人之间对于同一事实的陈述往往有多个版本。细致、充分的调查工作往往会成为胜败的关键。本案中,被上诉人坚称其在系争房屋内连续居住多年。后经律师调查取证,证实了被上诉人在他处购房居住的事实,推翻了被上诉人在法庭上的虚假陈述,这也是二审改判的一个重要理由。

第三章　其他公有房屋征收相关案例

没有被托底保障的户籍在册同住人无法享受征收安置

王文琴[*]　王怡雯[**]

一、争议焦点

征收过程中没有被托底保障的户籍在册同住人是否有资格享有征收补偿利益？

二、主要人物关系

原告1与原告2系夫妻关系，原告3系二人之女；被告1与被告2系夫妻关系，被告3系二人之女；原告1与被告1系兄弟关系。

三、案情简介

2020年12月15日，系争房屋被纳入征收范围。系争房屋为公房，原始承租人系原告1与被告1的母亲。征收时原、被告共6人户籍在册，被告1为承租人。

系争房屋认定建筑面积11.2平方米，房屋价值补偿款138万余元，经认定符合居住困难户的补偿安置条件，原告1、原告2、被告1、被告2、被告3共5人被认定为居住困难人口，增加货币补贴款92万余元，加上其余奖励费等共计征收补偿款334万余元。

原告3因婚后其丈夫名下有婚前房产而未被认定为居住困难人口。

由于原、被告就征收利益分配产生争议，原告为维护自身合法权益，诉至法院要求解决纠纷。

四、各方观点

（一）原告观点

系争房屋原始承租人为原告1、被告1的母亲，且系争房屋原有两本租赁凭证，母亲生前多次说过两本租赁凭证原、被告两户各一本。但直至征收原告才知晓被告1在2008年不仅隐瞒同住成年人原告3私下变更承租人，还以"使

---

[*] 上海华夏汇鸿律师事务所律师，上海市律师协会第十一届不动产征收（动迁）专业委员会委员。
[**] 上海海一律师事务所律师。

用方便"为借口,将两本租赁凭证合并成为一本。物业公司保存的2008年"更改租赁户名申请书"上明确记载原告3为年满18周岁的同住人。

1969年原告1从系争房屋迁出户籍到黑龙江务农,2014年按照上海知青政策将户口迁回系争房屋。原告2作为知青配偶,2009年按照知青配偶政策将户口迁入系争房屋。原告3系知青子女,1996年按照知青子女政策将户口迁入系争房屋。3原告均未取得过福利性房屋,且名下均无房。

原告1、原告2户籍迁入系争房屋后,未在系争房屋内实际居住的原因是系争房屋已经由3被告居住,且系争房屋面积小居住困难,故原告1、原告2在外租房居住。该情况符合《高院解答》第5条的特殊情形,即"在被拆迁公有居住房屋处有本市常住户口,因家庭矛盾、居住困难等原因在外借房居住,他处也未取得福利性房屋的",故应当认定原告1、原告2符合同住人条件,按照同住人身份享受房屋征收补偿利益。

原告3在系争房屋内出生,居住至小学二年级回到父母身边生活。1996年原告3回沪报考大学。在上海读大学期间,直至大学毕业参加工作,系争房屋是原告3唯一居住地。该情况符合上海市第二中级人民法院刊发的《房屋征收补偿利益分割类改发案件裁判要点》问题之六的裁判观点,即户籍在册人员将户口迁入被征收房屋后未再迁出,直至征收时,以被征收房屋为居住地,长期连续稳定居住1年以上,而非指至房屋征收决定作出前1年的实际居住。

原告3提供的"更改租赁户名申请书"证明,3被告当时签名确认原告3为系争房屋的同住成年人。

3被告均未提供证据证明其名下无房。

(二)被告观点

被告始终认为原告1、原告2、原告3在征收前无实际居住情况,在系争房屋内均为空挂户口,且否认原告1、原告2系按照知青及知青配偶政策回沪。原告3落户时,系争房屋原始承租人已去世,被告1对原告3没有法律上的安置义务,是出于亲情让原告3落户,属于帮助性质,故原告1、原告2、原告3不符合同住人标准,不应分配征收利益。如果法院认可原告1、原告2符合同住人条件,原告1、原告2也仅对房屋价值补偿和居住困难户补偿款有权参与分配。

五、法院观点[*]

同住人是指在征收决定作出之日,在被征收房屋处有上海市常住户口,已实际居住生活1年以上,且在上海市无其他住房或者虽有其他住房但居住困难

---

[*] 上海市黄浦区人民法院一审民事裁定书,(2021)沪0101民初23230号。

的人。他处房屋的性质,仅限于福利性质取得的房屋。系争房屋征收过程中,经认定符合居住困难户条件,原告1、原告2、被告1、被告2、被告3已被认定为居住困难人口,故上述5人均有权参与系争房屋征收补偿利益的分割。原告3未被认定为居住困难人口,故无权分配房屋征收利益。

本案判决书确认,原告3无权参与房屋征收利益的分割,是因为其没有被认定为居住困难人口,而非其不符合同住人条件。

在确认原告3作为非居住困难人口不享有权利后,判决书接着对被认定为居住困难人口的5人进行了同住人与非同住人的认定:

原告1按知青退休政策迁入户籍,即使其未实际居住系争房屋,也符合同住人条件。原告2非上海知青,其在户籍迁入系争房屋后未实际居住,故不符合同住人条件。

换言之,作为夫妻关系的原告1、原告2是分别按照同住人、居住困难人员的身份参与征收利益的分割,分得安置款130万元。

本案例形成时间为2022年1月。

六、案例评析

对比过去的司法实践,本案的裁判规则有了两个根本性的变化:

其一,在认定居住困难户的情况下,判决没有被认定为居住困难人口的同住人无权参与房屋征收补偿利益的分割。

其二,作为上海知青配偶的非上海知青,户籍迁入系争房屋后,不考虑居住困难借房居住等特殊情况,要求必须实际居住,否则即被认定为不符合同住人条件。

首先,该裁判规则对居住困难人口条件与同住人条件进行了不同认定。

根据《上海市高级人民法院公房居住权纠纷研讨会综述》(民一庭调研与参考〔2014〕11号)之规定,原告3系回沪知青子女,在系争房屋内享有居住权,并非被告认为的属于帮助性质落户。

根据上海市第二中级人民法院刊发的《房屋征收补偿利益分割类改发案件裁判要点》"实际居住生活一年以上"之规定,原告3作为知青子女于1996年将户口迁入系争房屋后就未迁出,直至系争房屋被征收,且其以被征收房屋为居住地,长期连续稳定居住1年以上。根据《高院解答》之规定,他处房屋的性质仅限于福利性质取得的房屋。原告3没有享受过福利性质的房屋,且其没有被认定为居住困难人口,是因其婚后丈夫名下有婚前房产。

由此,一审判决没有否认原告3同住人身份是正确的,但以上级法院的裁判规则,判决原告3未被认定为居住困难人口,故无权分配房屋征收利益,值得商榷。

其次,对原告2的裁判存在对"实际居住一年以上"特殊情况的限制适用情形。

《高院解答》第 5 条的特殊情形,应适用于征收时系争房屋内所有户籍在册人员,而不是在相关人员内部再进行区分适用。且原告 2 与原告 1 系夫妻关系,不可能存在原告 1 在外借房居住,原告 2 在系争房屋内实际居住的情况。

上述两个根本性变化,目前而言没有明确的法律法规予以规定,但已经成为法院判决的基本口径。

房屋动迁(征收)中非居住补偿款的分割方式

秦志刚[*]

一、争议焦点

房屋征收补偿利益分割案件中,非居住面积的补偿利益如何分割?

二、主要人物关系

原告:路某 1,周某某,路某 2,路某 3。

被告:路某 4。

第三人:邱某某,路 5,金某某,杨某某,路 6。

路某 1、路某 4、金某某的母亲路华、路 6 的父亲路顺均为已故的路大、蒋某某夫妇的子女,周某某系路某 1 妻子,路某 2 系二人之子,路某 3 系路某 2 之女。邱某某系路某 4 妻子,路 5 系二人之女。杨某某系金某某之女。

三、案情简介

系争房屋为公有住房,原承租人为蒋某某,后经原、被告协商一致,路某 4 于征收过程中被变更为承租人。系争房屋被征收时有原、被告及第三人等 10 人户籍在册,其中路某 1 户籍于 1966 年 9 月 15 日由上海市唐山路某号房屋迁入,路某 2 户籍于 1986 年 6 月 9 日由上海市广中二村某号房屋迁入,周某某户籍于 1999 年 2 月 26 日由上海市经一路某号房屋迁入,路某 3 于 2016 年在系争房屋报出生,路某 4 户籍于 1966 年 9 月 15 日由上海市唐山路某号房屋迁入,邱某某户籍于 1989 年 12 月 27 日由上海市海宁路某号房屋迁入,路 5 于 1990 年在系争房屋报出生,路 6 户籍于 1999 年 9 月 3 日由上海市陕西北路某

---

[*] 上海华夏汇鸿律师事务所律师,上海市律师协会第十一届不动产征收(动迁)专业委员会委员。

号迁入,金某某户籍于 1991 年 8 月 28 日由浙江省温州市迁入,杨某某于 2011 年在系争房屋报出生。被征收前,系争房屋原由路某 1、周某某、路某 2、路某 4、金某某、蒋某某共同居住。后路某 4 于 1986 年以系争房屋为营业场所申请了个体工商户营业执照,经营饭店,之后系争房屋无人居住,直至被征收。

2017 年 4 月 27 日,路某 4 与征收人签订了《上海市国有土地上房屋征收补偿协议》(以下简称征收协议)。根据征收协议的约定,系争房屋认定建筑面积 58.89 平方米,其中居住建筑面积 3.35 平方米,非居住部分建筑面积 55.54 平方米;房屋价值补偿款 4,262,830.12 元,其中居住部分价值补偿款 739,328.08 元,非居住部分房屋价值补偿款 3,523,502.04 元;该户选择货币补偿;各类补贴奖励包括搬迁费 700 元、家用设施移装费 2000 元、无不予认定建筑面积残值补偿 4 万元、居住房屋签约面积奖 3350 元、签约比例奖 6 万元、非居住房屋签约证照奖 10 万元、非居住房屋签约面积奖 277,700 元、非居住房屋自购房补贴 705,400 元、非居住房屋其他补偿 138,850 元、居住房屋自购房补贴 58 万元;结算单上另有临时安置费补贴 12,000 元、增发临时安置费补贴 5100 元、居住房屋自购房补差 58 万元、签约搬迁计息奖 80,051.40 元、早签早搬加奖差额 9 万元、按期搬迁奖差额 2 万元、签约比例奖差额 6 万元、签约奖超比例递增部分差额 5 万元、签约搬迁计息奖 9666.67 元。上述款项尚未发放。

1998 年,路某 1 购买了上海市凉城路某房屋私房,房屋价款为 286,989.12 元。审理过程中,路某 4 称该房屋系其出资购买用于安置原告一家,4 原告则称路某 4 曾出资 10 万元,该款项属于餐厅经营的分红。2011 年 4 月,路某 1、周某某分别从其原单位上海石油化工股份有限公司领取了住房补贴 36,890 元、31,430 元。

四、各方观点

(一) 原告观点

路某 1、周某某、路某 2、路某 3 户籍都在被征收房屋之内,并且实际居住生活超过 1 年(特殊情况除外),因为房屋用于开餐厅经营,所有户籍人员均不在被征收房屋内居住,故属于特殊情况。而且 4 原告均未有过福利性质的房屋,属于法律规定的共同居住人,有权分得征收补偿安置款。4 原告要求被告支付征收补偿款 3,007,904 元。

(二) 被告观点

被告路某 4 辩称,不同意原告诉请。4 原告不是系争房屋的同住人,路某 1、周某某享受过单位的住房补贴。路某 3 系未成年人,不能享有征收补偿利益,其住房应由其监护人解决。1997 年,系争房屋因要开设饭店无法居住,因此被告全资购买了凉城路公房给原告一家居住使用,承租人登记为路某1,后路某1、周某某将该房屋产权购入,并登记为产权人。被告认为,征收补偿款中的非居住部分补偿款项是因为被告经营餐厅才有的,餐厅自始至终均是由被告一人经营,故非居住部分补偿款项应归被告一人所有。关于居住部分的补偿款项,原告曾享受过单位的住房补贴,属于福利分房性质,不应再分得征收补偿利益。

五、法院观点[*]

本案中,路6系外国籍,且本人已明确放弃征收补偿款的份额;4原告、被告及路5、邱某某、金某某、杨某某户籍均在系争房屋内,本市他处并未享受过福利分房,均为系争房屋的同住人,有权分割征收补偿利益。路某1、周某某均曾领取过单位发放的住房补贴,该款项虽不属于严格意义上的福利分房补贴,但仍具有一定的福利性质,故路某1、周某某在本案征收补偿款的分割中应酌情少分;路某4曾出资10万元(经原告明确确认的金额)帮助原告购买产权房屋,此举应认定为路某4已经对原告一家进行了一定的安置,该情节在征收补偿款的分割中应做一定考虑。路某4登记为营业执照的经营人,且长期经营,故对于系争房屋征收补偿款中非居住相关补偿款项应酌情多分,4原告及路5、邱某某、金某某、杨某某因系争房屋开设餐厅而长期无法居住,对于征收补偿款的取得亦做出了自己的贡献,对于非居住相关补偿款项应适当分得。综上所述,综合考虑系争房屋来源、居住、经营等情况,从公平原则出发,法院酌情确定4原告可分得征收补偿款200万元。

本案例形成时间为2018年7月30日。

六、案例评析

本案中的房屋属于公房,该公房仅有一张租赁凭证,但是该公房包含居住面积和非居住面积。且公房租赁凭证中将居住面积与非居住面积分别登记,因此征收部门计算补偿金额时为区别计算,但该户的补偿方式为一次补偿,并未分别补偿。该户签约时,补偿的方式是根据《实施细则》的规定确定,该类房屋的签约主体以及补偿方式(非补偿标准)基本一致。但在签约主体表述中略有不同,比如,《实施细则》第23条第2~3款规定:"被征收人、公有房屋承租人以征收决定作出之日合法有效的房地产权证、租用公房凭证、公有非居住房屋租赁合同计户,按户进行补偿。被征收人以房地产权证所载明的所有人为准,公有房屋承租人以租用公房凭证、公有非居住房屋租赁合同所载明的承租人为准。"但是补偿款的计算方式和公房的计算方式一致,公有房屋承租人的补偿

---

[*] 上海市虹口区人民法院一审民事判决书,(2017)沪0109民初23390号。

金额计算公式为:评估价格×80%。

本案的争议焦点为非居住面积的补偿利益如何分割。本案的判决观点是该类案件的典型判法。该类判决的依据主要是《高院解答》第10条相关内容:"被拆迁的房屋属于居住和非居住兼用的,如果拆迁人在给付拆迁补偿款时已经明确区分居住补偿和非居住补偿份额的,则对居住补偿部分,承租人和同住人可以共同分割;对非居住补偿部分,利用该房屋进行经营的人是该公房的承租人或同住人的,则该承租人或同住人可以适当多分。如果拆迁人在给付拆迁补偿款时未明确区分的,利用该房屋进行经营的承租人或同住人,就整个补偿款可以适当多分,具体份额由人民法院酌定。"

本案中,法院判决的观点可以分为两部分,第一,非居住面积属于公房整体面积的一部分,由公房居住面积转变而来。因此,在"居非兼用"的公房内,有权享有非居住面积征收补偿款的权利人须是该公房的同住人或承租人。第二,非居住面积一般为经营面积,承租人或者同住人是实际经营人的,实际经营人应当多分。本案中,原被告均属于本案的同住人,其中原告路某1和周某某因享受过福利性补贴,对于房屋的征收补偿款应当少分;非居住面积部分的实际经营人应当多分。同时法院又考虑了房屋的来源,对房屋以及补偿的贡献等多种因素,综合判断该房屋征收补偿款的分割方式。因此法院最终判决,符合同住人资格的实际经营人可以适当多分。

(一)同住人和承租人有权获得非居住面积的补偿款

国有土地上房屋征收补偿中,经常会涉及非居住面积的补偿,非居住面积一般用于经营活动。非居住面积补偿在私房和公房中均有出现,除房屋的评估价格不同外,其补偿方式、签约主体等均参考并适用居住房屋的有关规定。实践关于非居住房屋的性质、面积认定、评估价格、补偿款如何分割等问题争议较多,本文主要讨论公房非居住面积补偿款如何分割的问题。

《高院解答》第11条规定,"拆迁公有非居住房屋的,被拆迁人还可以获得设备搬迁和安装费用、无法恢复使用的设备按重置价结合成新结算的费用、因拆迁造成停产、停业的损失补偿等。上述费用中,搬家补偿费、设备迁移费、临时安家补助费,应归确因拆迁而搬家、设备迁移和临时过渡的承租人、同住人等。奖励费和一次性补偿费,一般应当由拆迁时在被拆迁房屋内实际居住的人之间予以分割"。从以上规定可知,首先,获得公房内非居住面积补偿的人应当是房屋的同住人或者房屋的承租人。如果因为不符合法定条件而未被认定为同住人,则不能享受非居住面积动迁补偿。其次,非居住面积的实际经营人,可以多获得一些补偿。但司法实践中存在不同的观点,即非公房同住人或承租人的实际经营人,也可以获得征收补偿款。比如2016年某中级人民法院在一则案例中认为:"原审法院依据在案证据,认为系争房屋征收时,方某虽户籍并不在册,但其与营业执照所有人胡某甲系夫妻关系,且是非居部分的共同经营人,方某及胡某甲对于非居部分征收补偿利益的获得具有较大贡献,结合系争房屋来源、非居部分的实际经营情况、征收补偿款的具体组成及本案的实际情况,酌情确定方某可获得的征收补偿利益为70万元。"

(二)公房的次承租人无权获得征收的安置补偿

实践中,公房内的租客(次承租人)使用房屋经营店铺,并以房屋租赁凭证上记载的人的名义申请营业执照的,那么房屋租客作为实际经营人时,是否可以获得经营损失的补偿?

首先,从法律关系上说,房屋征收补偿安置中,政府只安置私房被征收人和公房的承租人、同住人。次承租人不属于动迁安置的法律关系人,其无权要求政府直接对其进行安置。

其次,次承租人无权要求房屋的权利人、承租人或者同住人对其进行安置,其可以依据所签订的《房屋租赁合同》解决双方的租赁合同纠纷。该观点也在《会议纪要》第5条有阐述:"公房承租人在征收之前将房屋出租给案外人使用或者经营,次承租人要求以征收对象身份参与征收补偿利益分割。处理此类纠纷时,要区分征收补偿法律关系与一般的房屋租赁合同关系。《征收条例》实施后,一般租赁合同的承租人不再是征收补偿法律关系中的被安置人,因征收导致租赁合同无法继续履行的,属于一般租赁合同纠纷,依照租赁合同的相关法律规定处理。"

居住和非居住兼用的公有房屋,征收利益该如何分配?

周文宣*　周天林**

一、争议焦点

居住和非居住兼用的公有房屋,征收利益的分配原则,以及证照持有人的利益边界。

---

* 北京市隆安律师事务所上海分所合伙人,上海市律师协会第十一届不动产征收(动迁)专业委员会委员。

** 北京市隆安律师事务所上海分所律师。

二、主要人物关系

原告:侯1、钟某、侯4。

被告:李某、侯2、侯3、侯5、赵某、何1、何2。

原告侯1、被告侯2、被告侯3系被告李某的子女。原告侯1、钟某系夫妻关系,生育原告侯4。被告何1系被告侯2之子。被告何2系被告何1之女。被告侯3、赵某系夫妻关系,生育被告侯5。

三、案情简介

系争房屋为公房,承租人为李某。该户1996年4月1日换发租用公房凭证,底前客建筑面积6.2平方米用于营业,底后客居住面积12.9平方米、灶间9.0平方米用于居住。2019年11月21日,系争房屋被纳入征收范围,征收时户籍在册人口为原、被告等10人。

2019年12月14日,被告侯3作为被告李某的代理人,与案外人上海市某区住房保障和房屋管理局签订《上海市国有土地上房屋征收补偿协议》,约定:房屋性质为公房,房屋用途为居非兼用;根据相关规定及该基地征收补偿安置方案,被征收房屋的价值补偿款包括居住部分和非居部分;该户不符合居住困难户的条件;另有停产停业损失;被征收房屋装潢补偿包括居住房屋装潢补偿、非居住房屋装潢补偿;其他各类补贴、奖励费用包括签约奖励费、家用设施移装费、搬迁费、无搭建补贴、均衡实物安置补贴、临时安置费、非居签约奖励费、非居房屋无搭建补贴、证照补贴、自行购置营业用房补贴;结算单中增加结算包括独用灶间楼梯间走道面积补贴、非居搬迁奖励费、特殊困难对象补贴、搬迁奖励费、征收补偿费用计息。结算金额合计6,786,079.35元。

1997年4月17日,上海黄浦区X杂货店成立,类型为个体工商户,经营者为被告李某,经营场所在系争房屋内。上海黄浦区X杂货店于2010年3月3日核准注销,同日上海市黄浦区Y杂货店成立,类型为个体工商户,经营者为侯1,经营场所在系争房屋内。

2002年12月1日至2003年11月30日、2004年4月1日至2005年3月31日、2011年10月1日至2012年9月30日、2013年10月1日至2019年9月30日,系争房屋门面房分别由侯1、钟某向案外人出租。

被告赵某在婚前作为上海市胡家宅×号私房的非产权安置人,享受过该房屋的拆迁利益。被告侯2享受过牌楼路房屋的拆迁利益。

四、各方观点

(一)原告观点

原告侯1、钟某、侯4认为,3原告是同住人,李某是承租人,其他被告均不是同住人，非居部分一直由原告家庭经营管理，且征收时营业执照显示原告侯1为开办人，考虑到被告李某是承租人，同时念及亲情，3原告酌情让步，要求获得征收利益共计4,000,000元。

（二）被告观点

李某、侯3、侯5、赵某认为，系争房屋的同住人是原告侯1、钟某、侯4及被告李某、侯3、侯5、赵某7人，居住部分及非居部分的征收利益应由该7人进行分割。李某是承租人，年老无房，且非居部分来源于李某，由李某实际经营多年，故非居部分应当由同住人7人共有，实际经营人，即原告侯1及被告李某应多分。

侯2、何1、何2认为，原告侯1及被告李某、侯2、何1、何2是系争房屋的同住人。原告钟某、侯4及被告侯3、侯5、赵某是空挂户口。非居部分在1997年至2010年是由被告李某、侯2、何1实际经营，执照是被告李某的。2010年3月原告侯1拿到执照后，并没有实际经营，而是出租给他人经营。所以，非居部分的征收利益应当由被告李某、侯2、何1及原告侯1四人分，被告李某适当多分。居住部分的征收利益应由被告赵某以外的9位本案当事人均分，因为被告赵某享受过福利安置。考虑到亲情，被告侯2、何1、何2应当获得系争房屋征收利益的3/10。

五、法院观点[*]

原告侯1、钟某、侯4符合同住人条件，被告李某是承租人，被告侯3符合同住人条件；被告侯5户籍迁入后未在系争房屋内居住，被告赵某享受了上海市胡家宅×号房屋的拆迁利益，被告侯2享受过牌楼路房屋的拆迁利益，被告何1未在系争房屋内实际居住生活1年以上，被告何2是未成年人，应当随父母共同生活，其户籍在系争房屋内属于帮助性质，故侯5、赵某、侯2、何1、何2不符合同住人条件。

系争房屋中的非居部分在被征收时，原告侯1是经营证照的持有人，故涉及非居部分的停产停业损失、证照补贴、自行购置营业用房补贴、非居住房屋装潢补偿、非居搬迁奖励费应归证照持有人，即原告侯1享有，涉及非居部分的其他征收利益由承租人、共同居住人、证照持有人共同享有。特殊困难对象补贴分别专属于被告李某、原告侯1，他人无权享有。

在分割征收补偿利益时，应综合考虑系争房屋的历史来源、相关当事人在系争房屋内的居住情况、户籍迁移情况、他处有无住房、对获得征收补偿利益的

---

[*] 上海市黄浦区人民法院一审民事判决书，(2020)沪0101民初22586号。

贡献等因素,并考虑各家庭成员是否对系争房屋有实际居住需求、证照的持有情况等。法院遵循公平合理原则,酌情确定原告侯1、钟某、侯4共计享有系争房屋的征收补偿款3,900,000元,被告李某、侯3共计享有系争房屋的征收补偿款2,886,079.35元。

本案例形成时间为2021年7月。

六、案例评析

(一)居住和非居住兼用的公有房屋征收利益的分配原则

证照持有人和实际经营人是同住人的情况下,征收单位在给付征收补偿款时已经明确区分居住补偿和非居住补偿份额的,则对居住补偿部分,承租人和同住人可以共同分割;对非居住补偿部分,证照持有人和实际经营人可以适当多分。具体份额由人民法院综合考虑房屋历史来源、对获得征收补偿利益的贡献、证照的持有情况等因素,遵循公平合理原则进行酌定。

(二)证照持有人的利益包括哪些

本案中,根据分配原则,在证照持有人是同住人的前提下,停产停业损失、证照补贴、自行购置营业用房补贴、非居住房屋装潢补偿、非居搬迁奖励费等与证照及实际经营相关部分的补偿利益应归证照持有人所有,其他补偿利益归承租人和同住人共有。

放弃购买公房产权之居住人是否享有售后公房居住权?

刘清华[*]

一、争议焦点

户籍在售后公房内、实际居住3年以上的居住人,购买公房时放弃购买产权,是否仍对该售后公房享有占有、使用的相应权益?

二、主要人物关系

原告于某1,被告于某2、于某3。于某1系于某2的妹妹,于某3系于某2的女儿。

三、案情简介

系争房屋位于上海市中山西路,该房屋系原告作为承租人的×路公房于

---

[*] 上海明庭律师事务所合伙人,上海市律师协会第十一届不动产征收(动迁)专业委员会委员。

1993年拆迁安置所得，×路公房户籍在册人口4人：原告、原告的儿子及两被告（两被告动迁时实际居住在×路公房）。由于两被告在他处已享受到动迁利益（1987年享受公房拆迁利益，分得两套房子和补偿款），1993年×路公房的《房屋拆迁安置协议》（以下简称拆迁协议）上应安置人员只有原告和其儿子，该拆迁协议"备注"里明确"两被告长期居住在此房屋，按政策要剔除，鉴于无法迁回原户籍地迁出地，同意购买3个平方，款收到，协议生效"，整个动迁事项由被告于某2代办，签字落款处为"于某2代于某1"。

新配房屋（系争房屋）当时性质为公房，"住房调配单"载明："租赁户名"为原告，"家庭主要成员"为原告的儿子，"新配房人员"为原告及其儿子，两被告系照顾入户。原告及其儿子和两被告户籍均迁至系争房屋内。

2009年×月×日系争公房产权出售，两被告及原告儿子放弃购买公房产权，并签署"放弃购买售后公房产权证明"："自愿放弃购买售后公房产权，该售后公房产权归于某1一人，决不反悔。"《职工家庭购买公有住房协议书》载明"房屋承租人于某1经与本户成年同住人协商一致，同意购买系争公房，确定所购房屋为于某1个人所有"，协议书"承租人或受配人"栏内有于某1签名，"同住成年人"栏内有于某2和于某3签名。《上海市公有住房出售合同》购买人为原告，原告支付了相应购房款。售后公房产权人登记为原告。

在获取系争房屋后，被告一家和原告约定换房居住，两被告居住在系争房屋内，原告居住在被告位于他处的房子内。2019年7月被告要卖掉自家房屋，通知原告搬出，但是两被告却继续占用系争房屋，原告只能在外租房居住，遂起诉要求被告搬出系争房屋，将房屋交还原告，并支付原告自×日起的房屋使用费。

四、各方观点

(一)原告观点

1. 2009年系争公房的产权出售系依据《一九九五年出售公有住房方案实施细则》第5条的规定："购买公有住房的对象为获得新分配住房的具有本市常住户口的职工和在住所地具有本市常住户口的公有住房承租人或年满18周岁的同住成年人。职工家庭内有多人的，应协商确定购房人，协商不成的，不办理购房手续。职工家庭购房时，可申请共有产权。……"

首先，该条文明确规定同住人在购买公房产权时应有家庭购房内部协议，产权归属以内部协议约定为准。原、被告签署的《职工家庭购买公有住房协议书》已经明确约定系争房屋的产权归原告。

其次，从购买对象来说，两被告不是新配房人员，也不是公房承租人，那么两被告是不是"同住人"呢？也不是。

《一九九五年出售公有住房方案实施细则的问题解答》第 10 点:"同住人"含义是什么?答:根据《〈上海市城镇公有房屋管理条例实施细则〉有关问题掌握口径》(沪房〔91〕公字第 226 号文)第 7 条规定,"'同住人'是指本处有常住户口且实际居住三年以上(除特殊情况外),他处无住房或他处虽有住房而居住困难的"。两被告已在他处享受过动迁利益,不属于系争房屋的"同住人",无权购买系争房屋产权。

2. 1993 年×路公房动迁时,两被告户籍虽然在被拆迁公房内,但由于其在他处享受过动迁利益,已按政策予以剔除,故两被告不享有×路公房安置利益,仅为照顾入户。

3. 系争房屋中超限安置面积系分配给拆迁协议的被拆迁人,即原告,故只有原告有权购买系争房屋产权。

4. 被告陈述 3 平方米的超限安置面积系其出资,但并未提供证据,相反,原告尚有部分拆迁补偿款足以支付超限安置面积的款项,拆迁协议及整个动迁事项均由被告于某 2 代为签署、办理,原告从未收到应得的货币补偿款,原告有理由相信购买款出自剩余拆迁补偿款。

5. 退一步说,假如动迁时两被告享有 3 平方米的超限安置权益,两被告也由于"放弃购买售后公房产权,公房产权归于某 1 一人所有"的声明而不再享有相关权益。

6. 被告先行打破交换居住的合意与现状,被告负有搬离并返还原告房屋的义务,被告继续占用系争房屋,导致原告无法回到自有房屋居住,在外租房,被告应支付原告房屋使用费。

(二)被告观点

1. 两被告一直实际居住在系争房屋,且户籍也在该房屋,故两被告系系争房屋的同住人,系争房屋的产权人虽为原告,但该房屋为售后公房,原告的产权受到限制,其应保障两被告作为同住人所享有的合法居住权。

2. 系争房屋中超限安置面积系为照顾两被告入户由于某 2 单位和其妻子单位各自出资一半购买,3 平方米居住面积由两被告享有。

3. 被告一家从未强迫原告搬出换房居住的房屋,也未阻拦原告回到系争房屋居住,两被告可共挤一间,空出一间供原告居住,故原告另外租房费用由其自行承担,两被告无须支付使用费。

五、法院观点

(一)一审法院观点

一审法院认为,所有权人对自己的不动产依法享有占有、使用、收益、处分的权利。妨害物权或者可能妨害物权的，权利人可以请求排除妨害或消除危险。本案的争议焦点在于两被告对系争房屋的占有使用正当与否。

两被告首先辩称两人属于系争房屋同住人，享有合法居住权。对此，法院认为，系争房屋原为公房，后由原告购买产权，根据售后公房同住人认定标准，同住人是指本处有常住户口且实际居住3年以上（除特殊情况外），他处无住房或他处虽有住房而居住困难的。两被告虽在系争房屋内实际居住且有户籍，但是，两被告已在他处因为房屋拆迁被核定为安置对象，在原告购买系争房屋产权时，两被告实际已在他处享受过安置利益且分得两套房屋，两人在系争房屋内基于公房性质享有的居住权利应已丧失。原告作为系争房屋产权人，已无须再解决两被告的居住问题。据此，两被告的上述辩称意见，法院不予采纳。

两被告另辩称系争房屋中超限安置3平方米居住面积应归两人享有，该部分系由被告于某2单位与妻子单位各出资一半购买。法院认为，系争房屋原为×路公房拆迁安置所得，拆迁协议、住房调配单等表明安置人员及配房人员为原告及其儿子，两被告并非安置对象和受配人员，且按政策应予以剔除，但基于两人无法迁回原户籍迁出地，为照顾其入户，拆迁单位另提供超限安置面积3平方米，该3平方米需被拆迁人出资×元购买。故两被告仅为照顾入户对象，且在案证据亦无法证明超限面积3平方米由两被告出资购买，即使能够证明，则在系争房屋由公房转化为产权房时，两被告明知有过出资购买超限面积，却仍在放弃购买售后公房产权证明上签字，明确表示放弃购买系争房屋产权及系争房屋归原告所有，确认了两人对系争房屋不享有产权。据此，两被告的上述辩称意见，法院亦不采纳。

最后，法院注意到，系争房屋一直由两被告实际居住，原告与被告一家就交换房屋居住达成合意，并已形成稳定的居住习惯。被告一家于2019年7月告知原告将要出售房屋并要求原告搬离，结合法院查明的房屋交易和产权情况以及房屋出售需要合理的时间和过程，原告于2019年8月搬离被告一家的房屋并无不妥，两被告继续占用系争房屋，导致原告无法回到自有房屋居住，故两被告的上述无权占用行为已妨害原告行使系争房屋物权，原告主张两被告支付自×日起的房屋使用费合法有据，法院予以准许。

一审法院判决于某2、于某3判决生效后10日内搬离系争房屋；并支持了于某1有关房屋使用费的请求。

(二)二审法院观点*

本案一审、二审焦点均在于上诉人(于某 2、于某 3)对系争房屋是否有占有、使用的相应权益。

根据查明事实,本案系争的中山西路房屋登记所有权人为被上诉人于某 1,按照法律规定,所有权人对自己的不动产依法享有占有、使用、收益、处分的权利。被上诉人有权行使不动产所有权之对世权能,依法有权排除系争房屋上他人对其所有权及其权能的行使障碍。

经查系争房屋系售后公房,上诉人、被上诉人作为原公房承租人及利益相关人员在系争房屋由租赁公房售卖取得所有权之相应程序中,对相关权益均有确认,上诉人在 2009 年×月×日签署之"放弃购买售后公房产权证明"中明确表示"自愿放弃购买售后公房产权,该售后公房产权归于某 1 一人",并且"决不反悔"。其后×月×日签订《职工家庭购买公有住房协议书》,载明"房屋承租人于某 1 经与本户成年同住人协商一致,同意购买系争公房,确定所购房屋为于某 1 个人所有",协议书"承租人或受配人"栏内有于某 1 签名,"同住成年人"栏内有于某 2、于某 3 签名。上诉人主张之所谓同住人、其公房受配时享有之 3 平方米权益均与系争房屋产权变更前的公房状态相联系,属租赁公房项下享有权益。应该认为,斯时系争房屋基于承租公房形成的同住人及其相关居住、使用权益已被房屋产权性质变更及所有权的移转所变更,相关权益为房屋所有权吸收,而上诉人签署的上述文件已表明其明确放弃以所有权登记方式保留、体现相关居住等物权权益。在现有证据条件下,上诉人不具备系争房屋物权及其相关权益,不具备本案合法抗辩权以对抗被上诉人房屋所有权权利行使,相关主张本院不能采纳。另外,如涉及系争房屋购买出资等事宜,双方可另行处理、主张。

二审法院判决驳回上诉,维持原判。

六、案例评析

本案涉及几个关键辨明点:

1. 本案购买公房产权适用的是"94 方案"还是"95 方案"。①

"94 方案"政策规定由家庭人员委托一人购房,房地产权证上只能写一个人的名字。如果是按照"94 方案"购买房屋,无论产权证上是否有其他人的名

---

* 上海市第一中级人民法院二审民事判决书,(2020)沪 01 民终 10835 号。

① "94 方案"包括上海市人民政府《关于出售公有住房的暂行办法》(1994 年)、上海市住房改革制度办公室、上海市房产管理局《关于出售公有住房的实施细则》和《上海市〈关于出售公有住房的实施细则〉有关政策的补充通知》。"95 方案"包括上海市房屋土地管理局、上海市住房制度改革办公室《一九九五年出售公有住房方案实施细则》和《一九九五年出售公有住房方案实施细则的问题解答》。

字,在诉讼时效内,购房时的购房人、工龄人、职级人、原公房的同住人及具有购房资格的出资人主张房屋产权的,均可确认房屋产权共有。

若是按照"95方案",在购买该公房产权时相关人员应有内部协议,内部协议应写明将来产权的归属,否则就不能出资购买。产权有争议时就按当时的协议约定确定权属。

本案系适用"95方案"购买公房产权,根据《职工家庭购买公有住房协议书》约定的内容确认售后公房权属。

2.按"95方案"有权购买公有住房的对象有三种,本案于某2、于某3均不符合。

3."95方案"中的购房对象之一的"同住人"与公房征收中"同住人"的概念有所区别。

公房征收中"同住人"是指在被征收居住房屋处有上海市常住户口,已经实际居住1年以上,且上海市无其他住房或者虽有其他住房但居住困难的人。

"95方案"中的购房对象之一的"同住人"是指本处(公房内)有常住户口且实际居住3年以上(除特殊情况外),他处无住房或他处虽有住房而居住困难的人。对于在新配房屋居住不到3年的租赁户,则以住房调配单和户口簿上的同住人为准。

4.代理此类案件时应采取层层递进的思路:首先,于某2、于某3不是动迁协议的被征收人和安置人;其次,其二人也不是新配房屋承租人、家庭主要人员及新房受配人;再次,其二人也不符合公房购买人条件;最后,其二人购买产权时做出放弃产权的意思表示。

基于非同住人户籍因素所多选的安置房,非同住人可否享受征收补偿利益?

周文宣[*]

一、争议焦点

(1)小张是否为系争房屋的共同居住人?

---

[*] 北京市隆安律师事务所上海分所合伙人,上海市律师协会第十一届不动产征收(动迁)专业委员会委员。

(2)基于非同住人的户籍因素所多选的安置房,归非同住人所有吗?
(3)家庭协议是否有效?

二、主要人物关系

原告系张三、小张,被告系张四、红红。张三与张四系兄弟关系,张三与小张系父子关系,张四与红红系夫妻关系。

三、案情简介

2015年6月,系争公房被纳入征收范围,房屋中共有人户籍在册,为张三、小张父子俩和张四、红红夫妻两人。张四作为征收前房屋承租人与动迁组签订征收补偿协议,取得两套安置房屋登记于自己名下。

系争房屋原承租人是张三、张四两兄弟的父亲老张,后承租人变更为张三。1993年,老张与张三套配B房屋,房屋调配单上载明,新配房成员为老张和张三,承租人为老张,房屋面积18.20平方米。B房屋一直由张三一家三口居住。张三的配偶朱某在1996年享受了单位增配的C房屋,新配房屋面积6.50平方米。2000年,张三与老张进行房屋调换,将系争房屋承租人改为老张。几年后,张三将套配所得B房屋与他人进行了置换,张三一家一直居住在置换所得房屋内。张四妻子红红的户口于2009年迁入该系争房屋。张三和小张的户口于2008年迁入系争房屋,迁入时张三和张四签订协议约定:"张三和小张户口迁入系争房屋处,在不影响动迁的前提下只要属于自己的部分,并将其中1人的1/3给张四,如动迁政策发生了变化(以家为单位的分房或者补偿),那么这份合同失效(不要也不给)。"协议由张三、张四两人签字确认。2010年,张四通过家庭内部协商成为系争房屋的承租人。

2015年,张三与朱某协议离婚,约定夫妻关系存续期间所得房产均归女方所有。系争房屋被征收后,张三称离婚后父子俩无房,要求由两人取得其中一套征收安置房或征收补偿款80万余元,因4人对征收利益分配问题协商未果,张三和小张诉至法院。

四、各方观点

(一)原告观点

原告张三、小张认为:两人有权分得此次征收补偿利益。

第一,两原告均为系争房屋的同住人。

第二,小张未享受过住房福利。张三夫妇受配房屋时,小张是未成年人,未成年人的居住问题应当由父母解决。因此,不能认定小张享受过住房福利。小张亦有权主张分得此次征收补偿利益。

(二)被告观点

被告张四、红红认为:张三、小张均享受过福利分房,居住并不困难,亦非系争房屋的共同居住人,不应作为此次征收补偿的主体,无权分得系争房屋的征收补偿利益。具体理由如下:

第一,张三和小张在户籍迁入系争房屋之前,其家庭共获得两套福利住房,且其中一处房屋调配单上明确记有小张的名字。两套住房居住面积合计24.70平方米,张三一家三口不属于居住困难。

第二,张三与小张的户口迁入系争房屋后,两人没有实际居住在该房屋中。

第三,张三与小张在户口迁入系争房屋之前,张三已与张四签订动迁利益分配协议,约定仅在"按人头"补偿时,两人才有权分得征收补偿利益。

五、法院观点[*]

法院认为,本案中,张三曾为系争房屋承租人,后通过置换,系争房屋承租人发生变更,朱某单位在原系争房屋基础上为其增配了另一福利住宅,并在调配单上载明原住房人员包括张三、小张、朱某。故张三、小张均已享受了住房福利,不属于系争房屋的同住人。但在本案中,根据该基地政策,张四取得两套安置房屋是因为该户四个人构成两个家庭,考虑到两原告的户籍贡献,且两被告表示自愿补偿30万元,故判决两原告取得补偿款30万元。

本案例形成时间为2020年1月。

六、案例评析

本案争议焦点一:小张是否为系争房屋的共同居住人?

本案中小张的户口于1991年报入系争房屋,后随父母迁出,再次迁入系争房屋的时间为2008年,户口末次迁入后其不曾在系争房屋内居住过。部分法院认为,对"实际居住生活一年以上"的认定,应当以末次户口迁入时起算,不包括末次户口迁入之前的居住时间。据此,小张不满足共同居住人认定标准中的"实际居住生活一年以上",亦不满足该标准的例外情形,不能被认定为系争房屋的共同居住人。

本案争议焦点二:基于非同住人的户籍因素所多选的安置房,归非同住人所有吗?

在房源逐渐紧张的情况下,不少选房政策变为原则上"一证一套"。但是由于老公房中普遍存在在册户籍人口众多,家庭结构复杂的问题,征收单位也会出台相应政策,例如一套房屋存在两个家庭结构的可以多选一套房屋。

---

[*] 上海市第二中级人民法院二审民事判决书,(2019)沪02民终10563号。

在征收安置房屋的价格远低于市场价时,征收对象为了实现安置补偿利益最大化,往往会争取选购多套安置房。征收实施单位在提供安置方案时,往往只考虑在册户籍情况,不会对户籍人员是不是同住人进行实质认定,导致在家庭内部分配征收补偿利益时,非同住人会认为基于自己户籍在册而多选的安置房应归自己所有。

在诉讼中,法院首先会认定系争房屋内有权分得补偿利益的实际共同居住人,其次会考虑户籍因素对于该户征收补偿利益取得的贡献。在未认定居住困难户的情况下,居住房屋征收补偿款一般由房屋价值补偿款和奖励补贴组成,以被征收房屋面积为主要补偿依据,非同住人的户籍贡献仅仅体现在选取安置房的套数上。

法院认为增加的安置房存在市场价差,给承租人和同住人带来了实实在在的利益,因此对有户籍贡献的非同住人给予适当补偿符合公平原则,但非同住人所获补偿份额不能与同住人同日而语,增加的安置房也只能归承租人和同住人所有。

本案争议焦点三:家庭协议是否有效?

实践中,家庭协议往往存在主体不完备、形式不规范、内容不完整、表意不明确等问题。法院在审理存在家庭协议的案件时,更多的是关注协议背后的本意和其形成的历史原因,对协议形式和内容不过度苛责,在最大限度地还原家庭协议的本意的基础上,将家庭协议作为法院处理案件的依据。

公房私阁是否属于私产?

于 玮[*]

一、争议焦点
公房的私阁是否属于私产?
二、主要人物关系
费某于1995年9月13日报死亡,其与妻子许某(承租人)共生育有7个子女。

---

[*] 上海博和汉商律师事务所合伙人,上海市律师协会第十一届不动产征收(动迁)专业委员会委员。

三、案情简介

系争房屋为公房，承租人为母亲许某，父亲费某已去世。

1981年，房管所出具"公房承租户自费改装、搭建、添装设备许可证"一份，该许可证言明："申请户名费某、被征收房屋地址×；申请原因次子结婚，申请自费搭搁；批准的项目、部位、范围及施工要求：已擅自搭建三层搁；改装、搭建添加设备后产权的处理：产权归现住户所有，有关漏水损坏，应由住户负责自理。"

后该房屋被征收，签订征收补偿协议，协议内容载明该房屋建筑面积30余平方米，未认定建筑面积近30平方米，被征收房屋价值补偿款约300万元，不予认定建筑面积残值补偿130余万元，该户不符合居住困难户条件，另有装潢补偿、临时安置费、签约搬迁利息、居住搬迁奖励等。

许某的部分子女以其他子女、在册户籍人为被告向法院提起共有物分割纠纷之诉。

四、各方观点

（一）原告观点

原告认为依据前述许可证，公房的三层阁属于私产，当时已形成共同共有，阁楼产权应当归当时的在册户籍人共同共有，均等分割，相关人员去世的，其产权份额按照继承法律规定处理，所以主张被征收房屋中阁楼相关的补偿款按照前述方式分配。

（二）被告观点

被告认为被征收房屋系公房，阁楼虽然是私自搭建，但是附属于公房，二者性质一致，且阁楼未单独获得不动产产权登记证明，不应当认定为私产。征收部门也是将阁楼作为公房中不予认定建筑面积予以补偿，并未与公房区分开按照私产单独签约、单独补偿。

五、法院观点[*]

一审法院审理认为，系争房屋中自行搭建的阁楼无法被认定具有独立产权，也并非私产，故原告要求分割征收补偿利益的诉讼请求，不予支持。一审判决后，原告未上诉，本案已生效。

本案例形成时间为2021年11月。

六、案例评析

本案争议焦点：系争房屋中的阁楼是否属于私产。

---

[*] 上海市静安区人民法院一审民事判决书,（2021）沪0106民初16599号。

(一)系争阁楼未经不动产产权登记,不发生效力

阁楼在系争房屋内搭建而成,是对系争房屋的添附,作为系争房屋的一部分,其权属性质应与系争房屋一致。

不动产物权的设立应当依照法律规定进行登记,未经登记,不发生效力。不动产产权登记,由不动产所在地的登记机构办理。本案中,虽然案涉许可证上言明产权归现住户所有,但因物权法定原则,许可证的记载并不具有物权效力,该阁楼无法被认定具有独立产权。

(二)系争阁楼按照公房残值补贴

1. 建筑面积的残值补贴规定

依据案件中征收地块补偿方案的规定:"公有房屋租赁凭证中记载的产权属私的阁楼和私有房屋不动产权属证书'附记'部分记载的阁楼,高度在1.7米以上的,按照记载面积乘以评估均价计算残值补贴;高度在1.2~1.7米(含1.2米和1.7米)的,按照记载面积的一半乘以评估均价计算残值补贴;高度在1.2米以下的,按照记载面积乘以2000元/平方米计算残值补贴。"

2. 系争阁楼补偿的计算

如前所述,公有房屋租赁凭证中记载的产权属私的阁楼,可以根据一定标准给予对应的残值补贴。结合原告提供的被征收居民基本情况表可知,"未见证部位面积,私阁18.5平方米,私阁8.49平方米,私阁1.74平方米"。经计算:阁楼残值补贴为55,309元(评估均价)×18.5+55,309元×8.49/2+2000元×1.74=1,261,483.21元。加之每户享有的5万元/证的残值补贴,构成征收补偿协议第9条第1项,即"不予认定建筑面积残值补偿1,311,483.21元"。

由此可见,征收部门既未将系争阁楼认定为私产予以征收补偿,也未将其计入有效建筑面积予以补偿,而是按照有关规定根据阁楼不同高度和面积,计算公房的残值补贴。所以本案给予阁楼补偿的前提仍然是该阁楼为公房的部位,并未改变其性质作为私产补偿。原告主张阁楼为私产没有依据。

(三)系争阁楼征收补偿所得的归属

按照法律和补偿方案的规定,公房承租人以征收决定作出之日合法有效的租用公房凭证计户,按户进行补偿,公房承租人所得货币补偿款归公有房屋承租人及共同居住人共有。本案公房私阁给予残值补贴的前提仍然是公房的征收补偿,相关的征收所得应当归公房承租人和共同居住人所有,相关人员若为阁楼搭建人,法院可能在分配上酌情考量,但不会影响阁楼的定性。

第二篇　私有房屋征收案例

本篇导读

　　私有房屋征收切实关系当事人的自身利益,如果对私有房屋征收没有整体的把握,可能会导致当事人的利益被侵害。本篇按照私有房屋征收的环节,结合律师的案例评析,介绍了私有房征收补偿对象的不同情形、征收补偿协议的效力、征收补偿利益的分割、继承与婚姻的特殊情况、征收补偿决定的撤销等相关案例。

第一章 私有房征收补偿对象相关案例

私房征收中的居住困难人口与房屋权利人、实际使用人同权吗？

郭梦祺[*]

一、争议焦点

在私有产权房屋被征收的过程中，居住困难人口在征收安置补偿利益中享有怎样的权利，征收补偿款在房屋权利人、实际使用人、居住困难人口之间该如何进行分配。

二、主要人物关系

1985年前后，王某出售原有私房，置换了位于上海市某区×路×弄×号房屋（系争房屋），权利人登记为王某。陈某与王某系夫妻关系，双方育有王某A、王某B、王某C、王某D、王某E 5名子女，王某F为陈某与其前夫所生之女，系王某的继女。王某F与徐某系夫妻关系，徐某A为二人之子，其配偶为李某。姚某系王某B的儿子。王某A与韦某原系夫妻关系，于2006年离婚，两人育有一女王A。

三、案情简介

系争房屋购置后，长期由王某、陈某、王某A及徐某A实际居住，王某还于2006年前后出资加盖了3楼（为无证搭建）。王某A因家庭购置商品房于2003年搬出系争房屋，但2008年离婚后便搬回系争房屋并一直居住至房屋征收。王某F与徐某曾于2014年至2016年暂住于系争房屋3楼搭建处，徐某A则于2009年结婚后搬出系争房屋。王某的其余子女偶尔会因照顾父母或搬家过渡等因素在系争房屋短暂居住。

2019年4月，系争房屋所在地块征收工作启动。当时户籍在册人员为王某、陈某、王某F、王某B、姚某、王某A、韦某、王A、徐某A、李某共10人。徐某

---

[*] 北京君都（上海）律师事务所律师，上海市律师协会第十一届不动产征收（动迁）专业委员会委员。

虽从未将户口迁入过系争房屋,但被征收部门认定为居住困难人口。

经征收部门认定,王某F、徐某、王某B、姚某、王某、陈某、王某A、王A共8人为居住困难人口。2019年6月,王某与上海市某区住房保障和房屋管理局签订了《上海市国有土地上房屋征收补偿协议》,明确系争房屋在征收范围之内,居住困难人口为前述8人,计算居住困难货币补贴的折算单价为每平方米建筑面积21,500元,包含被征收房屋价值补偿款、居住困难户增加货币补贴、装潢补偿款、其他奖励费等在内的各项征收补偿费用共计500万余元。

王某F、徐某、王某B、姚某认为王某在其4人均被认定为居住困难人口的情况下,未对其进行安置,其未获得合理的安置补偿,故以王某、陈某、王某A、韦某、王A、徐某A、李某为被告提起诉讼,要求王某支付4原告征收补偿款188万元(以每人47万元为标准)及相关权益。审理中,4原告向法院申请冻结王某名下征收补偿款190万元。剩余征收补偿款王某已转账给王某A。

四、各方观点

（一）原告观点

4原告在系争房屋被征收前均在系争房屋内实际居住过,后因居住困难才无奈搬离系争房屋,在外借房居住。故4原告属于系争房屋的实际使用人,且征收部门在认定居住困难人口时对于4原告的实际居住情况是了解的。同时,4原告被认定为居住困难人口,王某也因此获得了额外的征收利益,根据《实施细则》(2011年版)之规定,王某应当负责安置4原告。各原告安置补偿之标准应当以居住困难货币补贴的折算单价×人均面积计算,故4原告应享有的征收利益为189.2万元,考虑到家庭因素,4原告只主张其中的188万元。

（二）被告王某、陈某、王某A、韦某、王A之观点

不同意4原告的诉讼请求。系争房屋系私房,王某作为系争房屋的权利人（产权人）,其享有的房屋所有权应当予以保护。根据相关规定,房屋征收补偿利益应归权利人所有,同时权利人应当对房屋实际使用人进行安置。4原告虽被认定为居住困难对象,但均未在系争房屋内长期生活居住,也未提供证据证明其实际居住和使用系争房屋的情况,故4原告不属于实际使用人。4原告作为居住困难人口仅对居住困难补贴享有权利,除此以外的房屋价值补偿款及其他补贴和奖励,4原告无权主张。

（三）被告徐某A、李某之观点

同意4原告之观点,被告徐某A虽在系争房屋中居住过,但其与李某在他处有房,不属于安置对象。

五、法院观点[*]

法院审理后认为,征收人给予被征收人的货币补偿款归被征收人所有,被征收人应当负责安置房屋使用人。徐某A、李某既非产权人,亦非使用人和居住困难人口,不能参与征收补偿款的分割。系争房屋系私房,房屋价值补偿款和不予认定建筑面积的材料费补贴应归私房权利人所有。居住困难户增加货币补贴款应由居住困难人口均分。4原告在征收前未实际居住系争房屋,并非房屋实际使用人,无权分得装潢补偿款、搬家补助费、家用设施移装补贴、按期搬迁奖。

因王某于诉讼过程中报死亡,法院依法追加其继承人王某C、王某D、王某E作为被告。审理中,王某F、王某B明确表示放弃继承,王某C、王某D、王某E明确表示3人享有的继承份额赠与王某A,王某A同意接受赠与。王某F、徐某、王某B、姚某明确仅主张4人在本次征收中享有的份额。另外,陈某、王某A、韦某、王A表示同意王某F、徐某分得50万元,王某B、姚某分得50万元。

审理法院综合考虑系争房屋的来源、居住使用情况、征收补偿款的组成以及征收安置政策等因素,酌情对其余奖励补贴费用予以分配,判决如下:

1. 被继承人王某名下上海市某区×路×弄×号房屋征收补偿款50万元归王某F、徐某所有;

2. 被继承人王某名下上海市某区×路×弄×号房屋征收补偿款50万元归王某B、姚某所有;

3. 被继承人王某名下上海市某区×路×弄×号房屋征收补偿款90万元归王某A所有。

虽然本案中法院判决4原告取得了100万元的征收补偿款,但本质上是因为被告在庭审中基于家庭亲情的考虑而作出的同意让与部分补偿利益的意思表示,本案宣判后双方均未上诉。

本案例形成时间为2020年1月。

六、案例评析

首先需要明确的是,本案中系争房屋是被告王某、陈某夫妻的私有产权房屋。那么在此前提下,居住困难人口所享有的征收补偿利益是否可以简单地直接按折算单价人均面积予以计算呢?对于上述问题,应着重从以下两点进行分析:

---

[*] 上海市杨浦区人民法院一审民事判决书,(2019)沪0110民初19961号。

第一，被征收房屋的征收补偿利益在权利人、实际使用人、居住困难人口之间应如何分配？

对此，笔者认为，根据相关规定，补偿款的构成、用途以及被征收房屋相关人员之间的差异，补偿款的分配应当加以区分，而不是作笼统的分割处理。私房征收补偿款中一般包含房屋价值补偿款(评估价格、套型面积补贴、价格补贴)、居住困难保障补贴、装潢补偿及其他各类补贴、奖励费用。

首先，就房屋价值补偿款而言，该补偿款是针对被征收房屋本身价值的补偿，并不涉及个人或户籍的因素。因此，该部分补偿款毫无疑问应当归产权人所有。

其次，就居住困难保障补贴而言，该补贴是在被认定为居住困难户的情况下，按核准的居住困难人数计算增加的补贴。因此，该补贴应当归全体居住困难人员共有。需要强调的是，从该补贴的计算方式"居住困难补贴＝折算单价×居住困难户人数×22平方米－被征收居住房屋补偿金额"中可以看出，居住困难补贴并不包括被征收房屋的价值补偿款。

再次，对于装潢补偿而言，其是对被征收房屋内装潢价值的补偿，而房屋内装潢是由产权人及房屋实际使用人共同享有的，故该部分补偿款应归房屋产权人及房屋实际使用人所有。

最后，其他各类补贴、奖励费用，包括按期签约奖、搬家补助费等，均是用于补偿产权人及房屋实际使用人在征收安置过程中产生的费用，以及鼓励签约等。故该部分补贴、奖励费用应归房屋产权人及实际使用人所有。

通过对上述各项补偿款的分析可见，在对被征收房屋补偿利益进行分割时，应当对房屋权利人、实际使用人及被认定为居住困难的人员予以区分。非产权人也非实际使用人的居住困难人员有权分配的补偿款仅限于居住困难保障补贴，除此之外，居住困难人员无权分割其他补偿款。

第二，被认定为居住困难人员，是否就等同于房屋实际使用人，从而有权分割被征收人的安置补偿？

笔者认为，私房实际使用人、居住困难人口以及公房同住人系完全不同的概念，所对应享有的权利也是完全不同的。本案的4原告虽然经核准认定为居住困难人员，但不代表其就理所当然地成为实际使用人或所谓的安置对象。需要强调的是，根据《实施细则》第44条及第51条的规定，征收居住房屋的，被征收人取得货币补偿款、产权调换房屋后，应当负责安置房屋使用人；而房屋使用人，是指实际占用房屋的单位和个人。由此可知，对被征收私房的实际占用是一个客观事实。并且，私房的产权人之所以有义务安置实际使用人，是基于实际使用人依赖被征收房屋居住生活的现实需求,如居住困难人员并未在被征收房屋内生活,显然不存在这种需求。

因此,如居住困难人员无法举证证明自己实际居住、使用被征收房屋,其并不会因为居住困难人员的身份而当然成为被征收房屋的实际使用人,更无权据此要求分割应当属于被征收人的安置利益。

综上,从政策规定,补偿款的来源、用途等角度来看,在私房征收过程中,对于既非权利人,亦非实际居住人的居住困难人员而言,其仅享有征收补偿利益中的居住困难保障补贴,无权分割其余征收利益。如果认定其能够直接按照折算单价×人均面积主张征收利益,将会严重损害房屋产权人的利益,这显然有悖于私房征收中保障被征收房屋所有权人根本权益的基本原则。

私房征收中,非产权实际使用人如何主张权利?

秦志刚[*]

一、争议焦点

私房征收中,非产权实际使用人如何主张自己的被安置的权利?

二、主要人物关系

王招娣与陈韬系夫妻关系,生育陈秀英、陈倩倩、陈葱平、陈丹凤4个子女。王招娣于2000年7月11日报死亡,陈韬于1986年2月28日报死亡,其二人均未留有遗嘱,二人父母均已去世。陈葱平与顾詹系夫妻关系,生育陈航宇、陈燕华为陈航宇之女。

三、案情简介

系争房屋由王招娣、陈韬于20世纪40年代购买。

系争房屋于2019年11月29日被纳入征收范围,当时房屋内有陈葱平、顾詹、陈航宇、陈燕华、陈丹凤6人共两册户籍。

2019年12月20日,陈丹凤(乙方)与征收单位签订了《上海市国有土地上房屋征收补偿协议》,载明:私房,认定建筑面积54平方米。房屋价值补偿为3,745,524元;乙方选择货币补偿;其他奖励补贴共计2,269,300元;居民签约

---

[*] 上海华夏汇鸿律师事务所律师,上海市律师协会第十一届不动产征收(动迁)专业委员会委员。

奖励、居住房屋搬迁奖励、户口迁移奖励、临时安置费、签约搬迁利息等奖励在结算单中另行结算。

系争房屋被征收前长年由陈丹凤一家居住；陈葱平一家自20世纪70年代之后就未再居住。陈秀英于1974年结婚搬出，陈倩倩于80年代结婚搬出，其他兄弟姐妹长大后结婚陆续搬出，陈葱平一家居住于二楼；陈丹凤结婚后在天井中搭建了违章建筑并居住在内。1976年因家庭矛盾加剧，陈葱平一家搬出系争房屋在外租房居住，但仍保管房屋钥匙，家具还留在房屋内，陈航宇在系争房屋内报出生，后在外租房居住，名下没有房屋；陈丹凤一家在系争房屋内居住至动迁。

房屋征收后，各方因征收补偿款分配无法达成协议，陈秀英、陈倩倩将陈葱平、顾瞻、陈航宇、陈燕华、陈丹凤起诉至法院，请求分割征收补偿款。

四、双方观点

（一）上诉人观点

系争房屋并没有取得产权证，只有土地证。陈韬于1986年去世，而系争房屋土地证于1995年9月才颁发，土地使用者登记为"王招娣等"，因此土地使用者是包括王招娣在内的多人。登记为"王招娣等"的土地证并非不动产权利的登记凭证，陈葱平、顾瞻、陈航宇、陈燕华基于历史原因一直在系争房屋内居住，在系争房屋内的户籍亦单独为一户，是政府部门认可的系争房屋的实际使用人。根据《实施细则》第44条的规定，"被征收人取得货币补偿款、产权调换房屋后，应当负责安置房屋使用人"。从系争房屋的结算单可以看出，拆迁补偿中属于房屋价值补偿的金额仅有4,765,524元，除了非居补偿和执照补偿，其余补偿共计2,116,216.12元应由房屋实际使用人享有。

（二）被上诉人观点

第一，陈韬于1986年去世以后，土地使用权证变更为王招娣等，"等"是指王招娣与陈韬的4个子女，即陈葱平、陈倩倩、陈丹凤、陈秀英。即使不包括子女，在王招娣去世以后系争房屋也应按照继承法律规定分割，所以系争房屋的权利仍属于陈葱平、陈倩倩、陈丹凤和陈秀英。第二，陈葱平在20世纪70年代就已经迁出系争房屋，不是系争房屋的实际使用人，也不是实际经营人。第三，根据上海市高级人民法院的相关规定，私有住房的征收以产权平移为原则，被安置人范围一般仅限于房屋产权人。对于房屋的实际使用人，除非征收部门将其认定为被安置人，否则不属于征收补偿法律关系的主体。而本案中陈葱平一家不是系争房屋的实际使用人，即使其是实际使用人，也不能基于实际使用人的身份来分割本案的征收利益。

五、法院观点

(一)一审法院观点

一审法院认为,公民的财产权利受法律保护,任何组织或者个人不得侵犯。系争房屋由王招娣、陈韬于婚姻关系存续期间购得,应为王招娣、陈韬二人的夫妻共同财产,二人对该房屋各享有 1/2 的权利份额。后王招娣、陈韬二人先后去世,生前未留有遗嘱,故系争房屋应由二人的法定继承人,即陈秀英、陈倩倩、陈葱平、陈丹凤共同继承。故法院认为系争房屋应由陈秀英、陈倩倩、陈葱平、陈丹凤均等继承,每人得 1/4 的权利份额。同时,陈航宇、陈燕华非系争房屋产权人,故无权取得征收补偿。

(二)二审法院观点[*]

二审法院认为,系争房屋是王招娣、陈韬于 20 世纪 40 年代购买,为王招娣、陈韬的夫妻共同财产。一审法院认定系争房屋由陈秀英、陈倩倩、陈葱平、陈丹凤共同继承,并无不当。在私有房屋征收中,只有房屋权利人才属于征收补偿法律关系中的被安置人,除非征收部门将房屋实际使用人认定为被安置人,否则房屋实际使用人不属于征收补偿法律关系的主体。因此,征收补偿关系中被安置人以外的房屋使用人不能主张分割征收补偿利益,其居住问题可基于原来的法律关系进行主张。综上,依照《民事诉讼法》(2017 年修正)第 170 条第 1 款第 1 项之规定,判决如下:陈葱平、顾詹、陈航宇、陈燕华的上诉请求依据不足,二审法院不予支持,驳回上诉,维持原判。

本案例形成时间为 2020 年 8 月。

六、案例评析

房屋实际使用人是否有权获得权利人的安置,争议较大。

根据《实施细则》第 44 条的规定,征收居住房屋的,被征收人取得货币补偿款、产权调换房屋后,应当负责安置房屋使用人。因此房屋的产权人有义务安置房屋的使用人。同时,《实施细则》第 51 条第 4 项规定,房屋的使用人,是指"实际占用房屋的单位和个人"。由以上规定可知,房屋的实际使用人有权获得房屋所有人的居住安置。而且此问题在房屋析产纠纷中可以一次性解决。

但是之后《会议纪要》统一了裁判口径,上海市高级人民法院认为:"在私有房屋征收中,一般只有房屋产权人才是被安置人。对于房屋实际使用人,除非征收部门将其认定为被安置人,否则不属于征收补偿法律关系主体。而房屋

---

[*] 上海市第二中级人民法院二审民事裁定书,(2020)沪 02 民终 5600 号。

实际使用人基于何种法律关系居住使用被征收房屋,不因征收关系而发生改变,即原房屋居住使用关系平移至安置房屋。因此,征收补偿关系中的被安置人以外的房屋使用人不能主张分割征收补偿利益,其居住问题可基于原来法律关系如扶养、赡养等进行主张。"

自此以后,法院就不再支持房屋的使用人可以通过共有纠纷诉讼获得征收补偿安置。那么实际使用人如何主张自己的被安置权利呢?根据《会议纪要》可知,实际使用人有三种方式可以获得安置。

1. 非产权的实际使用人被列入托底保障范围,此种情况属于政府将该户居民列为居住困难保障对象,且该居民也符合困难保障条件。此种情况下实际使用人可以获得被安置人资格。

2. 该户权利人在征收时选择产权调换方式,即选择房屋安置。根据《会议纪要》的精神,被征收房屋的实际使用人可以获得"平移安置"。也就是在被调换的产权房中,原房屋的实际使用人依旧可以获得安置房的终生使用权,但是无法获得该房屋的产权。

3. 如果该户权利人在征收时选择纯货币安置方式,那么房屋的实际使用人可基于原来的法律关系如扶养、赡养等主张权利。此处需要注意的是,房屋实际使用人的户口一般是在被征收私房内的,而且其主张的对象一般是将其户口迁入系争房屋的具有抚养、赡养义务的法律关系人。

翻建人能否被认定为房屋的共有人?

陈元奇[*]

一、争议焦点

被征收房屋因翻建而增加建筑面积,实际翻建人能否被认定为房屋的共有人?

二、主要人物关系

诸某(198×年死亡)与张某(2000年死亡)系夫妻关系,二人共生育诸a、诸b、诸c、诸d、诸e、诸f、诸g共7人。诸f于201×年去世,郭某与诸f系夫妻

---

[*] 上海市天一律师事务所律师,上海市律师协会第十一届不动产征收(动迁)专业委员会委员。

关系,二人育有郭某a。宋a与宋b系诸a的子女。宋a与龚某系夫妻关系,宋某a系二人之女。叶某系宋b之子。诸c与宋某系夫妻关系。诸d与王a系夫妻关系,王某a系二人之子。诸e与王b系夫妻关系,王某b系二人之子。征收决定作出时,在册户籍人员为诸a、宋a、龚某、宋某a、宋b、叶某、诸c、宋某、诸d、王a、王某a、诸e、王b、王某b。

三、案情简介

1998年5月,上海市×区公证处出具公证书,证明张某与诸某系夫妻关系,诸某于198×年去世,留下本市A房屋1/2产权,未留遗嘱。诸某与张某育有诸a、诸b、诸c、诸d、诸e、诸f、诸g,诸某父母均先于其去世,诸a、诸b、诸c、诸d、诸e、诸f、诸g均表示放弃继承,故诸某的遗产均由张某继承。次月,张某登记为A房屋产权人,建筑面积75平方米。

同年,"上海市×区私有房屋修建申请单"显示,产权人张某,住址本市A号;原房屋现状:危房,层数:1,结构:土木,修建要求:重造,层数:2,结构:平顶。修建理由:该房现属严重危房,地基久泡松软,墙体严重脱落,柱脚房梁松烂,屋顶雨水直接进屋,无法修补。加之3个女儿(诸c、诸d、诸e)现已逐渐退休按政策返沪,他们的子女也已在前两年回沪读书,住得非常拥挤,且房子随时可能发生塌屋伤人事故。

同年,上海市×区×局出具×区私有住房修建许可证,申请人张某,施工地点为A号,修建面积137.06平方米。

诸a、诸c、诸d、诸e4家平均分摊翻建费用,诸b、诸g、郭某、郭某a均表示未出资。房屋在实际翻建中造了3层,每层4间房间,共12间房间,诸a、诸c、诸d、诸e每家用3间房。

2020年×月,上海市×区住房保障和房屋管理局(甲方)、×房屋征收服务事务所有限公司与张某户(乙方)签订《上海市国有土地上房屋征收补偿协议》,约定A房屋性质为私房,认定建筑面积137.06平方米,未认定建筑面积119.84平方米。补偿款构成:评估价格67×23.42元、价格补贴19×28.96元、套型面积补贴72×70元、装潢补偿款47×58.58元、按期签约奖10×00元、搬迁奖励50×0元、搬家补助费1×4.72元、家用设施移装费2×0元、配合签约奖19×40元、均衡实物安置补贴13×00元、集体签约奖15×00元、不予认定建筑面积材料费补贴11×40元,总计142×58.68元。

原告及被告诸b均不在被征收房屋内居住。诸a、宋a、龚某、宋某a、宋b、叶某、诸c、宋某、诸d、王a、王某a、诸e、王b、王某b均在该房屋内居住直至征收。

四、各方观点

(一)原告观点

被征收房屋为私房,产权人是张某,生前未留遗嘱,征收补偿利益均应作为张某的遗产依法予以分配,故征收补偿利益应由其子女诸 a、诸 b、诸 c、诸 d、诸 e、诸 f、诸 g 均分继承,因诸 f 已去世,其份额应当由郭某、郭某 a 继承。

(二)被告观点

1. 诸 a、诸 c、诸 d、诸 e 4 家观点

被征收房屋在 1998 年推倒重建,由诸 a、诸 c、诸 d、诸 e 4 家出资建造成三层楼,原房屋早已不存在,诸 a、诸 c、诸 d、诸 e 4 家在内长期居住,故不能认定该房屋系张某的遗产,且原告和诸 b 从未在被征收房屋内居住,对房屋没有贡献,不应当享受利益。

2. 诸 b 观点

同意原告的诉讼请求,认为征收补偿利益均应作为张某的遗产依法予以分配。

五、法院观点[*]

法院认为,因诸 a、诸 c、诸 d、诸 e 出资对被征收房屋进行了翻建,故 4 人应当作为被征收房屋的共有人。根据住房修建许可证上申请人为张某的事实,以及翻建后房屋面积的增加情况等因素,酌情确定:被征收房屋价值补偿款(评估价格、价格补贴、套型面积补贴)、按期签约奖、配合签约奖、集体签约奖部分共计 126×2.38 元中的 60% 作为张某的遗产进行分配,其余部分由诸 a、诸 c、诸 d、诸 e 按份共有。装潢补偿款、不予认定建筑面积材料费补贴,由实际居住的继承人诸 a、诸 c、诸 d、诸 e 按份共有。搬迁奖励、搬家补助费、家用设施移装费、均衡实物安置补贴、百分比奖,根据实际居住家庭户籍人口数量、人口结构因素确定。据此判决,诸 a 家庭可获得征收补偿款 $3 \times$ 元,诸 c 家庭可获得 $2 \times$ 元,诸 d 家庭可获得 $2 \times$ 元,诸 e 家庭可获得 $2 \times$ 元,诸 b 可获得 $1 \times$ 元,郭某、郭某 a 可获得 $1 \times$ 元。

本案例形成时间为 2021 年 7 月。

六、案例评析

《民法典》第 231 条规定:"因合法建造、拆除房屋等事实行为设立或者消灭物权的,自事实行为成就时发生效力。"

本案中,被征收房屋早年就已经存在,张某取得产权后,因房屋已严重损坏

---

[*] 上海市杨浦区人民法院一审民事判决书,(2021)沪 0110 民初 1312 号。

属于危房,无法继续使用,加之诸c、诸d、诸e家庭居住需要,由诸a、诸c、诸d、诸e出资将原一层75平方米的房屋,重造为三层,认定建筑面积137.06平方米,另有119.84平方米未认定。诸a、诸c、诸d、诸e对原有房屋的翻建系完全拆除后重造,既没有在原有房屋的基础上进行修建,也没有保留原有房屋的主体结构,原房屋的主体结构已经发生了完全的改变,完工后亦未将房屋产权登记在张某名下,且诸a、诸c、诸d、诸e 4家在被征收房屋内居住直到征收。故诸a、诸c、诸d、诸e应被认定为被征收房屋的共有人。

即便拆除重造,新建的房屋中也应包含原房屋的价值,翻建人不能当然取得房屋的全部权利,否则将严重损害原权利人的合法权益,同时也有违公序良俗。因此,本案中,法院结合翻建理由、面积增加情况、翻建出资及居住等因素,将房屋本身的价值所转化的征收补偿利益(房屋价值补偿款、各类签约奖)进行分割,以原房屋面积与翻建后的房屋面积进行对比,酌定原有房屋在新建房屋中的占比为60%,该部分作为张某的遗产进行处理,剩余的部分为实际翻建人共有。

经营性租赁房屋征收,承租人能否获得部分补偿?

林 琴[*]

一、争议焦点

本案的主要争议焦点在于承租人是否有权获得非居住房屋补偿协议中的停产停业损失和搬迁费。

二、主要人物关系

A公司为原告、B公司为被告,第三人为某镇政府。

三、案情简介

2012年8月,A公司与B公司签订《租赁合同》,约定B公司将位于上海市某区某弄某号的厂房(以下简称系争厂房)出租给A公司,计租建筑面积为800平方米,租赁期限为5年,自2012年9月1日起至2017年8月31日止。

2017年6月5日,第三人某镇政府(甲方)与B公司(乙方、被补偿人)签

---

[*] 上海市联合律师事务所律师,上海市律师协会第十一届不动产征收(动迁)专业委员会委员。

订《上海市集体土地上征地房屋补偿协议》(以下简称《房屋补偿协议》)。《房屋补偿协议》约定,因建设需要,双方就征地房屋补偿事宜协商一致,B 公司的非居住房屋建筑面积3620.69 平方米(其中有证部分面积为1485 平方米,无证部分面积为2135.69 平方米)。经上海某房地产评估有限公司评估,评估总价为 8,897,001 元,其中:(1)房屋补偿总价为 4,854,542 元;(2)房屋装饰补偿款为 1,639,830 元;(3)其他构筑物及附属设施补偿款为 1,524,862 元;(4)设备搬迁和安装费用及无法恢复使用的设备按照重置价结合成新计算的费用,合计补偿款为 837,517 元;(5)绿化苗木为 40,250 元。另有停产停业损失补偿 519,750 元;其他补偿为搬迁费 108,621 元;第三人共计应向 B 公司支付补偿款 9,525,372 元。B 公司应在签订该协议后 15 日内,即 2017 年 6 月 20 日前搬离原址,并负责使房屋使用人也如期搬迁。A 公司于 2017 年 4 月 30 日搬离系争厂房,B 公司收到第三人支付的上述全部补偿款,系争厂房亦被拆除。

四、各方观点

(一)原告观点

原告(A 公司)认为,2012 年 8 月,原、被告签订《租赁合同》,约定原告向被告租赁系争厂房,租赁期限自 2012 年 9 月 1 日起至 2017 年 8 月 31 日止。合同履行期间,系争厂房被列入动迁范围,导致租赁合同不能继续履行,原告于 2017 年 4 月底搬离上述厂房。同年,被告 B 公司从第三人某镇政府处获得了房屋拆迁的相关补偿费用,其中包括动迁费、停产停业补偿费、搬迁费。2017 年 12 月,被告通知原告办理拆迁补偿事宜,但原告发现补偿项目中只有动迁费 431,698 元,没有停产停业补偿费及搬迁费。因双方就停产停业补偿费和搬迁费协商不成,故原告提起诉讼。

(二)被告观点

被告(B 公司)认为,被告是租赁物的实际产权人,根据《实施细则》的相关规定,征收非居住房屋的应当对被征收人给予补偿,被补偿的主体为产权人,即被告。故因本次拆迁所产生的停产停业补偿费和搬迁费是被告合法取得,而不是对原告的补偿,原告无权主张该费用。

(三)第三人观点

第三人某镇政府认为,原告租赁的厂房没有产权证,该厂房所使用的是集体土地,即非国有土地,本案所涉的房屋动迁属于协议动迁,而非征收。被告与第三人签订《房屋补偿协议》是第三人与被告之间就总价进行协商后达成的动迁补偿协议,不涉及征收征用概念。在签订协议过程中,被告告诉过第三人存在租赁户的事实,补偿金额也考虑了租赁因素,在评估公司进行评估时,租赁户与评估公司沟通,对其装修、设备、设施等进行评估。但原告因房屋租赁合同无法履行所产生的损失,认为不应完全以被告与第三人之间的动迁补偿协议为唯一依据。

五、法院观点[*]

出租人就未取得建设工程规划许可证或者未按照建设工程规划许可证的规定建设的房屋,与承租人订立的租赁合同无效。本案系争厂房既无房地产权证,亦无证据证明取得过建设工程规划许可证,虽然在《房屋补偿协议》中有"有证""无证"的表述,但该表述仅是在拆迁中用于区分不同的补偿标准,并非确认部分房屋为合法建筑,故原、被告双方就系争厂房所签订的《租赁合同》应属无效。但就《租赁合同》无效的过错责任而言,被告明知系争厂房未取得建设工程规划许可证仍出租给原告使用,应承担主要责任;原告作为承租人,签约前未谨慎审查租赁标的物是否为合法建筑物,应承担次要责任。本案的主要争议焦点在于原告是否有权获得《房屋补偿协议》中的停产停业补偿费和搬迁费。对此,法院认为,停产停业损失通常是征收或拆迁导致房屋实际经营、使用人停产停业所产生的经营损失,而搬迁费则是房屋实际经营、使用人因搬离房屋时所产生的设备迁移损失,故依其性质,原告有权要求被告就上述两项损失进行补偿。因《房屋补偿协议》中的停产停业补偿按所谓有证面积1485平方米计算,而搬迁费按所谓有证面积1485平方米加无证面积2135.69平方米计算,故法院亦参照该标准,并结合原告实际使用的有证、无证面积以及原、被告的过错程度,酌情确定被告支付原告停产停业损失121,275元、搬迁费11,655元。

本案例形成时间为2018年10月。

六、案例评析

就本案而言,法院判决支持经营性租赁房屋的承租人获得停产停业补偿费和搬迁费。现实中,经营性租赁房屋被征收时,承租人权益被侵害的现象层出不穷,承租人"有损失却无补偿"的情况大量存在,并由此产生大量诉讼。

经营性租赁房屋征收与普通的房屋征收相比有其特殊之处。首先,经营性租赁房屋征收补偿对象除房屋的所有权人外,还有房屋的实际使用者,即承租人;其次,经营性租赁房屋的补偿项目除对房屋价值的补偿外,还会涉及停产停业损失、搬迁费、装饰装修损失等补偿。由此可见,经营性租赁房屋的补偿同时涉及房屋所有权人和承租人,极易引起纠纷。

---

[*] 上海市松江区人民法院一审民事判决书,(2018)沪0117民初4111号。

《征收条例》第 2 条规定:"为了公共利益的需要,征收国有土地上单位、个人的房屋,应当对被征收房屋所有权人(以下简称被征收人)给予公平补偿。"该条规定将"被征收人"定义为"被征收房屋所有权人",将承租人排除在被征收人范围之外。由于承租人丧失了"被征收人"的法律地位,征收过程中征收相关部门会绕过承租人直接对房屋的所有权人进行补偿。而承租人想要保护自己的利益,只能依据租赁合同向出租人主张权利,不能直接向征收人主张权利。实务中租赁合同大部分都是出租人(房屋所有权人)草拟出具,合同中并不会对停产停业损失、装饰装修损失、搬迁费等补偿项目的分配进行约定或者约定不明确,承租人想要获得停产停业补偿、装饰装修补偿、搬迁费,难度很大。

那么承租人的利益如何予以保护,律师建议:(1)签订租赁合同时,承租人必须与出租人(房屋所有权人)就如何分配承租房屋获得的征收补偿进行详细明确的约定。哪些补偿项目属于出租人,哪些补偿项目属于承租人都要在租赁合同中罗列清楚。(2)承租人要积极参与征收拆迁流程,时刻关注征收拆迁的进程,了解征收拆迁的信息。在征收拆迁的各个环节,承租人应主动与征收人、房屋所有权人沟通,并按照要求提交相关材料,以免被排除在外。(3)承租人在租赁房屋之后,要及时保留证据。比如承租人对租赁房屋进行装饰装修,那么对于装饰装修过程中产生的相关证据务必保存完整;在征收拆迁的各个环节中,将获取的相关征收拆迁材料留底;在搬迁时,对于租赁房屋中的可搬走或不可搬走的设施设备进行整理记录,固定证据。

征收时户籍不在册的产权人(户外产权人)也可享有安置房的购买权

方 燕[*]

一、争议焦点

私房征收中,户籍不在册的产权人是否享有安置房的购买权?能否主张房屋价值补偿款以外的其他各项奖励、补贴或费用?

---

[*] 上海市光明律师事务所律师,上海市律师协会第十一届不动产征收(动迁)专业委员会委员。

二、主要人物关系

原产权人王某已故。原告王1与被告王2系王某的子女。被告王2与被告李1系再婚夫妻,被告王3系王2与前妻的儿子。原告王1系户外产权人,被告王2系户内产权人。

三、案情简介

系争房屋系私房,原产权人为王某。王某去世后,经继承公证,房屋产权为原告王1与被告王2共同所有,产权登记在王1、王2名下。

王1、王2出生后均居住在系争房屋内。王1结婚后搬离系争房屋并迁出户口。王2在系争房屋内居住至第一次婚姻终结。王2再婚后,搬至李1处居住,直至征收。王3则搬至自己的母亲处居住。征收前,系争房屋处于长期空置的状态。

征收时,系争房屋内有户籍在册人员3人,即王2、王3、李1。

征收过程中,王1委托王2为该户的签约代表。后王2选择房屋安置,并在放弃产权承诺书上冒签了王1的签名、印章,以自己和李1为购房人与征收实施单位办理了购房手续。

根据征收补偿协议,该户共获得1套安置房及货币20余万元。

另,王1结婚后曾因他处私房拆迁获得安置。王2与李1再婚后,李1曾按职工成本价购买了他处公房的产权。

因内部分配有争议,王1向法院提起诉讼,主张分得系争房屋征收补偿利益的一半,包括安置房50%的产权份额以及货币款项的50%。

四、各方观点

（一）原告观点

系争房屋的性质是私房,征收时的产权人为原告王1、被告王2(共有所有)。该户未被认定为居住困难户,无核定保障人员,且征收前无实际使用人,故系争房屋的征收补偿利益应当在产权人,即原告王1、被告王2之间进行分配,其余被告无权参与分配。

征收补偿利益是系争房屋权益的转化,再加上原告王1、被告王2均非系争房屋的实际使用人,故2人在征收补偿利益中的份额,应依据他们在系争房屋中的产权份额确定。鉴于原告王1、被告王2基于遗产继承取得房屋产权,2人在对被继承人所尽赡养义务、对系争房屋所作维护修缮贡献等方面并无明显优劣,2人的份额应当均等。

至于产权调换房屋的购买权,根据基地的征收补偿方案,户外产权人不得单独购买产权调换房屋。换言之,户外产权人可以与户内产权人共同购买。故原告王1与被告王2共同购买产权调换房屋并未违反基地政策。被告王2虽为户内产权人,但征收前其长期居住在他处,并不依赖系争房屋。故被告王2不享有优先购买产权调换房屋的权利。原告王1与被告王2对于产权调换房屋享有同等的权利。一般情况下,产权调换房屋的购买价远低于市场价,两者间的差额便是安置对象应享有的福利。目前,产权调换房屋的市场价较购买价涨幅已超过50%,若由被告王2独享购买权,必将损害原告王1的合法权益,造成明显不公。

虽然原告王1曾授权被告王2代表自己与征收实施单位签订协议,但授权范围中并不包括对产权调换房屋购买权的处分。被告王2在未征得原告王1同意的情况下,通过假冒签名的方式代表原告王1"放弃产权调换房屋购买权"的行为是不合法的,对原告王1不具有法律效力。

据此,原告王1主张产权调换房屋50%的产权份额,以及货币款项的50%。

(二)被告观点

3名被告均为系争房屋的户籍在册人员,故有权参与征收补偿利益的分配。

被告王2是征收时的签约代表,原告王1授权被告王2签约,授权范围中应包含确定产权调换房屋的购买人。征收过程中,被告王2已经代表原告王1放弃了产权调换房屋的购买权,故原告王1无权主张获得产权调换房屋。

此外,系争房屋由被告实际居住,除房屋价值补偿款之外的利益,应全部归被告所有。

五、法院观点

(一)一审法院观点

一审法院认为,系争房屋权利人为王1、王2,被告王3、李1均享受过福利分房,也不是实际居住人,因此系争房屋被征收的安置补偿利益应归王1、王2各半所有。被告王2擅自代王1签署放弃购买产权安置房的承诺书,侵犯了王1的权利,现对王1要求分割系争房屋协议内安置补偿款的一半,并获得产权安置房屋中50%的份额,以及所有货币补偿的一半,应予准许。

王2、王3、李1不服一审判决,提起上诉。

(二)二审法院观点[*]

二审法院认为,本案中,系争房屋的产权由王1、王2共同共有,故上述两

---

[*] 上海市第二中级人民法院二审民事判决书,(2021)沪02民终10433号。

人可分得系争房屋的征收补偿利益,王3、李1系户籍在册人员,无权分得系争房屋的征收补偿利益。根据现有证据,难以认定王2、王3、李1征收前在系争房屋内实际居住,故其主张可单独分得与居住、搬迁相关的征收补偿利益,二审法院难以支持。

虽然征收中王1曾委托王2办理征收的相关事项,但代理事项并不包括放弃产权承诺,现根据一审查明事实,王2向房屋征收部门提供的放弃购买产权安置房承诺书上王1的签名系由王2擅自代签,故不能据此认定王1放弃了产权调换房屋的购买权。

一审法院根据系争房屋由王1、王2共同共有,且两人均不愿意放弃产权调换房屋认购权的意思表示,判决系争房屋的征收补偿款及产权调换房屋的产权份额由王1、王2各半享有,并无不当。王2方提供的征收基地征收补偿方案中规定,户口不在被征收房屋内的产权共有人不得单独购买产权调换房屋,现一审法院判决产权调换房屋由王1、王2按份共有,与上述征收补偿方案的规定并不矛盾,王2方的相关上诉理由,二审法院不予采纳。

本案例形成时间为2021年11月。

六、案例评析

目前,上海市征收国有土地上房屋的房屋安置政策,实行的是"一证一套",即被征收户(包括私房、产权房、公租房)每户原则上只能选购一套安置房。有的征收地块明文规定了户外产权人不得选购安置房,有的征收地块仅规定户外产权人不能单独购房,还有的征收地块对户外产权人的购房资格没有作出限制性规定。本案中,系争房屋所在地块的征收补偿方案中,明确规定了户外产权人不得单独购买安置房。因此,在系争房屋可以按照"一证一套"政策购买一套产权调换房屋,且征收补偿方案没有完全排除户外产权人购房资格的情况下,原告王1虽为户外产权人,但仍可享有安置房的购买权。

根据《高院解答》,在安置补偿对象人数较多,但可以分割或者购买的安置房数量有限的情况下,安置房应优先用于保障在被征收房屋内实际居住的被安置人。显然,王2不能仅以其为户内产权人为由,主张安置房的优先购买权。庭审中,笔者通过走访居委会等方式收集证据,证明王2及其家庭成员在征收前长期居住在他处,不属于房屋的实际居住人。而该事实,不但否定了王2享有安置房的优先购买权,同时也是法院判定房屋价值补偿款以外的其他奖励、补贴和费用应归两名产权人均等享有的事实依据。因此,在共有纠纷案件中,查明被征收房屋的居住情况尤为重要。证据的收集方向、收集方法也是决定案件走向的重要因素。

第二章 征收补偿协议相关案例

有瑕疵的代理人签订的征收补偿协议的效力

许丹丹[*]

一、争议焦点

房屋征收中如果代理人的代理权有瑕疵,其所签征收补偿协议是否有效?被代理人可否因此推翻房屋征收补偿协议?

二、主要人物关系

夏1与夏2系同胞兄弟,朱某系夏1之妻子,夏A系双方婚生子,项某系夏2之妻子,夏B系双方婚生子。

三、案情简介

2017年6月,上海市某区人民政府作出房屋征收决定,系争房屋被列入征收范围。系争房屋为私房,无房屋产权登记信息,有国有土地使用证登记信息,使用证记载的土地使用人为夏1(于2016年5月报死亡)。征收时,系争房屋在册人口共计4人,即夏2、项某、夏B及夏A,朱某和夏A作为夏1的继承人是被征收人,夏2、项某和夏B是该房屋的实际居住人。

征收中夏2向征收部门提供了朱某与夏A的委托书及身份证复印件。同时,夏2还提供了夏1与第三人等人于2009年11月26日签订的家庭协议以及2016年5月22日落款人为夏1的证明。2017年8月1日,夏2与征收部门签订征收补偿协议。

2018年6月,朱某代表朱某、夏A与夏2就产权调换房屋和征收补偿款的分配达成人民调解协议,约定:2套产权调换房屋分别为夏2、项某1套,夏B1套;朱某与夏A得征收补偿款25万元,打入朱某名下,余款归夏2所有,打入夏2名下。之后,夏2、朱某分别领取了款项。

2019年,朱某(原告)、夏A(原告)将上海市某区住房保障和房屋管理局(被告)、夏2(第三人)起诉至上海市某法院,要求确认征收补偿协议无效。

---

[*] 上海瀛东律师事务所合伙人,上海市律师协会第十一届不动产征收(动迁)专业委员会委员。

四、各方观点

(一)原告观点

原告认为,第三人夏 2 是在没有原告授权的情况下与被告签订的《上海市国有土地上房屋征收补偿协议》,该协议是无效的。

首先,第三人实际上没有取得原告就系争房屋征收事宜的授权,第三人向房屋征收部门隐瞒了两原告的实际居住情况,也向原告隐瞒了房屋征收情况,目的就是不让房屋征收部门与两原告取得联系。且第三人当庭承认委托书上的两原告签名并非两原告本人所签,而是第三人代两原告所签。

其次,房屋征收部门经办人没有对第三人是否已经实际取得两原告的授权委托及提供材料的真实性尽到基本的审查义务,存在一定的过错。

最后,系争房屋为私房,土地证上登记的权利人为夏 1,即夏 1 为系争房屋权利人。夏 1 去世之后,权利人应该是其第一顺位继承人,即两原告,两原告是合法的被征收人。

(二)被告观点

被告辩称,两原告既未实际居住在系争房屋内,又未主动联系被告,被告只能通过第三人联系两原告,对两原告的委托书也只能进行形式审查,嗣后,朱某曾到旧改基地调解委员会参加调解并与第三人就征收利益分配达成调解协议,并领取相应款项。因此,即便两原告否认委托书上其签名的真实性,朱某事后也对第三人签订的系争补偿协议的效力进行了追认,且系争补偿协议约定的补偿利益符合相关法律法规的规定及基地补偿方案,未损害两原告的合法权益。原告对补偿利益有异议,可以通过其他诉讼解决。综上,请求法院判令驳回两原告的诉讼请求。

(三)第三人观点

第三人夏 2 述称,系争房屋是第三人母亲用第三人父亲的死亡互助金购买的,因第三人母亲是文盲,故委托第三人兄长夏 1 办理购房手续,购房时夏 1 将房屋写在自己名下。为此,夏 1 曾在第三人书写的有关系争房屋购买、办理土地使用证等情况的证明上签字。征收时,第三人把房屋征收情况告知原告,次日,两原告将身份证原件以及私章以挂号信方式邮寄给第三人,委托第三人处理房屋征收事宜。系争补偿协议签订后,原告与第三人达成调解协议,现两原告因为反悔而提起本案诉讼。综上,请求判决驳回原告的诉讼请求。

五、法院观点 *

系争房屋被征收时,第三人实际居住在内,在两原告未与被告联系的情况下,被告向第三人了解两原告的情况并通过第三人联系两原告并无不当。第三人向被告提交两原告的委托书及身份证复印件、家庭成员间的协议、夏某1的证明等材料,让被告认为两原告的委托具有真实性,且符合形式要求,如苛求两原告到场办理委托手续,可能会给被征收户带来不便甚至影响签约时间导致该户整体征收利益减少,基于此被告认定第三人已获得两原告授权委托,并与其签订系争补偿协议,并无不当。且两原告的身份证复印件系朱某向第三人提供,说明两原告有委托第三人办理征收补偿事项的意愿。朱某在获知第三人与被告签订系争补偿协议后,就征收补偿的分配与第三人达成调解协议,并在嗣后领取了相应的补偿款,亦视为对第三人签约行为的追认。

系争补偿协议约定的补偿利益符合《实施细则》等法律法规及系争房屋所在地块的征收补偿政策之有关规定,实现该户补偿利益最大化,未侵犯两原告的合法权益。根据《实施细则》第 44 条之规定,征收居住房屋的,被征收人取得货币补偿款、产权调换房屋后,应当负责安置房屋使用人。因此,系争补偿协议约定的补偿利益归全体产权人共有。至于原告和第三人对系争房屋产权的实际归属及征收补偿利益分配的分歧,可通过其他途径解决。

综上所述,两原告的诉讼请求,法院不予支持。

本案例形成时间为 2019 年 11 月。

六、案件评析

在本案中,两原告作为夏1的继承人,是本次征收的被征收人,各方均确认。经过庭审,第三人确认委托书上两原告的签名是他伪造的,那么从形式上来讲,这份无权代理人签订的房屋征收补偿协议应该是效力待定的协议。两原告之一的朱某得知该户已签订征收补偿协议后,找到征收项目组,朱某和第三人就两原告与第三人的征收补偿利益分配达成了调解协议。这时朱某没有告知夏A,也没有夏A的授权书,朱某自己追认是没有问题的,但是其此时并不能代表夏A进行追认,而夏A在诉讼时明确表示没有授权,也不同意追认,那么该协议不能当然地生效。法院基于第三人表述的情节进行推定,既未回应朱某是否有代理权的问题,也忽视了夏A的权利。

通过本案判决可知,法院会基于证据形式是否完整、各方当事人的表述和被征收人利益是否受损来推定代理行为的效力。审查的重点是被征收人的实

---

* 上海市第三中级人民法院二审行政判决书,(2019)沪 03 行终 533 号。

体权利是否得到保护,如果没有影响被征收人的整体利益,法院一般持审慎的态度,不会轻易推翻原有协议,至于内部分配问题是可以通过共有纠纷诉讼来解决的。所以,建议在房屋征收过程中不要轻易将自己的身份证件(包括复印件)交给他人,如委托他人代办事宜一定要明确授权的范围,如有处分重大财产的能力,则亲自办理为宜。

征收补偿协议撤销权的行使

常敬泉[*]

一、争议焦点

本案争议焦点为系争房屋征收补偿协议是否具有法定的可撤销情形。

二、主要人物关系

赵某(2014年6月25日报死亡)与商某(1998年4月10日报死亡)生前共育有7个子女,即商某1、商某2、商某3、商某4、商某5、商某6、商某7(2017年3月23日报死亡)。征收时在册户籍8人,即原告商某1、李某1、李某2、周某1、周某2、第三人商某2,商成功、郑某某。

原告李某1系原告商某1之丈夫,原告李某2系该二人之子。原告周某2系商某7之丈夫,原告周某1系周某2、商某7之子。

三、案情简介

被征收房屋系私房,上海市房地产权证记载该房屋为赵某、商某共同共有,建筑面积25.30平方米。

2017年8月18日,上海市某区人民政府作出房屋征收决定,被征收房屋位于征收范围内。征收中,第三人商某2向被告某区房管局出具委托书,载明被征收房屋权利人全权委托其办理房屋征收中的一切事宜,委托时限自委托日起至房屋征收工作结束止,委托人(签名盖章)处有"商某1、商某3、商某4、商某5、商某6、周某1、周某2"字样的签名及"商某7""周某1"字样的印章。征收中,商某2还出具具结书,载明该私房现由第三人商某2、商某3、商某4、商某5、商某6、商某7(已故)、原告商某1、周某1、周某2共有。

---

[*] 上海市德尚律师事务所合伙人,上海市律师协会第十一届不动产征收(动迁)专业委员会委员。

2020年8月18日,第三人商某2与被告某区房管局签订房屋征收补偿协议,协议约定:原告户不符合居住困难户的条件;原告户选择房屋产权调换安置方式,被告提供给原告户的产权调换房屋计1套。被征收房屋于2017年7月18日已腾空移交,系争协议的其他内容尚未履行。

审理中,商某1、商某2、商某3、商某4、商某5、商某6均认可委托书上的签名系本人所签。商某1认为其在受欺骗误认为已经为其选定安置房屋的情况下才在委托书上签名。原告周某1、周某2称委托书上的签名非其本人所签,并申请对委托书、受托书及具结书中"周某1""周某2"的签名进行笔迹鉴定。

四、各方观点

（一）原告观点

5原告(商某1、李某1、李某2、周某1、周某2)认为,商某1、李某1、李某2是系争房屋的实际居住人,户籍亦在被征收房屋内。在选择置换房屋后,商某1户认为其已选择了安置房屋,才于2017年10月18日搬离被征收房屋。后商某2未与户内其他人员达成一致于2020年8月18日与某区房管局签订系争协议,协议中没有原告选好的两套安置房屋。商某2签订该协议时未征求户内其他成员的意见,没有尽受托人的义务,5原告不认可该份协议。5原告经济困难,符合认定居住困难的条件,被告明知5原告的情况但系争协议未将5原告认定为居住困难人员。具结书和商某2出具的委托书上"周某1""周某2"的签名非本人签,商某7的印章亦非本人所盖。故请求法院:(1)判决撤销被告某区房管局与商某2在2020年8月18日签订的关于被征收房屋的系争协议;(2)重新签订关于被征收房屋的征收补偿协议。

（二）被告观点

被告某区房管局认为,被征收房屋为私房,该房屋系赵某、商某共有,征收时赵某与商某已死亡,征收决定作出时,被告根据房屋产权证认定被征收房屋权利人为原告商某1、周某1、周某2及5第三人。系争协议包含了所有被征收人的利益,补偿利益归全体产权人共有。签约中该户未提出过居住困难申请。且根据被告掌握的情况,商某2夫妻、周某1、商某1和李某1均在他处有房,原告户不符合居住困难的认定条件。5原告陈述在征收中曾经选房,但选房仅是选择产权调换房的意向,没有签署任何文件,最终因商某2的选择变化而没有落实。综上,系争协议合法有效,请求法院驳回原告的诉讼请求。

（三）第三人观点

第三人商某2认为,5原告的诉讼请求为撤销系争协议,但5原告提交的证据不能证明系争协议有胁迫、欺诈的法定事由。商某2具有签约主体资格且取得了所有权利人的授权。周某1、周某2的签名确实是其本人所签。即使周某1、周某2的签名不是其本人所签,赵某的遗嘱亦表示将其份额给商某2,根据物权法的规定,商某2也有2/3以上的产权,具有签约主体资格。因该户不符合居住困难的条件,故商某2没有申请过居住困难认定。

第三人商某3、商某4、商某5同意第三人商某2的观点,他们在征收中委托了商某2签约,对系争协议没有异议。

第三人商某6同意原告的诉讼请求。

五、法院观点[*]

一审法院认为,根据法律规定,依法成立的合同对当事人具有法律约束力。根据征收补偿相关规定,私有居住房屋的征收补偿协议,应当由房屋征收部门与被征收人签订;被征收人以征收决定作出之日合法有效的房屋权利凭证计户,按户进行补偿,以户进行补偿确定的补偿利益由全体产权人共有。

本案中,被征收房屋系私房,房地产权证记载的权利人赵某、商某在征收决定发布前已死亡。征收中,被告收到该户提交的委托书后,与委托书中载明的代理人,即赵某、商某之子商某2签订征收补偿协议。尽管原告周某1、周某2否认其曾在委托书上签名,但原告商某1及5名第三人均认可签订委托书委托第三人商某2全权办理房屋被征收中的一切事宜,审理中,商某2、商某3、商某4、商某5亦对系争协议表示认可。据此,被告与商某2签订系争协议,并无不当。

关于5原告对未认定居住困难的异议,审理中第三人商某2表示其认为该户不符合居住困难条件,在征收中并未提出居住困难认定申请,被告亦表示未收到过该户居住困难的认定申请且该户并不符合居住困难条件,故系争协议中未认定居住困难并无不当。

关于5原告对系争协议未选择其曾选定的位于南汇某路的两套置换房屋的异议,法院认为,商某2具有代表该户签约的资格,被告根据商某2选择的产权调换房屋签订系争协议并无不当。

此外,从协议本身的内容来看,协议所约定的补偿方式、房屋补偿款的计算以及奖励、补贴等内容均符合法律、法规规定和征收基地的补偿政策,亦未违反相关法律、法规及政策规定。

根据最高人民法院《关于审理行政协议案件若干问题的规定》第14条的规定,原告认为行政协议存在胁迫、欺诈、重大误解、显失公平等情形而应予撤

---

[*] 上海市第三中级人民法院二审行政判决书,(2021)沪03行终241号。

销，人民法院经审理认为符合法律规定可撤销情形的，可以依法判决撤销该协议。5 原告诉请撤销系争协议并重新签订协议，但无证据证明系争协议存在胁迫、欺诈、重大误解、显失公平等情形，故 5 原告的诉讼请求缺乏事实根据和法律依据，一审法院不予支持。

一审判决后，5 原告不服，提起上诉。二审法院经审理后依法判决驳回上诉，维持原判。

本案例形成时间为 2021 年 3 月。

六、案例评析

1. 根据最高人民法院《关于审理行政协议案件若干问题的规定》第 11 条第 1 款的规定，人民法院审理行政协议案件，应当对被告订立、履行、变更、解除行政协议的行为是否具有法定职权、是否滥用职权、适用法律法规是否正确、是否遵守法定程序、是否明显不当、是否履行相应法定职责进行合法性审查。所以一审法院对系争协议的效力进行了详细的合法性审查。由于第三人商某 2 依据委托书取得了所有权利人的授权，是适格签约主体，被告对第三人商某 2 的资格审查尽到了审慎注意义务，且协议本身的内容符合法律、法规规定和征收基地的补偿政策。所以，最终法院认定被告与第三人商某 2 签订的系争协议合法有效。

2. 本案的争议焦点为被告与第三人商某 2 签订的系争协议是否可撤销。本案 5 原告并未提供证据证明系争协议存在胁迫、欺诈、重大误解、显失公平等情形，5 原告的诉讼请求缺乏事实根据和法律依据，自然无法得到法院支持。

3. 本案纠纷实质是房屋权利人之间如何分配征收补偿款的纠纷。因商某 2 签订的系争协议，未能满足 5 原告的要求，故引起 5 原告的不满，5 原告希望通过撤销协议的形式达到重新签订补偿协议的目的。

笔者认为，被征收房屋被征收后取得的补偿利益属于全体房屋权利人共有，共有人之间关于征收补偿款分配的纠纷属于家庭矛盾。补偿款如何分配应当由所有共有产权人协商一致后确定，协商不成的，可依法通过民事诉讼途径解决。

征收补偿决定执行过程中被征收人
与行政机关达成的和解协议不具有可诉性

高兴发[*]

一、争议焦点

房屋征收补偿决定执行过程中被征收人与行政机关达成的和解协议是否具有可诉性？

二、主要人物关系

本案原告为余某，被告为浙江省某市某区人民政府（以下简称区政府）。

三、案情简介

因某项目建设需要，区政府启动了国有土地上房屋征收工作。2013年8月28日，区政府发布征收决定，同时公布了征收补偿安置方案及征收红线图，明确了征收范围与签约期限，同时告知：被征收人不服的，可以在征收决定公告发布之日起60日内向某市人民政府申请行政复议，或在3个月内向某市某区人民法院提起行政诉讼。征收补偿安置方案确定的补偿方式为货币补偿、产权调换和迁建安置3种。

余某的房屋位于征收红线范围内，该房屋仅有建设用地规划许可证，但无房屋产权证。余某在规定期限内未签订征收补偿协议，区政府遂于2014年8月19日依照征收补偿安置方案确定的补偿标准作出了房屋征收补偿决定，同时告知余某诉权以及起诉期限。余某在规定期限内既未申请行政复议，亦未提起行政诉讼。区政府遂申请法院强制执行，在法院审查过程中，双方又于2015年8月4日签订了产权调换协议书。协议签订后，区政府向法院撤回强制执行申请，但余某逾期仍未搬迁，双方于2015年9月13日又签订补充协议。之后，签署协议约定的产权调换房屋、补偿差价及其他款项均已由余某领取，涉案被征收房屋现已被拆除。

四、双方观点

（一）原告观点

原告与区政府土地和房屋征收工作办公室签订之涉案产权调换协议与补

---

[*] 上海市信本律师事务所合伙人，上海市律师协会第十一届不动产征收（动迁）专业委员会副主任。

充协议的格式与浙江省建设厅监制的浙江省城市房屋拆迁补偿安置协议书的格式不同,而且内容亦有违法之处:

1. 协议对住改店面积的确定违法;

2. 协议约定"被征收房屋价值与产权调换房屋一并计算并结算差价"的内容违法;

3. 协议约定以期房作为产权调换房违法,该协议的签订方式存在违法。

综上,原告请求法院判决撤销涉案产权调换协议与补充协议,并由被告承担本案诉讼费用。

(二)被告观点

1. 涉案的原告房屋有建设用地规划许可证,无房屋产权证。原告未能在房屋征收补偿方案确定的签约期限内与征收部门达成协议,区政府依法作出房屋征收补偿决定,并申请法院执行。在法院审查过程中,区政府土地和房屋征收工作办公室又与原告达成协议,签订了房屋征收产权调换协议,但协议签订后,原告仍拒不腾房,双方又签订补充协议,原告方领取了原协议及补充协议中约定的相应款项,故原告要求撤销房屋征收补偿协议无事实根据和法律依据。

2. 本案所涉征收补偿协议是原被告双方本着自愿、依法、互惠原则,协商一致而签订,合法有效;原告主张撤销房屋征收补偿协议,但本案不具备重大误解、显失公平、欺诈、胁迫或乘人之危等法定可撤销之情形。

3. 本案不属于人民法院行政案件受理范围,原告的起诉已经超过 6 个月的起诉期限。

综上所述,请求法院依法驳回原告的起诉。

五、法院观点[*]

本案终审裁定认定,区政府于 2014 年 8 月 19 日就系争房屋向余某户作出房屋征收补偿决定,因该户未按该补偿决定告知在法定期限内申请复议或提起行政诉讼,也未在补偿决定规定的期限内搬迁,区政府向一审法院申请强制执行。在法院审查过程中,余某及其女儿分别与区政府土地和房屋征收工作办公室签订了产权调换协议书。为此,区政府向法院申请撤回强制执行申请。故被诉协议属于双方达成的执行和解协议,不具有可诉性,并非行政诉讼的受案范围,遂依法裁定撤销一审判决,驳回余某的起诉。

本案例形成时间为 2017 年 3 月。

---

[*] 最高人民法院再审行政裁定书,(2017)最高法行申 4285 号。

六、案例评析

本案的争议焦点是产权调换协议书是否具有可诉性。根据人民法院查明的本案事实,笔者认为,本案终审判决认定产权调换协议书不具可诉性,并裁定驳回余某诉请,可资肯定,理由如下:

首先,从协议的内容来看,产权调换协议书对双方权利义务关系进行的约定系双方真实意思表示,并不违反法律规定,并且,协议约定的补偿标准已超过征收补偿决定载明的补偿,有利于作为被补偿人一方的余某。

其次,《行政强制法》第 42 条规定:"实施行政强制执行,行政机关可以在不损害公共利益和他人合法权益的情况下,与当事人达成执行协议。执行协议可以约定分阶段履行;当事人采取补救措施的,可以减免加处的罚款或者滞纳金。执行协议应当履行。当事人不履行执行协议的,行政机关应当恢复强制执行。"根据前述规定,本案中,区政府业已作出房屋征收补偿决定,因该户未按该补偿决定告知在法定期限内申请复议或提起行政诉讼,也未在补偿决定规定的期限内搬迁,区政府向一审法院申请强制执行。在执行过程中,双方达成产权调换协议书且已实际履行。可见,余某的诉讼请求缺乏法律依据。

最后,双方系在执行过程中签订的产权调换协议书,该协议的性质应为执行和解协议,故不具有可诉性,并不属于行政诉讼案件的受案范围。

第三章 征收补偿利益分割相关案例

涉及五代三十余人的私房该如何分割征收利益?

焦玉同[*]

一、争议焦点

私房产权人已去世,房屋存在搭建情况,多户家庭主张实际居住,原、被告为家族五代三十余人,面对如此复杂的案情,房屋征收补偿利益该如何分配呢?

二、主要人物关系

余 A1 与刘 A1 系夫妻关系,分别于 1980 年、1989 年去世。二人生前育有余 B1、余 B2、余 B3、余 B4、余 B5、余 B6 共 6 名子女。余 B1 于 1983 年去世(其配偶傅 B1 于 1998 年去世),二人生前育有 6 名子女,分别为余 C1、余 C2、余 C3、余 C4、余 C5 和余 C6。其中,余 C1 与张 C1 是夫妻关系,张 D1 系二人之子,张 E1 系张 D1 之女;余 C2 与顾 C2 是夫妻关系,余 D2 系二人之女,李 E2 系余 D2 之子;余 C4 与徐 C4 是夫妻关系,徐 D4 系二人之女。余 B2 的配偶徐 B2 已去世,二人育有徐 H1、徐 H2、徐 H3、徐 H4、徐 H5、徐 H6 共 6 名子女。徐 H3 与李 H3 系夫妻关系。徐 H5 与张 H5 系夫妻关系,徐 L1 系二人之子。徐 H6 与张 H6 系夫妻关系,徐 L2 系二人之子,徐 K1、徐 K2 系徐 L2 之子。余 B6 于 2010 年去世,其配偶韩 B6 于 2013 年去世,二人生前育有二子,即余 F1、余 F2。

三、案情简介

系争房屋未办理产权登记,国有土地使用证载明土地使用者为刘 A1 等,用地面积 51 平方米。2018 年 11 月 30 日,系争房屋被纳入征收范围。此时,该房屋户籍在册人口共 23 人,即余 B2、张 H5、徐 L1、徐 H6 家庭 5 人、余 C1 家庭 4 人、徐 H3、李 H3、余 C2 家庭 4 人、余 F1、余 C3、余 C1 家庭 3 人,本案其余 20 个当事人的户籍均未在册。根据征收时的房屋建筑面积勘测报告,系争房屋第

---

[*] 上海市理诚律师事务所律师,上海市律师协会第十一届不动产征收(动迁)专业委员会委员。

一至四层建筑面积分别为 83.2 平方米、69.93 平方米、20.9 平方米、10.94 平方米。

2018 年 12 月 31 日，余 B2 代表该户签订《上海市国有土地上房屋征收补偿协议》，认定系争房屋为私房，建筑面积 122.9 平方米，约定房屋价值补偿款共计 9,786,246.15 元；该户不符合居住困难户的条件；另有其他各项补贴和奖励在结算单中体现。故系争房屋征收利益实际包括 6 套安置房屋及现金 2,233,445.25 元。

四、各方观点

（一）原告观点

原告余 B2 等 13 人向法院共同提出诉讼请求：依法分割上海市静安区芷江中路×号房屋征收补偿利益；其中，原告 13 人分割上述 6 套安置房，其余的现金依法分割。

（二）被告观点

被告徐 H3 家庭共同辩称，徐 H3 是在系争房屋居住时间最长的人，二人都应享有征收利益，具体份额由法院依法认定。

被告余 C2 家庭共同辩称，余 C2 一家四人长期居住在系争房屋，余 C2 同时是继承人；2003 年，其在自用厨房上方加盖了约 10 平方米的房间，故该 10 平方米对应的房屋价值补偿款约 796,200 元应专属于余 C2 家庭；房屋价值补偿款以外的各类补贴亦应归房屋实际居住人所有。因此，主张分得华山路×弄 1301 室房屋及现金补偿款 444,000 元，家庭内部无须分割。

被告余 F1、余 F2 共同辩称：（1）系争房屋在 1988 年的建筑面积已有 100 多平方米，之后即使有过翻新翻建也是在原有基础上进行的，应属于家庭共有财产；（2）系争房屋征收利益属于遗产，应由继承人即产权人均分；（3）二人作为产权人余 B6 的继承人，有权分得征收利益；（4）其他户籍在册的非继承人仅能享有居住权对应的利益，且应由各家庭的产权人负责安置，无权获得安置房屋，原告方主张的份额过高；（5）余 F1 户籍在册，有大病，无房居住，应有权分得上海市×路×弄 203 室房屋安置房及现金补偿款约 720,000 元。

被告余 C3 辩称，要求分得一套一室的安置房，具体份额由法院依法认定。

被告余 C4 家庭共同辩称，徐 D4 居住困难，三人希望分得一套两室的安置房，具体份额由法院依法认定。

被告余 B3 辩称，要求货币补偿款，具体份额由法院依法认定。

被告余 B4、余 B5 共同辩称，本案征收利益应属于产权人及其继承人；徐 H6、余 C2 主张 2003 年及之后有过扩建，但未提供充分证据予以证明，且即使有搭建,既未取得有关部门批准,也未征得共有人同意,不应因此获利;1981 年后未经批准的搭建均不得计入征收面积,故本案征收利益与新增搭建无关;征收利益原则上应按法定继承均分,涉及装潢、搬家、迁移等费用可适当向房屋实际使用人余 B2、徐 H6、张 H6 三人倾斜,特殊困难补助应向特困人员倾斜;余 B4、余 B5 的份额应各为 200 万元左右,如安置房屋由其他当事人取得,则应对余 B4、余 B5 进行价值补偿。

被告余 C5 辩称,要求货币补偿款,具体份额由法院依法认定。

被告余 C6 辩称,要求货币补偿款,具体份额由法院依法认定。

五、法院观点[*]

法院认为,系争房屋原为刘 A2、余 A1 夫妇的共同财产,余 A1 去世后,虽进行了土地证的申领登记,但并未对房屋产权进行明确,故该房屋实际属于刘 A2、余 A1 尚未分割的遗产,二人的 6 名子女均为法定继承人。其中,因余 B1、余 B6 已去世,二人的产权份额由其子女继承。因此,系争房屋的产权人为 12 人。系争房屋为私房,被征收人应为上述产权人。故除特别针对余 B2、余 F1 的特困补助各 30,000 元,其余征收利益均归产权人所有。其余当事人,不论户籍在册与否,均未被征收部门认定为被安置人,故不属于征收补偿法律关系的主体,其居住问题可基于原来法律关系如扶养、赡养等另行主张。至于余 C2 主张系争房屋建筑面积中有 10 平方米由其扩建,因二层建筑面积 69.93 平方米中征收部门仅确认了 51 平方米,故即使确由其扩建,亦未对征收利益产生任何影响。关于徐 H6 主张其对房屋进行了扩建,除部分当事人表示不知情以外,大部分当事人均认可。参考 1981 年、1989 年相关材料中对于房屋建筑面积的记载,至少可以确认系争房屋第三层系由徐 H6 扩建且被征收部门认定计入建筑面积。但徐 H6 并非合法土地使用人或原房屋产权人,故不能因其建造行为而取得房屋产权或有权参与征收利益分配。系争房屋系多人共同共有,故亦难以认定某部分面积的征收利益归余 B2 一人所有。但鉴于余 B2 子女对系争房屋面积确有贡献,本院在余 B2 的征收利益份额中予以酌情考虑。结合法定继承相关法律规定,法院酌情确认征收利益份额如下:余 C5、余 C3、余 C2、余 C1、余 C6、余 C4 各 310,693 元;余 B2 为 2,894,155.59 元(含特困补助 30,000 元);余 B3、余 B4、余 B5 各 1,864,158 元;余 F1 为 962,079 元(含特困补助30,000元)、余 F2 为 932,079 元。

法院在确定各自份额的基础上,结合居住情况、住房情况、人员结构、个人

---

[*] 上海市静安区人民法院一审民事判决书,(2019) 沪 0106 民初 46837 号。

意愿、补偿款取得情况等因素,判决结果如下:

1. 系争房屋征收补偿利益中,上海市×路×弄15幢4号某室房屋,由原告余C1、被告余C2、余C4共同购买,产权各为1/3;

2. 系争房屋征收补偿利益中,上海市×路×弄12幢西单元某室房屋,由原告余B2购买;

3. 系争房屋征收补偿利益中,1,864,158元补偿款归被告余B3所有;

4. 系争房屋征收补偿利益中,上海市×路×弄6幢30号某室房屋,由被告余B4所有,另有269,287.25元补偿款归被告余B4所有;

5. 系争房屋征收补偿利益中,上海市×路×弄15幢中单元4号某室房屋,由被告余B5购买;

6. 系争房屋征收补偿利益中,上海市×路×弄3幢西单元31号某室房屋,由被告余F1、余F2共同购买,产权各自为1/2;

7. 被告余C2应于本判决生效之日起10日内支付被告余C5补偿款310,693元,支付被告余B5补偿款7,424.59元,支付被告余F1补偿款31,046.89元;

8. 被告余C1应于本判决生效之日起10日内支付被告余C3补偿款310,693元,支付被告余F1补偿款37,947.48元,支付被告余F2补偿款524元;

9. 被告余C4应于本判决生效之日起10日内支付被告余C6补偿款310,693元,支付被告余F2补偿款38,471元;

10. 被告余B2应于本判决生效之日起10日内支付被告余B4补偿款309,595.46元,支付被告余B5补偿款464,563.03元。

本案例形成时间为2020年4月。

六、案例评析

本案原被告人数众多,案情复杂,包含的法律关系也非常多,其中既涉及《民法典》物权编和继承编,又涉及私房动迁利益的分割,总结下来一共存在以下6个法律问题。

(一)房屋仅有土地证,但未办理产权登记,而土地使用登记权人已经去世,该房屋是否属于尚未分割的遗产?

根据相关规定,虽然临时土地证并非不动产权利的登记凭证,但可表明持证人使用该土地曾获得相关部门认可。基于城市房屋房地合一的原则,一般可采信临时土地证登记的权利主体。但当事人有证据证明临时土地证记载的权利人与真实权利人不一致的除外。

本案中,法院便依法认定该房屋实际属于刘A2、余A1尚未分割的遗产,二人的 6 名子女均为法定继承人。

（二）对于私有住房的征收补偿利益分割，房屋实际使用人和户籍在册人员是否属于被安置人？

征收补偿关系中的被安置人以外的房屋使用人不能主张分割征收补偿利益，其居住问题可基于原来的法律关系如扶养、赡养等进行主张。

本案中，因余 B1、余 B6 已去世，二人的产权份额由其子女继承。因此，法院认定：系争房屋为私房，被征收人应为刘 A2 和余 A1 在世的 4 个子女，以及 2 个去世子女的 8 个子女，即 12 个产权人。

（三）私有住房分割，系争房屋的实际居住情况，对于法院分割动迁利益是否有重大影响？

私有居住房屋价值补偿款的分割原则主要为以下几点：

1.居住产权人取得房屋价值补偿款范围。居住产权人可以对全部房屋价值补偿款（评估价格 + 套型面积补贴 + 价格补贴）要求分割。

2.非居住产权人取得房屋价值补偿款的范围。目前存在不同意见：

一是认为非居住产权人可对包括评估价格、套型面积补贴、价格补贴在内的全部房屋价值补偿款要求分割，但剩余款项应保障其余安置对象的最低安置标准，否则应在保障最低安置标准后再分割。

二是认为套型面积补贴和价格补贴是为了保障居住产权人的居住权而在价值补偿上的增加，这两部分利益原则上可由居住产权人获得，并用于安置实际居住人。但如果被拆迁房屋面积小，产权人较多，导致部分产权人客观上无法居住其中，其他处又无住房或居住困难的，这部分产权人仍可就其他两类补贴要求分割。

三是认为非居住产权人可对评估价格和套型面积补贴进行分割，价格补贴给予居住产权人，用于安置实际居住人。

本案中，该户由于产权人众多，且并未认定为居住困难户，庭审中原被告方提交的多份房屋调配单显示，本案众多当事人在外有他处住房，且对于无他处住房的，由于所占产权面积份额非常小，法院在分配动迁利益时，主要是以各自占有的产权份额为基础，并未因房屋的实际居住而给予较大幅度的倾斜。

（四）对有证房屋进行改扩建（改扩建部分未办理合法建造手续），后房屋整体纳入征收范围，对于改扩建部分的征收补偿利益应如何分割？

根据相关规定，违法建筑原则上不受法律保护，但在一些特殊情况下考虑到历史因素，征收补偿时可能给予违法建筑一定补偿。

对于该部分补偿款的归属，原则上产权人对产证上的建筑面积享有产权,对违法建筑的权利,应综合考虑建筑物的出资建造、占有使用等情况予以处理。但当事人就该部分补偿利益另有约定的,应优先适用当事人之间的特别约定。

实践中需要注意的是,改扩建方提出征收补偿利益分割的前提是已经被列为征收补偿的被安置人。如果改扩建方并非被安置人,则只能依据与被安置人形成的其他法律关系(如租赁等)提出主张,不能基于征收补偿利益分割法律关系提出主张。

本案中,余 C2 主张其对系争房屋的扩建有贡献,但其扩建未对征收利益产生任何影响;而徐 H6 主张其对系争房屋的扩建有贡献,且增加了系争房屋的征收利益,但徐 H6 并非合法土地使用人或原房屋产权人,故不能因其建造行为而取得房屋产权或有权参与征收利益分配。

(五)部分被安置人死亡的,在安置补偿利益分割案件中是否需要就遗产继承一并处理?

实践中,如果部分被安置人死亡,当事人往往要求在征收补偿利益分割案件中就死亡的被安置人补偿利益的继承问题一并予以处理。

为尽可能减少当事人诉累、一次性解决纠纷,应按照上海市高级人民法院《动迁新政后动迁安置补偿款分割纠纷研讨会综述》第 3 条的意见执行,遗产继承问题原则上应一并处理。但是,如果死亡的被安置人除安置补偿利益外还有其他遗产,其继承人要求与其他遗产一并处理,或一并处理涉及案件情况复杂、程序环节众多等,可在安置补偿分割案件中只明确涉及房屋征收补偿利益的遗产范围。继承人之间的继承问题另案诉讼解决。

本案中,余 B1 系刘 A2 和余 A1 的长子,其先于母亲去世,法院根据代位继承的相关规定,确认了去世子女享有的继承份额,余 B6 在本次继承开始前已经去世,法院在审理本案时,依据第一顺位继承及其继承权转移给他的合法继承人等相关规定,将动迁利益分割和遗产继承问题一并处理。

(六)部分补偿项目有特定的指向或者与被安置人的特殊身份有关,对于该部分补偿款应该如何确定归属?

对于这类基于特定身份取得的补偿利益,可参照上述研讨会综述第 7 条"关于各类补贴、奖励款"分割意见处理,原则上归该特定身份人员所有,但是当事人另有特别约定的除外。

本案中,特别针对余 B2、余 F1 的特困补助各 30,000 元,法院也是依法判决归其二人所有。

总结:以上就是在私房房屋征收补偿利益共有分割案件中经常会遇到几个

焦点问题。需要指出的是,本案的判决结果是在《会议纪要》出台之前,一审判决后,各方均未上诉。本案中,律师作为非居住产权人余 F1、余 F2 的代理人,针对本案提出的代理意见,尤其是针对非居住产权人的安置房购买权以及改扩建部位的权属的意见基本上被法院采纳。最终 2 名当事人获得了其中一套两室户的房屋以及部分现金利益,远超其预期,切实维护了当事人的合法权益。

房屋搭建部分补偿款的归属

常敬泉[*]

一、争议焦点

黄 4 提出系争房屋部分面积由其出资搭建扩建,该搭建部分的征收利益是否应归黄 4 所有?

二、主要人物关系

黄某某(1998 年报死亡)与杨某某(2010 年报死亡)系夫妻关系,育有二子二女:黄 1、黄 2、黄 3、黄 4。黄某某、杨某某生前均未留有遗嘱。

三、案情简介

上海市某区某路 88 号房屋为私房,无产权证,仅有土地使用证,土地使用者登记为黄某某,共有使用面积 224 平方米,其中分摊面积 20 平方米,用途为居住。

2016 年 12 月,系争房屋列入征收范围。黄 4 作为代理人与房屋征收部门签订了《房屋征收补偿协议》,系争房屋勘丈面积为 55.55 平方米,认定建筑面积 55.55 平方米。该户取得 3 套产权调换房屋,房屋总建筑面积 250 平方米。后来因各方对补偿款的分割意见不一致涉诉。

诉讼过程中,黄 4 提供 2014 年的《装修合同》《协议书》及装修款收据、房屋增高费收据,证明其对房屋进行了翻建、扩建。黄 4 另提供房屋征收部门出具的情况说明,称原始房屋为一层平房加二层小阁楼,后来由黄 4 进行了翻建,变成了征收时的三层房屋。因该户没有房屋产权证,故在对该户进行征收时,

---

[*] 上海市德尚律师事务所合伙人,上海市律师协会第十一届不动产征收(动迁)专业委员会委员。

确定该户建筑面积采用的是实地测绘法,结合土地使用权证、基地操作口径及有关规定,以实地丈量房屋(三层)面积确定该户被征收时的建筑面积为55.55平方米。

四、各方观点

(一)原告观点

黄1认为上述证据只能证明黄4对系争房屋进行了装修及升高。

(二)被告观点

被告黄2辩称,房屋是私房,是老夫妻的遗产,根据补偿协议,仅有房屋产权人是被安置人,实际使用人除非认定为被安置人,否则不应该作为征收关系主体。征收补偿款应作为遗产处理,由黄1、黄2、黄4、黄3共4人继承。黄4一家没有任何证据证明其对系争房屋改建和扩建有贡献,即便有也没有得到其他继承人的同意,虽有装修,但征收补偿款应当由4个继承人均分。黄2也认为黄4的证据只能证明其对系争房屋进行了装修及升高。

被告黄3辩称,一楼、二楼是父母的遗产,三楼是黄4搭建的。一楼、二楼的费用由4个子女分配。三楼的费用给黄4一家。

被告黄4辩称,系争房屋没有房产证,房屋面积是根据基地方案实际丈量所得,根据事实和证据,房屋面积由两部分组成,其中一部分是原房屋面积对应的部分,另一部分是黄4一家四口对房屋多次翻建、扩建增加的面积。法定继承人只能分割父母遗产部分,翻建、扩建部分与其无关。

五、法院观点[*]

法院认为,系争房屋系私房,上海市土地临时使用证上土地使用者登记为黄某某,基于城市房屋房地合一的原则,黄某某可被认定为系争房屋的权利主体。因系争房屋取得于夫妻关系存续期间,故应属黄某某与杨某某的夫妻共同财产。因黄某某、杨某某均已去世且生前未立遗嘱,故系争房屋产权应由黄1、黄2、黄3、黄4依法定继承方式取得。故,黄1、黄2、黄3、黄4是系争房屋的共有人、被征收人,有权分割系争房屋的征收利益。

对于黄4主张系争房屋部分面积由其出资搭建扩建,故征收协议记载建筑面积扣减土地使用证中记载面积的差额部分的征收利益应归黄4所有的意见,法院认为,黄4提交的证据仅能证明其于2014年对系争房屋进行了装修及加高,对翻建、加建未提供证据加以证明,法院不予采信。系争房屋原系黄某某与杨某某所有之私房,家庭成员即使对房屋进行过翻建和扩建,但在翻建和扩建

---

[*] 上海市黄浦区人民法院一审民事判决书,(2019)沪0101民初22504号。

过程中,房屋的共有人并未就翻建和扩建增加的面积的产权归属有过约定,故翻建人和扩建人并不能据此当然获得房屋面积增加部分的产权。但考虑到黄4确对系争房屋有过装修及加高行为,对系争房屋贡献较大,故可以适当多分。

本案例形成时间为2020年10月。

六、案例评析

关于房屋搭建部分的补偿款属于谁所有的问题,实务中确实存在一定的争议。有些法院认为搭建人基于贡献,可以适当多分,有些法院认为搭建人可以取得搭建部分的房屋价值补偿款。因此,对于房屋搭建部分的补偿款归属,要根据系争房屋的实际建造情况、征收补偿的政策进行综合考虑。

本案中,首先,黄4并没有证据证明其实施了翻建、扩建的行为。其次,家庭内部也没有就翻建、扩建等搭建行为增加的面积进行产权归属的约定。因此,黄4即使有证据证明其实施了翻建、扩建的行为,也不能理所当然地获得房屋面积增加部分的补偿。

私房征收中托底保障人员可获得多少征收补偿利益?

焦士雷[*]

一、争议焦点

私房征收中托底保障人员可获得多少征收补偿利益?

二、主要人物关系

陆某与陈某系夫妻关系,育有陆某1、陆某2、陆某3、陆某4、陆某5、陆某6。陆文某系陆某5之子。王某1系陆某6之子,王某1与于某系夫妻关系,两人育有王某2。2020年1月,被征收房屋被纳入某基地旧改项目。征收时户籍人口为6人,即陆某4、陆某5、陆文某、陆某6、王某1、王某2。陈某于2000年死亡,陆某于2005年死亡。

三、案情简介

1. 系争房屋性质为私有,权利人记载为陆某,系陆某、陈某的夫妻共同财产。

---

[*] 上海日盈律师事务所合伙人,上海市律师协会第十一届不动产征收(动迁)专业委员会委员。

2. 居住使用:系争房屋在被征收前由陆某 6 居住使用。

3. 征收情况:2020 年 1 月,陆某(亡)(乙方)由陆某 4 作为代理人与某区住房保障和房屋管理局(甲方)、房屋征收实施单位签订《上海市国有土地上房屋征收补偿协议》,约定被征收房屋性质为私房,房屋用途为"居非兼用",认定建筑面积 39.52 平方米;其他各类补贴、奖励费用合计 1,350,260 元(其中不予认定建筑面积残值补偿 50,000 元、搬家费补贴 800 元、家用设施移装费补贴 2500 元、居住协议签约奖励 389,520 元、居住均衡实物安置补贴 869,440 元、早签多得益奖励 38,000 元);价值补偿款为 3,572,024.44 元(评估价格 2,126,768.80 元、价格补贴 638,030.64 元、套型面积补贴 807,225 元);乙方符合居住困难户的补偿安置条件,居住困难人口为陆某 4、陆某 5、陆文某、陆某 6、王某 1、于某、王某 2 共 7 人,居住困难户增加货币补贴款 247,175.56 元;装潢补偿 19,760 元;乙方选择货币补偿。

征收实施单位还出具某基地计算单,载明除上述协议约定征收补偿利益外,发放居住提前搬迁加奖 13,500 元、签约搬迁利息 4329.09 元、居住搬迁奖励 100,000 元、居住提前搬迁加奖 180,000 元、签约率递增奖励 100,000 元、居民搬迁率奖励 100,000 元、其他奖励 181,226.03 元。以上征收补偿款总计 5,868,275.12元。

一审法院判决:货币补偿款中 900,061.46 元归陆某 4 所有,1,417,967.79 元归陆某 5、陆文某所有,354,461.47 元归陆某 1 所有,354,461.47 元归陆某 2 所有,354,461.47 元归陆某 3 所有,900,061.46 元归陆某 6 所有,1,586,800 元归王某 1、于某、王某 2 所有。

四、各方观点

陆某 1、陆某 2、陆某 3 共同上诉请求:撤销一审判决,依法改判陆某 1、陆某 2、陆某 3 各分得 936,849.92 元,或者发回重审;

陆某 4 辩称:同意一审判决,请求法院依法判决;

陆某 5、陆文某共同辩称:同意一审判决,请求驳回上诉,维持原判;

陆某 6 辩称:同意一审判决,不同意上诉人的上诉请求;

王某 1、于某、王某 2 辩称:一审法院认定事实清楚,不认可上诉人的上诉请求,请求驳回上诉,维持原判。

五、法院观点[*]

二审法院认为,本案中,被征收房屋系私房,上海市土地证上权利人记载为

---

[*] 上海市第二中级人民法院二审民事判决书,(2020)沪 02 民终 11501 号。

陆某,系陆某、陈某的夫妻共同财产。基于城市房屋房地合一的原则,陆某、陈某可被认定为被征收房屋的权利主体。因陆某、陈某在房屋被征收前均已经去世,其6名子女陆某1、陆某2、陆某3、陆某4、陆某5、陆某6均可依法继承该房屋的权利,成为共有产权人。在房屋征收款的分配上,所有继承人一般可在房屋价值补偿款、不予认定建筑面积残值补偿、居住协议签约奖励、早签多得益奖励、签约率递增奖励、居住均衡实物安置补贴、其他奖励范围内分得征收补偿款。

房屋被征收前由继承人之一的陆某6一人居住使用,故其作为房屋使用人应酌情多分,居住装潢补偿、搬家费补贴、家用设施移装费补贴、临时安置费、签约搬迁利息、居住搬迁奖励、居住提前搬迁加奖、居民搬迁率奖励可由陆某6分得。

本次房屋被征收认定居住困难人口为陆某4、陆某5、陆文某、陆某6、王某1、于某、王某2共7人,居住困难户增加货币补贴款247,175.56元,故被认定的居住困难人口可均分该增加的货币补贴款,但非共有产权人的居住困难人口仅可分配居住困难户增加的补贴款,其余征收补偿款与其无涉,即陆文某、王某1、于某、王某2每人仅可分得35,311元。一审法院酌定各方所得征收补偿金额不符合上述原则,二审法院予以纠正。综上,二审法院根据被征收房屋来源、产权归属、实际居住等情况酌情确定陆某1、陆某2、陆某3每人分得860,000元,陆某6分得1,356,409.12元,陆某4、陆某5各分得895,311元。

二审法院判决:(1)撤销某法院(2020)沪0106民初×号民事判决;(2)货币补偿款中895,311元归陆某4所有,930,622元归陆某5、陆文某共同所有,860,000元归陆某1所有,860,000元归陆某2所有,860,000元归陆某3所有,1,356,409.12元归陆某6所有,105,933元归王某1、于某、王某2共同所有。

本案例形成时间为2021年12月。

六、案例评析

1.本案中,虽然陆某4、陆某5、陆文某、陆某6、王某1、于某、王某2共7人被认定为居住困难人口,但其作为非共有产权人的居住困难人口仅可获得居住困难户增加的补贴款,即陆文某、王某1、于某、王某2每人仅可分得35,311元;陆某4、陆某5作为产权人的继承人,还可分得房屋价值补偿款等相应补偿款;陆某6既是产权人的继承人又实际居住在系争房屋内,还可分得房屋价值补偿款等相应补偿款、与居住使用相关的补偿款。

2.居住困难人员,又称托底保障人员。在被征收的私有房屋符合居住困难保障条件时,非产权人的居住困难人员并不能获得折算单价×22平方米所得的金额作为其征收补偿利益,一般只能获得因居住困难而增加的相应保障补贴部分。

3.法院在其他案件中持有上述类似观点：

在(2020)沪0110民初×号判决书(裁判日期：2021年7月12日)中，法院认为：被征收房屋系私房，认定的居住困难人口为张某生、时某芳、张某鳌、陈某芳、张某1、卢某2、张某2、卢某1共8人，居住困难保障补贴为1,189,037.16元。被告时某芳、陈某芳、张某1、卢某2、张某2、卢某1作为居住困难认定人员（非产权人），各可获得居住困难保障补贴款总金额1,189,037.16元的1/8，计每人可得148,629.65元。

在(2021)沪0106民初×号判决书(裁判日期：2021年12月20日)中，法院认为：被征收房屋系私房，征收补偿是以居住困难户政策实施的，因该案卜某标、张某真、卜某1、卜某2、汤某丽均被征收实施单位认定为居住困难人口且居住困难户增加货币补贴款金额为84,724.20元，故该笔款项应由其5人均分，每人可分得16,944.84元。

私房托底，非产权被补偿人的征收补偿利益如何确定？

高兴发[*]

一、争议焦点

在私房征收托底的情况下，非产权被补偿人是否可以获得除居住困难补贴之外的其他征收补偿利益？

二、主要人物关系

本案系争房屋为私房，根据上海市土地临时使用证记载，土地使用者登记为徐某1（2009年报死亡）和徐某2（本案被告）。徐某1与徐某2系姐妹关系。徐某1与顾某根（1987年报死亡）生育有本案原告顾某1、严某1、顾某2三名子女。顾某1生育有程某（本案原告）；严某1的儿子潘某（本案原告）与步某（本案原告）育有潘某某（本案原告）。系争房屋被拆迁时，在册户籍人员为顾某1、严某1、潘某、潘某某、程某5人。

三、案情简介

2019年6月27日，徐某2、顾某1作为乙方与上海市某区住房保障和房屋

---

[*] 上海市信本律师事务所合伙人，上海市律师协会第十一届不动产征收（动迁）专业委员会副主任。

管理局签订《上海市国有土地上房屋征收补偿协议》一份,该协议就系争房屋的补偿利益进行了相关约定,其中认定系争房屋产权人为徐某 2、徐某 1(亡)、严某 1、顾某 1、顾某 2,居住困难人口信息为程某、潘某、潘某某、步某,居住困难户增加货币补偿款 82,337.19 元。

后原告顾某 1、严某 1、顾某 2、程某、潘某、步某、潘某某与被告徐某 2 就本案征收补偿利益分配发生纠纷,原告遂诉至法院。

四、各方观点

(一)原告观点

原告认为系争房屋的土地使用权证登记在徐某 1 和徐某 2 名下,徐某 1 和徐某 2 系姐妹关系。系争房屋一直由顾某 1 居住使用及负责维护修缮。2019 年 6 月 27 日,顾某 1、徐某 2 作为代理人,签订了《上海市国有土地上房屋征收补偿协议》,获得征收补偿款 3,337,352.98 元。徐某 1 的父母均先于其去世,也未留有遗嘱或遗赠抚养协议,故其遗产应当由原告顾某 1、严某 1、顾某 2 三人继承。据此,原告认为房屋评估价款 833,725.24 元归徐某 1 和徐某 2 共有,其余款项应归征收部门认定的被征收安置人程某、潘某、潘某某、步某所有。故 7 原告应共分得 2,920,490.36 元,被告应分得 416,862.62 元。

(二)被告观点

被告徐某 2 认为,系争房屋是徐某 2 与徐某 1 共有的私房,被告一直将系争房屋无偿给徐某 1 居住至 2009 年。2009 年之后,系争房屋处于对外出租状态。原告严某 1、顾某 1、顾某 2 基于对徐某 1 财产的继承,取得系争房屋各 16.67% 的份额。被告程某、潘某、步某、潘某某对系争房屋没有产权,也不属于共同居住人。程某等 4 人仅能获得动迁款中居住困难补助 82,337.19 元,无权分得其他拆迁补偿款。综上,被告应获得总动迁金额 3,337,352 元减去居住困难补贴 82,337.19 元后的一半,即 1,627,507.40 元。

五、法院观点

(一)一审法院观点

一审法院认为,被征收房屋土地使用权证登记在徐某 1 和徐某 2 名下,故系争房屋应属于徐某 1 和徐某 2 的共同财产。徐某 1 已于 2009 年 8 月 29 日死亡,故系争房屋被征收而获得的征收补偿款中的房屋价值补偿款的 50% 作为徐某 1 的遗产,另 50% 归徐某 2 所有。因徐某 1 生前未订立遗嘱,徐某 1 的继承人为顾某 1、严某 1、顾某 2 三人,故属于徐某 1 的系争房屋价值补偿款的 50% 由顾某 1、严某 1、顾某 2 继承。因程某、潘某、潘某某及步某 4 人均被认定为居住困难人口,故应保障其相应的居住安置利益。其他补偿款、补助费、补贴等奖励费用,应由实际居住、管理被征收房屋的人获得。故判决:(1)原告顾某1、严某1、顾某2、程某、潘某、步某、潘某某应得征收补偿款2,427,353元;(2)被告徐某2应得征收补偿款910,000元;(3)原告顾某1、严某1、顾某2、程某、潘某、步某、潘某某的其余诉讼请求不予支持。一审判决后,徐某2不服一审判决,提起上诉。

(二)二审法院观点*

二审法院认为,系争房屋系私房,徐某2、顾某1、严某1、顾某2四人为产权人,故系争房屋征收补偿利益原则上应由该4名共有产权人按产权份额各自取得;程某、潘某、步某、潘某某4人并非系争房屋权利人,4人对系争房屋整体征收利益的贡献仅在于增加的居住困难户货币补偿款82,337.19元,故4人只对居住困难户增加的货币补偿款82,337.19元享有权益,该笔增加的款项可由4位居住困难人员平均分得。故判决:(1)撤销上海市某区人民法院(2019)沪0110民初×号民事判决;(2)系争房屋的征收补偿款及相关奖励费由原告顾某1、严某1、顾某2、程某、潘某、步某、潘某某共分得2,112,353元,被告徐某2分得1,300,000元。

本案例形成时间为2020年8月。

六、案例评析

本案的争议焦点是在私房征收托底的情况下,非产权被补偿人程某、潘某、步某、潘某某是否可以获得除居住困难补贴之外的其他征收补偿利益。对此,笔者认为:

1. 私有房屋被征收,各方原则上应按照产权份额分配征收补偿利益。系争房屋系私房,上海市土地临时使用证上土地使用者登记为徐某1和徐某2,基于城市房屋房地合一的原则,徐某1和徐某2可被认定为系争房屋的权利主体。因徐某1死亡,且其生前未立遗嘱,其所有的系争房屋一半产权应由其继承人顾某1、严某1、顾某2三人依法定继承方式取得。故系争房屋征收补偿利益原则上应由该4名共有产权人按产权份额各自取得,系争房屋征收补偿利益亦应在前述4人之间进行分配。

2. 对于被认定为居住困难人口的非产权被补偿人的征收补偿利益,应依据公平原则并兼顾其对系争房屋征收补偿利益的贡献来认定、分配。本案中,程某、潘某、潘某某、步某4人被认定为居住困难人口,共获得居住困难补贴82,337.19元,相较于本案系争房屋整体征收补偿利益,贡献微小。若将该4人

---

* 上海市第二中级人民法院二审民事判决书,(2020)沪02民终3291号。

与产权人统一作为被安置人,就征收补偿利益进行统一分配,对于房屋产权人而言,显失公平。

3.《会议纪要》中就城镇私房动迁、征收补偿利益分配表示如下:私有住房的征收以产权平移为基本原则,被安置人范围一般仅限于房屋产权人,不能随意扩大。本案中,程某、潘某、潘某某、步某4人虽被认定为居住困难人口,但是二审判决将该4人可获得的征收补偿利益限定在因该4人而获得的居住困难补贴上,亦符合《会议纪要》表达的文件精神。

综上,本案二审判决对私房征收中非产权被补偿人在居住困难补贴范围内认定、分配补偿利益的判决观点,对于实务中同类案件具有指导意义。

私房征收非居住部分补偿如何分割?

李维世[*]

一、争议焦点

(1)私房非居住部分补偿是否应由全体产权人共有?

(2)如由全体产权人共有,具体分配金额是否与居住部分挂钩?

二、主要人物关系

系争房屋为黄浦区私房,2019年被纳入征收范围,原产权人为杨某达、林某仙老夫妻(已分别于20世纪60、80年代去世),二人育有一子杨某生(2001年去世)、一女杨佳,杨某生与其妻(2001年去世)育有杨某群、杨某芬、杨某月(2014年去世)、杨某涛4名子女,杨某月与吴某育有一女儿吴某悦。

三、案情简介

2006年,杨某群、杨某芬、杨某月、杨某涛与杨佳法定继承纠纷一案经法院判决,确认系争房屋由5人按份共有:其中杨某群、杨某芬、杨某月、杨某涛共占房屋产权的2/3份额,杨佳占房屋产权的1/3份额。

另外,杨某涛于1997年在本处注册了个体工商户营业执照;杨某月于2014年去世,其丈夫、女儿作为当事人参加诉讼;系争房屋户籍在册人员杨某群的女儿也作为当事人参加诉讼。

---

[*] 上海誓维利律师事务所主任,上海市律师协会第十一届不动产征收(动迁)专业委员会委员。

四、各方观点

（一）原告观点

原告杨某涛一方认为，其作为经营者，非居部分补偿款均基于其贡献所得，其他人并未提供任何帮助，故非居部分补偿款理应归其所有。即便考虑相关文件中提及的"基于非居因素而获得的征收补偿利益分割应兼顾私房征收产权平移基本原则"，也仅阐述为"不宜将非居部分的全部房屋补偿价格、相关奖励补贴全部给予营业执照的经营者"，并未规定非居部分补偿款由所有产权人平分。

（二）被告观点

被告杨某群父女认为，系争房屋为私房，原、被告均是产权人且已经法院生效判决确认，故非居部分不应全部归原告所有；原告作为经营者，对于非居部分补偿款仅可以适当多分，具体如何分割由法院依法裁判。

被告杨某芬未出庭。

被告杨某月家属、杨某月认为，根据相关法律法规，对于因非居因素而获得的征收补偿利益，应兼顾私房征收产权平移基本原则，非居部分面积源于私有房屋产权面积，故不宜将非居部分的全部房屋补偿价格相对应的奖励、补贴全部分配给营业执照的经营者。且非居部分仍是系争房屋的价值转化，根据公平原则，原告主张分得的征收利益过多。

五、法院观点[*]

对本案征收补偿利益的分割应综合考虑以下因素：

1. 系争房屋为私房且曾经生效判决确认了产权份额，故应基于产权平移原则，对系争房屋居住部分的价值补偿款按照产权份额予以分割；

2. 原告杨某涛系注册在系争房屋内的个体工商户经营者，故基于营业执照而获得的停产停业损失补偿、证照补贴、自行购置营业用房补贴、非居搬迁奖励费等款项，应由其分得；

3. 系争房屋中非居住部分的面积系由居住部分变更而来，故对因非居住因素而获得的房屋价值补偿款、非居住相关的奖励补贴等费用进行酌定时，应考虑该部分面积源于私有房屋产权面积的基础，在杨某涛与其他产权人之间酌情分割，由杨某涛适当多分。

据此，法院综合考虑居住、翻建等情况，对于居住部分，判决除与居住、搬迁相关的费用在杨某群、杨某涛之间酌情分配外，其余部分按照产权比例平均分割；对于非居部分，则判决原告杨某涛享有略多于 1/4 的份额，被告杨某群享有非

---

[*] 上海市第二中级人民法院二审民事判决书，(2021) 沪 02 民终 12104 号。

居部分略少于 1/4 的份额,杨某月家属、杨某芬及杨某月则各享有约 1/6 的份额。

六、案例评析

因私房非居住部分系由居住部分面积转化而来,占用了其他产权人的面积,侵犯了其他产权人的利益,故该部分补偿不会完全归个体工商户经营者(或营业执照负责人)所有。并且,对于居住使用、占有控制房屋的产权人而言,不仅居住部分补偿款中关于居住、搬迁的补偿款归其所有,非居部分中其所获比例也显著高于其他产权人。除专属于经营者的停产停业损失补偿、证照补贴、自行购置营业用房补贴、非居搬迁奖励费等款项外,在剩余非居部分补偿款的分配中,经营者的优势并不明显。

存在居住困难保障补贴的私房征收补偿款该如何分割?

周文宣[*]　周　青[**]

一、争议焦点

存在居住困难保障补贴的私房征收,法院在分割房屋价值补偿款、居住困难保障补贴、其他各类补贴及奖励费用这三个部分补偿款时,审查因素有哪些不同?

二、主要人物关系

上海市杨浦区宁国路×号房屋权利人为徐某和周某。徐某与周某系夫妻关系。周某于 2002 年 3 月报死亡,未留有遗嘱。徐某于 2020 年 7 月报死亡。徐某与周某生育周某 2、周某 1、周某 3、周某 4、周某 5 五名子女。周某 2、赵某系夫妻关系,赵某 1、赵某 2 系两人的子女。赵某 1、钱某系夫妻关系,钱某 1 系两人的女儿。赵某 3 系赵某 2 的儿子。周某 1、薛某系夫妻关系,周某 6 系两人的女儿。董 1、董 2 系周某 6 的儿子。周某 3 于 1983 年死亡,周某 3 与丈夫王某生育王某 1、王某 2。周某 3 未留有遗嘱。凌某系王某 1 的妻子,王某 3 系王某 1 的女儿。张某系周某 4 的女儿。系争房屋征收时,内有周某 5、王某 1、王某 3、周某 4、张某、周某 2、赵某、赵某 1、钱某 1、赵某 2、赵某 3、周某 1、薛某、周

---

[*] 北京市隆安律师事务所上海分所合伙人,上海市律师协会第十一届不动产征收(动迁)专业委员会委员。

[**] 北京市隆安律师事务所上海分所律师。

某6、董1、董2的户籍。

三、案情简介

徐某原居住于底楼,自2004年起居住在养老院,徐某居住部位自2005年起对外出租,租金用于徐某开支。周某1原居住于二楼,自2007年起将其居住部位出租。2005年2月3日,徐某立公证遗嘱,内容为在其去世后,系争房屋产权中属于其所有的部分包括其自己应得的份额和其应继承丈夫遗留的份额均由儿子周某1继承。2019年12月23日,徐某立下有争议的代书遗嘱,内容为系争房屋动迁后产生的动迁款由徐某和5个子女平均分摊,共6份。遗嘱由陈某代书,范某见证。徐某在遗嘱上捺指印。

2020年12月6日,周某4作为代理人签订《上海市国有土地上房屋征收补偿协议》,认定被征收房屋坐落于宁国路×号,房屋性质为私房,被征收房屋价值补偿款为3,691,768.80元。被征收人符合居住困难户的补偿安置条件,居住困难人口为王某3、周某6、董1、赵某、周某5、王某1、周某1、薛某、董2、周某2、赵某1、钱某1、钱某、凌某,居住困难保障补贴为2,930,231.20元。装潢补偿款为17,737.20元。其他各类补贴、奖励费用共计2,032,937.20元。

周某5、王某1、王某3、周某4、张某、周某2、赵某、赵某1、钱某1、赵某2、赵某3、钱某、凌某、王某2确认4户需要分开计算,4户内部不需要法院分割。

周某、徐某原与周某1家庭共同居住于系争房屋之内。1996年,周某至杨浦区精神卫生中心住院,费用源于其工资和积蓄,相关事宜主要由徐某处理。2004年前后,徐某由周某5安排居住在×社区卫生服务中心,费用从徐某的工资、积蓄和租金中支出。2020年,徐某由周某4安排居住在×养老院。徐某住院期间由王某1照顾。徐某在×医院住院治疗期间,因积蓄不足,周某4要求周某1分摊6000元,周某1实际支付。

四、各方观点

(一)原告观点

徐某生前立有公证遗嘱,系争房屋中属于徐某的份额由周某1继承。系争房屋征收前由周某1户实际控制使用,故周某1应分得房屋价值补偿款的2/3、居住困难保障补贴的5/14以及所有的奖励补贴费用。

(二)被告观点

被告认为家庭内部已达成分割协议,并已实际履行完毕。徐某生前最后一份遗嘱为代书遗嘱,表明系争房屋动迁款由徐某及5名子女均分,徐某的份额由周某2、周某3、周某4共同保管,其生前需要的一切费用由其动迁款支付,其去世后剩余款项由3个女儿平分。周某1已通过口头和微信聊天记录确认家庭协议,并已实际履行。周某1直至诉讼,才拿出公证遗嘱,被告对该遗嘱的真实性存疑。

五、法院观点

(一)一审法院观点

征收人给予被征收人的货币补偿款归被征收人所有,被征收人应当负责安置房屋使用人。系争房屋为私房,房屋价值补偿款应归私房权利人所有,即作为徐某、周某的遗产进行分配。周某1方提供的公证遗嘱、周某4方提供的代书遗嘱均形成于《民法典》施行前,应适用当时的法律、司法解释的规定,代书遗嘱不能撤销、变更公证遗嘱,故房屋价值补偿款中属于徐某的遗产应按照公证遗嘱继承。周某4方对公证遗嘱的真实性提出异议,但未提供证据予以证明,一审法院不予采信。故房屋价值补偿款中,周某1应分得2,461,179.20元,周某2、王某1和王某2、周某4、周某5各分得307,647.40元。居住困难保障补贴由居住困难人员均分,各分得209,302.23元。一审法院综合考虑系争房屋的来源、居住使用情况、征收补偿款的组成、征收安置政策以及房屋产权继承情况、子女对父母的赡养情况等因素,酌情对其他补贴、奖励费用予以分割,确定周某1户分得636,082.80元,周某2、王某1和王某2、周某4、周某5四户各分得366,713.80元。

(二)二审法院观点[*]

双方当事人提供的公证遗嘱和代书遗嘱均形成于《民法典》施行前,被继承人徐某的遗产应当按照公证遗嘱执行。根据系争房屋的来源、居住使用情况,其他补贴、奖励费用的组成,子女对父母的赡养情况等因素,一审法院酌定各方当事人在其他补贴、奖励费用中各自获得的金额尚属合理,二审法院予以确认。故二审法院判决:驳回上诉,维持原判。

本案例形成时间为2021年至2022年。

六、案例评析

本案中,系争房屋为国有土地上私房拆迁,且存在居住困难保障,故本次系争房屋征收补偿款包括三个组成部分:(1)房屋价值部分;(2)居住困难保障补贴;(3)其他各类补贴、奖励费用。因上述三个部分征收补偿款构成所考虑的因素不同,故法院在分割上述征收补偿款时,审查的侧重点也会有所不同。

(一)国有土地上私房拆迁,房屋价值补偿款应归私房权利人所有

系争房屋为国有土地上私房拆迁,房屋价值补偿款应归私房权利人所有。

---

[*] 上海市第二中级人民法院二审民事判决书,(2021)沪02民终12245号。

本案中,系争房屋的权利人为周某和徐某。现周某和徐某已经去世。房屋价值部分应当作为周某和徐某的遗产在继承人之间进行分割。法院在分割房屋价值部分时要考虑周某、徐某在去世前对其财产处分的意愿。本案周某在去世时没有遗嘱,故各继承人应对周某的财产进行法定继承。徐某在去世前留有公证遗嘱和有争议的代书遗嘱,但两份遗嘱均形成于《民法典》施行前,故公证遗嘱的效力优先。法院在分割徐某房屋价值部分时应按照公证遗嘱处理。

(二)居住困难保障补贴由居住困难人员均分

居住困难保障补贴由系争房屋的产权人或代理人将所有户口在册人员和户外引进人员作为一个整体共同向征收单位提出申请。征收单位根据所有申请人员的居住情况,判定该户是否符合居住困难标准。若符合居住困难标准,则在房屋价值部分及奖励费之外,另行增加居住困难保障补贴。系争房屋的居住困难人员对居住困难保障补贴的产生均具有贡献,且贡献没有差别,故居住困难补贴应由所有居住困难人员均分。

(三)其他各类补贴、奖励费用原则上仍在私房产权人之间进行分割,同时法院会综合考虑房屋居住使用情况、搬场情况等因素酌情予以调整

根据一审法院判决金额,结合二审庭审过程中本案律师与主审法官的法律探讨,目前法院在分割私房征收补偿款中其他各类补贴、奖励费用时,原则上仍以私房权利人分割为主,但同时也会考虑私房实际居住使用情况、搬场情况等诸多因素酌情调整。

其他补贴、奖励费是法院在平衡利益时较容易调整的部分。如本案中,法院在分割各类补贴、奖励费时除了考虑实际居住使用情况,还会综合考虑系争房屋的来源、征收补偿款的组成、征收安置政策以及房屋产权继承情况、子女对父母的赡养情况等因素。

未提存抵押房产动迁补偿款的赔偿责任分析

武顺华[*]

一、争议焦点

(1)拆迁/征收方在拆迁过程中,需对房屋的抵押权人履行哪些义务?

---

[*] 上海中联律师事务所合伙人,上海市律师协会第十一届不动产征收(动迁)专业委员会委员。

(2)拆迁/征收方未履行义务的情况下,需承担哪些法律责任?

二、主要人物关系

原告:甲银行。

被告:乙工程公司。

三、案情简介

1. 原告甲银行债权和抵押权情况。2005年1月13日,案外人张某某、李某某与甲银行签订了《个人额度借款及担保合同》,合同约定:甲银行给予张某某45万元(人民币,下同)的贷款用于经营周转,贷款期限为2005年1月27日至2010年1月27日。李某某以其名下的位于上海市华夏东路×号底层房产向甲银行提供抵押担保,抵押登记证明号为浦200514011585,房地产价值90万元,债权数额45万元,抵押担保范围包括借款本金、利息、违约金、赔偿金和甲银行为实现债权而发生的一切费用。甲银行按约发放了贷款。后因张某某、李某某未按约向甲银行履行还款义务,甲银行于2010年5月26日向上海某区人民法院提起借款合同纠纷诉讼。某区法院于同年11月19日判决张某某、李某某归还甲银行借款本金447,693.01元、利息、逾期利息及律师费等,因上述抵押房产已被动迁拆除,甲银行的抵押权消灭,驳回甲银行行使抵押权的诉讼请求。2011年2月21日,甲银行依据生效判决向法院申请执行,张某某、李某某在银行、房地产交易中心、车辆管理所均无财产可供执行,其抵押给甲银行的房产已被动迁拆除,且未保留抵押权份额,法院出具民事裁定书终结本次执行程序。

2. 抵押房产拆迁情况。被告乙工程公司取得拆迁许可证后,于2008年4月9日与李某某针对上述抵押房屋签订拆迁补偿安置协议,李某某共获得款项2,578,677.24元,其中系争房屋价格为1,824,842.40元。

四、各方观点

(一)原告观点

原告甲银行认为,其系被拆迁房屋的抵押权人,被告乙工程公司在拆迁过程中未向甲银行告知过拆迁事项,也未将拆迁款提存,而是直接将拆迁补偿款发放,造成甲银行的抵押权无法实现。乙工程公司已实际侵害了甲银行的权利并造成损失,遂起诉至法院要求判令:(1)乙工程公司赔偿甲银行截至2012年3月27日的贷款损失538,980.10元以及自2012年3月28日起至全部款项实际清偿之日止的利息、逾期利息;(2)乙工程公司赔偿甲银行律师费20,581元;(3)本案诉讼费由乙工程公司承担。起诉后,张某某、李某某未向甲银行还款。

(二)被告观点

被告乙工程公司认为,其拆迁行为并未对甲银行造成损害结果。甲银行应当知晓涉案抵押房屋列入拆迁范围,但没有尽到注意义务,怠于向张某某、李某某行使抵押权,具有明显过错,应承担全部责任。

五、法院观点[*]

法院认为,抵押权设定的目的是为债务履行提供担保,以确保债权的实现。抵押期间抵押物灭失的,抵押权人可以就获得的补偿金等优先受偿,被担保债权的履行期未届满的,也可以提存该补偿金,通过赋予抵押权人物上代位权,在抵押物的形态或性质发生变化时,使抵押权的效力及于抵押物的代位物而维持抵押物的价值。实践中,拆迁人在确定拆迁房屋状况时,应当对房屋是否设定抵押以及拆迁是否会损害抵押权人的利益负有必要的注意和审查义务,包括通过房产交易机构查询房屋权属及是否设定抵押,并在此基础上根据产权人提交的产权证作进一步核实,由此避免房屋产权证未能反映抵押设定情况而所有权人故意不告知所带来的抵押权人利益受损的风险。

本案中,被告乙工程公司显然并未能在拆迁前查明拆迁房屋已设定抵押权,并由此未能向抵押权人作特别告知,未进行提存,而是将拆迁款直接支付给李某某,存在过错。

根据原《物权法》的规定,在抵押房产拆迁后,抵押权人甲银行仍有权对相应的拆迁款优先受偿,而乙工程公司已将该笔拆迁款支付给李某某,甲银行可对张某某、李某某持有的拆迁款优先受偿。故乙工程公司未将拆迁款提存而直接给付李某某的行为,并不必然导致甲银行权利受损,债权无法实现,但其未尽到提存拆迁款的义务,以致张某某、李某某得以使用拆迁款,进而导致甲银行无法就拆迁款优先受偿,其过错行为与甲银行的损失存在事实上的或然性,理应承担相应的赔偿责任,但乙工程公司承担的应当是以甲银行从张某某、李某某处未能获偿的部分为限的补充赔偿责任。根据现有证据及事实,张某某、李某某并非无任何财产可供执行,张某某仍持有上海浦东某汽车销售有限公司股份,甲银行仍可通过对张某某、李某某其他财产的执行实现其债权的清偿。根据乙工程公司过错的大小,法院酌情确定其在甲银行债权金额不能清偿的范围内向甲银行承担50%的补充赔偿责任。

本案例形成时间为2012年至2013年。

---

[*] 上海市第一中级人民法院二审民事判决书,(2012)沪一中民六(商)终字第187号。

六、案例评析

征收拆迁实务中,征收主体(为便于行文表述,不区分征收与协议动迁,直接表述为征拆)在征拆涉及抵押权的房屋时,不仅要考虑如何推动签约搬迁工作,也应对抵押权人的抵押权实现问题尽到注意义务。结合上文案例,笔者具体分析如下。

(一)征拆部门对被征拆房屋的抵押登记状况具有查询义务

《征收条例》第 15 条规定:"房屋征收部门应当对房屋征收范围内房屋的权属、区位、用途、建筑面积等情况组织调查登记,被征收人应当予以配合。调查结果应当在房屋征收范围内向被征收人公布。"征拆部门在征收、拆除征收范围内的房屋时,对被征拆房屋是否存在抵押,有法定的查询义务。

(二)基于抵押权的物上代位性,征拆部门对抵押权人具有告知义务和货币补偿款提存义务

抵押权具有物上代位性,当抵押物因灭失、毁损而获得赔偿金时,该赔偿金就成为抵押物的代替物,从而使抵押权人可以就该项赔偿金行使权利。抵押房产被征拆时,抵押权人可以就相应补偿安置款或安置房屋行使物上代位权。为此,征拆部门在征拆涉及抵押权的房屋时,基于正当程序原则,应告知抵押权人征拆情况,并为抵押权人行使抵押物物上代位权提供相应协助。例如,《实施细则》第 39 条规定:"征收设有抵押权的房屋,抵押人与抵押权人应当按照国家和本市房地产抵押规定,就抵押权及其所担保债权的处理问题进行协商。抵押人与抵押权人达成书面协议的,房屋征收部门应当按照协议对被征收人给予补偿。达不成协议,房屋征收部门对被征收人实行货币补偿的,应当将补偿款向公证机构办理提存;对被征收人实行房屋产权调换的,抵押权人可以变更抵押物。"

概括而言,征拆部门对抵押权人行使物上代位权的协助义务体现在两个方面:

第一,告知义务。征拆部门应及时告知抵押权人征拆补偿安置政策情况,给予抵押双方合理时间就抵押权及其所担保债权的处理问题进行协商,达成书面协议。

第二,货币补偿款提存义务。抵押人与抵押权人未达成协议的,根据安置方式的不同,征拆部门有不同的注意义务:(1)采用货币补偿安置方式的,由征拆部门将补偿款向公证机构提存;(2)采用房屋产权调换方式的,告知抵押双方在办理安置房屋产权登记手续的同时,可办理抵押变更登记手续。对于后者来说,因动迁/征收安置房屋通常需在大产证办理后 3 年才能上市交易,故实务

中抵押权人损失的可能性较小,不在本文讨论范围。

(三)案涉拆迁人未尽告知与货币补偿款提存义务,造成抵押权人利益受损时,应承担补充赔偿责任

从侵权责任的构成要件来看,本案被告乙工程公司的行为已经构成不作为侵权行为:首先,被告未尽告知与提存义务,属于不作为,存在过错。其次,抵押权人存在抵押权无法实现的利益损害。最后,拆迁人的不作为与抵押权人利益受损存在因果关系。从常人通识来看,如果本案拆迁人及时告知甲银行拆迁情况,并提存被拆迁房屋的货币补偿款,甲银行的抵押权可以通过拆迁补偿款而实现,损害就不会发生,故本案拆迁人乙工程公司的不作为与甲银行利益受损具有相当因果关系。

至于损害赔偿责任,因本案债务人(抵押人)是甲银行的直接义务人,拆迁人乙工程公司仅是帮助甲银行实现抵押权的辅助义务人,而不是债权实现的直接义务人,其责任需依附于债务人的直接责任,如果直接责任因清偿而消灭,债权人甲银行也就不存在损失,故拆迁人乙工程公司的赔偿责任也将相应消灭。所以乙工程公司作为拆迁人只能是债务人之后的补充性义务人,其对人民法院强制执行并穷尽一切执行措施后债务人仍不能清偿部分,承担补充赔偿责任。

第四章　继承相关案例

私房征收，继承人获利几何？

李维世[*]

一、争议焦点

本案为再审案件，争议焦点有三：一是被征收房屋的权属问题；二是各继承人签署的承诺书的含义及效力问题；三是所涉征收利益的归属问题。

二、主要人物关系

上海市虹口区某私房，原国有土地使用证载明的使用者为王道中，王道中夫妻已于20世纪90年代去世，生前未立遗嘱，共育有子女6人：王清秀、王锦秀、王全修、王全亮、王全壮、王灵秀。

原告为王灵秀及其子孙兴（大龄未婚），被告为其余兄姐及各自家人共计13人。其中，户籍在册人员为原告孙兴及被告王锦秀祖孙三代、王全壮，实际居住人为王锦秀夫妇及王全壮。被告王锦秀曾于2001年经审核后出资对该房屋进行翻建施工，增加了房屋楼层和面积。

三、案情简介

2013年9月，征收人作为甲方与乙方王锦秀、王全壮签订《上海市城市房屋征收补偿安置协议》，协议载明被征收人为上述6继承人，共计获得7套安置房。安置房屋价值373万余元，乙方需向甲方支付41万余元，在一审过程中，该差价由原告王灵秀支付。其中，因前6套房屋总价已超过征收补偿款总额，第7套安置房为出资购买。

6继承人于2013年10月1日签署承诺书，载明：共有人协商一致，对该房屋的补偿款，每人应得18万元，其余款项由有实际户口的人、实际居住人协商后，根据有关规定向动迁组购房，等选购房确定后，由购房人按实支付。该承诺书签订后，王全修、王清秀、王全亮每人应得18万元，王锦秀、王全壮、王灵秀协商购房。

---

[*] 上海誓维利律师事务所主任，上海市律师协会第十一届不动产征收（动迁）专业委员会委员。

再审过程中,笔者调取到王锦秀于 2013 年 12 月向第三人征收事务所出具的申请书,载明:在此次动迁中,动迁组同意王家人购买 4 套动迁房,但由于该户家庭人员结构复杂,共计购买 7 套,如不履行支付差价,动迁公司有权收回 2 套房屋。

四、各方观点

（一）原告观点

一审时,原告认为:被征收房屋是父母遗留的私房,原告在征收时也被列为被征收人。征收安置所得的 7 套房屋属于 6 名子女共有,原告王灵秀虽系户外产权人,但根据承诺书,原告王灵秀有权购房。

再审时,原告提出:根据被告王锦秀的申请书,该户 7 套安置房的获取,考虑了户口因素,原告孙兴对征收利益的获取显然做出了贡献,理应享有利益,主张 2 套房屋归原告所有。

（二）被告观点

被告王锦秀一家认为:原告孙兴未在被征收房屋内居住,不属于安置对象。被告王锦秀通过相关部门批准,对被征收房屋进行翻建,故被告王锦秀系被征收房屋中增加建筑面积的所有权人,增加的面积及对应的征收利益与他人无关。可购房人员应为户内产权人及实际居住人,原告无权购房,只享有货币补偿。承诺书是共有人真实意思的体现,承诺书中唯一户外产权人,即原告王灵秀要求购房,但是并没有具体约定细则,确认原告王灵秀享有遗产份额为 18 万元。

其他被告未发表意见,请法院依法裁判。

五、法院观点

（一）一审法院观点

一审法院认为,本案所涉承诺书由 6 位继承人签字确认,系各方真实意思表示,且形式完备,是由动迁工作部门拟定,现除被告王锦秀一家之外的其余 5 位继承人未能提供相应证据证明该承诺书无效,故该承诺书应认定为合法有效,对各方当事人均具有法律约束力。根据承诺书约定,原告王灵秀所得款为 18 万元,因其在审理中向第三人缴纳了购房差价款 41 万余元,同时根据 7 套房屋所在地址、面积、市场价等具体因素,酌定某区某处房屋(面积 75 平方米)归原告王灵秀所有。

原告王灵秀对一审判决不服,上诉后因无力承担诉讼费撤诉,后找到笔者提起再审。

(二)再审法院观点*

再审法院认为,首先,关于被征收房屋的权属问题。被继承人死亡后,房屋属于6名法定继承人共有。被告王锦秀虽对遗产房屋进行了翻修扩建,扩大了房屋建筑面积,但因房屋的国有土地使用证仍登记在被继承人名下,房屋产权性质并未改变,但在分割被拆除房屋价值补偿款时,出资翻修人被告王锦秀可以适当多分。

其次,本案所涉承诺书的效力问题。承诺书经6名继承人,即房屋共有人协商后签字确认,系各方当事人的真实意思表示,为依法成立的合同,对当事人具有法律约束力。王全修、王清秀、王全亮的所得款为每人18万元,其余共有人王锦秀、王全壮、王灵秀协商购房。故购房人在取得征收利益后,应当支付非购房人每人18万元。

最后,关于所涉各类征收补偿款及利益的归属问题。承诺书已约定王全修、王清秀、王全亮的所得款为每人18万元,故各类征收补偿款项目大多归其余3名房屋共有人,即王锦秀、王全壮、王灵秀所有。但其中有少量补偿款项目,如搬场费补贴、签约奖、整体搬迁奖、家用设备移装补贴、选择异地配套商品房安置自行过渡补贴等,户籍人及居住人也享有份额。鉴于双方对于王全壮得1套房屋无争议,其余6套安置房由余下的两名购房人,即原告王灵秀、被告王锦秀购买较为合理。另综合考虑家庭人员数量及房屋出资翻修情况,再审判决原告王灵秀、孙兴得两套安置房,并向王清秀支付18万元;被告王锦秀一家得4套安置房,并向王全修、王全亮各支付18万元;被告王全壮得1套安置房。

本案例形成时间为2015年12月至2018年4月。

六、案例评析

本案一波三折,前后时间跨度近3年。本案征收与继承竞合,当事人人数众多,但重点在于对承诺书的理解和关键证据的调取。

首先,6继承人意思表示一致后签署承诺书是有效的。6继承人对自身相关利益均作了明确约定,或舍弃或多得。一审时原告曾试图否认承诺书的效力,险些弄巧成拙。因为若无承诺书,原告王灵秀因系户外产权人,将丧失购房资格。正如被告曾提出"原告王灵秀系户外产权人,户外产权人只享有货币补偿,对专属于居住人的各项权利不应享有,配房安置人员为户内产权人及实际户内居住人"。但承诺书表明原告王灵秀作为被征收人有权购房,其征收利益才因此不局限于18万元,其享有的安置房面积也不受限于其享有的各类征收

---

* 上海市浦东新区人民法院审判监督民事判决书,(2017)沪0115民再7号。

补偿款金额。

其次,一审时原告未调取被告王锦秀出具的申请书这一关键证据,也是一审失败的重要原因。再审法院在最终确定安置房归属时,考虑到了这一点,即家庭人员数,用更精准的说法可表述为房屋使用情况及需求,显然大龄未婚且户籍对于安置房的获取做出贡献的原告孙兴,获得1套安置房是合情合理的。

最后,笔者在经办此次案件过程中对于三方面深有感触,故特将心得整理在文末,以供参考:

其一,私房征收往往与继承挂钩,继承又往往发生于征收之前,故继承开始后应及时就遗产问题进行协商处理,以此来避免之后的纠纷及利益受损。

其二,征收案件往往标的较大,若签订家庭协议,协议约定的明确性应为第一要务,笔者在经办其他案件时见过仅有数字及名字的协议书,根本无法看出各方是何意思表示,故切忌签订含糊其词的协议。

其三,律师的责任心至关重要,应帮助当事人收集、梳理证据,尤其是避免遗漏对当事人有利的关键证据。倘若本案一审时能够调取被告的申请书,或许不会如此被动。

私房原权利人去世后房屋进行翻建,遗产范围如何认定?

周文宣[*]　周天林[**]

一、争议焦点

国有土地上私房征收,原权利人去世后房屋由相关继承人进行翻建,法院如何认定征收补偿利益中的遗产范围?

二、主要人物关系

贾1、贾2、贾3(2003年12月23日报死亡)均为老贾(1989年3月29日报死亡)与其配偶(1975年10月20日报死亡)的子女;贾4、贾5为贾1的子女;贾6为贾3与卓1之子;高1为贾5之子。

---

[*] 北京市隆安律师事务所上海分所合伙人,上海市律师协会第十一届不动产征收(动迁)专业委员会委员。

[**] 北京市隆安律师事务所上海分所律师。

三、案情简介

系争房屋为私房,用地面积20平方米,登记土地使用者为老贾,老贾去世后,未变更房屋权利登记。该房屋被征收时贾5、高1、卓1三人户籍在册,其中,卓1的户口于1979年6月18日迁入,贾5、高1均于1997年5月迁入。

2003年9月29日,原上海市某区房屋土地管理局某路办事处出具私有危险房屋督修通知,内容为被征收房屋经检查和根据历年掌握的资料,确定为危险房屋,督促及时修缮解危。

2003年10月8日,原上海市某区城市规划管理局某路建管组出具零星建设工程(棚户简屋)施工通知书,同意被征收房屋原址原样进行房屋修理,该房占地面积为20平方米,施工中不得违章,若有违章责任自负。

2003年10月15日,贾3与案外人陈某某就建造一幢二层楼尖顶签订《协议书》一份,约定造价按每平方米建筑面积300元计算,陈某某负责拆房以工代料等事宜。当日,贾3支付陈某某造房款6000元。同月24日,贾3又预付陈某某造房款6000元。2003年11月11日,陈某某出具收到全部造房工程款(总价14,800元)的收条。

2017年8月29日,被征收房屋列入某地块旧城区改建项目。2017年9月15日,卓1作为老贾(乙方)的代理人与房屋征收实施单位上海市闸北某房屋征收服务事务所有限公司(甲方)签订《上海市国有土地上房屋征收补偿协议》,约定:被征收房屋性质为私房,认定建筑面积全幢60平方米,房屋价值补偿款5,194,701元,房屋装潢补偿18,000元;乙方不符合居住困难户的条件;其他各类补贴、奖励费用3,647,358.47元,包括不予认定建筑面积残值补偿177,300元、搬家费补贴900元、家用设施移装费补贴2500元、居住协议签约奖励230,000元、早签多得益奖励30,000元、居住权货币方式奖励3,018,145.35元、限定选房补贴80,000元、签约搬迁利息108,513.12元;该协议生效后,征收居住房屋的,被征收人取得货币补偿款、产权调换房屋后,应当负责安置房屋使用人。

2017年10月14日,房屋征收实施单位出具被征收房屋结算单,除上述协议载明房屋征收补偿利益外,增加发放居住搬迁奖励20,000元、居住提前搬迁加奖120,000元、临时安置费12,000元。上述房屋征收补偿款共计9,012,060元。上述款项均已由卓1领取。2017年12月25日,卓1向被告贾1的银行账户转入4,121,190元。因原、被告对本案被征收房屋补偿利益的分割产生争执,遂诉至法院。

四、各方观点

(一)原告观点

贾2认为,被征收房屋权属未变更,相应权益应归老贾,房屋价值补偿款以及其他各类补贴、奖励费用均应属于老贾的遗产,请求确认房屋价值补偿款以及其他各类补贴、奖励费用共计8,212,846.35元为老贾的遗产。

(二)被告观点

卓1、贾6认为,被征收房屋实际只有卓1、贾6两人居住,因实际居住人不多,故未被认定为居住困难,违章建造款项、签约奖等都是卓1作为实际居住人应当取得的。被征收房屋由贾3一家翻建,并长期居住维修,本次房屋征收补偿应当对卓1一方进行安置。故卓1一方认为其有权分割房屋价值补偿款以及其他各类补贴、奖励费用,本次房屋征收补偿利益归属应由法院依法裁判。

贾1、贾4、贾5、高1认为,被征收房屋翻建后增加的40平方米不属于老贾,翻建的费用由贾1和贾3一起负担,尾款10,000余元由贾1结算,故翻建增加的40平方米相关的征收补偿利益不属于老贾的遗产。贾4系因家庭内部协议而其居住在被征收房屋至动迁,但房屋实际权利归贾5。贾5、高1户籍在册,房屋实际由贾5控制,故本次房屋征收补偿应当对贾5、高1进行安置。

五、法院观点[*]

一审法院认为,被征收房屋原权利人老贾去世后,未变更房屋权利登记,现房屋已被依法征收,房屋价值补偿款5,194,701元。结合老贾于房屋翻建之前去世,房屋由相关继承人进行翻建并实际居住使用的事实,以及相关继承人对翻建前房屋权利人为老贾一人均不持异议,法院酌情确认本次房屋征收补偿利益的3,351,420元为老贾的遗产。鉴于相关继承人对上述遗产继承份额持有异议,且与本案分属不同法律关系,应由相关继承人根据法律规定另案处理。

法院确认被征收房屋在老贾去世后主要由贾3与卓1方进行翻建,贾1对被征收房屋翻建具有一定贡献。综合考虑被征收房屋的来源、户籍情况、房屋实际居住使用情况以及公平原则,法院酌情确定本次房屋征收补偿利益的4,046,640元归卓1方所有,本次房屋征收补偿利益的1,614,000元归贾1、贾5、高1所有。

据此,一审法院判决:(1)确认系争房屋老贾(已故)户的房屋征收补偿款3,351,420元为老贾的遗产(该款由卓1、贾6承担844,230元,贾1、贾5、高1

---

[*] 上海市第二中级人民法院二审民事判决书,(2019)沪02民终4871号。

承担 2,507,190 元的给付义务);(2)系争房屋老贾(已故)户的房屋征收补偿款 4,046,640 元归卓 1、贾 6 所有;(3)系争房屋老贾(已故)户的房屋征收补偿款 1,614,000 元归贾 1、贾 5、高 1 所有。

二审法院认为,一审判决认定事实清楚,适用法律正确,应予维持,判决:驳回上诉,维持原判。

本案例形成时间为 2019 年 2 月至 7 月。

六、案例评析

(一)私房征收补偿利益的分割原则

国有土地上私房征收,房屋价值补偿款应归私房权利人所有,其他各类补贴、奖励费用由法院综合房屋的居住使用情况等因素,酌情予以分割。

(二)私房原权利人去世后,房屋由相关继承人进行翻建,原权利人的遗产范围小于全部房屋价值补偿款部分

本案的特殊性在于,房屋原权利人老贾去世时房屋土地使用面积仅为 20 平方米,老贾去世后,房屋由相关继承人进行翻建,征收时认定建筑面积为 60 平方米。房屋翻建增加的面积是基于相关继承人的贡献,因此老贾的遗产范围应小于全部房屋价值补偿款部分。本案房屋价值补偿款 5,194,701 元,最终法院认定 3,351,420 元为老贾的遗产。

(三)私房其他各类补贴、奖励费用由法院综合房屋的居住使用情况等因素,酌情予以分割

本案中卓 1 一方与贾 1 一方对房屋翻建均具有贡献,在房屋翻建后,两方仍长期使用部分房屋部位,征收时贾 5、高 1、卓 1 三人户籍在册。经综合考虑各方当事人对被征收房屋翻建的贡献大小、户籍情况及实际居住使用的情况等因素,法院最终酌情确定了各方当事人应得的征收补偿利益金额,照顾了出资建造人以及实际居住人。

第五章 婚姻相关案例

私房征收中夫妻共同财产的认定

许建斌[*]

一、争议焦点

夫妻一方在私房征收中获得的安置补偿款是否为夫妻共同财产？法院如何认定？

二、案例介绍

(一)张某某与潘某某离婚纠纷案

1. 案情简介

张某某、潘某某于2003年8月6日登记结婚,后因生活琐事及上海市某区×路×弄×号房屋(以下简称×路房屋)动迁产生矛盾,自2013年9月1日起夫妻分居。2014年潘某某以夫妻感情破裂为由诉至法院要求与张某某离婚。双方争议的主要焦点是×路房屋征收补偿款的分割问题。经查明,×路房屋属于张某某的私房,2013年3月30日,张某某与房屋征收部门签订房屋征收补偿协议,约定征收部门给付张某某×路房屋征收安置补偿款1,309,086元,此后张某某又领取了签约奖现金80,000元。

2. 各方观点

原告:张某某所得动迁安置款发生在婚姻存续期间,应按夫妻共同财产分割。

被告:其所得动迁安置款属于个人财产,不同意给付潘某某财产折价款。

3. 法院观点[**]

一审法院认为:对于张某某处的×路房屋动迁安置款,虽然双方均认可×路房屋是张某某婚前所得私房,但×路房屋在婚后动迁所得的安置款属于潘某某、张某某的夫妻共同财产,潘某某要求按照夫妻共同财产予以分割的请求于

---

[*] 上海汉盛律师事务所合伙人,上海市律师协会第十一届不动产征收(动迁)专业委员会委员。

[**] 上海市第二中级人民法院二审民事判决书,(2014)沪二中民一(民)终字第2943号。

法有据,应予支持,至于张某某给付潘某某财产折价款的数额,将根据×路房屋的来源、×路房屋征收补偿安置的条款酌情予以确定。法院遂判决张某某应给付潘某某财产折价款 424,578 元。

张某某不服一审判决提出上诉,认为×路房屋系其婚前个人财产,潘某某无权分割因该房屋动迁所获得的动迁安置款。潘某某则认为×路房屋的动迁安置款中除评估价格及价格补贴以外的其余房屋拆迁补偿款项均系夫妻共同财产。

二审法院认为:本案中×路房屋系上诉人婚前购买的私房,动迁时该房屋的自然增值价值,可视为上诉人的个人财产;考虑到该房屋的动迁安置款取得时间发生在双方婚姻存续期间,其中的收益部分则应当属于夫妻共同财产。关于×路房屋动迁安置款的具体分割方式,法院结合财产来源、双方婚姻持续时间及实际生活需求等各方面因素予以综合考量并酌情确定。原审认为×路房屋在婚后所得的安置款均属于夫妻共同财产的法律论理,亦缺乏依据,二审法院不予认同并改判张某某支付潘某某财产折价款 27 万元。

本案例形成时间为 2014 年 10 月至 2015 年 2 月。

(二)范某与孔某甲、孔某乙共有纠纷案

1. 案情简介

原告范某与被告孔某甲系夫妻关系,双方于 1993 年 3 月 12 日登记结婚。被告孔某甲与被告孔某乙系姐弟关系。上海市某区某路×弄×号房屋系被告祖父母于 1952 年建造,性质为私房,产权登记在被告祖母名下。被告祖父于 1957 年 3 月 30 日报死亡,祖母于 2008 年 3 月 17 日报死亡。2013 年 7 月 30 日,上述房屋被征收,被告父亲及叔叔作为产权人与征收方签订了补偿协议。该户符合居住困难条件,认定居住困难人口(共 9 人)包含两被告孔某甲、孔某乙,居住困难增加货币补贴款 161,007 元。另外,被告父亲获得两套安置房,被告父亲为避免将来去世后遗产继承的麻烦,将该两套房屋登记为两被告共同共有。

2015 年 5 月 26 日原告诉至法院,请求确认上述两套安置房屋中属于被告孔某甲的房产份额为夫妻共同所有,并判令两被告协助原告办理系争房屋产权变更登记手续。审理中,原告表示放弃对系争房屋产权份额的主张,变更诉讼请求为两被告就系争房屋给予原告经济补偿 150,000 元。

2. 各方观点

原告:系争房屋是被告孔某甲在夫妻关系存续期间取得的,应属夫妻共同财产。

被告:系争房屋是自己父母赠与自己的,并且只写自己一人名字,与原告无关,不属于夫妻共同财产。

3. 法院观点*

法院认为:系争房屋系某路×弄×号房屋征收补偿后的房屋产权调换所得,被征收房屋性质系私房,根据法律规定,私房征收房屋价值补偿款应归产权人所有,因原产权人已于房屋征收前死亡,其所获得的补偿利益应由其法定继承人享有,被告父亲是征收补偿款的合法取得人。作为被征收房屋的非产权人对原房屋享有的是居住权,在动迁配套商品房内的权利亦应为居住权。被告孔某甲、被告孔某乙符合居住困难条件,应系动迁安置对象,其享有的相应居住困难增加货币补贴款应作为对其个人因居住困难而给予的居住权补偿,故被告孔某甲获得的居住困难货币补贴款应被视为夫妻共同财产予以认定。经查明,本案被征收房屋的居住困难保障补贴款为 161,007 元,居住困难人口人均补贴款为 17,889 元。

原告范某在房屋征收时非动迁安置对象,不享有分割征收补偿款的权利,其也未能举证证明购买系争房屋的补差款源于原告与被告孔某甲的夫妻共同财产,以及被告父亲将其获得的征收补偿利益赠与两被告个人的行为的违法性,故原告范某仅能就被告孔某甲获得的居住困难货币补贴款部分主张权利。法院根据原、被告确定的系争房屋的市场价值,结合被告孔某甲应得的居住困难保障补贴款所占系争房屋购置款总额的比例,酌定补偿款数额。

最终法院判决被告孔某甲、被告孔某乙一次性给付原告范某房屋补偿款 20,000 元。

本案例形成时间为 2015 年 5 月至 8 月。

(三) 秦某与奚某共有物分割纠纷案

1. 案情简介

1996 年 7 月 18 日,原告秦某、被告奚某结婚,双方均系再婚。婚前,被告在杨树浦路×弄×号有房屋 1 间,该房屋所有权证(日期 1988 年前后)登记的权利人为被告奚某,建筑面积 7.3 平方米。1998 年 8 月 3 日,被告作为申请人申请了杨浦区私有住房修建许可证,原、被告在杨树浦路×弄×号上翻建房屋(原平房铲除重新建造了楼房)。该许可证记载"申请人修建建筑面积 21.78 平方米,宽 2.2 米,深 3.3 米,高 8 米(砖木三层)"。原、被告对新修建的房屋未取得房屋产权证。2008 年 4 月,原、被告对系争房屋进行了装修。

---

* 上海市杨浦区人民法院一审民事判决书,(2015)杨民四(民)初字第 2034 号。

2019年2月4日,原、被告在民政局协议离婚,两人签订的《自愿离婚协议书》第2条记载,"双方婚前男方私房权利归男方奚某所有"。离婚后,原告即搬离了系争房屋,被告居住在系争房屋内。

2020年7月23日,被告作为乙方与甲方上海市某区住房保障和房屋管理局签订《上海市国有土地上房屋征收补偿协议》,协议约定:乙方房屋坐落于杨树浦路×弄×号被征收,"房屋性质私房""房地产权证记载建筑面积0平方米""认定建筑面积21.78平方米"。协议约定的征收补偿款总计3,638,049.03元(不含集体签约奖),上述征收补偿款3,638,049.03元已在被告处。

2020年11月12日,原告诉至法院,要求判令被告给付原告征收补偿款3,638,049.03元的一半金额。

2. 各方观点

原告:系争房屋是原告与被告婚后共同翻建,应该是夫妻共同财产,征收补偿是夫妻共同财产的转化,也应该按夫妻共同财产分割。

被告:1998年翻造系争房屋是被告个人出资的,原告并未出资。2009年2月4日,双方在民政局离婚,协议约定了系争房屋归被告一人所有。故征收补偿款也应归被告一人所有。

3. 法院观点*

法院认为,公民合法的民事权益受法律保护。系争房屋系私房,原、被告在离婚时,《自愿离婚协议书》虽然对房屋的归属进行约定,但约定是被告婚前的私房归被告所有,实际上该房屋已被推翻重建,原来的房屋已不存在。故法院对被告辩称应当以《自愿离婚协议书》为本案处理依据的抗辩意见不予采信。本案应当以夫妻共同财产来处理系争房屋的征收补偿利益,原则上在原、被告间予以均分,但需综合考虑系争房屋的来源、当事人的实际居住状况等因素,酌情予以分配。现征收补偿款已在被告奚某处,故法院判决由奚某给付秦某征收补偿款1,660,000元。

本案例形成时间为2020年11月至2021年4月。

三、案例评析

私房征收中,往往涉及赠与、继承、婚姻等问题,征收补偿利益的分割与赠与、继承、婚姻等法律关系相互交织在一起,比较复杂。以上3个案例都涉及离婚诉讼中或者离婚后财产分割案件中对私房征收补偿利益的处理。因上述案例都发生在《民法典》实施之前,所以适用的都是原《婚姻法》《合同法》及相关

---

* 上海市第二中级人民法院二审民事判决书,(2021)沪02民终6317号。

司法解释,但是相关内容是与《民法典》相一致的,两者并不冲突。由上述案例裁判可以看出,法院在离婚财产分割案件中对于夫妻一方在婚姻存续期间取得的私房征收补偿利益并不完全按照夫妻共同财产来分割。因为根据法律规定,私房征收房屋价值补偿款应归产权人所有,其他居住人或使用人在私房中的权利只能平移,不能主张私房征收补偿利益。但是根据相关法律规定,夫妻一方个人财产在婚后产生的收益,除孳息和自然增值外,均应认定为夫妻共同财产;婚后由一方父母出资为子女购买或赠与子女的不动产,产权只登记在出资人或赠与人子女名下的,可按照原《婚姻法》第 18 条第 3 项的规定,视为只对自己子女一方的赠与,该不动产应认定为夫妻一方的个人财产。另外,对于一方婚前所有的私房,婚后夫妻共同翻建(重建)的,由于另一方对翻建(重建)的新房有贡献,翻建(重建)的房屋应为夫妻共同财产,该私房被征收的,征收补偿也属夫妻共同财产。

第六章 其他私有房屋征收相关案例

未送达房屋评估报告,房屋征收补偿决定应予撤销

高兴发[*]

一、争议焦点

(1)雨山区政府对艾某某、沙某某作出《房屋征收补偿决定书》时评估程序是否合法?

(2)雨山区政府对艾某某、沙某某作出的《房屋征收补偿决定书》是否合法?

二、案情简介

2012年3月20日,马鞍山市雨山区人民政府(以下简称雨山区政府)发布《雨山区人民政府征收决定》(雨城征〔2012〕2号)及采石古镇旧城改造项目房屋征收公告,决定对东至天门大道、西至锁溪河、南至唐贤街、北至九华西路范围内的国有土地上房屋及其附属设施实施征收。登记在艾某某、沙某某名下的马鞍山市雨山区×街×号房屋位于规定的征收范围内,其房产证载明房屋建筑面积774.59平方米;房屋产别:私产;设计用途:商业。土地证载明使用权面积1185.99平方米;地类(用途):综合;使用权类型:出让。

2012年12月1日,马鞍山市雨山区采石古街道旧城改造项目国有土地上房屋征收指挥部(以下简称项目指挥部)将关于确认房地产评估机构的通知张贴于艾某某、沙某某被征收房屋门口,通知艾某某、沙某某户选择确定房地产评估机构。同日,在市滨江新区建设指挥部、雨山区征管局、采石街道、雨山区行政执法局等部门相关工作人员参与以及雨山区司法局工作人员全程见证和监督下,项目指挥部在雨山区采石街道办事处二楼会议室对9家具有资质的房地产评估机构采取抽签的方式,确定雨山区×街×号房产的房地产评估机构为江苏某房地产土地造价咨询评估有限公司马鞍山分公司,并作出采石古镇旧城改造项目被征收人确认房地产评估机构抽签的结果。

---

[*] 上海市信本律师事务所合伙人,上海市律师协会第十一届不动产征收(动迁)专业委员会副主任。

2012年12月3日,该评估公司表示其房地产评估资质正在住房和城乡建设部审批中,不宜在审批期间参加评估。2012年12月4日,项目指挥部再次按前述抽签程序,确定雨山区×街×号房产的房地产评估机构为安徽某房地产评估有限公司。2013年1月16日,雨山区政府对被征收人艾某某、房地产权证共有权人沙某某作出房屋征收补偿决定书。

艾某某、沙某某不服雨山区政府作出的上述房屋征收补偿决定书,遂向马鞍山市中级人民法院提起行政诉讼。

三、法院观点[*]

人民法院经审理认为,从本案现有证据看,雨山区政府在安徽某房地产评估有限公司对×街×号作出商业房地产市场价值评估报告后,未将该报告内容及时送达艾某某、沙某某并公告,致使艾某某、沙某某对其房产评估价格申请复核评估和申请房地产价格评估专家委员会鉴定的权利丧失。故雨山区政府对艾某某、沙某某位于×街×号的房产的评估程序违法,依据该评估程序作出的房屋征收补偿决定书依法应予以撤销,遂依法判决撤销雨山区政府对艾某某、沙某某作出的上述房屋征收补偿决定书。

本案例形成时间为2013年7月。

四、案例评析

在国有土地上房屋征收补偿中,被征收房屋的价值攸关被征收人可获得的补偿利益。按照"市价补偿"原则,被征收房屋的价值应由具有相应资质的房地产价格评估机构依法评估确定。因此,被征收房屋价值的评估结果于被征收人的补偿权益而言至为重要。

《征收条例》第19条规定,对被征收房屋价值的补偿,不得低于房屋征收决定公告之日被征收房屋类似房地产的市场价格。被征收房屋的价值,由具有相应资质的房地产价格评估机构按照房屋征收评估办法评估确定。对评估确定的被征收房屋价值有异议的,可以向房地产价格评估机构申请复核评估。对复核结果有异议的,可以向房地产价格评估专家委员会申请鉴定。房屋征收评估办法由国务院住房和城乡建设主管部门制定,制定过程中,应当向社会公开征求意见。

《国有土地上房屋征收评估办法》第16条第1款规定:房地产价格评估机构应当按照房屋征收评估委托书或者委托合同的约定,向房屋征收部门提供分户的初步评估结果。分户的初步评估结果应当包括评估对象的构成及其基

---

[*] 安徽省马鞍山市中级人民法院行政判决书,(2013)马行初字第00010号。

本情况和评估价值。房屋征收部门应当将分户的初步评估结果在征收范围内向被征收人公示。第17条第1款规定:分户初步评估结果公示期满后,房地产价格评估机构应当向房屋征收部门提供委托评估范围内被征收房屋的整体评估报告和分户评估报告。房屋征收部门应当向被征收人转交分户评估报告。

根据上述规定,房地产价格评估机构应当向房屋征收部门提供分户的初步评估结果,房屋征收部门应将前述分户的初步评估结果在征收范围内进行公示,公示期满后,房地产价格评估机构应向房屋征收部门提供分户评估报告,房屋征收部门在收到分户评估报告后应转交被征收人。被征收人对分户评估报告有异议的,可依法申请复核评估、鉴定。

本案中,雨山区政府未依法向被征收人送达分户评估报告即作出上述房屋征收补偿决定书,严重违反上述法律法规规定之评估程序,不仅导致被征收人无从行使其依法享有之申请复核评估、鉴定的权利,亦可能导致被征收人因不知晓被征收房屋的评估价值而不能及时与房屋征收部门协商达成补偿协议,进而受到实体补偿利益上的损害,违背了《征收条例》规定的公平补偿、程序正当原则,故雨山区政府作出的上述房屋征收补偿决定书依法应予撤销。

综上所述,人民法院作出的上述判决颇值肯定,对实务中发生的同类型的案件亦具有重要的参考意义。

对被征收房屋评估时点不当,拆迁裁决被撤销

许建斌[*]

一、争议焦点

拆迁许可证核发之日与房地产评估实际启动时间相距较远,评估时间节点以何时为准?

二、案情简介

坐落于上海市闵行区×路×号的房屋(以下简称系争房屋)产权人为上海A有限公司(以下简称A公司),土地权属性质为国有。

---

[*] 上海汉盛律师事务所合伙人,上海市律师协会第十一届不动产征收(动迁)专业委员会委员。

2010年7月9日,×土储中心因某开发项目建设依法取得房屋拆迁许可证,A公司所有的系争房屋位于该拆迁许可证的拆迁范围内。但是后来拆迁并未实际启动,房屋拆迁期限延长至2019年1月31日。拆迁人×土储中心委托上海B有限公司(以下简称B公司)实施拆迁,上海C有限公司(以下简称C公司)被选定为该基地的评估公司。

C公司以2010年7月9日作为评估时点,由房地产估价师于2017年10月27日对系争房屋进行实地查勘,2018年5月17日出具房地产估价报告,系争房屋的评估价格为每平方米建筑面积人民币3614元。

上述评估报告送达A公司,2018年6月14日,房地产估价师协会专家委员会受理了×土储中心对评估结果申请的专家鉴定,后A公司拒绝鉴定,该专家委员会于2018年6月27日决定终止鉴定。×土储中心与A公司就系争房屋的拆迁补偿安置进行协商,未能达成一致。

×土储中心于2018年10月25日向当地住房保障和房屋管理局(以下简称住房局)提出裁决申请,住房局审核后于2018年11月22日作出房屋拆迁裁决,以前述房地产估价报告为依据,对A公司予以货币补偿并送达A公司。

A公司不服,向法院提起行政诉讼,请求撤销该拆迁裁决。

三、各方观点

(一)原告观点

原告A公司:房产价值评估时点应该以实际评估时为准,拆迁许可证核发时间距离实际评估时间将近8年,房屋升值很多,仍然以2010年作为房地产价值评估时点侵害原告利益,不公平。

(二)被告观点

被告住房局:根据法律规定,拆迁估价时点应为"拆迁许可证核发之日",本案评估时点符合法律规定,其根据C公司出具的评估报告作出裁决,证据充分,另外,本案房屋拆迁拖延并非×土储中心的单方责任,原告A公司也有责任。

四、法院观点

(一)一审法院观点

一审法院认为,系争房屋属于非居住房屋,根据法律规定可以采用货币补偿方式。采用货币补偿的,应当按照同等价值补偿。货币补偿的金额应当根据被拆迁房屋的区位、用途、建筑面积等因素,以房地产市场评估价格确定。在采用货币补偿方式对被拆迁人进行安置补偿的情况下,货币补偿的金额应当严格遵循填平原则予以确定,保障被拆迁人的合法权益。被告住房局虽主张系争房屋拆迁拖延并非×土储中心的单方责任,但均未能提供证据予以证明,一审法院不予采纳。鉴于本案并无证据证明存在 A 公司的过错导致拆迁拖延的情形,被诉拆迁裁决在确定补偿标准和补偿金额时,仅依据以 2010 年 7 月 9 日为评估时点所作的房地产估价报告,未考虑 2010 年至 2018 年房地产市场价格涨幅较大的情况,违反前述同等价值补偿的规定,明显缺乏合理性,损害了 A 公司的合法权益。一审法院遂判决撤销被诉房屋拆迁裁决。

一审判决后,被告住房局不服,提起上诉。

(二)二审法院观点*

二审法院经审理,判决驳回上诉,维持原判,理由与一审一致。

本案例形成时间为 2019 年 7 月。

五、案例评析

国有土地上房屋征收(拆迁)补偿过程中的核心问题是补偿安置,补偿安置的基础是对被征收(拆迁)房屋价值的评估。国家法律法规对国有土地上房屋征收中房屋价值评估时点有明确规定,比如,《征收条例》第 19 条第 1 款规定,"对被征收房屋价值的补偿,不得低于房屋征收决定公告之日被征收房屋类似房地产的市场价格"。《实施细则》第 25 条第 2 款规定,"被征收房屋和用于产权调换房屋的价值评估时点为房屋征收决定公告之日"。《国有土地上房屋征收评估办法》第 10 条第 1 款规定:"被征收房屋价值评估时点为房屋征收决定公告之日。"

所以一般情形下,应以房屋征收决定作出之日或房屋拆迁许可证颁发之日作为评估时点。但在房屋征收(拆迁)安置过程中出现不合理延迟,且房地产市场价格波动较大的情况下,评估时点如何确定,目前法律法规未作明确规定。

但是,总体来讲,房屋价值评估要遵循公平原则。《征收条例》第 2 条规定,"应当对被征收房屋所有权人(以下称被征收人)给予公平补偿"。《实施细则》第 3 条规定:"房屋征收与补偿应当遵循决策民主、程序正当、公平补偿、结果公开的原则。"可见,公平原则是房屋征收中的重要原则。

本案中,虽然拆迁许可证核发是在 2010 年 7 月,但是真正对系争房屋启动拆迁评估的时间是 2017 年 10 月,而房地产估价报告出具时间是 2018 年 5 月,征收(拆迁)因不可归责于被征收(拆迁)人的因素延期多年,导致房地产评估程序启动时间与房屋拆迁裁决作出时间距离拆迁许可证颁发时间间隔较长,应综合考量合理期限、当事人过错等因素,结合案件具体情况,适当调整评估时

---

* 上海市第一中级人民法院二审行政判决书,(2019)沪 01 行终 432 号。

点,从而有利于实现对被征收(拆迁)人的充分、合理补偿。这是对目前征收(拆迁)安置补偿制度的有益补充,也符合我国民事赔偿的基本原则之一,即损失填平原则。若房地产估价报告以房屋征收决定作出时间或拆迁许可证颁发时间作为评估时点,行政机关以此估价报告为依据作出征收补偿决定或房屋拆迁裁决,不能实现对被征收(拆迁)人公平补偿的,应予撤销。

第三篇　征收综合研究

本篇导读

随着时代的发展变化,国有土地上的房屋征收出现很多新的情况,法律法规也在更新变化。面对新的情况和新的法律问题,需要进行深入而细致的研究。本篇章主要研究了征收法律适用统一、私房征收产权平移理论、未成年人的共同居住人资格认定、征收补偿协议迟延履行等问题。

国有土地与集体土地上房屋征收之异同

武顺华[*]　孙祥武[**]

近年来城市更新提质增速显著,在此过程中,涉及大量国有土地和集体土地上房屋的征收,关系老百姓切身利益。本文对比了两者之间的异同之处,旨在让读者了解房屋征收流程,对房屋征收补偿有更全面的了解。

一、征收、协议动迁

在具体讨论两者之间的异同之前,我们先厘清"拆迁""征收""协议动迁"这些涉城市更新房屋拆除的概念。

拆迁:2011年之前存在于《城市房屋拆迁管理条例》(已失效)之中的法律概念,指取得拆迁许可的单位,根据城市建设规划要求和政府批准的用地文件,依法拆除建设用地范围内的房屋和附属物,将该范围内的单位和居民重新安置,并对其所受损失予以补偿的法律行为。2011年1月21日国务院通过了《征收条例》,废止了饱受诟病的拆迁程序,不再核发拆迁许可证,规定必须基于公共利益才可以征收国有土地上的房屋。该条例第35条规定:"本条例自公布之日起施行。2001年6月13日国务院公布的《城市房屋拆迁管理条例》同时废止。本条例施行前已依法取得房屋拆迁许可证的项目,继续沿用原有的规定办理,但政府不得责成有关部门强制拆迁。"

征收:为了公共利益的需要,国家依照法律规定的权限和程序,以行政权取得集体所有的土地和单位、个人的房屋及其他不动产,并给予补偿的行为。

协议动迁:指在政府未作出征收和补偿决定的情况下,与房屋所有权人达成拆除房屋和给予补偿的协议。简单来说,就是双方"愿买愿卖"的协议置换方式,较征收而言流程快捷方便;协议动迁在实务中往往被认定为民事行为,主流观点认为这属于民事协议,受《民法典》调整。

---

[*] 上海中联律师事务所合伙人,上海市律师协会第十一届不动产征收(动迁)专业委员会委员。
[**] 上海汉盛(宁波)律师事务所律师。

二、国有土地与集体土地上房屋征收异同

（一）相同点

国有土地与集体土地上房屋征收的前提都是基于公共利益。

《征收条例》第8条对国有土地上房屋征收前提之"公共利益"以列举+概括的方式进行了界定。有下列情形之一，确需征收房屋的，由市、县级人民政府作出房屋征收决定：(1)国防和外交的需要；(2)由政府组织实施的能源、交通、水利等基础设施建设的需要；(3)由政府组织实施的科技、教育、文化、卫生、体育、环境和资源保护、防灾减灾、文物保护、社会福利、市政公用等公共事业的需要；(4)由政府组织实施的保障性安居工程建设的需要；(5)由政府依照城乡规划法有关规定组织实施的对危房集中、基础设施落后等地段进行旧城区改建的需要；(6)法律、行政法规规定的其他公共利益的需要。

2019年8月修正的《土地管理法》第45条对集体土地征收前提之"公共利益"同样以列举+概括的方式进行了界定。其中第4、5项根据集体土地的特殊性，规定了"扶贫搬迁、保障性安居工程建设需要用地的""成片开发建设需要用地的"情形，其他情形与国有土地上房屋征收公共利益的情形并无太大区别。

（二）不同点

国有土地与集体土地上房屋征收存在很多不同之处，本文主要结合上海市的规定，介绍其不同。

1. 征收实施部门不同

国有土地上房屋：房屋征收部门为区房屋行政管理部门；集体土地上房屋：区规划资源部门组织实施，区征地事务机构具体实施。

2. 征收程序不同

国有土地上房屋征收流程如图1所示。

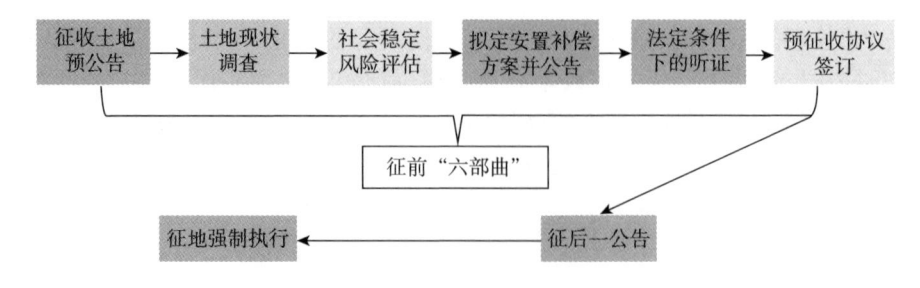

图1 国有土地上房屋征收流程

集体土地上房屋征收流程如图 2 所示。

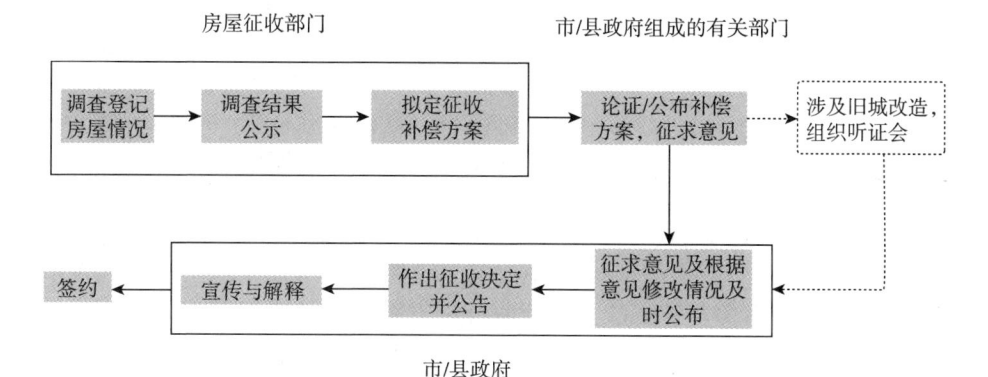

图 2　集体土地上房屋征收流程

3. 补偿利益构成不同（本部分主要就居住房屋展开）

国有土地上房屋：征收居住房屋的，应当根据不同情况，给予被征收人、公有房屋承租人以下补偿、补助：(1) 被征收房屋的房地产市场评估价格；(2) 价格补贴；(3) 特定房屋类型的套型面积补贴；(4) 居住困难户的保障补贴；(5) 搬迁费和临时安置费。此外，对按期签约、搬迁的被征收人、公有房屋承租人，房屋征收部门应当给予奖励，具体奖励标准由各区（县）人民政府制定，一般包括：(1) 签约奖；(2) 按期搬迁奖；(3) 无违法建筑或无未登记建筑奖等。

集体土地上房屋（宅基地房屋）：征收宅基地房屋货币补偿金额计算公式为：（房屋建安重置结合成新单价 + 同区域新建多层商品住房每平方米建筑面积的土地使用权基价 + 价格补贴）× 房屋建筑面积。此外，征收宅基地房屋，还有各种奖励费、房屋装潢补偿、棚舍和附属设施补偿、搬家补助费、设施移装费、过渡期内的临时安置补助费等见表 1。

表 1　集体土地上房屋征收补偿利益

补偿项目		计算依据
宅基地房屋补偿	宅基地使用权补偿有"数人头""数砖头"两种方式	"数砖头"方式：土地使用权货币补偿金额 =（同区域新建商品住房每平方米建筑面积的土地使用权基价 + 价格补贴）× 建筑面积
		"数人头"方式：根据户籍人口结合基地安置方案来综合认定应安置人口，采用人均安置面积标准方式来计算总的建筑面积，据此按照上栏公式计算土地使用权货币补偿金额或可分配的安置房屋

续表

补偿项目	计算依据
宅基地地上房屋补偿	地上房屋补偿为：房屋建安重置结合成新单价×房屋建筑面积
其他费用	房屋装潢补偿、棚舍和附属设施补偿、设施移装费、搬家补助费、过渡费及奖励费等

4.签约不成时，公权力介入方式不同

国有土地上房屋：房屋征收补偿决定。法律依据为《征收条例》第26条第1款："房屋征收部门与被征收人在征收补偿方案确定的签约期限内达不成补偿协议，或者被征收房屋所有权人不明确的，由房屋征收部门报请作出房屋征收决定的市、县级人民政府依照本条例的规定，按照征收补偿方案作出补偿决定，并在房屋征收范围内予以公告。"

集体土地上房屋：征地补偿安置决定、责令交出土地决定书。前者针对未达成征地补偿安置协议的被征收户；后者指已签订征地补偿安置协议的被征收户未按照协议约定履行腾退房屋的义务，经催告后仍不履行的，签订协议的行政机关或者设区的市、县(市、区)人民政府可以作出责令交出土地决定。《土地管理法实施条例》第31条规定："征收土地申请经依法批准后，县级以上地方人民政府应当自收到批准文件之日起十五个工作日内在拟征收土地所在的乡(镇)和村、村民小组范围内发布征收土地公告，公布征收范围、征收时间等具体工作安排，对个别未达成征地补偿安置协议的应当作出征地补偿安置决定，并依法组织实施。"《土地管理法实施条例》第62条规定："违反土地管理法律、法规规定，阻挠国家建设征收土地的，由县级以上地方人民政府责令交出土地；拒不交出土地的，依法申请人民法院强制执行。"

国有土地上房屋征收中承租人的地位与权利保障

龚甜甜[*]

上海某公司出租自有厂房给某外资A公司用于生产经营，双方签订的租

---

[*] 上海环绮律师事务所律师，上海市律师协会第十一届不动产征收(动迁)专业委员会委员。

赁合同中约定"如遇国家征收,租赁合同终止,出租人配合承租人向政府主张征收补偿利益"。租赁期届满前,政府因交通基础设施建设需要决定征收该厂房。A 公司与关联企业 B 公司向征收人提出其二者为被征收厂房的承租人,要求征收人直接向其两公司进行征收补偿。

征收方根据《征收条例》与《实施细则》答复:A、B 两公司并非房屋所有权人,亦不是公有房屋承租人(《实施细则》规定征收出租公房时,除对产权人补偿外对承租人也给予补偿安置),故不属于征收补偿对象。建议 A、B 两公司根据租赁合同和相关民事法律规定,向房屋出租人主张损失补偿。同时,房屋出租人认为 A、B 两公司提出的补偿金额过高,于法无据,不同意向其支付搬迁款。A、B 两公司因得不到补偿而拒绝搬迁,导致项目征收工作无法在规定期限内完成。

通过该案例可知:国有土地上房屋征收过程中,承租人实际占有、使用被征收房屋,甚至作为生产资料获取经营收益。房屋征收导致租赁合同无法继续履行时,出租人是否承担违约责任、提前终止租赁合同造成承租人的损失如何补偿等问题亟待研究和解决。

一、本文的研究对象

2011 年国务院颁布《征收条例》,明确征收国有土地上的房屋,是对被征收房屋所有权人给予公平补偿,且通篇未对征收租赁房屋作出专门规定。比较原《城市房屋拆迁管理条例》曾作出的"拆迁租赁房屋的,拆迁人应当与被拆迁人、房屋承租人订立拆迁补偿安置协议""被拆迁人与房屋承租人解除租赁关系的,或者被拆迁人对原房屋承租人进行安置的,拆迁人对被拆迁人给予补偿""被拆迁人与房屋承租人对解除租赁关系达不成一致的,拆迁人应当对被拆迁人实行房屋产权调换,产权调换的房屋由原房屋承租人承租"等规定,《征收条例》似乎更符合《立法法》关于立法权限的规定。但是,在执行层面,由于居住房屋的租赁(包括租住公有房屋和执行政府规定租金标准的私有房屋)积淀了福利分房和住房制度改革的历史演变,其承租权本身附加了承租人的身份权、公有福利享有等其他权利价值,一些地方在制定《征收条例》的实施性规定中,将其纳入征收补偿对象或给予一定的保障。① 而对于非居住房屋的租赁关

---

① 根据《实施细则》的规定,征收公租房,产权人选择货币补偿的,承租人按市场评估价的 80% 获得补偿款;征收执行政府规定租金标准私房,除对产权人按市场评估价 100% 补偿外,对承租人也按市场评估价的 80% 给予补偿。根据《新疆维吾尔自治区实施〈国有土地上房屋征收与补偿条例〉办法》第 37 条的规定,征收出租房屋,被征收人解除租赁合同的,搬迁补偿支付给承租人;未解除租赁合同,且未向承租人提供周转用房的,临时安置补偿支付给承租人。

系,在房屋征收中基本上处于法律调整的空白地带,该空白极大地影响了征收工作的效率与承租人的权利保护。因此,笔者将非居住房屋承租人在房屋征收中的法律地位与权利保护作为本文的研究对象。

二、承租人在国有土地上房屋征收中可能面临的损失

因公共利益进行的房屋征收具有行政强制性,原房屋租赁合同因征收无法继续履行,承租人的生产、生活势必会受到影响,承租人因征收可能面临的损失主要有:

(1)搬迁损失,主要包括:搬迁家具、设备等所产生的拆卸、搬迁、运输、安装、调试费等;(2)添置物品的损失,主要包括:承租人投资建设的与房屋形成添附的装修,对水、电、燃气等进行增容中尚未收回投资的部分;(3)临时安置损失:承租人从房屋中搬出后临时租用过渡房屋所产生的租金支出等;(4)停产停业的损失:承租人因搬迁而停产停业所产生的利润损失,职工工资、福利费、各种社会保险与公积金支付等;(5)承担违约责任的损失:承租人因征收而停止经营,无法履行原定合同而对他人承担的违约责任;(6)丧失预期收益的损失:承租人在原合同无法继续履行的情况下,丧失合同全面履行后可实现和取得的财产权利。

前述第1项至第4项损失,在现行房屋征收补偿规定中对搬迁补偿费、临时安置补偿费、停产停业损失补偿费均有所涉及,只不过补偿对象是被征收房屋的所有权人,房屋所有权人通过征收补偿弥补因提前终止房屋租赁合同造成的租金损失。但是,第5、6项的损失,《征收条例》未作规定,地方立法时,也不宜做出具体的规定。

三、承租人权利保障的立法空白引发房屋征收的双重困境

提前终止租赁合同导致承租人对他人承担违约责任的损害赔偿问题在《征收条例》中未作规定,特别是房屋征收时对被征收人(出租房屋的产权人)的补偿费往往高于非征收时同类房屋的市场交易价格,对房屋承租人的补偿又未纳入《征收条例》的调整范围,承租人因不是征收补偿合同的适格主体,将陷入无法与征收人协商补偿安置,也无法通过行政复议、行政诉讼途径寻求法律救济的困境。一旦被征收房屋的承租人采取拒不搬迁的对抗行为,特别是涉及人数较多时,征收人即便申请人民法院裁定强制执行,承租人也可提出异议阻碍法院作出强制执行补偿决定的裁定,使征收人陷入困境,导致被征收房屋无法在规定期限内拆除,国有土地无法收回,从而形成承租人与征收人"双输"的困局。

四、承租人权利保障的法律补充与实践完善建议

（一）在宏观立法方面

1. 在立法层级上，全国人大及其常委会应制定法律予以调整。现行法律体系中房屋租赁关系受《民法典》调整，法律保护债权，违约应承担债务责任。但是，租赁房屋作为承租人生产、生活的必需品有其特殊性，这就要求对因租赁合同而确立的房屋使用权予以特殊的保护。《民法典》合同编中就规定了"承租人享有以同等条件优先购买的权利"[1]、承租房共同居住人居住权[2]等。《民法典》物权编更是将财产归属与财产利用相区别，确立了所有权、他物权和占有权并列的物权保护制度。房屋征收不仅改变了被征收房屋的所有权和他物权（土地使用权、抵押权等）关系，也改变了对房屋财产利用的事实秩序，因此，承租人基于房屋租赁合同产生的占有、使用、收益权利，单靠租赁合同约定由出租方承担违约责任显然不公，国家应当从法律层面上作出规定。

2. 在行政立法与民事立法层面上，应分工明确、相互衔接。由于房屋租赁合同是民事契约，根据民法契约自由与诚实信用的原则，国家不宜通过强行法过多干预平等民事主体间自行订立的合同。故应在行政立法层面，明确指出承租人的征收补偿问题依照民事法律规定处理；并应在民事立法层面，对调整租赁关系的《民法典》合同编进行修正，明确衔接征收行政立法，从而形成一套有针对性的、互相配合无间的规范性文件体系。

3. 最高人民法院应根据实践需要，及时制定司法解释进行规制。最高人民法院作为全国租赁合同纠纷的最高审判机关，要结合各地案例上报情况，拟定涵盖多种租赁纠纷情况的司法解释。此外，各地高级人民法院、中级人民法院也应当在上级法院相关规定的基础上，总结出适合本地区租赁纠纷解决的判例集合，促进国有土地上房屋征收中租赁法律纠纷的解决。

（二）在微观条款设置方面

1. 完善租赁合同约定，为承租人创设权利保障。承租人可在订立租赁合同时与出租人进行约定，保障自身权利：

（1）征收信息知情权：出租人应在获知租赁房屋发生征收，征收人作出征收补偿决定及与征收人签订征收补偿协议起3日内，将相关信息告知承租人。

---

[1] 《民法典》第726条第1款规定："出租人出卖租赁房屋的，应当在出卖之前的合理期限内通知承租人，承租人享有以同等条件优先购买的权利；但是，房屋按份共有人行使优先购买权或者出租人将房屋出卖给近亲属的除外。"

[2] 《民法典》第732条规定："承租人在房屋租赁期限内死亡的，与其生前共同居住的人或者共同经营人可以按照原租赁合同租赁该房屋。"

(2)获得征收补偿利益的权利:涉及承租人装修、增设的设施设备、设备重置与搬迁、临时安置过渡费、停产停业损失等补偿归承租人所有;市、县级人民政府给予的征收补助和奖励,承租人应享有一定的比例。

(3)安置请求权:承租人有权选择继续履行合同,要求被征收人以产权调换房屋或者其他房屋进行安置。

2. 在行政立法层面,为承租人设置基本权利保障:

(1)严格控制征收范围,杜绝搭"公共利益"便车随意扩大征收范围,将无关土地收回重新出让利用之情况,从而维护房屋租赁市场的正常经营秩序。

(2)在征收前期调查中对房屋出租情况进行登记,同时告知相关承租人房屋可能被征收之基本情况,以便承租人对自身经营提早做出安排,减少损失。

(3)严格控制征收期限,在征收决定发布前,不得干预房屋的租赁使用;因房屋征收造成停产停业损失的,予以合理补偿。

(4)明确出租人(产权人)与承租人依照民事法律处理双方关系,并规定如出租人与承租人就相关补偿内容协商不成,应将相关征收补偿金交由法院或其他部门提存,待出租人与承租人就补偿达成一致意见或经法院等具有审判权限的部门对补偿款的分割作出裁决后再行分配。

3. 在民商事立法层面,分情况、全面保障承租人的权利。现实中,出租人与承租人对于征收补偿利益的分配存在多种约定情况。鉴于民事契约自由、诚实信用及公平原则,笔者认为应分情况、有针对性地保障承租人的权利,具体如下:

(1)约定"租赁双方互不承担违约责任,但未放弃征收补偿或向征收人要求补偿"的,应给予承租人被征收房屋价值补偿中涉及承租人装修、增设的设施设备补偿款、设备重置与搬迁、临时安置过渡费、停产停业损失等补偿,使承租人获得不少于签订租赁合同时施行的征收规定给予承租人的补偿。

(2)约定"租赁双方互不承担违约责任,且出租人不给予补偿或承租人放弃补偿"的,应认定为承租人对自身权利的处分,可从其约定。

(3)出租人明知房屋在一定时间内可能被征收,仍向承租人隐瞒情况与之签订租赁合同的,承租人有权以欺诈为由要求变更或解除合同,并向出租人主张一切利益损失。

4. 在诉讼审判方面,为承租人权利保障设置最后防线。若租赁双方始终无法协商一致而诉诸法院,法院应在审理案件时遵循以下原则,公平保障双方利益:

(1)意思自治优先原则,首先应尊重租赁双方的约定,无约定且双方达不成一致意见时才适用法律规定等进行调整。

（2）诉前鉴定原则，征收需在较短时间内收回土地与房屋，故应对争议资产情况进行固定，而且基于缩短审理周期的需要，进行诉前鉴定有利于纠纷的顺利解决。

（3）区分过错原则，即对有过错的当事人根据过错责任来确定赔偿责任，故意造成对方损失的，应在分割双方共有的征收补偿利益时少分或不分。

（4）合理补偿原则，在租赁双方无约定或约定不明时，综合租赁期、租赁价格、租赁物的具体情况等因素，充分发挥民商事审判法官心证的作用，确定补偿数额。

（5）调解优先原则，由于征收的公益性与效率要求，如能通过调解而使承租人尽早腾房交地，便可避免长期诉讼和随之造成的执行难、社会稳定风险高等状况发生。

私房征收实务中产权平移理论的研究

常敬泉[*]

一、研究的起因

房屋征收包括公有房屋征收、城镇私有房屋征收以及农村宅基地房屋征收。城镇私有房屋征收（以下简称私房）是不动产征收律师的一大业务领域，律师普遍感觉私房家庭矛盾多，法律适用不统一。基于历史的原因，在房屋征收之时，私房产权人去世的情况也比较多见。私房产权人去世后，继承人继承的产权份额，究竟是房屋评估价格、房屋价值补偿利益还是全部的征收补偿款，实践中也存在争议。

为进一步促进上海法院涉房屋征收补偿利益分割案件的适法统一，2019年11月，上海市高级人民法院民事审判庭在静安区法院召开房屋征收补偿利益分割民事纠纷研讨会，并于2020年3月25日发布《会议纪要》。

《会议纪要》明确提到"私有住房的征收以产权平移为基本原则，被安置人范围一般仅限于房屋产权人。审判实践中应该严格依照法律和征收补偿政策

---

[*] 上海市德尚律师事务所合伙人，上海市律师协会第十一届不动产征收（动迁）专业委员会委员。

认定被安置人范围,不能随意扩大"。同时又提出,"在私有房屋征收中,一般只有房屋产权人才是被安置人。对于房屋实际使用人,除非征收部门将其认定为被安置人,否则不属于征收补偿法律关系主体。而房屋实际使用人基于何种法律关系居住使用被征收房屋,不因征收关系而发生改变,即原房屋居住使用关系平移至安置房屋。因此,征收补偿关系中的被安置人以外的房屋使用人不能主张分割征收补偿利益,其居住问题可基于原来的法律关系如扶养、赡养等进行主张",这与之前的司法实践相比发生了重大变化。

《会议纪要》对私房的征收严格适用私房产权平移理论,严格限定被安置人范围,将私房的征收的法律处理简单化。在《会议纪要》推行过程中,社会公众必然会有一个适应的过程,也必然会有一部分实际居住的当事人因不符合被安置人的认定标准而无法按照房屋实际使用人的条件分得征收利益,也可能会产生一些新的家庭矛盾。

《会议纪要》出台后,如何准确理解上述规定,并将新的规定运用于司法实践,笔者认为有必要进行深入研究和探讨。本文试就私房征收的热点和难点问题进行分析与介绍。

二、对产权平移理论的认识

经过多年的司法实践,上海法院在处理私房征收方面的审判经验应当是十分丰富的。上海市高级人民法院突然出台颠覆性的涉及私房征收内容的会议纪要,着实让人费解。当然,法官可能也有处理此类案件的困境,才需要重新去制定上述私房分配规则,以从根本上解决产权人和房屋实际使用人如何分配房屋征收补偿利益问题以及其他相关法律关系问题。单就《会议纪要》规定本身而言,看起来简单,但在实务处理中又是最复杂的,着实需要研究。

(一)产权平移理论的司法实践

研究《会议纪要》出台后私房征收司法实践的变化和趋势,有助于研究和归纳产权平移理论的真谛,方便律师为当事人提供案件预判。笔者从中国裁判文书网收集了《会议纪要》生效后的部分裁判案例,以此来了解法官以及法院对产权平移理论的认识。

经对收集的案例进行分析、归纳,可以发现,《会议纪要》公布后,法院对在审理私房征收案件时如何适用产权平移理论,主要存在以下两个观点。

1. 观点一:认为所有的房屋征收补偿款全部归产权人(或者继承人)所有,相关案例见表1。

第三篇　征收综合研究　297

表 1　观点一相关司法裁判案例

法院	案号	说理
法院 1	(2020)沪×民初 1385 号	该案当事人均未被认定为居住困难人口,故只有房屋产权人才是被安置人。系争房屋原系徐某某、周某某的夫妻共同财产,二人去世后未继承析产,系争房屋的征收利益应作为其遗产由其继承人继承。系争房屋内户籍在册人员非继承人的,无权因户籍或实际居住主张分割征收补偿利益。系争房屋实际居住人的居住问题可基于原来的法律关系如扶养、赡养等进行主张
法院 2	(2020)沪×民初 2581 号	根据在案证据及当事人陈述,系争房屋为私房,土地使用人为田某某,田某某、刘某某夫妇先后去世,被征收时虽房屋内有户籍在册人员,但均未被征收部门认定为被安置人,故系争房屋的全部征收补偿利益均为田某某、刘某某的遗产,应归两人的继承人所有
法院 3	(2020)沪×民初 1866 号	系争的 19 号房的面积为 128.22 平方米,原告庄某在其中享有 47.46 平方米,所占比例约为 37.01%。1504 室、602 室两套安置房的面积分别为 92.49 平方米、119.75 平方米,结合原、被告确认一致的安置房单价 2.8 万元/平方米计算,1504 室的价值为 2,589,720 元、602 室的价值为 3,353,000 元。而系争的 19 号房被征收后获得的安置补偿利益,除 1504 室、602 室两套补偿安置房外,另有补偿款 891,920 元,故总的补偿利益应为 6,834,640 元。原告庄某依据上述确定的其在系争 19 号房中 37.01%的占比,可从总的补偿利益中分得约 2,529,500 元(取整)
中院	(2020)沪×民终 3598 号	一审法院认为,根据查明的事实,该案张某玉、张某兰、张某来方及张某林均为系争房屋的产权人,故均应享有征收补偿利益。至于具体补偿份额,应当依据各当事人占有的房屋产权份额确定,同时对于实际居住人,即张某林适当予以多分,以保障其居住权利。 二审法院认为,一审法院基于查明的事实,就系争房屋被征收所得的征收补偿利益在张某玉、张某兰、张某来方及张某林 7 个产权共有人之间予以分割,所作处理并无不当,该院予以认同
中院	(2020)沪×民终 3761 号	因系争房屋属私房,根据征收补偿协议,被征收户亦不符合居住困难条件,故被征收后所得的源自房屋的财产权益应归权利人所有。系争房屋的权利人已经生效判决确认,根据该案在案证据,系争房屋自 2015 年开始出租,被征收前,该案当事人均未在系争房屋内居住,故一审认定各产权人应按各自享有的产权比例对被征收房屋享有权利,并无不当,法院予以维持

续表

法院	案号	说理
中院	（2020）沪×民终6272号	在私有房屋征收中，只有房屋权利人和征收部门认定的被安置人属于征收补偿法律关系主体，户籍在册人员并不当然属于征收补偿法律关系主体。一审法院基于该案实际情况认定上诉人无权主张分割系争房屋征收补偿利益，不是该案适格主体，并无不当
中院	（2020）沪×民终5600号	征收补偿关系中被安置人以外的房屋使用人不能主张分割征收补偿利益，其居住问题可基于原来的法律关系进行主张。董某英、毛某军、毛某雯、盛某恒均非系争房屋登记的权利人，亦未被征收单位认定为被安置人，故一审法院认为董某英、毛某军、毛某雯、盛某恒均不属于系争房屋征收补偿法律关系主体，不能主张分割系争房屋征收补偿利益，并无不当

2.观点二：产权人（或者继承人）共同分割与房屋产权有关的征收补偿款，房屋使用人可以分得其他奖励、补贴，相关案例见表2。

表2 观点二相关司法裁判案例

法院	案号	说理
法院4	（2019）沪×民初23462号	私房征收房屋价值补偿款应归产权人所有，因产权人李某某已于房屋征收前死亡，其所获得的房屋价值补偿利益应由其法定继承人享有，故其法定继承人是该部分征收补偿款的合法取得人。 系争房屋被征收人、被安置人在具体分配征收补偿利益时需考虑被征收房屋的性质和来源，以及被征收人、被安置人在征收安置时的不同身份、实际居住情况等具体因素予以确定。李某武、李某红、李某英系基于继承关系被列为被征收人，故应按照继承关系平均分割被征收房屋相应房屋价值补偿部分的利益。居住困难户增加货币补贴款应由被确定为居住困难人口的人员均分。被征收房屋的装潢补偿款、搬家补助费、家用设施移装补贴、均衡实物安置补贴、按期搬迁奖应由被征收房屋的居住产权人和应被安置的实际居住使用人享有。不予认定建筑面积的材料费补贴应归实际搭建人所有。首日生效签约奖、集体签约奖、按期签约奖应由享有签约权的被征收人共享
法院5	（2019）沪×民初19417号	与现有房屋产权部分有关的价值补偿款应由赵某4、吴某某共同分得。赵某4已去世，故对于赵某4的征收利益按照法定继承处理，即由吴某某、赵某2、赵某1享有并分割。赵某2、张2、赵某3曾在系争房屋实际居住，动迁前仍实际对系争房屋控制使用，与居住相关的奖励补贴应由其取得

续表

法院	案号	说理
法院6	（2019）沪×民初10364号	系争房屋土地使用人系李某5，李某5与妻子周某某在征收前均已去世，其继承人李某1、李某2、李某4有权取得被征收人的地位，共同分割与房屋产权有关的征收补偿款。 李某1、费某1、费某2、费某3、李3在系争房屋内有户籍，当事人均确认争房屋1、2层分别由李某1、李某2实际控制使用，李3居住在系争房屋2层，故李某1、费某1、费某2、费某3、李3应被认定为系争房屋的使用人，可以分得其他奖励、补贴
法院7	（2019）沪×民初28682号	系争房屋土地使用证登记的土地使用人为程某3，实为程某3与其配偶周某某的夫妻共同财产，周某某去世后，其产权份额由其配偶与子女继承，故程某3与程某1、程某2、程某4、程某5、程某6、程某7是系争房屋的共有人、被征收人，有权分割与系争房屋价值相关的征收利益。程某4在系争房屋内实际居住，是该房屋的使用人，与居住相关的奖励补贴应由其取得。唐某1虽户籍在系争房屋内，但未实际居住，故不属于安置人员，无权分得系争房屋的征收利益
法院8	（2019）沪×民初30600号	周某2、周某4、周某5、周某6、武某某、周某7、周某8有权分割与系争房屋价值相关的征收补偿利益。因征收前系争房屋长期由周某2、周某10家庭居住使用，故与居住、搬迁相关的奖励补贴应由周某2、周某10家庭分得
中院	（2020）沪×民终1298号	一审法院认为，综合该户的实际情况，非居住的共有产权人对评估价格进行分割，价格补贴、套型面积补贴、装潢补贴及其他各类补贴、奖励费用在实际居住的共有产权人家庭之间，结合该产权人家庭实际居住情况进行分配，以保障实际居住共有产权人的居住权利。至于具体的分配方式，因王某幹一方较王某英一家更为困难，且长期实际居住于系争房屋，予以适当多分。居住困难户增加货币补贴款，在被认定为居住困难人口的当事人之间进行分配。 二审法院认为，一审法院根据查明的事实，综合考虑各安置对象及其家庭实际居住情况以及征收补偿利益构成等因素，以优先保障作为安置对象的共同居住人的居住安置需求为前提，以补偿与安置兼顾为原则，酌情确定各方当事人可分得的征收补偿利益金额，尚属合理，各方当事人之间的利益并未失衡
中院	（2020）沪×民终1312号	一审法院认为，成某堂、成某4、成某1与丁某1、丁2、丁4、丁3是系争房屋的共有人，有权分割与系争房屋价值相关的征收利益。成某堂、成某4、成某1三个家庭在系争房屋有户籍且长期实际居住，与居住相关的奖励补贴应由其取得，产权调换房屋也应由其购买，以保障其居住权益，成某华的继承人可分得货币补

续表

法院	案号	说理
		偿款。综合考量系争房屋的来源、各方对房屋的贡献、各方居住状况的因素等,法院酌情确定丁某1、丁2、丁4、丁3可分得货币补偿款320,000元。 二审法院认为,一审法院综合考量系争房屋的来源、各方对房屋的贡献、各方居住状况等因素,酌情确定丁某1方分得320,000元货币补偿款,各方权利义务并未失衡
中院	(2020)沪×民终2306号	一审法院认为,房屋价值补偿款中涉及产证面积部分的评估价格,应由现产权继承人依法继承、分割取得。其余未在证面积及价格补贴、套型面积补贴、装潢补贴、各类补贴奖励费用,仍应体现补偿与安置兼顾的原则,综合考虑实际产权人或居住人的居住需求或具有出资建造等贡献的实际占有、使用人的权利,由这些人员享有、分配。 二审法院认为,系争房屋为私房,原产权人去世后,系争房屋的相应权利应由原权利人的继承人继承取得。现系争房屋被征收,所获的征收补偿利益应由作为被安置人员的相关继承人分割取得。一审法院综合系争房屋居住情况、当事人贡献大小及居住安置需要等因素,并结合征收补偿利益构成内容,以补偿与安置兼顾为原则,酌情确定的各方当事人可分得的征收补偿利益金额,已经充分保障了各当事人的利益
中院	(2020)沪×民终2570号	现系争房屋被征收,所获征收补偿利益可由相关继承人予以分割。徐某琴可分得的征收补偿利益由法院综合考虑各当事人居住使用系争房屋状况及征收补偿利益构成内容等因素,并结合该案实际情况,以补偿与安置兼顾为原则,酌情予以确定。基于徐某琴系继承人之一,且实际居住系争房屋等事实,现徐某琴主张要求分得系争房屋征收补偿款1,500,000元,尚属合理,法院予以支持
中院	(2020)沪×民终3708号	结合征收补偿利益各项补贴奖励事项发放的理由,居住协议签约奖励、早签多得益奖励等项目与系争房屋征收补偿协议的签署有关,显然不属于解某朝、徐某喜的遗产范围。而作为解某朝、徐某喜的法定继承人,解某生等人对协议的签署均有共同决定的权利,相应奖励也应由相关人员共同获得为宜,故法院在该案中对上述事宜一并予以处理
中院	(2020)沪×民终4254号	系争房屋作为私房被征收,所获得的征收补偿款既包括对房屋物权价值的补偿,也包括着重于安置房屋使用人的一些奖励、补贴项目。根据系争房屋的征收补偿决定,该房屋整个征收补偿利益中绝大部分金额是对房屋价值的补偿,应由房屋物权权利归属主体分得。而徐某1、陈某对物权价值补偿外的奖励、补贴

续表

法院	案号	说理
		有权分得,同时,因徐某 4 在房屋征收前实际居住于该房屋,部分补偿所针对的补偿对象与其确有联系,一审法院根据该案实际情况,酌情对系争房屋征收补偿利益进行分配,并无不当
中院	(2020)沪×民终 4361 号	征收补偿利益中的房屋价值补偿部分作为遗产由继承人继承,张某犁仅要求分得 500,000 元,其余部分原则上可由张某忠与张某某均分。房屋价值补偿部分以外的征收补偿利益则应优先保障居住安置的需求。张某忠实际居住于系争房屋,可以适当多分
中院	(2020)沪×民终 4431 号	一审法院认为,该房屋无产证,土地使用证登记的使用人为许俊某,许俊某、黄某冠在该房屋所在地块征收决定作出之前已去世,故该房屋应由许俊某、黄某冠的法定继承人,即许丽某、许某隆、许某蓉、许某华、许某生共有,因此系争房屋与产权有关的补偿,由许丽某、许某隆、许某蓉、许某华、许某生分得。因许某华、许某生在系争房屋内无户籍,且在征收决定作出之前较长时间不在系争房屋内居住,许某蓉虽在系争房屋内有户籍,但其在征收决定作出之前较长时间不在系争房屋内居住,故许某蓉、许某华、许某生仅对系争房屋与产权有关的补偿有权进行分割。许某隆在系争房屋内有户籍,且其在系争房屋内居住,故许某隆有权分得系争房屋与产权有关的补偿及其他的奖励补贴。王某瑛、许某雯在系争房屋内有户籍,且其在系争房屋内居住,故王某瑛、许某雯有权分得除系争房屋与产权有关补偿之外的其他奖励补贴。许华某、许某、许某杰、陈某某虽在系争房屋内有户籍,但其在征收决定作出之前较长时间不在系争房屋内居住,故许华某、许某、许某杰、陈某某非系争房屋使用人。 二审法院认为,该案系争房屋无产证,土地使用证登记的使用人为许俊某。许俊某、黄某冠已去世,其法定继承人许丽某、许某隆、许某蓉、许某华、许某生共有该房屋与产权有关的补偿。一审法院根据当事人的诉辩意见及其他经质证属实的在案证据,综合考虑许某蓉、许某华、许某生在征收决定作出之前较长时间不在系争房屋内居住等因素,作出的判决并无不当,故二审法院予以认可

对产权平移理论理解不同,会导致裁判结果的不同。通过分析以上案例,可以得出以下结论:

(1)产权平移理论的内涵,司法实践中还没有完全统一。

有的法院严格适用《会议纪要》规定,严格适用产权平移理论,严格认定被安置人,未考虑实际居住人的征收利益保护;有的法院相对宽松,体现出产权平移理论操作的灵活性。二审法官在裁决此类上诉案件时观点也不统一,二审法院无法通过发挥审判职能实现片区法律适用的统一。

如何正确理解和架构产权平移理论,目前仍是司法实践中的难题,正是由于法律适用的不统一,代理律师客观上无法通过案例或者说理说服法官采信对方当事人有利的观点。

产权平移理论平移的究竟是全部征收补偿利益还是与系争房屋价值相关的征收补偿利益,还需要通过司法实践进一步调和,从而达成相对统一的观点。

(2)实际使用人的认定不统一。

根据《会议纪要》,在私房征收中,只有房屋权利人和征收部门认定的被安置人属于征收补偿法律关系主体。如何认定房屋实际使用人以及实际使用人能否成为征收补偿法律关系主体,司法实践中也不统一。这都给律师处理案件带来困惑。关于房屋实际使用人的问题下文将详细论述。

(二)产权平移理论的架构

如何准确理解产权平移理论,不仅涉及当事人的根本利益,也将决定律师代理此类案件的操作思路,因此,有必要在实务中统一思想,提高认识,进一步提高律师法律建议的权威性,以更好地服务广大群众。笔者认为,可以从以下方面理解产权平移理论:

第一,《会议纪要》只是原则上规定"私有住房的征收以产权平移为基本原则,被安置人范围一般仅限于房屋产权人",但对于究竟何为"产权平移"并未作过多说明。

笔者认为,产权平移理论重点和难点都在"产权"二字。如何理解"产权"二字是正确适用产权平移理论的关键。简单而言,产权平移是全部征收补偿利益的平移还是与私房价值相关的征收补偿利益的平移,这是产权平移理论的核心要素,最终会影响法院的裁决结果。

第二,笼统地讲产权平移,就很容易被认为谁拥有产权,谁就拥有全部的房屋征收补偿款。产权人不仅拥有房屋的价值补偿款,同时还享有相关奖励和补贴,奖励和补贴属于私房征收产生的孳息,当然归属产权人。私房产权人去世的,相应的征收补偿款由其继承人继承。这是对产权作扩张化的理解。在此概念之下,户籍在册人员、实际居住人员以及未被征收部门认定的被安置人将无权要求补偿。

第三,如果对产权作限缩性理解,将产权局限于房屋价值,那么其价值形式转化为征收补偿利益,补贴和奖励将根据征收补偿公告,根据实际情况在相关人员之间进行分配,比如实际使用人或者居住困难人员。又如私房存在翻建、改建行为,尽管翻建、改建的主体不能成为私房的产权人,但无疑他们的行为会增加私房征收补偿的建筑面积,对私房征收是有巨大贡献的,完全排除他们的征收利益也不完全合适。法院应根据案件的具体情况,考虑私房的来源、被安置人员的居住情况、家庭关系以及贡献大小等情况统筹补偿款的分配,这有利于实现法官自由裁量权和个案公平性原则的有机统一。

第四,我们需要考虑《会议纪要》出台的背景以及其需要解决的问题,仔细研究产权平移理论。上海法院系统没有专门对产权平移理论进行说明和解释,因此,律师在代理私房征收案件时应当在产权平移理论框架下,研究如何适用产权平移理论解决个案问题。也正是由于观点的不统一,代理律师可以根据个案的具体情况去分析和研判产权平移问题,原、被告双方都可以在产权平移理论框架下去争取各自的权益。

三、房屋实际使用人的认定以及权利保护

房屋实际使用人的征收利益在《会议纪要》颁布前是得到保护的,而且某种意义上得到了充分的保护,这是由房屋使用人的居住权益和生存权益决定的,属于它们的天然权利,本文提供的案例也清楚地说明了这个问题。

《会议纪要》出台后,房屋使用人的利益是否需要保护以及如何保护倒成了一个问题,这主要是法官对《会议纪要》的解读以及法官在审理具体案件时受其价值观影响产生的差异。

根据《会议纪要》,房屋实际使用人,除非征收部门将其认定为被安置人,否则不属于征收补偿法律关系主体。这也就意味着诸多实际居住在内的非产权人将因为未被征收部门认定为安置对象,而无法得到征收补偿利益,他们将是《会议纪要》出台后利益受损最严重的一方,无法从征收的"大蛋糕"中分得其应得的部分。

为解决这部分实际居住人的安置问题,《会议纪要》为他们的权益保护指引了一个方向,即原房屋居住使用关系平移至安置房屋。所谓平移实际是赋予房屋使用人对安置房屋的居住权益,而非产权利益。但在"一证一套"安置房的补偿政策下,部分私房产权人员众多,导致安置房尚不能满足他们的住房需求(尤其是私房产权人死亡,继承人过多的情况),实际使用人的居住问题又如何解决,这将成为一个现实的难题。

(一)如何理解《会议纪要》规定的房屋实际使用人

我们可以从以下几个方面分析《会议纪要》规定的房屋实际使用人:

第一,《会议纪要》规定的房屋实际使用人和《实施细则》规定的房屋使用人的概念不同。《实施细则》规定的房屋使用人,是指实际占用房屋的单位和

个人。只要有证据证明当事人实际居住和使用被征收房屋，就属于房屋使用人，就应当得到安置，这是《实施细则》规定的本意。但是，《会议纪要》指出，对于房屋实际使用人，除非征收部门将其认定为被安置人，否则不属于征收补偿法律关系主体。因此，房屋使用人如果需要得到法院充分的保护，必须被征收部门认定为被安置人，实际居住本身可能无法得到补偿。

第二，房屋实际使用人的诉讼主体地位问题。司法实践中，私房产权人是当然的诉讼主体，户籍在册的当事人也都成为私房征收案件的诉讼当事人，至于这些有户口的当事人能否取得征收补偿利益则需要根据案件的基本事实，比如是否实际居住等情况由法院综合判断。

笔者在(2020)沪×民终3889号案件中看到了一种司法倾向，即征收补偿协议中列为居住困难人口的才是房屋使用人以及征收补偿法律关系的主体。将来是不是可以理解为只有补偿协议罗列的居住困难人口才是诉讼主体，其他人员即使户籍在册，但是如果不是产权人或者继承人，也不需要作为诉讼当事人参与诉讼呢？因为即使其参与诉讼，也会因不能证明自己是被安置人而得不到补偿，这些当事人只是诉讼程序的参与者或者是见证者，其与裁判结果没有任何利害关系，强制要求有户籍的当事人参与诉讼，只会浪费司法资源和消耗当事人的时间。

当然，如果有户籍的人有证据证明他们是实际使用人，可以申请法院追加为第三人或者当事人，这无疑会节约司法资源，当然，这也会带来诉讼程序瑕疵问题，比如遗漏当事人的问题。

第三，上海市高级人民法院规定房屋实际使用人的居住问题可基于原来的法律关系如扶养、赡养等进行主张，实质是还原居住权来源的本质，即房屋实际使用人是基于何种基础法律关系在被征收房屋内实际居住，将来还是依据该基础法律关系主张居住权。

《会议纪要》的最终目的是严格区分房屋征收补偿法律关系和其他请求权关系（如赡养权纠纷），这对于只有户籍但没有产权利益的年轻一代而言或许是非常不利的，他们将不能通过房屋征收将居住权益变现，法院无疑是通过审判理念的转化来向社会助推、弘扬勤劳致富的价值观，以此激励年轻一代通过自己的劳动来解决住房问题。

第四，根据《会议纪要》，房屋实际使用人的居住使用权平移至安置房屋。但是如果私房权利人只要求货币补偿，而没有要求安置房安置，如何解决房屋实际使用人的居住问题，该规定貌似并未涉及，房屋实际使用人能否主张货币补偿，存在疑问。

笔者发现,实务中诸多私房权利人和实际使用人不存在抚养和赡养关系,如何解决实际居住人的居住问题,其权利救济还是存在一定的困难的。比如产权人是爷爷,但是孙子和产权人爷爷是没有抚养和赡养关系的,如果爷爷选择全货币补偿,孙子的利益显然无法得到保障。这些问题如何解决,还需要在房屋征收的法律框架之外寻求答案。

(二)房屋实际使用人保护的价值判断

司法判例中,有一部分房屋实际使用人,可以分得奖励、补贴,其实质是将他们视为征收法律关系的主体;但是也有一部分判例,比如在(2020)沪×民终3889号案例中,中级人民法院认为所有当事人在系争房屋的征收补偿协议中均被列为居住困难人口,属于系争房屋的安置对象,应由被征收人安置房屋使用人。

房屋使用人被区别对待的原因,主要在于法官对实际使用人的理解以及对他们是否需要保护存在价值判断上的差异。如果单纯强调产权平移,认为所有的补偿款都是房屋征收的等价物或者产生的孳息,房屋使用人对征收没有起到实际的作用,自然就不需要得到保护,在法理上是说得通的。但是,如果房屋使用人被认定为居住困难人员,则其对增加的补贴产生了一定的作用,其获得补偿也是合理的。

居住困难的认定要综合考虑该户居住人员或者非居住人员的具体住房情况来判断,和房屋使用人的主观愿望本身其实没有太大联系。因此,单纯从居住困难或者托底角度去考虑是否要对使用人进行安置,也会带来实际的不公平。判决给予实际使用人适当的补偿款,更多的是从居住权本身的价值或者从人的生存权利的角度出发,去维护这部分人的生计问题,体现的是对人的生存权利的尊重,无疑这种判决符合上海的实际情况,否则,也就不会有那么多的判例给予实际居住人补偿。

当然,随着《会议纪要》的颁布,法官自由裁量的空间将会大大减小,至于前述部分案例,有部分未被认定为居住困难人口的实际使用人分得补偿款,将可能作为特例存在。随着同案同判的不断推进,这部分判例将不断减少,不排除未来的司法倾向是征收补偿协议中被列为居住困难人口的人为房屋使用人,其他人员则不是。

(三)房屋实际使用人的证据问题

按照《会议纪要》所述,房屋实际使用人的权益如果想要得到充分的保障,其必须被征收部门认定为被安置人,至于认定的具体形式《会议纪要》则未予说明,既可能是征收部门认定居住困难户的材料,也可能是征收部门提供的其他书面材料。至于以其他形式被征收部门认定为被安置人的房屋实际使用人，目前还没有看到相关的司法案例，但不排除后续出现特殊情况，因为这也符合《会议纪要》的规定。

四、小结

私房征收产生的补偿利益家庭分配问题，看似简单，实则复杂。在新旧理论交替之际，如何准确适用产权平移理论，充分保护权利人的征收利益，同时兼顾好房屋实际使用人的利益保护，实现家庭征收利益分割的合理、合法和公平，还有很长的一段路要走。我们将在实践中不断摸索、不断丰富对产权平移理论的认识，更好地利用产权平移理论去解决私房征收中的各种疑难杂症，解决家庭矛盾，促进社会和谐。

公房征收中未成年人的共同居住人资格问题

常敬泉[*]

一、主要问题

在公有房屋征收过程中，未成年人是不是共同居住人，不仅与承租人、共同居住人的利益有关，而且涉及未成年人这一社会群体的利益保障，一直是司法实践中的关注点。

关于未成年人是不是共同居住人，是否享有分割公有房屋征收补偿款的权利，法院裁判的观点主要有下列四种。

第一种观点认为，未成年当事人不是共同居住人，无权分割补偿利益。

第二种观点认为，未成年当事人是否认定为共同居住人，应当根据未成年人的法定监护人来确定。如果其监护人是共同居住人，那么未成年人也可以被认定为共同居住人；如果其监护人不是共同居住人，那么该未成年人当然不能被认定为共同居住人。

第三种观点认为，未成年人不是共同居住人，但是对在公房内居住的未成年人实际承担监护义务的人，可以就该房屋的征收补偿款适当多分。

第四种观点认为，是否认定为共同居住人应当以法律规定为准，和年龄无

---

[*] 上海市德尚律师事务所合伙人，上海市律师协会第十一届不动产征收（动迁）专业委员会委员。

关。只要未成年人符合共同居住人的条件,就应当被认定为共同居住人,法律没有规定未成年人不能被认定为共同居住人,不应当剥夺未成年人在房屋征收中的权益。

为何未成年当事人的户口在被征收房屋内,且均未享受过福利分房,他处亦无住房,但是有些法院认定其为共同居住人,有些法院却不认定其为共同居住人,本文试作详细分析。

二、原因分析

对未成年人是不是共同居住人无法达成共识,笔者认为主要有两方面原因。

(一)《实施细则》和《高院解答》关于未成年人是不是共同居住人的规定存在差异

2011年《实施细则》公布后,各级法院审理未成年人征收案件时仍然适用《高院解答》,而《高院解答》和《实施细则》在未成年人是不是共同居住人问题上存在诸多不一致,这导致了法律适用上的不统一。主要表现在以下方面:

1.《实施细则》在共同居住人的规定中未区分成年人和未成年人,而《高院解答》对未成人是否为共同居住人有特别规定,法院需要根据个案情况进行判断。

根据《实施细则》的规定,所谓共同居住人,是指作出房屋征收决定时,在被征收房屋处具有常住户口,并实际居住生活一年以上(特殊情况除外),且在上海市无其他住房或者虽有其他住房但居住困难的人。共同居住人必须符合三要素:一是在被征收房屋处具有常住户口;二是在该房屋实际居住生活一年以上(特殊情况除外);三是在上海市无其他住房或者虽有其他住房但居住困难。该项规定并没有对共同居住人的年龄提出要求,并没有要求共同居住人必须是成年人。

而《高院解答》则单独给未成年人群体设定了一个特殊的处理规范,即使未成年人符合上述三要件,也可能不能被认定为共同居住人。主要表现在以下方面:

一是直接否定未成年人的共同居住人资格。比如《高院解答》第4条规定,"对在公房内居住的未成年人实际承担监护义务的人,可以就该房屋的拆迁补偿款适当多分"。这和《高院解答》第9条规定存在一致性:承租人、同住人之间一般遵循一人一份、均等分割的原则取得拆迁补偿款,但"对公房内居住的未成年人实际承担监护义务的"承租人、同住人,可以酌情多分。法院也有类似判决,比如在(2019)沪02民终10197号案件中,法院认为:根据相关法律、法规及政策规定,未成年的居住使用的权益,主要是基于父母对未成年子女的抚养等义务形成的,而不是基于其对公有住房的权利。故未成年人在征收补偿款中不享有独立的份额,但对在公房内居住的未成年人实际承担监护义务的人,可以就该房屋的拆迁补偿款适当多分。

二是根据居住权获得方式的不同,有部分未成年人可以获得共同居住人的资格。比如,《高院解答》规定未成年人"其居住权并非基于他人的帮助而取得"就可以被认定为共同居住人。而"承租人或同住人允许他人未成年子女在自己承租的公房内居住的,一般可认定为属于帮助性质,并不当然等于同意该未成年人取得房屋的权利份额。因此,在这种情况下,该未成年人无权主张分割房屋拆迁补偿款",这实质是认为基于帮助性质获得居住权的未成年人并不是共同居住人。

2.《实施细则》对居住的原因以及居住权取得的方式未作规定,而《高院解答》则把居住权的获得方式分为基于"帮助性质"取得以及"非基于他人的帮助而取得"两种方式,法律后果不一样。

《实施细则》规定,未成年人要成为共同居住人,必须在被征收房屋实际居住生活一年以上(特殊情况除外),至于实际居住的原因以及其居住权取得的方式则不予考虑。

《高院解答》不仅规定未成年人必须实际居住在被征收房屋,而且考虑其居住权的来源。承租人或同住人允许他人未成年子女在自己承租的公房内居住的,一般可认定为属于帮助性质,该未成年人无权主张分割房屋拆迁补偿款。但如果未成年人的"居住权并非基于他人的帮助而取得",则可依法主张分割公房拆迁补偿款。因此,当事人需要举证证明未成年人的居住权是基于"帮助性质"还是"非基于他人的帮助而取得",法院会根据双方当事人的证据来认定未成年人是不是共同居住人,即法院的裁判结果取决于当事人的证据,这就会导致裁判结果的多样性。

(二)法院对"帮助性质"的理解从未成年人居住权问题扩展到户口迁入问题,无论是未成年人还是成年人,只要户口是基于帮助性质迁入的,就基本排除了共同居住人的资格

未成年人的户口迁入主要包括以下情况:(1)由于出生户口报入被征收公房;(2)因为就业、学习等情形经承租人或者同住人同意将户口迁入;(3)未成年当事人的父母一方或者双方的户籍在被征收公房内,未成年当事人户口随父母迁入;(4)知青子女回沪后其未成年子女报入被征收公房;(5)父母离婚后随监护人一方生活但户口仍然保留在被征收房屋内。

《实施细则》没有对户口迁入的原因进行限定,只要被征收公房内有户口即可,至于户口是因出生而产生,还是因为学习、工作等情形迁入以及是否需要他人的帮助才迁入,在所不问,否则就变成以户口迁入动机、目的来判断未成年人是否属于共同居住人。

在诸多案例中,法官会需要考虑未成年人户口迁入原因。例如,在(2019)沪0101民初8701号案件中,被告潘某被认定为共同居住人,其子陈某报出生于系争房屋,而潘某系其监护人,陈某应被认定为共同居住人。若未成年人户口基于出生报入,其监护人属于共同居住人,则未成年人被认定为共同居住人的概率比较高。

当然并非未成年人户口报出生于被征收房屋就一定会被认定为共同居住人,报出生于被征收房屋内仅是可以不受实际居住、居住时间长短等条件限制视作同住人而非当然的共同居住人。比如在(2016)沪0108民初1011号案件中,沈某也是出生报入,但是法院没有因此认定他的同住人资格,而是结合案件的其他情况进行判断。不同的户口迁入原因,可能导致不同的法律后果。

三、思考和对策

上海市高级人民法院以解答的形式解决了未成年人动迁利益分配的问题,对定分止争具有积极的意义,但是《实施细则》施行后,对未成年人是否属于共同居住人并没有出台新的认定标准,是否还要适用《高院解答》,存在讨论的必要。

(一)关于未成年人能否成为共同居住人

关于未成年人和成年人共同居住人的认定标准是否一致以及未成年人和成年人的征收利益是否需要差别化保护,更多的是立法价值取向的问题。

按照《实施细则》的规定,未成年人只要符合共同居住人的认定条件,就应当和成年人享有相同的征收权利。在(2017)沪0109民初23842号案件中,法院认定原告杨某甲、杨某乙(未成年人)户籍在系争房屋内,亦曾在系争房屋内居住,因原告与被告有矛盾,两原告搬离系争房屋在外租房居住,而两原告在本市没有福利性质的房屋,故将其认定为系争房屋的共同居住人为宜,其有权分得征收补偿安置款。另外,对于回沪知青子女的未成年子女,法院也有较多判例认定其为共同居住人。

所以,是否成年不是认定共同居住人的必要条件,尤其是在《实施细则》公布后,更没有必要把未成年人作为特殊的群体对待。《高院解答》是2004年颁布的,需要与时俱进,我们应该在《实施细则》的基础上去思考和重构共同居住人的解释标准,以体现法律面前人人平等的理念,完全没有必要单独给未成年人群体设定一个特殊的处理规范。这应当成为一个基本常识以及共识,法院在裁决时不应当对未成年人在征收中的权益进行限制。

至于补偿款的金额,可以根据个案来进行调整。比如综合考虑被征收公房的来源、户口迁入的原因、户口迁入的时间长短、居住时间长短以及房屋的实际居住情况等因素保护各当事人的利益。

笔者认为,所有的共同居住人均应当得到平等保护,以体现征收政策的公平性,不能人为地剥夺未成年当事人的征收补偿利益。为帮助未成年当事人获得更加公平的征收补偿利益,《高院解答》应当根据《实施细则》尽快修改和完善。

(二)如何理解未成年人是否实际居住问题

是否实际居住是共同居住人认定的一个非常重要的先决条件,也是影响未成年人共同居住人身份认定的一个关键的法律事实。

关于未成年人是否实际居住既是事实问题,也是证据问题,与双方当事人的举证能力有关。不过话又说回来,破旧的老式公房,哪个孩子愿意住呢?父母都努力为自己的孩子创造一个光明的未来,只要有条件,绝不会让自己的孩子生活在老式公房内,除非是基于某些具体的原因,比如寒暑假,临时需要老人照顾,等等。一般情况下,未成年人都会和自己的父母生活在一起,要举证证明未成年孩子在被征收公房内居住且居住1年以上其实是很难的,在大多数的案件中都是不现实的。

即使未成年人曾经连续居住生活满1年,但是在作出房屋征收决定前1年并没有实际居住,是否影响未成年人共同居住人的认定?对此问题实务中也存在诸多不同的理解。比如法院在(2018)沪02民终432号判决中认定:作出房屋征收决定前一年,系争房屋内仅有韩某1人居住,故一审法院认定原告乔某不符合共同居住人的条件,从而判决不支持其诉讼请求,并无不当。但在(2016)沪0106民初10382号案件中,法院认定其他原、被告虽未能长期在内居住,但鉴于房屋面积、使用状况及家庭结构等现实情况,这应属于家庭成员之间对居住的妥协与安排,不宜直接认定其他户籍人员已放弃居住使用权,还应当根据其他户籍人员在他处是否有福利住房来确定。

存在以上差异的原因在于《实施细则》还对共同居住人实际居住生活1年以上规定了特殊情况作为除外规定,但什么属于特殊情况,又没有进行解释和说明,这样就导致法律适用上的不统一。这里需要讨论的是,曾经居住但之后经济条件好了,结婚生子购买商品房了,追求幸福生活了,算不算特殊情况?是不是放弃居住权了?难道需要强制当事人一家蜗居在老式公房内,以符合共同居住人的条件？笔者认为这显然是不合适的。律师实务中引用最多的还是《高院解答》中的"因家庭矛盾、居住困难等原因在外借房居住,他处也未取得福利性房屋的",可以视为同住人的万能条款,但能否被法院采纳完全依赖于法官的自由心证以及自由裁量,案件的裁决结果也就具有不可预测性,对原、被告双方当事人均不利,因此有必要在出台司法解释或者对《实施细则》进行修改的时候,对特殊情况进行说明或者列举,让《实施细则》更明确、更具可操作性。

(三)对户口迁入帮助性质的理解

如果未成年人是基于帮助性质落户,他们根本就没有居住的意思,完全是因为房屋征收或者入学等因素迁入户口,居住困难等理由更多的是一个托词,那么他实际就是一个"空挂户",是无法被认定为共同居住人的。即使未成年人曾经在此居住,按照《高院解答》规定,也可能不被法院认定为共同居住人。

未成年人和承租人、同住人存在直系血亲关系,比如父母子女关系,户口自然不需要借助其他人的帮助报入被征收房屋。至于其他家庭关系,无疑需要基于他人的帮助才能落户。是否属于帮助性质的落户解决的是事实问题,对案件的结果起到决定性的作用。

在《高院解答》没有修改的情况下,为争取法院有利裁判,当事人需要证明未成年人户口迁入是否属于"帮助性质",这是庭审的焦点,也是此类案件中律师的价值体现。我们在代理未成年人公房征收案件时,有必要遵循法官的思路,先搞清楚未成年当事人的户口是基于何种原因迁入被征收公房,再分析这个迁入行为是否应当获得征收利益,从而找出对策以获得有利裁决。

探究公房征收利益分配存在的问题及对策
——以未成年人利益分配为视角

秦志刚[*]

一、问题的提出

原告刘翠与被告刘吉系姐妹关系,二人均是承租人刘某某的女儿。被告赵

---

[*] 上海华夏汇鸿律师事务所律师,上海市律师协会第十一届不动产征收(动迁)专业委员会委员。

某某为被告刘吉之子。系争房屋为刘某某承租的公房,在册户籍中有原、被告3人。系争房屋被征收前,承租人已去世,且未选定新的承租人。赵某某在系争房屋内报出生。本案的争议焦点之一为未成年人赵某某是否具有同住人资格,以及在本案中,他是否可以获得征收补偿款?

法院认为:根据相关规定,公有房屋承租人所得的货币补偿款、产权调换房屋归公有房屋承租人及其同住人共有。同住人是指作出房屋征收决定时,在被征收房屋处有上海市常住户口,并实际居住生活1年以上(特殊情况除外),且上海市无其他住房或者虽有其他住房但居住困难的人。本案的赵某某为未成年人,应当随监护人生活,由监护人提供生活保障,没有自己的份额,可以对其监护人适当多分。

本案中,法院认为未成年人应当依附于其监护人,不能独立平等地享有同住人的征收补偿份额。该观点并非仅在个案出现,而是普遍存在的现象。根据笔者对上海市法院裁判案例的整理、归纳和研究,在国有土地上公房征收补偿的纠纷案件中,即使未成年人满足《实施细则》第51条①规定的同住人条件,有些法院也仍不给予未成年人同住人待遇,而是根据《高院解答》第4条②的规定,确定未成年人没有份额。其实对于该解答应有两种理解,第一,满足同住人条件的未成年人,可以独立享有同住人的份额,出于对未成年人的保护,对其承担监护义务的人,还可以适当多分;第二,满足同住人条件的未成年人不能独立享有份额,对其承担监护义务的人可以适当多分。③ 但综观上海各级法院的判例,第二种观点已然成为司法裁判的主流依据。几乎没有法院采用过第一种观点。而且上海市高级人民法院在审判监督程序中从未改判过,据此可以看出《高院解答》对未成年人份额的解释应倾向于第二种,即严格限制满足同住人资格的未成年人的征收份额。

未成年人要获得公房同住人的资格很难。从《高院解答》以及各类判例中可以管中窥豹,未成年人获得同住人资格的限制条件很多。比如,该解答第4

---

① 《实施细则》第51条第3项规定:"共同居住人,是指作出房屋征收决定时,在被征收房屋处具有常住户口,并实际居住生活一年以上(特殊情况除外),且本市无其他住房或者虽有其他住房但居住困难的人。"

② 根据《高院解答》第4条的规定,"在公房内居住的未成年人问题如何解决?"答:"对在公房内居住的未成年人实际承担监护义务的人,可以就该房屋的拆迁补偿款适当多分。"

③ 上海市第二中级人民法院(2020)沪02民终569号民事判决书认为:"对在公房内居住的未成年人实际承担监护义务的人,可以就该房屋的拆迁补偿款适当多分的前提是未成年人不再单独取得房屋拆迁补偿的权利份额。"

条规定:承租人或同住人允许他人未成年子女在自己承租的公房内居住的,一般可认定为属于帮助性质,并不当然等于同意该未成年人取得房屋的权利份额。因此,在这种情况下,该未成年人无权主张分割房屋拆迁补偿款,除非其能够提供证据证明其居住权并非基于他人的帮助而取得。该规定是指除按政策回沪的知青子女外,未成年人户口在被征收房屋内且其在内实际居住生活,往往会被法院特别列出,认为这系对未成年人的帮助,即使该未成年人在房屋征收时已经成年,其也同样不具有同住人资格。审判实践中,法院认为如果未成年人的监护人户口不在被征收房屋内,则未成年人一般不具有同住人资格。那么上海市各级法院严格限制未成年人成为同住人,或者排除具有同住人资格的未成年人的份额的做法是否具有法律法规依据,以及法院如此判决的出发点是什么?

二、我国对于未成年人征收份额的理论与法律背景

1. 未成年人具有平等的民事权利能力。《民法典》第 13 条规定:"自然人从出生时起到死亡时止,具有民事权利能力,依法享有民事权利,承担民事义务。"第 14 条规定:"自然人的民事权利能力一律平等。"未成年人具有自然人身份,"任何自然人不论其智力程度、身体状况、文化水平、宗教信仰等各方面存在何种差异,皆无例外能够享有任何私法权利,承担任何私法义务"[①]。未成年人在权利能力上与成年人并无二致,且根据《未成年人保护法》的规定,未成年人不仅平等地享有各项合法权益,而且应当被特殊、优先保护。因此,未成年人可以享有一切不受行为能力限制的权利,且未成年人的各项合法权益不能被取代、剥夺或者约定放弃,正如梁慧星教授所讲,"民法关于民事权利能力的规定属于强制性规定,不允许当事人以自由意思予以排除或变更"[②]。

未成年人与成年人在法律上唯一的区别在于民事行为能力。虽然未成年人因为精神、智力和年龄等,在民事行为能力上受到相应的限制,但是纯获利益的行为或者与其民事行为能力相适应的行为依然被认定为合法有效。如果需要其从事与其民事行为能力不相适应的行为,可以由其监护人代为履行,但最终的权益仍然归属于未成年人。同时,为保障未成年的无(限制)民事行为能力人能平等地享有各项民事权利、承担民事义务,我国《民法典》第二章第二节设置了监护制度。监护是根据法律的规定,对特定自然人的人身和财产权益进行监督和保护的民事法律制度。因此,监护人只有保护被监护人的人身、财产以及其他合法权益的义务,却无权放弃、侵害或者享受被监护人的合法利益。

[①] 朱庆育:《民法总论》(第 2 版),北京大学出版社 2016 年版,第 382 页。
[②] 梁慧星:《民法总论》(第 4 版),法律出版社 2011 年版,第 66 页。

在法律层面上,未成年人与其监护人在民事权利能力上平等且互相独立,在行为能力上需要被监护人等特殊地照顾、保护。如果其他组织或个人侵犯未成年人合法权益,未成年人的监护人可以代理其提起诉讼,要求赔偿损害。

2. 涉及未成年人拆迁、征收份额的法律规定。

(1)行政法领域对未成年人在拆迁、征收份额方面持有平等且特殊照顾的观点。我国地缘辽阔,各地征收工作均具有地域性,因此有关规定都较为宏观,也未单独提起未成年人,可以推定未成年人作为自然人可以被平等地对待。上海市政府在福利分房、拆迁安置等方面不仅将未成年人作为独立的自然人看待,而且会适当多照顾特殊的未成年人。比如1991年出台的《上海市城市房屋拆迁管理实施细则》(已废止)第45条规定,未成年子女因入托入学等,常住户口不在父母或监护人处的,拆迁时应当计入该户口的安置人数,但不分户安置,即符合条件的未成年人可以被平等地对待。即使有些未成年人不符合安置人口原则性规定,只要符合该条规定就可以获得平等的补偿安置。且该细则第46条规定:"被拆迁房屋使用人中凡已领取本市独生子女证的独生子女,根据建设单位房屋规格,安置时可增加二至四平方米;但独生子女已结婚的除外。"2006年的《上海市城市房屋拆迁面积标准房屋调换应安置人口认定办法》(已废止)规定引进未成年人作为被安置人口等。从这些规定均可看出上海市政府对未成年人有平等且特殊的照顾。由于市场经济的发展,上海市政府对拆迁工作方式的调整等,2011年上海市人民政府出台《实施细则》后,将"房屋拆迁"改为"房屋征收"。政府征收时不再对房屋内被安置人数以及安置人员进行认定(因居住困难而获得托底保障的除外)。征收安置补偿协议上只显示公房承租人的名字,其他同住人安置份额由其家庭内部协商解决。若家庭内部对同住人认定或份额有争议的,可以交由当地人民法院裁决。①

(2)司法审判领域对未成年人在拆迁、征收份额方面持限制、排除的观点。在法律层面上,我国《宪法》《民法典》《未成年人保护法》等,对未成年人均给予特殊、优先保护。但在上海各级法院审判层面上,从《高院解答》《上海市高级人民法院公房居住权纠纷研讨会综述》以及各级人民法院的判例中可发现,对未成年人的拆迁、征收利益存在限制、排除或者由其监护人直接享受的观点。且实际审判中存在自相矛盾的观点,比如,在20世纪80—90年代,当时的未成

---

① 上海市高级人民法院(2017)沪民申1719号民事裁定书认定:"本院需指出的是,同住人系法律概念,本案第一征收公司作为拆迁单位,既无行政授权也无法律权限,无权对张某某同住人的身份作出认定。"

年人与其父母共同享受过福利分房或者公房拆迁安置的,法院会认定当时的未成年人已经享受过福利分房或者作为同住人被安置过,根据上海市高级人民法院规定的"不能重复享受福利政策"的分配原则,当时的未成年人现已成年,但已无权利再在他处公房内享受征收补偿利益。在今天,与其完全对立的观点是,符合同住人资格的未成年人在公房征收中,也能获得同住人应有的安置补偿。那么上海市各级法院为何在没有法律法规依据的情况下,要严格限制未成年人成为同住人或者限制其拆迁、征收份额呢? 而且这种观点一直持续至今,还有可能持续下去。

三、探究未成年人不享有征收份额的原因

上海市各级人民法院在审理涉及未成年人征收补偿份额的案件时,虽然没有法律法规的依据,但是均参考且适用《高院解答》第3条的观点。那么《高院解答》的理论依据何在? 唯有找到原因,才能更好地保护未成年人在征收补偿中应有的权益。

(一)公房居住权问题

1. 公房居住权并非法定权利。公房是我国在特定历史背景下,为解决职工生活居住问题的一项福利性住房政策,公房的产权属于国家,公房的居住使用权(或称为居住权)属于承租人和同住人。公房的居住权不同于市场行为的居住权,其包含对公房的占有、使用、收益和处分4大权能,属于"准物权"。根据2011年上海市高级人民法院对公房居住权的解释,公房居住权不是一种物权,它区别于罗马古典法时期的役权。因此很多法院便认为,居住权是一种居住利益,并非一项法定权利。而监护人对未成年人具有法定抚养义务,对未成年人的居住问题其需要解决,而并非用被征收房屋的补偿款予以解决。比如,(2016)沪02民终4384号判决认为:"未成年人的父母是未成年人的监护人。虽然沈某某的户籍报出生于争房屋内,但是对于该未成年人的居住生活等负有抚养义务的,首先系其父母作为监护人理应承担的责任和义务。故未成年人的居住问题,应由其监护人解决。系争房屋被征收补偿安置对象沈某,负有监护未成年人的义务,故酌情给予其适当多分了相应的补偿。"笔者认为,承租人和同住人对公房的居住权确实不同于普通的用益物权,这种居住权是属于可以对公房"占有、使用、收益和处分(当然,处分权会受到一定限制)"的权利,若非其公房的性质,其与私房所有权在财权权益方面并无差异,可以称为"准所有权"。因此,居住权并非仅仅是一项居住利益,而且该项居住权应当由承租人和同住人共同享有,未成年在享有权利方面也应当被同等地对待。

2. 居住权差异化对待。虽然并无法律法规细化征收补偿利益分配问题,但上海市《高院解答》第 9 条同样回答了该问题："承租人、同住人之间,一般遵循一人一份、均等分割的原则取得拆迁补偿款。"但是该观点似乎将未成年人遗忘了,或者法院审判中显然并未参考该意见,而是适用《高院解答》的其他规定,排除、限制或者由监护人获取未成年人的权利。无论法院赋予居住权何种名义,比如居住利益,作为自然人的未成年人都应当平等地享有,且应当受到法院等司法机关的特殊保护,但实践中并非如此。与此相反,在被征收公房内有无民事行为能力的成年人时,该无民事行为能力人不仅可以分得征收补偿份额,而且还可以被照顾,适当获得更多利益,此时法院对行为能力和监护人问题,却闭口不谈。

(二)裁判规范方面的原因

1. 现行立法简约粗放,适用性差

在法律层面上,法院判决书引用的参考条款为《民法典》物权编第 298 条规定:"按份共有人对共有的不动产或者动产按照其份额享有所有权。"但该条与认定同住人以及如何分割征收份额,并无关联性。

在地方政府规章层面上,法院判决的依据可能是《实施细则》第 44 条和第 51 条,虽然这两条规定了公房征收补偿利益的归属,以及认定同住人的原则,但是该规定比较宽泛,适用性差。

因此,为了解决公房征收补偿利益分配问题,各地高级人民法院往往制定一些审判参考性文件、内部会议和常见纠纷问答等,以便本地区法院参考适用。但有些高级人民法院制定各类参考文件时,制作程序简单、缺乏论证,甚至存在违反上位法,或自相矛盾等问题。比如《高院解答》中"对在公房内居住的未成年人实际承担监护义务的人,可以就该房屋的拆迁补偿款适当多分"之表述明确指出未成年人在征收中不享有份额。然而在 1998 年之前,当时的未成年人名字出现在福利分房调配单上或作为公房拆迁的被安置人时,法院往往认定他们已经享受过福利分房或者享受了拆迁安置利益。

2. 司法审判观点与政府安置补偿政策不统一

上海市政府对房屋的拆迁安置或征收补偿,更多考虑的是社会效果,尽可能保障被征收户的合法权益,解决被征收户的整体居住利益,因此政府会尽可能多一些补偿该户居民。法院审理案件时解决的是家庭内部矛盾,家庭成员之间的利益是此消彼长的关系,为解决家庭成员间的矛盾冲突,未成年人的利益可能要适当妥协。因此法院审判观点和政府的政策冲突较大,尤其在"他处有房""居住困难"等概念上,都不完全相同。法院对"他处有房"的理解为:他处无福利分房,无年限限制;政府认定"他处有房"一般是指 5 年内,名下无任何房屋。在遇到冲突时,法院审判观点无法统一,又无直接的法律法规可以适用,因此审判实践中法官自由裁判权较大,对未成年份额认识和判断不同自然会作出不同的判决。同时征收裁判规范不健全使法律法规适用不统一,这也是造成同案不同判现象的重要原因。

(三)传统观念方面的原因

首先,在法律上,公房承租人和同住人虽然仅有居住使用权,但实际上,根据公房的来源、实际居住等情况,其中部分长辈承租人或同住人会被认定为该房屋的"所有权人"。而由于未成年人一般对被征收公房来源没有任何贡献,不实际居住其中,其不能和其他同住人具有平等的分割权利。其次,未成年人一般随其父母等监护人居住、生活,其对被征收房屋依赖较小,如果其父母能解决居住问题,那么不独立居住、生活的未成年人的居住问题也可以附带被解决,所以法院在审查该类案件时,为了平衡复杂的家庭矛盾和利益,实现案件的法律效果和社会效果的统一,就会判决未成年人依附于其监护人,只对其监护人适当多分,但其本人不能独立享有份额。尽管法院作出的裁判结果勉强可以接受,但其裁判理由严重违反上位法规定。因此,法院可以因未成年人未实际居住、对房屋无贡献等情形认定未成年人不符合同住人资格,不享有份额或者符合同住人资格但应适当少分,但绝不可因为该同住人是未成年人而对其不予分配。

四、规范未成年人征收份额的对策研究

从目前的司法判例来看,未成年人可以享有公房征收补偿份额的观点并未得到法院的普遍认可,但此处应当分别看待,有的案件因为未成年人本身确实不符合同住人资格,或者符合同住人资格但是属于应当少分的情形,应当适用同住人资格认定标准,判决其应当享有相应的份额,此种观点应属合理;而有的案例中,未成年人完全符合同住人的条件,法院却对未成年人的份额随意限制、剥夺,确属不合理。但为了更好地规范未成年人的征收份额,必须完善征收补偿分割的法律法规,征收补偿纠纷属于牵一发而动全身的社会问题,未成年人仅属于其中一栏。因此,确认未成年人征收利益份额的合理性,也就是要规范和完善征收利益分割的制度与裁判观点。笔者认为,要完善征收补偿分割制度,应当从以下三点着手。

(一)完善法律法规制度,及时公布指导性案例统一裁判尺度

1.完善征收补偿的法律法规制度是规范法官裁判案件的前提。法律法规是法官裁判案件的直接依据。首先,在征收补偿共有纠纷案件中,因为没有统一的法律法规依据,在面对疑难复杂、人数众多又具有历史性难题的征收案件时,法官往往仅根据自己对案件的理解、判断而作出裁定,法官的自由裁量权非

常大,极易引起一方当事人对案件实体正义的怀疑,以及对裁判结果不满,当事人往往会选择上诉或再审。因此,在制定法规政策时,要在符合宪法、法律法规等上位法的前提下,较为细致地规范、确定承租人和同住人的利益分配方式。其次,参考公房的历史性、房屋来源、实际居住、在册户口、他处有房、经济条件等情况综合考量、平衡符合同住人资格的当事人之间的利益。作为未成年人的同住人,根据以上因素,公平公正地规范其应当享有的利益。不必将未成年人作为特殊的主体对待,可以不特殊照顾,但是绝不可以特殊地排除、限制其利益。

2. 各地高级人民法院在其职权范围内制定合理、合法且"非具体应用法律性"问题的指导性文件,是统一裁判尺度的关键。法律法规制定需要严格程序,一般耗时较长。而且房屋征收法律法规一般具有地域性,适用范围较小,因此在出台完善的法规政策之前,各地高级人民法院可以在其职权范围内,依据被征收房屋的性质、焦点以及疑难问题,并按照相对严格的程序制定既符合上位法的规定,又具有可适用性的非法律适用性的审判指导文件。同时向司法机关、社会组织等征询意见讨论其裁判指导文件的合法合理性问题,确保该指导文件在相当程度上符合法律规范的整体性与合法性。但绝对不可以由高级人民法院组织各区法院法官内部召开一次会议,未经过严格的程序论证、讨论,也未向社会公开征求意见,更未经过相关专业领域的论证讨论,就形成"统一裁判口径"。若如此,司法裁判观点前后不一,"同案不同判"的现象将更加严重。同时,省高级人民法院及其下级法院在遇到征收疑难和复杂问题,且属于适用法律的问题时,可以逐级向最高人民法院请示,请求其给出参考性意见,方便法官开展类似案件的审理工作。因此需要制定统一且完善的法律法规,以规范法官的裁判尺度,平衡征收补偿利益分配。未成年人的份额才能在征收整体制度合法、合理的前提下,获得更合适的补偿。司法实践中对法律、法规、法律性问题理解不同而造成的"同案不同判"现象也将会进一步减少。

3. 及时公布征收补偿方面的指导性案例是统一征收法律适用的先导。虽然指导性案例的效力性、适用性问题在司法理论领域被广泛讨论,但在司法实践中指导案例却具有不可取代的指引作用。律师、法官等法律从业人员在办理案件时,遇到新问题和争议性较大的法律问题时,往往具有检索类似先例的习惯,并参考以往法院法官对相同案例、相同法律适用的观点。而且优质的指导案例比法律法规更及时、实用。因此,上海市高级人民法院可以搜集本地区受案法院裁判方法得当,裁判结果正确的案例,并报请最高人民法院将该类案件作为指导性案例公布。各级法院在裁判类似问题时可遵循指导性案例中的指导规则。指导性案例可以表明最高人民法院以及高级人民法院对该类问题的观点,具有及时高效的特点,可以更好地指导法院的裁判工作。

(二)构建法律职业共同体,推动房屋征收审判工作的良性发展

我国广义的法律职业共同体包括:法官、检察官、律师、法学研究者、仲裁员、公司法务以及所有法律职业从业者。但司法实践中,法官、检察官、律师属于典型的法律职业从业者,并构成法律职业共同体的核心没有争议。[1] 司法审判中的角色不同决定了思维方式的多样化。法官始终站在公平、公正的审判者角度,力求每一个案件能够实现司法审判的社会效果与法治效果的有机统一;专业且满腹经验的征收律师为实现委托人利益最大化,不断切换原被告身份,以寻求最佳诉讼策略;检察官在民事、行政案件中处于审判监督的地位,审查民事案件在法律实体适用和程序适用方面存在的问题,最大限度维护司法的公正和权威。因此需要建立法律职业共同体交流机制。法律职业共同体可以对法律争议性问题的合理性统一、疑难性问题的论证研究、特殊性问题的合理性解决方案等多方面、多角度不断交流,以健全完善征收法律法规,实现法规统一适用,规范法官裁判尺度,减少"同案不同判"的现象,多角度化解社会矛盾,减少诉讼纠纷,进而推动征收司法审判工作的良性发展。

(三)树立正确的裁判观念和科学的裁判思维,实现司法效果与社会效果的统一

1. 树立正确的裁判观念。公房是特定历史背景下,单位分配给员工家庭使用的房屋,员工及其家庭成员均不享有产权,仅有居住使用权。只有在房屋出售或者被征收时,该房屋的居住利益才会转化为财产利益,而且征收补偿利益不仅是对评估价格的补偿,还包含多重奖励补贴,其法律性质以及归属争议较大。因此,该类纠纷不仅属于疑难复杂的法律问题,而且具有较强的家族属性。同时该类纠纷涉及人员较多,多为近亲属之间的矛盾。因此法官在审理此类案件时,应在符合法律法规的前提下,以化解家庭矛盾为目的,平衡各同住人之间的利益为基础,有效地实现司法效果和社会效果的统一。

2. 形成科学而统一的裁判思维。科学而统一的裁判思维是指导法官正确进行法律思维,从而公正裁判案件的工具,也是保证法律统一适用、避免同案不同判的关键。[2] 在尚无明确、统一的法律法规规定的前提下,法官的裁判思维

---

[1] 参见强昌文、颜毅艺、卢学英等:《呼唤中国的法律职业共同体——"中国法治之路与法律职业共同体"学术研讨会综述》,载《法制与社会发展》2002年第5期。

[2] 参见郎贵梅:《同案不同判的原因分析及对策研究》,载《人民司法》2009年第19期。

不同以及对法律关系的理解不一,是造成目前"同案不同判"现象的主要原因。因此需要加强对法官裁判思维的培训,将裁判思维统一到法律思维的层面上,避免避开法律规则而直接适用原则的现象。另外,加强法律思维的教学工作,我国法学教育重研究、轻实践,而司法审判中以实践为主、以研究为辅。因此调整法学教育的方法,重点培养学生的法律思维能力和案件分析能力,以便能更好地依据法律处理矛盾纠纷。

五、结论

在公房征收利益分配案件中,符合同住人资格的未成年人的征收补偿利益不应因其民事行为能力而受限或者由其监护人代为受配,而应当依据该未成年人对房屋具体贡献、实际居住、他处房屋、户口等综合情况,认定其征收利益份额。由于征收利益分割案件情况疑难复杂,争议问题极多,且无法律法规直接规定,也无足够的指导性案例,法官在审判中的自由裁量权很大。每位法官的裁判思维以及方法不同,法律不统一适用成为常态。因此,需要对征收补偿利益分配出台统一法律法规,公布相应的指导性案例,以规范法官的裁判尺度,形成统一的法律思维和裁判观念,尽量减少法律不统一适用而造成的"同案不同判"现象。审判实践中不断出现新情况和新问题,需要构建法律职业共同体,加强对疑难案例的研讨和交流,不断弥补征收案件中存在的缺陷。

外地媳妇能分得拆迁利益吗?
——以国有土地上房屋拆迁(征收)为例

李 刚[*]

"外地媳妇(指从外省市嫁到上海的非上海户籍媳妇)在拆迁(征收)中到底能不能分到钱呢?"这是笔者在接待当事人时遇到的一个问题。来找我咨询之前,她已经通过网络找到了很多答案。据说她也去问过很多律师,得到的答案却不尽相同。

那么,外地媳妇在拆迁(自2011年起,拆迁概念已被征收概念所取代,本文

---

[*] 上海邦信阳中建中汇律师事务所合伙人,上海市律师协会第十一届不动产征收(动迁)专业委员会委员。

所涉"拆迁"概念包括 2011 年以前的拆迁概念和 2011 年以后的征收概念）中是否能分得利益呢？在回答这个问题之前，我们有必要先看看相关法律（为了行文方便，本文将法律、法规、规章及规范性文件，统称为法律）及司法指导意见是怎么规定的。

一、法律及司法指导意见关于外地媳妇所涉拆迁利益的规定

（一）相关法律关于拆迁对象的规定

《城市房屋拆迁管理条例》（2001 年版，已失效）第 4 条第 1 款规定："拆迁人应当依照本条例的规定，对被拆迁人给予补偿、安置；被拆迁人应当在搬迁期限内完成搬迁。"第 13 条规定："拆迁人与被拆迁人应当依照本条例的规定，就补偿方式和补偿金额、安置用房面积和安置地点、搬迁期限、搬迁过渡方式和过渡期限等事项，订立拆迁补偿安置协议。拆迁租赁房屋的，拆迁人应当与被拆迁人、房屋承租人订立拆迁补偿安置协议。"

《上海市城市房屋拆迁管理实施细则》（2001 年版，已失效，以下简称《2001 版拆迁管理实施细则》）第 5 条规定："拆迁人应当依照本细则规定，对被拆迁人、房屋承租人给予补偿安置；被拆迁人、房屋承租人应当在搬迁限期内完成搬迁。"第 19 条规定，"拆迁人应当与被拆迁人订立拆迁补偿安置协议。拆迁租赁房屋的，拆迁人应当与被拆迁人、房屋承租人共同订立拆迁补偿安置协议"。

据此，房屋拆迁补偿安置对象包括被拆迁人（被拆迁房屋所有人）、房屋承租人，与拆迁人签订拆迁补偿安置协议的主体也只包括被拆迁人、房屋承租人，并不包括外地媳妇。即便是《2001 版拆迁管理实施细则》第 14 条规定的关于低收入居住困难户的补偿安置对象，也未将外地媳妇包含进去。

《征收条例》第 25 条第 1 款规定：房屋征收部门与被征收人依照该条例的规定，就补偿方式、补偿金额和支付期限、用于产权调换房屋的地点和面积、搬迁费、临时安置费或者周转用房、停产停业损失、搬迁期限、过渡方式和过渡期限等事项，订立补偿协议。

《实施细则》第 23 条第 1 款规定：房屋征收补偿协议应当由房屋征收部门与被征收人、公有房屋承租人签订。

据此，房屋征收补偿对象及与征收人签订征收补偿协议的主体主要包括被征收人、公有房屋承租人，同样不包括外地媳妇。《实施细则》中也有关于居住困难的规定，同样没有直接规定外地媳妇属于补偿安置对象。

综上，在拆迁及征收法律中，均未明确外地媳妇是否属于应当被安置的对象。

(二)安置外地媳妇所涉法律及司法指导意见规定

《上海市城市房屋拆迁面积标准房屋调换应安置人口认定办法》(2006年公布,以下简称《人口认定办法》,已失效)第8条规定:房屋拆迁许可证核发之日,不具有拆迁范围内的上海市常住户口,在上海市无其他住房(或者虽在上海市有其他住房,但居住困难),且符合下列特殊情形之一的人员,可以认定为被拆迁居住房屋的应安置人口:户口不在上海市的人员,因结婚实际居住在被拆迁房屋内至房屋拆迁许可证核发之日满两年,且其配偶属于拆迁范围内的应安置人口。

《高院解答》第5条规定:有权对公有居住房屋拆迁货币补偿款主张权利的,一般是指被拆公有居住房屋的承租人和该解答第3条所指的同住人。一般情况下,在上海市无常住户口,至拆迁许可证核发之日,因结婚而在被拆迁公有住房内居住满5年的,也视为同住人,可以分得拆迁补偿款。

据此,根据《人口认定办法》的规定,尽管没有上海市户口,外地媳妇在房屋拆迁许可证核发之前已在被拆迁房屋实际居住满两年,且其配偶属于应安置人口,则外地媳妇亦应被认定为应安置人口分得拆迁利益。也就是说,在拆迁安置补偿过程中外地媳妇是有可能分得拆迁利益的。

根据《高院解答》的规定,同样没有本市户口,外地媳妇在房屋拆迁许可证核发之前因结婚而在被拆迁公有住房内居住满5年的,视为同住人,可以分得拆迁补偿款。除居住时间的长短不同外,《高院解答》和《人口认定办法》还有以下不同:其一,《高院解答》所涉外地媳妇分拆迁利益是关于房屋拆迁货币补偿款分配的规定,而《人口认定办法》则未限定;其二,《高院解答》针对的是公有居住房屋(仅针对公房),而《人口认定办法》则未限定;其三,《人口认定办法》规定外地媳妇有可能被认定为应安置人口并分得拆迁利益,而《高院解答》规定居住满5年直接认定为同住人。《高院解答》第9条规定,"承租人、同住人之间,一般遵循一人一份、均等分割的原则取得拆迁补偿款",即没有特殊情形的话,同住人是可以均等分得拆迁补偿款的。

需要说明的是,《高院解答》目前尚未被废止,而《人口认定办法》已于2011年10月19日被《实施细则》废止。那么,《人口认定办法》关于外地媳妇分拆迁利益的规定是否依然可以适用呢?

二、《人口认定办法》所涉外地媳妇分得拆迁利益规定的适用

(一)可以适用的法律依据

《实施细则》第52条规定:"本细则自公布之日起施行。2001年10月29日市人民政府令第111号发布的《上海市城市房屋拆迁管理实施细则》、2006

年 7 月 1 日市人民政府令第 61 号发布的《上海市城市房屋拆迁面积标准房屋调换应安置人口认定办法》同时废止。《国有土地上房屋征收与补偿条例》施行前已依法取得房屋拆迁许可证的项目,继续沿用原有的规定办理,但区人民政府不得责成有关部门强制拆迁。"

据此,理论上只要在《征收条例》施行(2011 年 1 月 21 日)前已取得房屋拆迁许可证的项目,依然可以适用《人口认定办法》。换言之,此种情况下,外地媳妇仍然有可能按《人口认定办法》分得拆迁利益。

需要说明的是,实践中,有大量 2011 年 1 月 21 日前取得房屋拆迁许可证的项目一直在延长许可证期限。但是,据了解,目前上海市原则上已不再为 2011 年 1 月 21 日前取得房屋拆迁许可证的项目延长许可证的期限。换言之,依据《实施细则》第 52 条规定适用《人口认定办法》使外地媳妇分得拆迁利益的路径已经走不通了。

(二) 司法实践中关于《人口认定办法》中外地媳妇分割拆迁利益规定的适用

笔者通过公开途径查阅了近 5 年上海市关于外地媳妇分割拆迁利益的司法判例,法院基本都是按照《人口认定办法》第 8 条进行裁判的。其中,除(2010)虹民三(民)初字第 1510 号判例外,其他大部分案例中,外地媳妇均因不符合《人口认定办法》的认定标准而未能被认定为应安置人口,也未能分得任何拆迁利益。

如前所述,《人口认定办法》于 2011 年 10 月 19 日被《实施细则》废止,那么 2011 年 10 月 19 日前后的判例中关于外地媳妇分割拆迁利益的裁判结果是否会存在差异呢?

笔者通过研究公开渠道查询的近 5 年上海市关于外地媳妇分割拆迁利益的司法判例发现,2011 年之前外地媳妇是否属于应安置人口,基本都是以《人口认定办法》第 8 条为判断依据的。2011 年之后的判例中,拆迁许可证项目中的案件依然以《人口认定办法》第 8 条为依据,而征收项目中的判例基本未适用《人口认定办法》。

那么是否意味着 2011 年 10 月 19 日以后适用征收政策的项目,外地媳妇都无法分得拆迁利益了呢?

(三) 适用《征收条例》及《实施细则》后,外地媳妇是否还能分得征收补偿利益

1. 基于《实施细则》获得相关征收补偿利益

《实施细则》第 31 条第 1 款规定:"按照本市经济适用住房有关住房面积核定规定以及本条第二款规定的折算公式计算后,人均建筑面积不足 22 平方

米的居住困难户,增加保障补贴,但已享受过经济适用住房政策的除外。增加的保障补贴可以用于购买产权调换房屋。"

而《上海市共有产权保障住房申请对象住房面积核查办法》(以下简称《住房面积核查办法》)第 2 条规定:核定面积家庭人数原则上按照申请对象户口所在地住房和他处住房内具有上海市常住户口并且满 2 年的人员确定。下列人员可以计入核定面积家庭人数:与申请对象在上海市共同居住生活,具有上海市居住证连续满 3 年的申请对象的配偶(需结婚满 3 年)、子女、父母。

可见,从居住困难的角度来看,符合条件的外地媳妇依然有机会被计入核定面积家庭人数,并最终获得相关征收补偿利益。此外,《实施细则》第 31 条主要针对居住困难户增加保障补贴,而《人口认定办法》第 8 条本质上也是基于居住困难考虑的引进安置,二者本意都是一致的。

2. 基于《高院解答》获得相关征收补偿利益

如前所述,《征收条例》及《实施细则》生效并适用后,《高院解答》并未被废止,即"在本市无常住户口,至拆迁许可证核发之日,因结婚而在被拆迁公有住房内居住满五年的,也视为同住人,可以分得拆迁补偿款"的规定至今仍然适用,符合条件的外地媳妇依然可以依据《高院解答》获得相关征收补偿利益。

需要说明的是,前述《实施细则》中"居住困难"及《住房面积核查办法》中"核定面积家庭人数"的规定,均非关于外地媳妇获得征收补偿利益的直接规定,外地媳妇获得征收补偿利益可能最终还需要通过民事诉讼来实现。关于《高院解答》,尽管目前尚未被废止,但是其是《征收条例》出台前关于拆迁项目所涉安置补偿款分割的司法指导意见,不排除司法实践中法院不按照该指导意见处理案件的可能性。

"成片开发征地"法律问题分析系列(一)
——成片开发征地的公共利益法律界定

武顺华[*]

2020 年 3 月 1 日,国务院印发了《关于授权和委托用地审批权的决定》(国

---

[*] 上海中联律师事务所合伙人,上海市律师协会第十一届不动产征收(动迁)专业委员会委员。

发〔2020〕4号,以下简称4号文),赋予了省级人民政府更大用地自主权,一是将国务院可以授权的永久基本农田以外的农用地转为建设用地审批事项授权各省、自治区、直辖市人民政府批准;二是试点在长三角省份+四个直辖市+广东省将永久基本农田转为建设用地和国务院批准土地征收审批事项委托部分省、自治区、直辖市人民政府批准,试点期限1年。4号文将加速推进征地审批,显著影响中国未来城镇化进程,尤其在此次新冠疫情对经济产生诸多不利影响的大背景下,增加土地供应无疑是刺激经济增长、增加财政收入最直接的手段。

一、问题的提出

用地审批虽可加速,但征收土地的前提——建设项目必须具有"公共利益"这一条件必须满足。2019年8月26日公布《土地管理法》第45条对集体土地征收前提之"公共利益"情形以列举+概括的方式进行了规定。其中第5项规定"在土地利用总体规划确定的城镇建设用地范围内,经省级以上人民政府批准由县级以上地方人民政府组织实施的成片开发建设需要用地的",属于公共利益情形之一。但对于什么是成片开发?何种成片开发属于公共利益?商业开发建设是否被排除在公共利益范畴之外?这些问题都值得深入探讨。

二、什么是"成片开发"

现行法律对于成片开发没有明确的界定。1990年颁布施行但现已失效的《外商投资开发经营成片土地暂行管理办法》第2条规定,该办法所称成片开发是指:在取得国有土地使用权后,依照规划对土地进行综合性的开发建设,平整场地、建设供排水、供电、供热、道路交通、通信等公用设施,形成工业用地和其他建设用地条件,然后进行转让土地使用权,经营公用事业;或者进而建设通用工业厂房以及相配套的生产和生活服务设施等地面建筑物,并对这些地面建筑物从事转让或出租的经营活动。参照上述规定,作为征收集体土地前提之一的成片开发建设主要指依照规划对一定规模土地进行的综合性配套开发建设,它包括两个层次的开发:一是公用基础设施建设,如场地平整,建设水、电、道路交通、煤气管道等设施;二是在建设基础设施的基础上,建设通用厂房及配套的生产和生活服务设施,即具体的项目开发。

三、"成片开发"与"公共利益"的关系

关于公共利益,目前也没有明确的法律界定,它本身就是一个抽象、模糊的概念。理论界对公共利益的界定一直争论不休。尽管《土地管理法》列举并概括了征地的公共利益情形,但对建设项目是否符合公共利益的认定仍然是一个非常复杂且极其困难的任务。本文从实务角度出发,分析关于"国有土地上房

屋征收决定是否符合公共利益"的司法裁判，探讨成片开发征地与公共利益的关系。主要有以下观点。

1. 符合规划等于符合公共利益

在最高人民法院原副院长江必新主编的《国有土地上房屋征收与补偿条例理解与适用》一书中，最高人民法院法官著述认为，"符合规划"是公共利益要求的应有之义。理论上，规划既然是在民主参与、科学论证的基础上完成的，规划本身就体现出公众或大多数公众的意愿。而需要以征收为前提的建设活动，当然应该符合既定的规划，以实现规划作为公共意志产物对政府征收决定的制约。

湖北省高级人民法院(2017)鄂行终176号行政判决书认为，"该工程项目由江岸区发展和改革委员会以岸发改〔2015〕35号《关于中山大道综合改造工程(江汉路至一元路)项目建议书的批复》批准立项，并取得武汉市国土资源和规划局颁发的《建设项目选址意见书》，符合国民经济和社会发展规划、土地利用总体规划、城乡规划和专项规划"。《土地管理法》第45条第2款的规定与上述司法观点一致，即成片开发征地"应当符合国民经济和社会发展规划、土地利用总体规划、城乡规划和专项规划"，"还应当纳入国民经济和社会发展年度计划"。

2. 改善区域人居环境符合公共利益

北京市第四中级人民法院在(2016)京04行初585号行政判决书中认为："根据《国有土地上房屋征收与补偿条例》第八条第(五)项规定，由政府依照城乡规划法有关规定组织实施的对危房集中、基础设施落后等地段进行旧城区改建属于公共利益需要，可以进行房屋征收。为深入推进中心城区城市建设，实现人民生活改善、城市环境改善、安全隐患消除的发展目标，按照本市关于加快中心城区棚户区改造和环境整治的工作要求……根据《北京市2015年棚户区改造和环境整治任务》及《西城区2015年棚户区改造和环境整治任务》，菜园街及枣林南里棚户区改造项目被纳入本市旧城改建计划棚户区改造范围，具备公益性质，可以实施房屋行政征收。"

最高人民法院在(2017)最高法行申2927号行政裁定书中认为："对于再审申请人主张被诉房屋征收决定不符合公共利益需要的问题，本案征收房屋所进行的建设活动，是为了完善城市基础设施，改善当地居民居住环境的城中村改造项目，该项目虽包含商务建筑，但同时配建保障性住房、公共设施配套建筑等，并不影响其作为城中村改造的整体认定，且卧龙区政府提供的证据可以证明该征收决定符合《国有土地上房屋征收与补偿条例》第八条、第九条的规定，应认定该征收决定符合公共利益的需要。"

3.商业开发利益并不能简单否定征收行为的公益目的

在最高人民法院原副院长江必新主编的《国有土地上房屋征收与补偿条例理解与适用》一书中,最高人民法院法官著述认为,"客观看来,部分商业开发项目的确包含部分公共利益的因素,有些商业利益项目间接产生的公共利益是不容忽视也是社会需要的……现阶段对商业利益是否具有公共利益因素,以及公共利益在商业利益中的构成比例,是否可以构成征收公益的判断上,应当从严把握,但也不能简单否定。界定的关键不在于征收行为直接受益人的法律地位(行政主体或者私营主体),而是征收追求的目标(征收目的)是否具有公共利益的性质。如果公共福祉仅仅是企业活动的间接结果,而不是企业追求的直接目标,但其附属结果符合公共利益,如地区经济结构的改善或者提供就业机会。对于此种利益需要,征收程序应当有更多相关公众参与并享有相应的权利"。

可见,即使是带有一定商业开发行为的项目,只要能带来经济结构的改善,或就业机会的增加,征收土地就具有公益因素,只不过需要通过公众的广泛参与程序等,确保征收目的正当。

上述司法观点,反映在最高人民法院的裁判文书中,如(2015)行监字第612号行政裁定书认为:"在旧城区改造的过程中,市、县人民政府通过商业开发的形式来补充旧城改造资金的不足,其目的仍是为了改善被征收人的居住环境、提高其生活品质。商业开发仅是房屋被征收后土地利用的一种手段,只要房屋征收补偿安置确保了被征收人获得回迁的选择权,就不能据此否定征收的公共利益目的。"又如,最高人民法院在(2017)最高法行申7046号行政裁定书中认为:"社会主义市场经济条件下,建立公共服务供给的社会和市场参与机制是必然趋势,不能以是否采用市场化的运作模式作为界定公共利益的标准。曾某芝根据《武汉市硚口区人民政府常务会议纪要》中的'该项目由硚房集团以融资方式参与土地一级开发。硚房集团与华科置业成立合作公司通过市场形式参与二级开发'等内容,认为该房屋征收决定不符合公共利益的需要,实质是进行商业开发,没有事实和法律依据,本院不予支持。"

综合上述司法观点可见,成片开发征地公共利益的考量要素主要在于是否符合规划,是否基于区域环境改善目的,且不绝对排除商业开发的情形。上海的部分"城中村"地块环境脏乱差,违章搭建现象突出,存在大量社会管理和安全隐患,且相关基础设施与公共服务设施超负荷运行,为实现城乡一体化及区域平衡,对"城中村"进行改造,当然符合征地的"公益目的"。本文只是结合案例对成片开发征地的公共利益判断进行实务分析,根据《土地管理法》第45条第2款的规定,成片开发征地"应当符合国务院自然资源主管部门规定的标准",可见认定某成片开发征地是否满足"符合公共利益"这一前提条件时,具体内涵、面积、类型等内容,还有待国务院自然资源主管部门出台细化标准。

"成片开发征地"法律问题分析系列(二)
——预征收签约制度分析

武顺华[*]

新基建项目提速,有赖于成片开发征地工作的快速开展。2019年修正的《土地管理法》,对土地征收制度作出了多项重大突破,如征地报批前,县级以上地方政府必须与拟征收土地的所有权人、使用权人就补偿安置等签订协议,简称预征收签约。相比正式的征收补偿安置协议(以下简称正式协议),预征收签约同样需具备基本的协议要素,如拟征地目的、征收对象、补偿安置标准、补偿安置内容等。不同之处在于,正式协议是签订即生效,而预征收协议尚未生效,其附有具体生效条款。

关于预征收签约,许多人大呼"看不懂",认为这明显属于"未批先签",也有人认为,这将使征地工作更难开展,可能出现大量被征收人拒绝签约,征地审批无法通过的情形。预征收签约制度的合理性基础何在?预征收协议的生效条件如何理解?预征收的签约比例多少?预征收签约补偿金额如何确定?针对上述困惑,本文将逐一探讨分析。

一、预征收签约制度的合理性

将预征收签约制度确定为征收前置程序,符合行政法上的比例原则,即行政机关在全面衡量公益与私益的基础上选择对相对人侵害最小的适当方式进行,不能超过必要限度,因而也被称为"最小侵害原则""禁止过度原则""平衡原则"等。结合土地征收行为而言,"需用土地人于取得需用地之过程中,自应优先考量采行其他较温和、侵害较小之手段,尽可能地努力以协议方式达到目

---

[*] 上海中联律师事务所合伙人,上海市律师协会第十一届不动产征收(动迁)专业委员会委员。

的,且协议时,所提出之对价亦应有助于协议之成立"①。也就是说,如果可以通过谈判协商的方式取得农民集体所有的土地(包括宅基地),就没有必要采用征收的方式,征收只能是最后不得已的手段。

在《土地管理法》修改生效前,最高人民法院多份裁判文书对预征收的现实合理性均予以认可,如(2016)最高法行申2199号行政裁定书认为,"市、县人民政府在征地前先与被征收人签订土地补偿安置协议,落实补偿安置资金,充分体现了被征收人的知情权、参与权、监督权,是土地征收民主协商机制的重要体现。与被征地的村集体经济组织(或村民小组)中绝大多数成员就补偿标准等内容达成书面协议,征地补偿安置资金和社会保障费用落实后再启动土地征收程序,此种做法与现有征收程序规定虽不完全吻合,但从实际效果看,如能实现公共利益与被征收人合法权益的平衡保护,则不宜仅以此为由否定该协议的效力"。(2019)最高法行申10020号行政裁定书认为,"实行预征收,是实践中市、县人民政府为了确保集体土地征收工作顺利进行,试行的一项有效措施"。

二、预征收协议附生效条件的理解

预征收协议是附生效条件的协议。关于预征收协议的生效条件,有观点认为,只有签约达到一定比例后,该协议才生效,故应在协议最后一条明确,"本协议在拟征收地块签约比例达到85%以上生效";也有观点认为,预征收协议是否生效,取决于有权机关是否批准?故所附生效条件为"征地职权部门批准"。

笔者认为,预征收协议是否生效,应结合上述两项条件综合认定:

一是签约比例。《土地管理法》第47条第4款规定,"个别确实难以达成协议的,应当在申请征收土地时如实说明"。条文本身暗含预签约需达到一定比例的要求,只有在极个别户数未签约的情况下,才能申请征收土地。

二是有权机关批准征收决定。即使预签约工作全部完成,但补偿安置内容的实现,有待于政府补偿安置费用足额到位,故最终还有赖于政府对征收土地申请的批准。

三、预征收签约制度待细化的问题

1. 对"个别确实难以达成协议"中"个别"的判断

关于预征收过程中,"个别确实难以达成协议"的"个别"应如何判断,尚无明确规定。为更好地界定"个别"的标准,有必要对国有土地上房屋征收预签

---

① 陈立夫:《土地法研究二》,台北,新学林出版股份有限公司2011年版,第207页。

约制度进行分析,本文主要借鉴北京与上海的旧城改造项目预签约制度。

《北京市旧城区改建房屋征收实施意见》第4条第8项规定:"区县房屋征收部门按照公布的征收补偿方案,组织产权人、公房承租人预签附生效条件的征收补偿协议。预签征收补偿协议生效具体比例由各区县人民政府确定,预签征收补偿协议期限不超过6个月。预签征收补偿协议生效的,由区县房屋征收部门报请区县人民政府作出房屋征收决定;在预签征收补偿协议期限内未达到生效比例的,征收工作终止。"概括表述,即预签约相当于房屋征收决定前的"征询",比例由区县政府确定。

《实施细则》第12条规定:"因旧城区改建房屋征收范围确定后,房屋征收部门应当组织征询被征收人、公有房屋承租人的改建意愿;有90%以上的被征收人、公有房屋承租人同意的,方可进行旧城区改建。"概括表述,即改建意愿的征询是征收决定前的"首轮征询"。

该细则第21条规定:"因旧城区改建需要征收房屋的,房屋征收部门应当在征收决定作出后,组织被征收人、公有房屋承租人根据征收补偿方案签订附生效条件的补偿协议。在签约期限内达到规定签约比例的,补偿协议生效;在签约期限内未达到规定签约比例的,征收决定终止执行。签约比例由区人民政府规定,但不得低于80%。"概括表述,即征收决定后附生效条件的签约,相当于旧城改造的"第二次征询",达到规定签约比例的,征收决定才继续执行。该比例采取"最低线+区县政府自行确定"的模式。

综合上述国有土地上旧改预签约的规定可见,关于预签约协议的启动时间,既有北京模式——征收决定前签约,也有上海模式——征收决定后签约,但无论是北京模式还是上海模式,均附"生效比例",且比例均由区县政府确定,只不过上海规定了全市最低比例。

从《土地管理法》第47条的规定来看,集体土地征收决定前的预签约,类似于国有土地上旧改征收项目的"征询"程序,但不同点在于国有土地上房屋征收决定由区县级人民政府作出,集体土地征收根据行政区划和项目类别的不同,审批主体可能是国务院、省级人民政府或区县级人民政府,故预签约比例宜由相应审批主体确定。

2. 预征收签约的补偿

(1)公平补偿原则

征收决定作出前,政府与被征收人就拟征收土地及房屋的价格进行协商,确定转移受让价格,虽属于双方自愿行为,但政府系以国库财产进行补偿,因此价格的确定需秉持公平立场,否则有造成国有资产流失之嫌。至于什么是公平公正的补偿价格,应由专业第三方估价机构评估土地及地上附着物的价值。

(2)预征收阶段与正式征收阶段评估程序衔接的问题

从现有的征收评估技术规范来看,评估机构的确定方式包括双方协商一致选定、被征收人投票选举、抽签或摇号随机产生等三种。预征收签约阶段如已按照上述方式确定评估机构,在正式征收阶段,无须再次选定评估机构,以符合行政高效原则。

根据《房地产估价规范》第3.0.7条的规定,评估应制作实地查勘记录。《上海市征收集体土地房屋补偿评估管理规定》同样规定了评估的实地查勘程序。预签约阶段已经上门查勘现场,出具预评估报告,但签约不成,转为正式征收后,是否需要重新上门查勘?笔者认为,鉴于国土资源部《关于印发〈关于完善征地补偿安置制度的指导意见〉的通知》(国土资发〔2004〕238号)(已失效)明确规定,在征地依法报批前,当地国土资源部门应将拟征地的用途、位置、补偿标准、安置途径等以书面形式告知被征地农村集体经济组织和农户。在告知后,凡被征地农村集体经济组织和农户在拟征土地上抢栽、抢种、抢建的地上附着物和青苗,征地时一律不予补偿。故预评估阶段的查勘现场结果即征收对象现状,正式评估报告仅需变更评估时点,重新估价,无须再次查勘现场。

(3)预评估报告和正式评估报告,补偿适用"就高不就低"原则

预评估报告与征收决定作出后的评估报告价格出现差异的,可按照"就高不就低"的原则处理。例如,北京市高级人民法院在(2018)京行终5794号行政判决书中认为:"本案中,《预评估报告》和《评估报告》同时送达王××,并赋予了王××申请复核评估的权利。因《评估报告》的估价结果高于《预评估报告》的估价结果,《征补决定》按照'就高不就低'的原则,依据《评估报告》确定的估价结果对王××进行补偿。故王××关于《预评估报告》送达违法的主张,没有事实根据和法律依据,不予支持。"

总之,《土地管理法》关于预征收程序的规定,充分体现了行政法比例原则,在成片开发征地尤其是"城中村"改造过程中,征收部门如充分利用预征收制度,既能减少征收工作阻力,又能节约征收工作时长,必将实现基建供地提速的目标。

"成片开发征地"法律问题分析系列(三)
——从《土地征收成片开发标准(试行)》看成片开发征地决定的司法审查强度和内容

武顺华[*]

一、成片开发征地的定义

2020年施行的《土地管理法》第45条列举了属于公共利益可以征收土地的6种情形,其中第5种情形规定为:"在土地利用总体规划确定的城镇建设用地范围内,经省级以上地方人民政府批准由县级以上地方人民政府组织实施的成片开发建设需要用地的。"同时,该条规定,成片开发应当符合国务院自然资源主管部门规定的标准。2020年11月5日,自然资源部审议通过《土地征收成片开发标准(试行)》(已失效,以下简称《成片开发标准》),明确了"成片开发"的定义和具体标准。

《成片开发标准》第1条明确:成片开发,是指在国土空间规划确定的城镇开发边界内的集中建设区,由县级以上地方人民政府组织的对一定范围的土地进行的综合性开发建设活动。但是,现有法律规定对于"城镇开发边界"并没有明确的界定。

值得注意的是,2017年党的十九大报告中的"加快生态文明体制改革,建设美丽中国"部分,强调要"完成生态保护红线、永久基本农田、城镇开发边界三条控制线划定工作"。可见,划定、管控城镇开发边界成为国土空间规划的重要内容,其目的主要在于"限制城市无序蔓延,圈定明确的城市边界"。由此而论,城镇开发边界是指允许城市建设用地扩展的最大边界,可分为城镇集中建设区、城镇弹性发展区和特别用途区。

二、成片开发征地的条件

(一)实体条件

根据《成片开发标准》的规定,县级以上人民政府编制土地征收成片开发方案时,必须具有如下5个方面的内容:

---

[*] 上海中联律师事务所合伙人,上海市律师协会第十一届不动产征收(动迁)专业委员会委员。

1. 成片开发的位置、面积、范围和基础设施条件等基本情况；

2. 成片开发的必要性、主要用途和实现的功能；

3. 成片开发拟安排的建设项目、开发时序和年度实施计划；

4. 依据国土空间规划确定的一个完整的土地征收成片开发范围内基础设施、公共服务设施以及其他公益性用地比例；

5. 成片开发的土地利用效益以及经济、社会、生态效益评估。

前款第 4 项规定的比例一般不低于 40%，各市、县的具体比例由省级人民政府根据各地情况的差异确定。

(二)程序条件

1. 集体经济组织成员征询意见程序

《成片开发标准》第 4 条规定，土地征收成片开发方案应当充分征求成片开发范围内农村集体经济组织和农民的意见，并经集体经济组织成员的村民会议 2/3 以上成员或者 2/3 以上村民代表同意。未经集体经济组织的村民会议 2/3 以上成员或者 2/3 以上村民代表同意，不得申请土地征收成片开发。

2. 专家论证程序

《成片开发标准》第 5 条规定，省级人民政府应当组织人大代表、政协委员和土地、规划、经济、法律、环保、产业等方面的专家组成专家委员会，对土地征收成片开发方案的科学性、必要性进行论证。论证结论应当作为批准土地征收成片开发方案的重要依据。

三、成片开发征地的司法审查强度及内容

(一)成片开发征地决定不能单独作为行政诉讼的受案范围

根据《行政诉讼法》第 13 条第 4 项的规定，人民法院不受理公民、法人或者其他组织对法律规定由行政机关最终裁决的行政行为提起的诉讼。而当时有效的《行政复议法》第 30 条第 2 款规定的最终裁决包括两种情况：一是国务院或者省级人民政府对行政区划的勘定、调整或者征用土地的决定；二是省级人民政府确认自然资源的所有权或者使用权的行政复议决定。依照上述规定，省级人民政府作出的征地决定属于最终裁决行政行为，被征地者或利害关系人起诉的，人民法院不予受理。如最高人民法院在(2019)最高法行申 12553 号行政裁定书中认为，"本案中，上海市政府所作征用土地批文，实际上是省级人民政府作出的征用土地决定，此类征用土地决定以及省级人民政府对此作出的复议决定，属于法律规定的最终裁决行为，该行为本身不属于行政诉讼的受案范围"。

(二)征收补偿决定案件中连带审查的强度及审查内容

虽然成片开发征地决定不能单独作为行政诉讼案件受理,但鉴于成片开发征地决定系征地房屋补偿决定的前置许可行为,也称关联行政行为,根据关联行政行为连带审查的规定,关联行政行为重大明显违法的,对于后续的征地房屋补偿决定合法性不予认可。故成片开发征地的合法性审查要件,仍值得关注与研究。

1. 审查强度

最高人民法院《关于审理行政许可案件若干问题的规定》第7条规定,作为被诉行政许可行为基础的其他行政决定或者文书存在以下情形之一的,人民法院不予认可:

(1)明显缺乏事实根据;

(2)明显缺乏法律依据;

(3)超越职权;

(4)其他重大明显违法情形。

参照该条,在征地房屋补偿案件中,法院对于成片开发征地决定的连带审查强度应当低于对被诉征收补偿行为本身的合法性审查,应当采用"重大明显违法,予以排除"标准。

2. 审查内容

对于审查的内容,需要从职权、程序、事实依据等方面审查是否存在"重大明显"违法的情形。

(1)职权审查——省级人民政府批准成片开发征地

根据《土地管理法》第46条的规定,国务院批准征收土地,主要是3种情形:涉及永久基本农田;永久基本农田以外的耕地超过35公顷;其他土地超过70公顷的情形。其余征收土地的情形均由省级人民政府批准。《成片开发标准》第3条亦明确规定,县级以上地方人民政府编制成片开发征地方案,报省级人民政府批准。

(2)程序审查——是否经过法定征询和论证程序

《成片开发标准》第4条、第5条分别规定了土地征收成片开发方案审批前的集体经济组织征询程序和专家论证程序。在土地征收补偿类案件中,如果成片开发征地决定审批前没有经过上述程序,属于重大明显违反法定程序情形。

(3)事实审查

关于成片开发征地的事实审查,主要涉及以下方面:征地范围是否在城镇开发边界内的集中建设区？是否属于公共利益？基础设施、公共服务设施以及其他公益性用地比例有无达到 40% 以上？是否存在《成片开发标准》第 6 条规定的成片开发征地的 4 种禁止情形（如涉及占用永久基本农田；市县区域内存在大量批而未供或者闲置土地；各类开发区、城市新区土地利用效率低下；已批准实施的土地征收成片开发连续两年未完成方案安排的年度实施计划）？关于上述 4 种情形，除了涉及占用永久基本农田，法院可以评判外，其余 3 种情形，更多属于行政机关裁量范围，对此，可以预测，法院在其余 3 种情形中，将更倾向于尊重行政机关的判断权和决定权。

四、结语

《土地管理法》正式实施后，法院在涉成片开发土地征收补偿类案件中，连带审查前置行政行为（成片开发征收土地决定）。《成片开发标准》的出台为该类案件的审理提供了更为明确的标准。在法院未来的审查强度和内容上，可能将更多地与已有立法规则结合，在尊重行政机关合理裁量的基础上，对重大明显的违法行为进行重点审查。

房屋征收安置补偿协议无效的情形

魏 梁[*]

在处理不动产征收（拆迁）业务过程中，会有一部分当事人希望将房屋的安置补偿利益予以重新分配，因为他们觉得自己应当属于被征收（拆迁）房屋的权利人，自然应当享有安置补偿利益。对于已经签订并完成利益分配的房屋征收（拆迁）安置补偿协议来说，如果需要重新对安置补偿利益进行分配，可行的路径中有一条就是确认这份安置协议无效。

已被废止的最高人民法院《关于贯彻执行〈中华人民共和国民法通则〉若干问题的意见（试行）》第 89 条规定，"共同共有人对共有财产享有共同的权利，承担共同的义务。在共同共有关系存续期间，部分共有人擅自处分共有财产的，一般认定无效。但第三人善意、有偿取得该项财产的，应当维护第三人的合法权益；对其他共有人的损失，由擅自处分共有财产的人赔偿"。那么在不

---

[*] 上海瀛东律师事务所律师，上海市律师协会第十一届不动产征收（动迁）专业委员会委员。

动产征收(拆迁)过程中,房屋的共有权利人是否可以以类似观点去确认房屋征收(拆迁)安置补偿协议无效呢?在将检索到的判例及笔者代理过的案件进行比较后笔者发现,不同的案件情况使协议效力的判决结果不同。

在笔者2019年代理的一起房屋拆迁安置补偿合同纠纷案中,案件的原告方就以类似观点请求法院确认已经签订的《上海市征收集体土地居住房屋补偿协议》无效。法院认定,该案为协议拆迁,根据《上海市征收集体土地房屋补偿暂行规定》(沪府发〔2011〕75号)及相关法律法规的规定,一般情况下,协议拆迁时拆迁人应与被拆迁户的宅基地使用人签订房屋补偿安置协议。但因该案件中系争房屋原宅基地使用人在拆迁前已去世,但宅基地使用权证未作变更登记,故拆迁时无法确认该户的宅基地使用人。在此情况下,拆迁单位应当与系争房屋的所有共有权利人签订房屋补偿安置协议或者与该户共有权利人共同推荐的代表人签订补偿安置协议。在该案中,原告作为房屋的共有人,被告在未与其协商的情况下签订了补偿安置协议,亦未明确是否对原告进行了补偿安置。故法院认为,该协议侵害了原告作为被拆迁房屋权利人的合法权益,故认定该协议无效。

而笔者检索到的一篇其他法院2019年的判例中,在类似的情况下,法院的审判思路依据案件细节的不同而与前案存在差别。在该案中,原告是系争房屋的共有权利人,其认为各被告之间签订的《拆迁补偿安置协议》擅自处分了原告的共有份额,侵害了原告的合法权益,故请求法院认定该安置协议无效。法院认为,农村宅基地房屋拆迁是以户为单位进行的,因系争房屋原房地产权证登记于被告名下,之后房屋的翻建手续等亦由被告作为申请人办理,故签订的安置补偿协议应当认定为有效。原告认为,拆迁协议中未列明其利益及作为房屋产权人其未参与协议签订的意见,法院认为,此仅涉及各权利人内部利益分割的问题,与拆迁安置协议的效力无关。

这两个案件的差别在于,是否在原宅基地使用人去世后进行了变更登记。如果未进行变更登记,那么拆迁单位应与被拆房屋的所有共有权利人签订补偿协议,或是与该户共有权利人共同推荐的代表来签订,否则,拆迁协议就可能被确认无效。若进行了变更,以同样的事由进行诉讼,就可能被认定为各权利人内部利益分割的问题,拆迁安置协议的效力问题也就与案件无关了。所以对于案件细节,还是需要将大量的实务操作经验和判例分析相结合才能有较好的把握。

征收过程中社会稳定风险评估类信息公开案例研究与分析

王垚翔[*]

社会稳定风险评估,是指与人民群众利益密切相关的重大决策、重要政策、重大改革措施、重大工程建设项目、与社会公共秩序相关的重大活动等重大事项在制定出台、组织实施或审批审核前,对可能影响社会稳定的因素所开展的系统调查,科学预测、分析和评估。它广泛地存在于社会治理的各个领域,为制定风险应对策略和预案,有效规避、预防、控制重大事项实施过程中可能产生的社会稳定风险,更好地确保重大事项顺利实施起到了积极的作用。

房屋征收作为关系民生的重大事项,同样离不开社会稳定风险评估。《征收条例》第12条第1款规定,市、县级人民政府作出房屋征收决定前,应当按照有关规定进行社会稳定风险评估;房屋征收决定涉及被征收人数量较多的,应当经政府常务会议讨论决定。可见,社会稳定风险评估是市、县级人民政府作出房屋征收决定的必经程序。

在阳光征收的大环境下,社会稳定风险评估报告属于为数不多的不被主动公开的信息,甚至被排除在依申请公开的范畴外。这也导致了针对社会稳定风险评估的信息公开类案件高发。

笔者通过某法律搜索引擎对援引《征收条例》第12条的信息公开类案件进行了检索,并对法院的判决进行了分析梳理,本文将从责任主体的认定、对不予公开的答复理由、法律适用等方面进行解析。

一、责任主体的认定

从《征收条例》第12条的规定来看,进行社会稳定风险评估的责任主体应当是市、县级人民政府,而《征收条例》第4条第2款规定,市、县级人民政府确定的房屋征收部门组织实施该行政区域的房屋征收与补偿工作。在2017年的某行政判决中,法院以"社会稳定风险评估报告,系由区房管局依法组织相关部门制作,被告区政府依照规定对该社会稳定风险评估报告进行审核,其并非制作机关。《政府信息公开条例》第17条规定,行政机关制作的信息,由制作

---

[*] 上海市君悦律师事务所律师,上海市律师协会第十一届不动产征收(动迁)专业委员会委员。

该政府信息的行政机关负责公开"为由驳回了原告的诉讼请求。在2016年的某行政判决中,法院以"社会稳定风险评估是市、区(县)级人民政府在房屋征收决定作出前应当进行的工作,社会稳定风险评估由市、区(县)级人民政府组织落实、审核确定,因此市、区(县)级人民政府是社会稳定风险评估报告制定及相关工作决策的职责主体"为由,同样驳回了原告的诉讼请求。

二、不予公开的理由

从笔者检索到的案例来看,对于民众要求获取"社会稳定风险评估报告"的申请,行政机关不予公开的理由,除前述两个判决中提到的"不属于本机关公开职责权限范围"以外,还有"申请获取的社会稳定风险评估文件公开可能危及社会稳定""不属于《政府信息公开条例》第2条所指应公开的政府信息""本机关未制作,该信息不存在""属于行政机关内部事务信息,不予公开"等。但笔者也注意到,2015年的某行政判决认定"经审查,您要求获取的信息属于政府信息公开范围""办理具体手续后,由本机关予以提供"。随后,原告获取了由区旧改第一指挥部制作的《某路某地块旧城区改建房屋征收项目社会稳定风险分析评估报告》。

审判实践中如何对《政府信息公开条例》"坚持以公开为常态、不公开为例外"的原则进行把握和分析,是处理征收过程中社会稳定风险评估类信息公开案件的难点问题。

笔者认为,首先,对于政府信息的公开主体问题,社会稳定风险评估报告虽然在大部分情况下,都是由房屋征收部门组织制作,但该制作所形成的仅仅是风险评估的文字内容,尚属于过程性文件,只有经市、县级人民政府审核通过后,才能形成完整的社会稳定风险评估报告。因此,市、县级人民政府才是社会稳定风险评估报告的制作机关,同样也是公开的责任主体。其次,对于是否应当公开的问题,社会稳定风险评估报告属于"行政机关在履行行政管理职能过程中制作或者获取的,以一定形式记录、保存的信息",属于政府信息的范畴,是否公开,应当遵循《政府信息公开条例》第13条第1款的规定,即除该条例第14条、第15条、第16条规定的政府信息外,其他政府信息应当公开。从上海及其他省市的判决来看,不予公开的理由主要集中在"公开后可能危及社会稳定"及申请公开的信息系"过程性信息"这两个方面。

"过程性信息",指行政机关在最终行政行为作出前,依照相关程序所制作或收集的,对最终行政行为的作出产生影响的信息材料。笔者认为,如果征收决定尚未作出,则社会稳定风险评估报告的效力尚属于不确定状态,行政机关对此可以豁免公开。但在征收决定作出后,社会稳定风险评估报告就转化为事实性材料了,其不再属于"过程性信息",不应作为不予公开的理由。而"公开后可能危及社会稳定"的理由在举证上存在一定难度,尤其是上海市已有行政机关依申请公开的案例,反驳了"危及社会稳定"可以作为不予公开的理由。

笔者认为,正如《政府信息公开条例》提到的,制定该条例的目的在于保障公民、法人和其他组织依法获取政府信息,提高政府工作的透明度,建设法治政府,充分发挥政府信息对人民群众生产、生活和经济社会活动的服务作用。对作为政府信息的社会稳定风险评估信息进行依法公开,将是贯彻阳光征收政策、增强民众信任度的有效举措。

房屋征收补偿利益分割民事纠纷审理参考意见解析
——以上海市高级人民法院 2020 年 3 月 25 日会议纪要为视角

焦士雷[*]

2020 年 3 月,上海市高级人民法院民事审判庭印发了《房屋征收补偿利益分割民事纠纷研讨会会议纪要》(以下简称《会议纪要》)。《会议纪要》共 19 条,是房屋征收补偿利益分割民事纠纷案件的审理参考意见。

总体来说,《会议纪要》展现了较高的审理智慧。限于篇幅,本文仅就《会议纪要》中对当事人利益影响较大的条文作简要解析。《会议纪要》原文采用的是问答形式,本文采用先引用原文再进行解析的形式。

一、《会议纪要》第 19 条

【案件受理费】安置补偿利益分割案件如何确定案件受理费计算基数?

对于征收补偿利益分割案件受理费的计算,实践中有不同做法。有的法院按照征收补偿协议确定的全部补偿金额作为计算基数,有的法院按原告诉请主张可以分得的补偿金额作为计算基数,有的法院按照需要分割的安置房屋起诉时的市场价作为计算基数。

会议认为,案件受理费的计算标准应予统一,考虑到此类案件的性质系征收补偿利益分割,故倾向于按照征收补偿协议确定的全部补偿金额作为案件受理费的计算基数。

---

[*] 上海日盈律师事务所合伙人,上海市律师协会第十一届不动产征收(动迁)专业委员会委员。

解析：该条是《会议纪要》的最后一条，之所以放在本文的第一条进行解析，是因为此条对当事人产生的影响较大，甚至会影响当事人是否愿意作为原告主动发起诉讼。

案件受理费，俗称诉讼费。当事人通常最关心两个问题：一是能分到多少利益（能获得多少安置补偿利益），二是要先向法院支付多少诉讼费（在获得安置补偿利益之前，要先向法院支付多少案件受理费）。《会议纪要》的此条规定，会导致当事人作为原告在发起诉讼时更加谨慎。毕竟，与《会议纪要》发布之前相比，以全部征收补偿金额作为案件受理费的计算基数会导致原告要先行支付一笔数额更大的诉讼费。

举例说明，某房屋全部征收补偿利益为人民币600万元，张某拟作为原告起诉要求分割获得其中的100万元。按照以前的计算方式，法院以张某诉请的100万元为基数收取诉讼费，约为13,800元。现在，法院若以600万元为计算基数，则要收取的诉讼费约为53,800元。张某可能会因较高的诉讼费而放弃通过诉讼获得相应利益的机会。

二、《会议纪要》第4条

【空挂户口人员的补偿利益】户口空挂在被征收的公有住房的非同住人起诉要求分割征收补偿利益，应如何处理？

空挂户口人员并非公有住房的承租人或者同住人，在被征收房屋既无产权利益，亦无居住利益，一般不属于征收补偿安置对象，原则上不能分得安置房。

如果在征收补偿安置时确实基于户籍因素考虑过该部分人员利益的，可以适当给予货币补偿。补偿款的数额可以参考因人口因素而增加补偿价值予以酌定。

需要注意的是，确定空挂户口人员系配房考虑对象必须有明确依据，不能按政策推定，而应当由征收单位出具加盖公章的情况说明。

解析：在公有住房征收时，空挂户口的现象常会出现。一般来说，在公有住房动迁案件中，只有公有住房的承租人和公房同住人才属于征收补偿安置对象。公房同住人需要满足实际居住1年以上的条件。因此，当事人是否空挂户口，关系到其是否具有公房同住人的资格，涉及利益巨大。

举例说明：基于诸多原因，李某户口在被征收房屋内，但并未实际居住其中或实际居住不到1年。若李某起诉要求分割征收补偿利益，因其在被征收房屋既没有产权利益，也没有居住利益，故李某一般不属于征收补偿安置对象，原则上不能分得安置房。但是，李某不能分得安置房，不等于其不能获得动迁补偿利益。综合其他因素，李某可能有机会获得货币补偿利益。

需要说明的是,街道或居委会目前一般不再出具关于当事人是否在系争房屋内实际居住 1 年以上的证明。

三、《会议纪要》第 6 条

【房屋使用人的利益保护】当事人是否可以依据《实施细则》第 44 条"被征收人取得货币补偿款、产权调换房屋后,应当负责安置房屋使用人"的规定主张其为被安置人并要求分割征收补偿利益?

私有房屋征收中,一般只有房屋产权人才是被安置人。对于房屋实际使用人,除非征收部门将其认定为被安置人,否则其不属于征收补偿法律关系主体。而房屋实际使用人基于何种法律关系居住使用被征收房屋,不因征收关系而发生改变,即原房屋居住使用关系平移至安置房屋。

因此,征收补偿关系中的被安置人以外的房屋使用人不能主张分割征收补偿利益,其居住问题可基于原来的法律关系如扶养、赡养等进行主张。

解析:该条是对私有住房征收补偿利益分割问题的问答。一般来说,私有住房征收以产权平移为原则,即私房产权人 = 被安置人 = 征收补偿利益获得者,不考虑产权人户口是否在被征收房屋内,也不考虑产权人是否实际居住。反之,对于非产权人的房屋实际使用人,即使其户口在被征收房屋内并实际居住,除非征收部门将其认定为被安置人,否则也不能获得征收补偿利益。房屋使用人虽然不能主张分割征收补偿利益,但可以基于抚养、赡养、继承等法律关系主张解决居住问题。

该条解决了私房征收补偿利益的归属问题,但若私房为多个产权人共有,共有产权人之间如何分割,该条并未明确。在共有产权人之间是适用按份分割、平均分割还是其他分割方式,则要视案件的具体情形综合考量。

四、《会议纪要》第 12 条

【家庭内部协议的性质和效力】家庭成员在征收之前就征收补偿利益的分割以家庭内部协议的方式预先作出约定,对于此类协议的性质和效力应如何认定?

家事纠纷有人身依附性和家庭伦理性特征,家庭成员之间关于征收补偿利益分割事宜所达成协议的性质为家庭共有财产分割,内含家庭成员对家事问题、财产问题等的妥协和让步。

家庭成员对于财产的处分与赠与不同,不宜按任意撤销权之规定处理,法院应尊重家庭成员之间的合意。

如果协议仅有部分被安置人签字,要结合协议签订的背景、协议内容、签字方是否有代理权等因素综合判断协议是否为全体被安置人的共同意思表示。

解析:该条体现了较高的审判智慧。在面对家庭成员之间关于征收补偿利益分割事宜所达成的协议时,无论是律师还是法官,都不会轻易断言该协议的某些条款是有效、无效或是可撤销条款。究其原因,在于协议中往往不仅包含对财产的处分,还蕴含对亲情的妥协和让步。法院若直接否定或确定协议的效力,可能会引起更大的家庭矛盾,不利于当事人服判息讼。法院在审理此类案件时,尊重家庭成员之间的合意并综合判断,对于化解家庭内部矛盾、促进家庭和谐无疑会起到积极的推进作用。

当然,当事人若违反诚实信用原则,对家庭成员之间白纸黑字签署的协议任意否定,则另当别论了。

综上所述,《会议纪要》不是司法解释,当事人不宜直接把《会议纪要》作为请求权基础进行援引。但是,在进行分析说理时,当事人可用《会议纪要》的相应条文作为支持己方或抗辩对方观点的参考意见。对《会议纪要》的理解不应断章取义,而应在法律、司法解释等规范性文件的框架内,结合案件具体情况,主张或抗辩相应观点。房屋征收补偿利益分割纠纷一般涉及较大金额,无论是通过协商、调解还是通过诉讼解决问题,当事人都要尽量寻求专业律师的帮助以最大限度地维护自身利益。